더불어
사는
자본주의

★

Compassionate Capitalism

COMPASSIONATE CAPITALISM

by Rich DeVos

더불어
사는
자본주의

★

리치 디보스 지음

스스로 돕는 사람들을 돕는 사람들

아름다운사회

차례

서문 · 7

1부 준비

제1장　우리는 누구인가? · 27
제2장　우리는 어디로 향하고 있는가? · 43
제3장　우리는 어디로 가기를 원하는가? · 59
제4장　목표를 성취하기 위해 돈은 왜 그렇게 중요한 것인가? · 77

2부 제자리에

제5장　일이란 무엇이며 어떻게 우리의 삶을 풍요롭게 해줄 수 있는가? · 103
제6장　자본주의란 무엇이며 왜 자본주의가 일하는 데 가장 적절한 제도인가? · 125
제7장　더불어 사는 자본가란 무엇이며 왜 더불어 사는 자본가가 되어야 하는가? · 152
제8장　우리는 왜 자영업을 고려해야 하는가? · 170

3부 출발

제9장	성공하기 위해서는 어떠한 마음가짐이 필요하며, 어떻게 하면 이러한 마음가짐을 개발할 수 있는가? · 203
제10장	스승이란 무엇이며, 왜 우리는 스승이 필요한가? · 224
제11장	성공을 위해서는 목표가 왜 중요하며 그것을 어떻게 설정할 것인가? · 249
제12장	어떤 마음가짐, 어떤 행동, 어떤 각오가 우리를 성공으로 이끄는가? (성공의 기본 원칙) · 275

4부 목표를 달성──나 자신과 남을 돕는 것

제13장	우리는 왜 사람들이 스스로를 도울 수 있도록 도와주어야 하는가? · 319
제14장	왜 우리는 스스로 도울 수 없는 사람들을 도와야 하는가? · 344
제15장	우리는 왜 지구를 보존하고 보호해야 하는가? · 373
제16장	우리가 다른 사람에게 도움의 손길을 뻗치면 어떤 일이 일어나는가? · 394

서문

―― 사람과 세상을 보는 가장 좋은 방법

「더불어 사는 자본주의라고요? 이 말은 〈잔인한 친절〉이라든가 〈산송장〉이라는 말처럼 논리학에서나 나오는 모순어가 아닌가요? 이 두가지 말(더불어 산다는 말과 자본주의)은 서로 모순되는 말입니다」한 대학생이 어느 강연회에서 나에게 비꼬듯이 말했다.

지난 4-5년 동안 사람들은 〈더불어 사는 자본주의〉라는 명제에 몰두해 있는 나를 놀려댔다. 나는 자본주의라는 말이 그렇게도 위험스럽고 조화될 수 없는 말이며, 19세기 말의 악덕 자본가라든가, 미성년자의 노동 착취라든가, 오염된 강물이라든가, 푸른 하늘을 뿌옇게 더럽히는 공장 굴뚝을 연상케 하는 말인지 납득할 수 없다.

어느 대학 교수는 〈동정심이 많은 자본가는 성공할 수 없다〉라고 강의 도중 나의 면전에 대고 강조했다. 그에 대해 나는 〈동정심 없이는 자본주의도 없다〉고 응수했다. 그러자 내가 마치 〈지구는 평평하다〉라든가 〈바다는 용으로 가득 차 있다〉라고 주장한 것처럼 학생들은 어리둥절해하면서 나를 쳐다보았다.

나는 잠깐의 침묵 속에서 이 더불어 사는 자본주의라는 명제가 얼마나 중요한 것인가를 새삼 깨닫게 되었다. 세상의 많은 사람들이 자본주의를 환영하며 그 혜택을 누리고 있는 반면 아직도 사람들은 자본주의의 폐단에 난색을 표하며 실패 사례에만 관심을 집중하고 있다. 설상가상으로 수백만의 우리들 자신들은 더불어사는 자본주의가 얼마나 많은 도움이 되며 얼마나 삶의 질을 향상시켜 주는지를 알지 못하고 있다.

수많은 대학 교수들이나 신문의 칼럼니스트들은 자본주의의 막강한 힘과 성공의 실례를 왜 인정하려 들지 않는 것일까? 왜 사회주의나 심지어는 공산주의가 추구해 온 시대착오적인 관념에만 매달려 있는 것일까?

분명히 자본주의에도 폐단은 있다. 지난 과거의 실책이 분명히 드러난 이상 우리 모두는 이 같은 실수를 앞으로 반복하지 말아야 한다. 이와 같은 결점에도 불구하고 자본주의는 선택적으로 취할 수 있는 세계적인 경제체제가 되어 있으며 그러한 이유는 쉽게 이해할 수 있다. 이 책은 암웨이 기업에 관한 저술은 아니고, 과거 40년 동안 암웨이가 이룩한 성공이 더불어 사는 자본주의의 위력을 보여주는 좋은 예가 된다는 것을 강조한 것이다.

피델 카스트로와 그의 혁명군이 한때 부유했던 섬나라 쿠바의 경제 부흥을 약속하며 혁명 정부를 세웠던 것이 1959년 1월 16일의 일이다. 그 주에 제이 밴 앤델과 나는 미시건 주의 에이다Ada에 있는 우리집 지하실에서 암웨이 기업을 설립했다. 그 당시는 사회주의가 세계 경제의 일대 희망으로 간주되고 있었고 자유기업은 점점 소강 상태로 접어든 때였다. 이것이 그 당시 나와 앤델이 들어서 알고 있는 전부였다. 미국식 자본주의는 몰락의 길을 걷고 있는데 반해, 러시아와 중국이 전파시키는 마르크스식 공산주의는 성공을 쟁취할 듯한 때였다.

어떤 사람들은 〈지금은 독자적인 사업을 시작할 때가 아니며 그러한 시절은 영원히 사라졌다〉라고 우리들에게 경고해 주었고 〈자본주의는 지금껏 우리들을 골탕먹였으며 앞으로도 그러할 것이 뻔하다. 사회주의만이 우리들의 희망이다〉라고 험악한 표정으로 화를 내며 말하기도 했다.

우리 두 사람은 자유경제체제 비판자들의 말을 듣고 그들의 충고에 한편으로 고마움을 느끼면서도 그 충고를 한 귀로 흘려버렸다.

우리는 회사명을 〈사유재산을 인정하고 자유기업경쟁을 허용하는 미국식 경제방식은 최고의 경제방식이다〉라는 뜻에서 암웨이라고 부르기로 했다는 것을 초창기 미국 판매협회에서 한 연설에서 밝힌 적이 있다.

나는 그때 내가 한 말에 대해 그 후 몇 년 동안 암웨이 모임뿐만 아니라 학교, 교회, 사교 모임 등 가리지 않고 수천 번을 얘기해 왔다. 왜냐하면 그 시절의 미국인들은 그 당시까지 역사상 가장 높은 수준의 생활을 가져다 준 자유경제체제에 대한 믿음을 상실해 가고 있었기 때문이었다. 나는 「사유재산과 자유경제체제의 토대 위에 우리 나라를 세웠습니다. 자본주의가 완벽한 것은 아니라 하더라도 우리 나라를 부강하게 만들 수 있는 것은 역시 자본주의 체제밖에는 없습니다」라고 누구에게나 말하곤 했다.

자본주의에 대한 비판자들은 모택동이나 후르시초프, 카스트로의 사회주의 경제정책을 미래의 경제체제로 단정하였다. 하지만 이제 이런 비판자들의 비웃음은 사라졌다.

이제 그와 같은 공산주의의 이상은 사라졌다. 그와 같은 이상이 마치 하룻밤의 악몽과 같이 그렇게 빨리 사라질 수 있을까? 마르크스식 사회주의는 모순에 빠져 허우적대고 있다. 카스트로가 번영과 개혁을 약속하며 쿠바혁명을 일으킨 지 40여 년이 되었지만, 오늘날 쿠바 국민들은 가난과 절망 속에서 살고 있다.

한편, 그 세월 동안 암웨이 사는 전세계 80여 개의 국가나 지역에 300만 명이 넘는 디스트리뷰터를 가진 60여억 달러의 규모로 발전했다.

더 나은 삶을 위하여

암웨이 사와 전세계에 있는 디스트리뷰터는 나의 사랑의 흔적이다. 세계 어느 곳에서든 동정심을 가진 기업인과 기업을 볼 때면 나는 언제나 그들의 얘기를 입에 올리곤 한다. 그러나 암웨이 사와 전세계에 거미줄처럼 위치해 있는 암웨이의 디스트리뷰터만큼은 내가 알고 있는 한도에서는 최고라고 말할 수 있다. 리 아이아코카는 그의 책에 포드 사와 크라이슬러 사에 대해 썼고 노만 슈워츠코프는 자신의 자서전을 이라크 전쟁 당시의 사막의 폭풍 작전으로 가득 채워놓았다. 내 친구인 막스 드프리는 허먼 밀러 사의 중역으로서의 경험을 살려 리더십에 대한 사려 깊고 감동적인 책을 선보였다. 따라서 나 역시도 암웨이 사와 함께한 나만의 진실한 경험을 이 글을 통해 그려나갈 것이다.

한때 공산권이었던 어떤 국가의 경제적 성장은 더불어 사는 자본주의가 기회만 주어지면 효과적인 하나의 경제원칙이 된다는 것을 증명하는 예가 되고 있다. 사람이란, 새로운 해결책을 자유롭게 모색할 수 있고, 어떠한 제한 없이 장사를 할 수 있으며, 자유시장에서 맘껏 경쟁할 수 있으며 자유롭게 직업이나 기업을 가질 수 있는 나라에서 살기를 원한다. 그들은 우리들이 가진것, 우리들이 당연하다고 생각하는 것들을 원하고 있다. 동서독간의 장벽이 무너졌을 때 그 장벽을 가로질러 몰려든 것은 동독 사람만이 아니었다. 그때 서독에 있었던 암웨이 사 디스트리뷰터들은 암웨이 사와의 직거래 계약을 제안하기 위해 동독 지역으로 몰려갔다. 동독의 사업가들은 이 제안에 환호하였다. 그 결과 요즈음 동독 지역에는 약 10만 명의 암웨이 디스트리뷰터가 생겨 구동독인들은 생에 처음으로 자유기업의 즐거움을 맛보고 있는 것이다.

「투나잇쇼」의 사회자 제이 레노Jay Leno는 동유럽에 자유기업을 심어준 암웨이 사의 활동 기사를 읽고는 「그렇게 애쓴다고 공산주의자들이 사라질까」 하며 빈정거렸다는 이 말을, 전세계에 있는 암웨이 사 사람들의 의지와 고집에 대한 칭찬의 말로 받아들였다. 동유럽의 암웨이 책임자인 피터 뮬러 미어카츠는 그 말을 「우리는 자본주의를 신봉한다. 민주주의와 자유경제체제만이 우리의 유일한 희망이라고 믿고 있다. 그런 우리가 그 좋은 것을 나눠서 공유하지 않아서야 되겠는가?」라고 받아넘겼다. 수십 만의 동독 암웨이 디스트리뷰터뿐만 아니라 4만여 명의 헝가리인들도 우리 사업에 참여했으며 수천 명의 폴란드인들도 자국에서 디스트리뷰터가 될 준비를 하고 있다. 이와 같이 자유경제방식에 참여하기 위해 몰려드는 것도, 그리고 그 결과로서 전혀 새로운 자본가 세대를 형성하게 되는 것도 예전의 공산국가에만 해당되는 것이 아니라 경제적인 장벽이 무너지고 있는 곳이라면 어느 곳에서나 일어나는 일이다.

1990년 멕시코의 살리나스 대통령이 용기를 내어 미국과 멕시코의 무역장벽을 허물었을 때 암웨이는 멕시코에 진출했다. 그 결과 현재 멕시코에서는 흥분 잘하고 고집 세지만 책임감이 강한 멕시코 남녀 10만여 명이 암웨이 사업에 참여하고 있다. 이들 역시 자유경제체제가 지난 수년 동안의 가난과 실망을 극복하는 데 큰 도움이 된다는 것을 새롭게 발견하고 있다. 인도네시아에도 5만여 명의 암웨이 디스트리뷰터가 활동하고 있으며, 심지어 일본에서는 근로자들이 자영업을 할 수 있다는 점과 상류층으로 진입할 수 있는 기회로 보고 사회적 보장이 안전한 봉급생활을 청산하고 직접 판매사업을 시작하고 있다. 1백만의 디스트리뷰터를 자랑하는 일본 암웨이 사는 일본내에서 세번째로 큰 외국자본 기업이 되었다. 일본의 주요한 디스트리뷰터의 한 사람인 나카지마 카오루는 다음과 같이 말한다. 「나는 한 회사를 위해 8년 동안 샐러리맨으로 일했습니다. 그러나 이제는 내가 바로 사장입니다. 나는 자유인이며 긍지를 갖고 사업을 하고 있습니다. 나는 다른 다섯 나라에서 자기 사업을 하려는 사람들을 돕고 있습니다. 수많은 사람들이 풍족한 생활을 하게 되는 것을 볼 때면 흥분을 감출 수 없습니다. 이것은 일이 아니라 마치 연극을 공연하고 있는 듯한 즐거움입니다」

보다 나은 생활을 위하여

그러나 오해하지 마시길. 돈벌이 때문에 자유기업으로 사람들이 몰리는 것은 아니다. 물론 사람들은 자신과 가족의 경제적 안정을 원한다. 물론 이것은 당연한 일이다. 그러나 사람들은 그것만이 아닌, 그 이상의 더 많은 것을 갈망하고 있다.

지구상에 있는 여느 나라 사람들과 마찬가지로 동독, 헝가리, 폴란드, 체코, 중국 사람들도 당연히 더 많은 만족을 원한다. 물질적 자유뿐 아니라 정신적 자유까지도. 즉, 인간으로서 완전함을 성취하고 싶은 것이다. 하나님이 생각한 모습 그대로 자유로운 인간이 되고 싶은 것이다. 완전한 민주사회에서만 가능한 사고와 상상의 자유, 간신히 살아갈 수 있는 자유가 아니라 진정한 만족을 찾을 수 있는 그러한 자유를 원하고 있는 것이다.

마르크스식 사회주의 국가가 경험한, 변화에 대한 열망의 근원에는 의외로 간단한 사실이 있다. 즉 공산주의가 겪은 커다란 정신적 위기의식이 바로 그것이다. 파산선고를 받은 것은 공산주의 경제체제 자체가 아니라 공산주의 가치 기준의 빈곤이었다. 현대 공산주의 창시자인 칼 마르크스는 인간정신에 대한 견해는 빈약하기 짝이 없는 것이었다. 그의 사상은 한 국가나 개인이 그 삶을 뿌리박기에는 적당한 토대가 되지 못한다.

1969년 7월 18일 미시건 주 에이다의 공장 화재사고로 우리의 꿈이 거의 깨어졌을 때 내 평생의 친구이자 동업자인 제이 밴 앤델은 더불어 사는 자본주의의 인간관을 보여준 적이 있다. 자정 직전에 엄청난 폭발이 있었다. 제이가 현장에 도착했을 때 사무실과 조립라인이 있는 큰 빌딩은 거의 화염에 휩싸여 있었다. 직원들은 목숨을 걸고 트랙터에 올라 불타는 창고에서 세미트레일러와 급유기를 끌어내고 있었고 다른 사람들도 중요한 서류뭉치를 구하기 위해 14,000피트에 달하는 건물로 들어서려 하고 있었다. 제이는 이들을 제지하며 잊혀지지 않는 한마디를 외쳤다. 「종이조각들은 잊어버려! 사람들을 먼저 구해!」

인간에 대한 우리의 생각은 매우 중요한 것이다. 우리가 사람을 고결한 영감을 지닌 피조물로서, 하나님이 가치를 부여한 하나님의 아들로서 생각한다면 당연히 사람은 존경심과 존엄성으로 대해야만 할 것이다. 그러나 만일 사람을, 영혼도 없고 오직 국가에 의해서만 그 가치가 매겨지는 유물적인 존재라고 생각한다면 어떻게 될 것인가? 그 질문에 대한 해답은 공산주의 역사를 보면 쉽게 알 수 있을 것이다.

우리가 사는 지구의 참모습을 생각해 본다면 지구의 한정된 자원을 어떻게 이용할 것인가 하는 문제의 중요성을 깨달을 수 있다. 우리가 사는 이 놀라운 행성인 지구와 지구의 보물을 하나님이 우리에게 준 선물로 생각하며, 우리 스스로를 무한한 가치를 가진 그 보물을 지켜야 할 수호자로 하나님이 정해 주었다고 생각할 수만 있다면 당연히 지구를 보호하고 사랑할 사람은 바로 우리 자신이 아니겠는가?

자본주의: 단순한 법칙으로 최선의 출발

1986년 5월 한달 동안 8천명 이상의 미국 고등학생 2학년 내지 3학년들을 대상으로 자본주의에 대해 얼마나 알고 있는가를 확인하기 위한 시험이 실시되었다. 시험의 결과는 수험자 전체의 66%인 5,415명이 자본주의와 이익과의 기본적인 상관관계조차도 알지 못하는 것으로 나타났다. 온 나라의 신문들은 〈미국 학생들, 기초 경제시험에서 낮은 점수 기록〉이라고 대서특필하였다. 기초 경제원칙을 학과 과정에서 배우게 되어 있는 일본과 독일 학생들에게도 똑같은 시험이 시행되었지만 형편없는 결과가 나왔다. 이러한 결과는 미국의 저명한 경제학자인 폴 보커 Paul A. Vocker가 발표했는데, 기자회견에서 그는 그 자신도 고등학교 시절의 경제지식은 형편없었다고 자인하였다.

나 역시 시험을 아주 싫어한다. 그 시절 나도 낙제점을 받았었다. 따라서 그 기초 경제상식 시험을 치른 학생들에게는 안타까운 마음이 들었지만, 경제계의 지도자들이 학생들을 대상으로 그 시험을 치른 이유도 이해할 수 있었다.

학생들이 틀린 대답을 한 그 지점에서부터 시작해 보자. 이익이란 무엇인가라는 객관적 문제의 정답은 〈총수입에서 비용을 뺀 것〉이었다. 올리버 벤델 홈즈 Oliver Wendell Homes는 아주 짧은 시구로 그 질문에 답하고 있다.

행운의 여신에게 나는 빌었네.
내가 소비하는 돈보다 조금 더 남게 해달라고.

사업가가 성공할 수 있는 비결은 바로 이 시구에 나와 있다. 이익이란 쓴 돈보다 많은 돈을 벌어야 생기는 것이다. 이익이 생기면 사업은 성공하게 되고 자본은 축적되는 것이다. 축적된 자본으로 사업을 하게 되면 새로운 사업으로 자신의 삶의 질을 향상시킬 수 있으며 이에 따라 다른 사람의 삶의 질도 높아지게 되는 것이다. 이익이 없다면 사업은 실패하게 되고, 돈을 모으려던 꿈은 깨어지고, 사라진 이익처럼 그 꿈 또한 연기처럼 사라지게 되는 것이다.

이익을 남기는 과정 즉, 자본주의가 실제로 형성되는 과정을 설명하기 위해 나는 간단한 공식을 만들어보았다.

$$MW = NR + HE \times T$$

물론 이것은 양자물리학 문제의 해결 공식은 아니다. 보기보다는 훨씬 간단한 공식으로, 내 이론이 너무도 간단하다는 것을 알게 될 것이다. 토론을 해가다 보면 가장 간단한 것이 가장 복잡한 문제를 풀어주는 실마리가 되기도 한다. 하나하나의 기호를 풀어보면, MW (Material Welfare)는 물질적인 행복을, NR(Natural Resources)은 천연자원을, HE(Human Energy)는 인간의 노동력을, T(Tools)는 도구를 사용함으로써 생기는 효율성으로, 각 부분에 대해 설명하면 다음과 같다.

MW(물질적 행복): 자본주의는 자본 즉, 물질을 창조하고 분배하는 과정을 말한다. 자본가가 자기 자신뿐만 아니라 자신에게 의존하는 많은 사람에게도 물질적인 행복을 주려는데 있다. 물질 또는 물질주의라는 말에 주저할 필요는 없다. 우리의 집이나 학교 등 모든 것은 물질로 되어 있다. 물질은 지구상의 인간들을 먹이고 입히는 것이다. 물질은 삶의 실체이며 따라서 삶을 편안하고 충만하게 하기 위해 물질을 공유하려는 욕망은 결코 잘못된 점이 없는 것이다.

NR(천연자원): 모든 물질은 땅과 바다, 하늘에서 얻어진다. 직접적이든 간접적이든 모든 자본가들은 천연자원에 의존한다. 자기 방을 둘러보라. 그것이 아무리 외관상 인공의 것처럼 보인다 하더라도 천연자원으로부터 시작하지 않은 것이 있는가? 내가 신고 있는 양말의 섬유는, 풀을 먹고 흐르는 시냇물을 마시고 자란 양에서 얻어진 것이 아닌가? 지금 매고 있는 넥타이의 명주실도 뽕잎과 하늘에서 내린 이슬방울을 먹고 자란 작은 누에에게서 얻은 것이 아닌가? 내 책상도 땅에 뿌리를 박고 양분을 먹고 자란 나무로 만들어진 것이다. 내가 쓰고 있는 컴퓨터도 플라스틱과 알루미늄, 강철로 되어 있지만 이들 물질도 석유와 보크사이트 등 땅속 지하자원으로 얻어지는 것이다. 그러나 이들 천연자원들은 또 하나의 중요한 물질자원이라 할 수 있는 인간 즉, 인간의 노동력에 의해 변형된다.

HE(인간 노동력): 땅속에 있는 천연자원이 곧바로 쓸모 있는 것이 되는 것은 아니다. 양이 있다고 해서 양모가 되는 것은 아니고 누에에서 뽑아낸 실이 바로 섬유가 되는 것은 아니다. 여기에 인간의 두뇌와 노동력이 부가될 때 하나의 변화가 이루어지는 것이다. 땅속에 있는 자원은 말로 간단히 처리가 되는 것이 아니며 산에 있는 석탄이 곧장 응접실을 따뜻하게 해줄 수도 없는 것이다. 천연자원은 개발해서 수확하여 인간 두뇌와 노동력을 부가해서 보다 쓸모 있는 형태로 바꿔야만 하는 것이다.

T(도구): 나는 페루에서 백 파운드 이상의 목재를 등에 지고 다니는 사람들을 본 적이 있다. 짐을 나르기 위해 그들이 쓸 수 있는 도구라고는 마디지고 굳은살 박힌 손과 굽은 등밖에는 없었다. 오늘날, 암웨이의 운전자들은 방음장치가 된 운전석에서 음악을 들으며 시속 50마일로 5만 파운드의 화물을 나르고 있다. 물질적인 풍요를 이룩해 내는 데 있어서 도구의 개발은 훨씬 더 편하고 안전하며 단순하고 효율적인 과정을 만들어낸다.

암웨이 사가 성공할 수 있었던 〈도구〉는 만지고 작동할 수 있는 기계와 같은 것이 아니었다. 우리 회사의 엄청난 발전도구는 다름 아닌 암웨이만의 독창적인 시장 판매전략이었다. 마르크스식 사회주의에서도 천연자원이 있고 인간자원이 있지만, 그 노동력을 고취시킬 수가 없었던 것이다. 우리가 시행한 다각화된 판매전략은 자영업 형태의 경영권과 함께, 평생 안정된 보너스로 전세계 3백만의 디스트리뷰터들의 의욕을 고취시켜 주었다. 마르크스식 사회주의는 몇 가지 점에서 실패하였는데, 그 중심이 되는 붕괴의 원인은 바로 사람들이 일을 하는 데 의욕을 상실하게 되었다는 점이다. 이러한 체제하의 사람들은 지구상에 있는 어떠한 자원도 소유할 수 없었다. 그들은 일할 때 쓰는 도구조차도 소유하지 못했으며 그 결과 그 자신의 몸뚱이조차도 자신이 소유하지 못하는 결과가 발생했다. 자원과 도구처럼 노동자 자신도 국가의 소유물이기 때문이다.

이러한 근거로 나는 지난 20년 동안 미국 전역을 돌며 자유경제체제와 위에서 언급한 네 가지 물자로 자유와 보상 인식과 기대를 설파했던 것이다. 자본가는 필요한 자원과 도구를 자유롭게 소유할 수 있으며, 그러한 과정 속에서 자유로울 수 있다. 이것이 바로 자유만이 만들어낼 수 있는 큰 차이인 것이다.

내 아들 딕이 16살이 되었을 때 나는 내 자동차를 그에게 주었다. 가스도 타이어도 수리도 모두 내가 했던 차였다. 그러나 딕은 찻길마다 타이어 자국을 남기고 돌아다니며 친구들을 태우고 온 시내를 휘젓고 다니는 등 자동차를 엉망으로 만들었고, 내가 손을 보기 전에는 가스도 떨어지고 고장 난 채로 차고에 처박혀 있기 일쑤였다. 당연한 일이었다. 그래서 나는 그 아이가 18살이 되었을 때 자동차의 소유권을 그 아이에게 넘겨주었다. 그러자 길에 타이어 자국도 사라지고 오랫동안 차를 타는 일도 줄어들었다. 타이어도 가스도 자신이 사야만 하게 되자 친구들을 끌어들여 돌아다니는 일도 줄어들게 되었다. 지금 그 아들은 윈드 퀘스트Wind Quest 그룹 회장으로 그 지역 학교 위원회와 우리 회사의 사장으로 일하고 있다. 인생을 통해 그는 소유에 따른 자유와 책임을 배우고 있는 것이다.

사람들이 자원과 도구를 소유하게 되면 항상 두 가지 현상이 일어난다. 그 하나는 소유상태를 더욱 오랫동안 지속시키려 하는 것이며 또 하나는 능률이 높아진다는 것이다. 미국의 농부들이 각자 따로 트랙터를 갖게 되면 그 땅은 훨씬 비옥해지고 트랙터도 항상 정비가 잘되는 것은 그 이유 때문이다. 수확철이 되면 그 농부는 한밤중에도 트랙터에 불을 밝히고 일하게 되며 그 결과 더 큰 보답을 받게 될 것이다. 공식을 한번 더 보자.

$$MW = NR + HE \times T$$

몇 년 동안 나는 이 공식으로 자본주의의 기능을 설명하기 위해 미국 전역을 돌아다녔다. 지금도 이 믿음에는 변함이 없다. 그러나 이 공식에는 한 가지 빠진 것이 있다. 기업의 성공을 실질적으로 지속시키는 비밀은 동정심에 있다. 이 공식을 제시할 때마다 나는 각 과정마다 동정심이라는 개념을 덧붙이고 있다. 더불어 사는 자본주의 공식은 다음과 같이 볼 수 있다.

$$MW = (NR + HE \times T) \times C$$

각 항목을 동정심에 곱해 보면 놀라운 일이 일어난다. 물질적 풍요를 향한 모든 요소마다 동정심을 이끌어내어 궁극적으로는 그 풍요로움을 활용할 수 있게 하여야 한다. 즉 자원이나 인간 노동력, 도구 등에 동정심을 끌어다놓아야 한다.

내가 자본주의의 궁극적 목표는 이익이 아니라 동정심이라고 말을 하면 웃는 사람들도 있다. 그러나 이 점만은 알아야 한다. 동정심이 자유경제체제를 고쳐시켜 줄 수 있으면 이익은 부수적으로 수반될 뿐만 아니라 인간 생활도 나아지게 되고 세상도 제 모습을 되찾아 새롭게 변모될 것이다. 동정심이 이러한 과정에서 능동적인 구성요소가 되지 못할 때, 일시적으로는 이익이 생길 수도 있겠지만 장기적으로 보면 사람들은 고통에 시달리게 되고 결국 세상도 우리가 되돌릴 수 없을 정도로 고갈되게 될 것이다.

다음 장에서는 내가 믿는 생활신조를 밝혀 더불어 사는 자본주의의 전망을 설명하려 한다. 이 점은 바로 나의 기업철학의 기본이 되어 일상생활 속의 나를 이끌어주는 지침이 되기 때문이다.

누구든지 내 친구들을 만날 수 있었으면 좋겠다. 그들을 만나 보면, 바로 나처럼 더불어 사는 자본주의가 가르치는 바를 알게 되고 고취되는 점이 많을 것이다.

오늘날, 나는 더불어 사는 자본주의가 세계적으로 선택 가능한 경제체제가 되었다고 감히 말할 수 있다. 그 이유는 더불어 사는 자본주의는 이익(비용을 제하고 남는 돈)을 남기고자 하는 사람들의 꿈을 실현할 수 있는 수단과 가능성을 제시해 주고 있기 때문이다. 몇몇 사람이 백만장자가 될 수 있다고 해서 자본주의가 훌륭한 것이 아니라, 수많은 사람들이 그들이 원하는 것을 얻을 수 있다는 점에서 자본주의는 훌륭한 것이다.

유감스럽게도, 이익을 창출하는 과정에서 많은 사람들이 피해를 입고 자연이 파괴되는데도, 오로지 이익을 추구하는 것만이 능사라고 생각하는 탐욕스럽고 무자비한 자본가들도 많다. 더불어 사는 자본가들은 이익을 창출하고자 하지만, 그들은 많은 사람들의 이익과 자연보호를 우선적으로 생각할 때에만 진정한 이익이 생기는 것이라고 믿는 사람들이다. 인간과 자연을 희생하면서 얻어진 이익은 절대로 참된 이익이 아니다. 이러한 이익은 흑자가 아니라 적자로 기록되어야 한다.

형제 자매나 지구를 황폐시켜서 얻는 이익은 결과적으로는 전설 속에 나오는 마이다스 왕의 손에 닿는 모든 것이 파괴되는 것처럼 우리 모두를 죽음으로 인도하는 길이 된다.

더불어 사는 자본주의 방식을 통해 얻어지는 이익은 눈먼 바보들의 돈과는 구별된다. 그러한 이익은 사람과 자연을 위한 위대한 꿈을 꾸게 하며, 그 꿈을 실현시킬 수 있는 수단을 제공해 준다.

다음 장에서 나는 더불어 사는 자본주의 원칙을 설명하기 위해, 우리 회사 주변의 이야기를 소개하고자 한다. 이 이야기를 하기 위해서는 몇 가지 위험을 무릅써야 한다. 그 첫째로는 내가 이 글에서 쓸 이야기의 주인공들이 이 글에서보다 훨씬 더 생생한 이야기를 해줄 수 있다는 점과, 둘째로는 여기에서 나올 이야기 못지않게 많은 감동적인 이야기가 있을 것이라는 점이다. 그러나 그러한 이야기를 모두 다 할 수 있는 여유는 내게 없다. 따라서, 다음에 나올 이야기 중에 당신의 이야기가 포함되어 있지 않더라도 당신이 내 친구 명단에서 제외된 것은 아니라는 점을 기억해 주기 바란다.

더불어 사는 자본주의 재단

세상은 어지러울 정도로 빠르게 변하고 있다. 모든 사람들은 세상이 직면한 난관을 피부로 느끼고 있다. 매일 매일 신문을 들춰볼 때, 책방에 놓여 있는 책들을 훑어볼 때 나는 늘 그 어려움의 무게를 느낄 수 있다. 그 가운데 가장 우리를 불안하게 만드는 경제적인 불안일 것이다. 사람들은 그 문제의 대부분을 무시하거나 부정할 수 있을지 몰라도 자신의 주머니 속의 지갑만은 잠시라도 잊을 수 없을 것이다.

엄청난 구조적인 변화가 우리 사회를 뒤흔들고 있다. 사회학자들은 우리 시대를 포스트모던 시대라고 부르기도 하고 미래학자들은 우리가 미래의 충격 속에서 고통받고 있다고 표현하고 있다. 또한 사회학자들은 우리들이 지금 하나의 본보기가 될 수 있는 패러다임 변화에 직면하고 있다고 말하기도 하는 한편, 과학자들은 이와 같은 현상을 서구적인 모든 가설들을 뒤집어놓을 전환점의 기로에 서 있는 것으로 보기도 한다. 인구통계학자들은 가족 구성 형태에 큰 변화가 있게 된다고 보고하기도 했으며, 경제학자들은 국가 경제상에 근본적인 변화가 일고 있음을 경고하기도 한다.

이러한 모든 것들이 우리를 불안하게 하고 있다. 아무리 좋은 환경일지라도 변화를 받아들이는 것은 어려운 것이다. 사람들은 변화를 좋아하지 않는다. 이러한 변화 때문에 긴장이 팽배해진다. 사람들 사이에서 의견이 분분한 〈패러다임의 변화〉라는 새로운 말을 만들어 낸 사람은 토머스 쿤이라는 학자이다. 그는 그의 저서 『과학적 변화의 구조』라는 책에서 그들이 믿고 있었던 과학적 기초 사실의 변화와 새로운 발견에 대해 과학자들이 취하는 완고성을 잘 묘사해 놓았다.

그의 책을 보면 새로운 이론의 타당성 때문에 자신의 사고체계를 바꿔야 할 때에도 조금도 그렇게 하지 않으려는 과학자들의 모습이 잘 보여지고 있다. 토머스 쿤은 기본적인 변화에 접한 과학자들이 보이는 갖가지 징후를 여러 가지로 설명하고 있다. 그에 따르면, 과학자들은 전면적인 부정의 태도를 견지하거나, 나타난 증거를 부정하기도 하고 오래된 개념에 대해서는 비평을 꺼려하며 새로운 생각을 가진 사람들을 비방하기도 하면서 오랫동안 지켜온 독단적 사고를 고치려 하지 않는 등 갖가지 모습을 보인다는 것이다.

우리 자신도 그 과학자들과 태도상 크게 다르지 않다. 사회를 재구성한다던가 경제적으로 불안정해진다던가 하는 변화가 오면 우리는 불안함을 느낀다. 세상이 예측할 수 없는 변화를 보이면 그것처럼 싫은 게 없다. 우리는 공산주의의 몰락에 기뻐했지만 무엇이 그것을 대신할 수 있을 것인가 걱정을 하고 있다. 자본주의는 완벽하다고 믿고 있으면서도 사실은 그 결함에 신경을 쓰고 있다. 이 책의 출판과 더불어 나는 더불어 사는 자본주의 재단을 설립하려 한다. 나의 아내 헬렌과 내 친구 등 이 새로운 단체 설립에 투자한 사람들은 자유기업체제에 새로운 신념을 갖고 우리가 겪고 있는 변화나 불안을 극복할 수 있는 희망을 불어줄 것과 그 과정에서 동정심을 등불로 삼겠다는 비교적 단순한 목표를 지향하고 있다.

우리는 또한 매년 이 재단에서 수여할 상도 제정하였다. 그 상은 1994년을 기점으로 전세계에서 크든 작든 더불어 사는 자본주의의 모범을 보인 개인이나 단체에게 주게 될 것이다. 나 역시 시간적으로 여유가 있는 사람은 아니지만 세계 모든 사람들을 돕기 위해 좀더 많은 시간과 돈, 정열을 투자할 생각이다.

사실 나는 내 아내와 함께 우리가 살아 있는 한 그 재단에 모든 것을 바치기로 마음을 먹었다. 살아 있는 동안 좋은 일을 많이 하게 되면 죽고 나서도 누군가는 그 사람의 이름을 기리게 된다. 수십 년 동안 나는 더불어 사는 자본주의라는 물결을 헤쳐나왔다. 이제 인생의 말년에 이르렀지만 전에 없이 높아지고 깊어진 인생의 참모습을 찾아보고 싶다.

포도주 제조업자가 포도주를 만들 때면 통속에 포도를 넣어 발효시킨다. 현대적인 양조법에서는 코르크 마개 대신 큰 병이 마개로 되어 있는 숙성통을 사용하고 있다. 시간이 지나면 숙성된 포도주에서 이산화탄소가 발생한다. 코르크 마개로 꽉 막아놓게 되면 숙성통은 폭발하게 된다. 숙성통에는 숨쉴 여유 공간이 있어야 하는 것이다. 예수님은 새 술은 낡은 부대에 담을 수 없다고 말했다. 낡은 부대는 터지기 쉬우므로 새 술은 새 부대에 담아야 술도 부대도 잘 보존된다고 말한 것이다. 이 말을 통해 나는 마치 오래된 포도에서 좋은 포도주가 나오듯이 오래된 줄기에서 새로운 자본주의를 키워 동정심이라는 새 술부대에 넣어 좋은 결과를 맛보고 싶은 것이다.

자유! 모든 것을 가능케 하는 자유

전 동독인 안드레이 쥬바일은 올해 23세로 라이프치히 근교에서 아내와 쌍둥이인 두 아들과 살고 있다. 내가 그를 처음 만난 것은 복잡한 호텔 연회장에서였다.

베를린에서 새로 결성된 디스트리뷰터 모임에서 내가 연설을 마쳤을 때 그는 두 아들을 팔에 안고 아내와 함께 단상을 향해 올라왔다.

「디보스 씨, 저는 안드레이 쥬바일이고 이쪽은 제 아내와 아이들입니다」라고 딱딱한 독일식 억양이 섞인 영어로 말했다.

그는 잠시 웃으며 자신의 가족을 바라보다가 나에게로 향했다. 무언가 적당한 말을 하려고 애쓰는 모습이었다. 마침내 말을 시작한 그는 입술을 떨고 있었고 뺨엔 한 줄기 눈물이 흐르고 있었다. 아이들을 안고 있는 그의 손은 흥분으로 떨고 있었다.

「동독에 자유가 찾아왔을 때, 처음에는 무엇을 해야 할지 몰랐습니다. 아내와 아이들이 갖지 못했던 모든 것을 해주고 싶었습니다. 어디서부터 시작해야 할지 몰랐고, 돈도 없었습니다. 돈을 빌릴 수도 없고, 팔아서 돈으로 바꿀 것도 없었습니다. 무엇인가 자영업을 하고 싶었지만 어떻게 해야 하는지도 몰랐습니다」

잠시 그는 용기를 얻고자 하는 듯 아내를 쳐다봤다. 그러자 아내는 미소 지으며 남편을 껴안았다. 「그래서 아내에게 물었죠. 우린 무엇을 할 수 있을까? 그러자 아내는 말하더군요. 〈자유가 있는데 무언들 못 하겠어요〉라고요」 안드레이는 우리 회사가 기회를 준 것에 대해 우리 모두에게 감사를 표했다. 그와 그의 아내는 지난 몇 달 동안 적지만 아주 인상적인 실적을 올렸다.

안드레이의 이야기는 암웨이에 대한 이야기가 아니다. 그것은 더불어 사는 자본주의에 대한 이야기이며 크든 작든 더불어 사는 자본주의가 해낸 커다란 일을 말해 주는 것이다. 「이제 우리는 자유롭습니다. 우리는 무엇이든 할 수 있습니다」라고 마리아는 말했다. 그녀와 그녀의 남편은 이 단순한 말에 신념을 갖고 그것을 증명해 나가고 있는 것이다. 나는 마리아의 말을 인용할 때의 안드레이의 눈을 결코 잊을 수 없다. 황폐화된 경제상태를 딛고 뛰어오르기는 무척이나 어려운 일이다. 우리 경제의 방향을 바꾸는 것도 쉬운 일이 아니다. 그러나 우리에게 자유가 있는 한 그 문제는 풀어나갈 수 있다. 그 해결방법이 무엇이든 우리의 자유를 위협하는 어떤 것에라도 우리는 저항해 나가야 한다. 자유가 없으면 모든 것이 없는 것이라는 것을 공산주의의 압제하에서 우리는 알았다. 마리아와 쥬바일의 말을 우리의 뇌리에 깊이 새겨놓자. 「자유롭다면 우리는 못할 게 없습니다」

더불어

사는

자본주의

1부 - 준비

제1장 우리는 누구인가?

> 남녀노소 할 것 없이 모든 인간은 인간으로서
> 가치와 존엄성과 자신만의 잠재력을 가지고 있다.
> 그러므로 우리는 우리 자신을 위해서나
> 다른 사람들을 위해 원대한 꿈을 가질 수 있다.
> 생활신조 1

나스 임랜은 워싱턴 주립 교도소의 작은 철제 침상에 걸터앉아 있었다. 그는 도저히 잠을 이룰 수 없었다. 앉아서 꾸벅꾸벅 졸고 있노라면, 그의 꿈은 어둡고 무거운 그림자들과 성난 목소리들로 어지럽혀지곤 했다.

「1969년 내가 열아홉 살밖에 안 되었을 때 난 단지 공포와 비참함에서 도망치기 위해 풋볼 선수로 워싱턴 대학에 입학한 흑인 청년에 지나지 않았습니다. 그 당시 하이즈만 상(매해 대학 풋볼 최우수 선수에게 수여된다)과 선수권 대회, 로즈볼 출전 선수가 되어 프로팀에 입단하는 것 등이 나의 꿈이었지요」

나스는, 대부분 흑인인 죄수들이 불안하게 잠들거나 독방에서 혼자 서성거리는 동안 혈색 좋은 백인 간수는 책상에 다리를 걸쳐놓고는 커피를 마시거나 TV나 보고 있는 것을 바라보았다.

「나는 질 나쁜 친구들과 어울렸지요. 법에 저촉되는 일을 저질렀고, 그러다 어느 순간엔가 법정에서 판사 앞에 서 있는 내 자신을 발견했지요. 2년형이 내려지더군요. 감옥에서 꿈을 키우며 그 꿈을 지킨다는 것은 무척 어려운 일이었어요」

나스는 잠시 멈추었다가 다시 얘기를 시작했다. 「물론 꿈을 계속 갖는다는 것은 내 가족들에게도 쉬운 일이 아니었죠」

나스 임랜의 증조부는 노예였고, 외조부모님들은 나스의 어머니가 다섯 살이었을 때 돌아가셨다. 링컨이 노예 해방령에 서명을 한 후 였지만, 아프리카계 미국 흑인들은 여전히 인권을 되찾지 못하고 있었고 선거권도 없었고, 연설을 하거나 글을 쓰거나 집회를 자유롭게 가질 수도 없었다. 그 법은 흑인이 자유기업의 이윤을 취하는 것도 금하였고 사유재산이나 신용거래의 이익을 챙기는 것도 금하였다. 집을 소유하거나 사업을 하는 것은 말할 것도 없고 글을 읽고 쓰는 것도 흑인에게는 불법이었다. 오늘날 흑인계 미국인들의 조상은 자본가가 되겠다는 생각은 물론 자신감이나 독립심을 가질 수 있는 기회조차 부여받지 못했다. 흑인들의 대다수가 그들의 소유주에게 노예로 묶여 살거나 집단 린치와 KKK단의 공포 속에서 살아야 했다. 이런 엉키고 혼란스런 과거로 인해 미국 흑인들은 절망적이고 무기력하게 되어버리고 말았다. 그들은 계속 꿈을 꾸었지만, 그 꿈을 실현시킬 수 있는 권리를 행사할 수는 없었다.

나스는 감옥에 있는 동안 이러한 비극적인 과거가 만들어낸 사람들로 둘러싸이게 되었다. 「허리가 굽고 머리가 희끗희끗한 무기징역수들이 아무런 희망 없는 나날들을 보내는 모습을 보았죠. 젊은 무기징역수들은 풀죽은 모습으로 자동차 번호판이나 가죽지갑을 만드느라 망치질을 하고 있었죠. 도시 빈민가 게릴라전에서 막 잡혀들어온 흑표범당원(미국의 흑인 과격파)과 마호메트를 추종하고 반란을 꾀했다는 흑인 이슬람교도들, 그리고 대부분의 죄수들도 그들 환경 탓에 다른 사람들을 비난하곤 했죠. 밥을 먹으면서도 잠을 자면서도 말없는 분노가 치밀어올라 복수를 다짐하곤 했죠」

「나스, 왔다갔다하지 마, 정신없어!」간수는 밤에 순찰을 돌며 이렇게 말했다. 처음에 나스는 그 지시를 따랐다. 천천히 몸을 숙여 딱딱하고 더러운 침상에 누워 천장만 뚫어지게 쳐다보았다.

잠시 동안 우리의 상상력을 동원해 보자. 만약 그 간수가 복도를 걸어와서 나스에게 〈생활신조 1〉에서 했던 말을 했다면 나스는 어떤 태도를 취했을까? 상상해 보라.

「어이, 나스! 리치 디보스가 얘길 하길 모든 인간은 인간 존엄의 가치와 존엄성과 잠재력을 가지고 있다는 거야. 알아듣겠어?」나스가 실실 웃거나 화가 나서 대꾸했다면 간수는 그 다음 말을 해줄 엄두가 안 났을 것이다. 확실히 그 젊은 흑인은 화가 나 되받아치거나 간수가 무안할 정도로 비웃었을 것이다.

이 책의 첫머리에 있는 〈생활신조 1〉을 고려하건 아니면 무시해 버리건 여러분의 마음이다. 그러나 〈생활신조 1〉을 믿고 실천하면, 나처럼 또는 내 친구들의 인생처럼 당신의 인생에도 엄청난 변화가 올 것이라는 것을 나는 확신하고 있다.

자기 자신을 어떻게 생각하는가?

여기서 당신이 유대 기독교 전통에 따라야 한다고 하는 것은 아니니 걱정할 것 없다. 당신은 성공한 자본가로서 하나님을 믿지 않는지도 모른다. 하나님의 능력과 존재에 개의치 않고, 틀림없이 진화론을 믿고 또 여전히 사업에서 성공을 거두고 있을 것이다. 당신이 하는 사업과 마찬가지로 우리 사업에도 디스트리뷰터들이 있고, 종교도 다르고 철학도 다른 종업원들이 있다. 실제로 문제가 되는 것은 다음과 같다. 당신 자신이 당신의 존재를 어떻게 보고 있는가?(당신은 자신이 누구라고 생각하는가?) 어떤 목적으로 당신은 태어났는가? 당신의 꿈은 어떤 계기로 생기게 되었는가? 그런 꿈을 실현하면 어떤 미래가 기다리고 있다고 생각하는가? 당신의 탄생은 단순한 우연에서 비롯된 것인가, 아니면 어쩌다 조상에게서 이어받게 된 것인가? 도저히 풀 수 없는 미스터리인가? 그것도 아니면 그 탄생에는 특별한 목적이 있었던 것인가?

생화학자인 한 친구가 「자기 자신을 어떻게 생각하는가?」라는 질문을 받자 비아냥거리듯 이렇게 대답한다. 「난 60%의 수분으로 되어 있지. 욕조를 채우고도 남을 만큼이지. 그 외엔 4-5개의 비누를 만들고도 남을 만큼의 지방과 여러 가지 화학물질로 되어 있지. 큰 분필을 만들 수 있는 칼슘과 작은 성냥갑 하나를 다 켤 수 있는 인 성분도 있고, 전자레인지에서 튀긴 팝콘 한 봉지에 충분히 뿌릴 수 있는 나트륨도 있고 섬광 전구를 켤 수 있는 마그네슘, 소액이나마 헌금을 할 수 있는 구리, 아이들 상처에 발라주면 쓰라려 어쩌지 못할 만큼의 요드, 10페니짜리 못을 만들 수 있는 철, 개에 붙은 빈대를 없앨 수 있을 정도의 유황 등으로 되어 있지. 지금과 같은 불경기의 화폐시세로는, 난 물과 지방, 화학물질로 된 1.78달러 정도의 가치밖엔 안 돼」

철학자이자 건축가이며 도시 설계사인 벅민스터 풀러는 그 질문에 다음과 같이 대답했다(아래 내용은 그의 긴 대답에 내 나름대로 설명을 붙인 것이다) : 「나는 자율조절되는 28개의 관절을 갖춘 두 발 동물로, 수천의 수압식 및 기계식 펌프로 계속해서 동력을 공급하기 위해 축전지에 에너지를 저장하기 위해 통합되고, 또 분리된 여러 기능을 가진 전기 화학적 작용을 하는 생물체로, 각 기관에는 자체 동력이 갖추어져 있고, 6만2천 마일의 혈관, 수백만 개의 경고 신호장치, 그 통로와 운반장치, 게다가 잘 쓰기만 하면 70년 정도는 고장 없이 쓸 수 있는 분쇄기와 흡수관, 전체적으로 퍼져 있는 연락망을 갖추었으며, 이 모든 것은 망원경, 현미경, 자율탐지기능, 분광기 등에 정착되어 있는 회전 렌즈에 의해 조정된다네」

심리학자이자 행동주의 심리학의 아버지인 B. F. 스키너는 그 질문에 이렇게 대답했다 : 「난 배운 대로 환경에 반응하며 살아왔습니다.

파블로프의 개처럼 신호를 하면 어쩔 수 없이 침을 흘리도록 훈련받았습니다. 행동을 흉내내거나 자발적이거나 변덕스럽게 변화해 보지도 못했습니다. 모든 것이 조건부였고, 선택이란 환상이었지요. 꿈은 자기 기만이었습니다」

이런 말을 들으니 기분이 어떤가? 거울 앞에 서서 자신을 똑바로 쳐다보며 물어보라. 「내가 어떻게 보이는가?」 자신이 단순한 화학물이나, 자동 조절되는 정교하게 만들어진 기계나 혹은 신호에 따라 침을 분비하도록 훈련된 유기물에 지나지 않는다고 생각하는가? 만약 그렇다고 한다면, 수분과 지방, 마그네슘으로 이루어진 1.78달러의 가치밖에 없는 존재에게 미래는 없다. 기계는 심장도 마음도 의식도 없다. 파블로프의 개는 꿈꿀 수는 있지만, 그 꿈이 실현되는 것을 결코 볼 수 없다. 당신은 이 모든 대답을 다 합친 것보다 더 많은 가치가 있다는 것을 믿지 않는가?

그것이 바로 내가 성경의 풍요로움과 아름다움을 사랑하는 이유이다. 창세기에서 모세가 쓴 시적이고 아주 감동적인 글을 대하면, 우리 자신은 과연 누구이며 왜 꿈을 가질 수 있는가에 대한 그의 생각을 알 수 있다. 그가 역사에 남긴 유명한 글의 첫머리는 이렇게 시작된다. 「태초에 하나님은 하늘과 땅을 창조하셨느니라」(창세기 1:1), 「6일째 되는 날, 하나님은 그의 형상을 좇아 인간을 창조하셨다. 하나님의 형상대로 남자와 여자를 창조하셨다」(창세기 1:27), 「우리의 하나님은 흙으로 인간을 만드시고 생명을 불어넣어, 완전한 생명체로 만드셨다」(창세기 2:7), 「우리는 단순한 식물이나 동물과는 질적으로 다르다. 왜냐하면 하나님이 몸소 성스러운 영혼을 불어넣어 주셨기에 우리 인간들은 하나님의 본질과 목적을 그대로 전해 받았기 때문이다」(창세기 2:7).

그리고 지구는 우주의 태양계를 떠도는 별이 아니다. 이 땅은 하나님이 내리신 집인 것이다. 우리는 이 땅에서 많은 것을 얻고, 기쁨을 찾도록 되어 있다. 그 대신 하나님이 우리를 보살피시는 것처럼, 우리는 이 땅을 다스리고 돌볼 특권과 책임이 있는 것이다(창세기 1:28), 우리는 하나님의 특별한 창조물이며 나와 똑같이 만들어진 다른 인간들과 잘 어울려 지내도록 만들어진 하나님의 특별한 피조물인 것이다(창세기 1:30).

이 창조에 대한 제임스 웰던 존슨의 고무적이면서도 묘한 시 「신의 트럼본」에서 모세의 이야기를 이렇게 표현하고 있다.

창조의 여섯째 날에 하나님은 잠시 멈추고 생각하신다.
그런 후 하나님은 걸어다니시며, 주위를 둘러보셨다.
그 분이 지으신 모든 것을. 그 분의 태양을 보셨고,
그 분의 달을 보셨고, 그리고 작은 별을 보셨다.
당신이 지으신 세상을 다른 생물들과 함께 바라보시며
하나님은 말씀하셨다. 아직도 나는 혼자이구나.

그런 후 하나님은 언덕 중턱의 깊고 넓은 강가에 앉아 생각하셨다.
손을 머리에 얹으신 채 생각하고 또 생각하셨다.
드디어 말씀하셨다. 인간을 하나 만들어보리라.

하나님은 강바닥에서 진흙을 퍼다가 강둑 옆에서 무릎을 꿇었다.
전지전능하신 하나님께서 태양을 밝히시어 하늘에 두시고,
별들을 흩뿌리시어 이 구석 저 구석을 밝히시고
이 땅을 손 가운데에 두고 둥글게 빚으신,
그 전지전능하신 하나님께서 아기를 바라보고 있는 엄마처럼
땅에 무릎을 꿇고 진흙을 빚어 그의 형상대로 인간을 지으셨다.

생기를 그 코에 불어넣으시니 사람이 생령이 된지라,
아멘. 아멘.

나는 누구이며 당신은 누구인가? 우리는 아기를 바라보고 있는 엄마처럼 땅에 무릎을 꿇고 그의 꿈을 우리 마음속에 심어주신 사랑하는 하나님의 자녀인 것이다. 우리의 탄생에 대한 이 함축적인 글은 나스 임랜과 우리 모두에게 굉장한 의미를 던져주는 것이다.

우리는 단순한 화학물질들의 집합체가 아니며 말 잘 듣는 기계도 아니다. 우리는 하나님 그대로의 형상대로 빚어진 인간이며, 우리가 태어났을 때, 하나님은 그의 가슴에 안고 속삭였다. 「나는 너를 만들었으며 내가 만든 것은 좋은 것이니라」

인생이 힘겹게 느껴질 때도 있으리라. 삶이 모질고 또 자신이 불운하게 느껴질 때도 있으리라. 낙오자나 패배자로 생각되기도 하리라. 기회는 다 지나가고 이제는 다시 재기할 수 없다는 생각이 들지도 모른다.

하지만 이제부터는 그 시각을 바꿔 자신을 하나님의 창조물로 바라보자. 해놓은 일이 있든 없든, 많든 적든, 하나님은 당신을 자신의 자녀로 생각하신다. 살면서 당신이 어떤 죄를 지었건, 하나님은 돌아온 탕아의 아버지(누가복음 15:11-32)처럼 당신이 집으로 돌아오기만을 기다리시며, 하나님의 성찬을 준비하고 계시는 것이다.

우리는 꿈을 가지도록 창조되었다. 우리의 꿈 역시 하나님의 꿈의 형상대로 지어졌다. 헨리 데이비드 소로는 말했다. 「꿈은 사람의 인격을 판단하는 시금석이다」당신의 꿈은 당신이 어떤 종류의 인간이며 어떤 일에 관심을 가지고 있는가를 알려준다. 그 꿈의 크기는 곧 당신 영혼의 크기가 되는 것이다. 감히 꿈을 갖는다는 것이 얼마나 어려운가를 난 잘 알고 있다. 나스 임랜처럼 고통스런 유산을 물려받았을 수도 있고, 학대받고 간섭받을 수도 있다. 가난과 공포와 무관심 속에서 자랐을 수도 있다. 죄를 짓고 빚에 몰리게 되는 경우도 있게 될 것이다. 전쟁에서 지고 꿈은 깨지고 심신이 상처투성이로 될 수도 있을 것이다. 그럼에도 옛말에 있듯이 꿈을 갖는 데는 때가 있는 것이 아니다. 너무 두려워서 혹은 심한 상처를 입어서 지금 당장 어떤 원대한 꿈을 꾼다는 것이 불가능하다면 작은 꿈부터 실현해 보자. 소로가 말한 대로, 「어떤 사람이 그가 꿈꾸는 방향으로 확실하게 나아가고 있다면, 또 그가 꿈꾸는 대로 살아나가려 애쓰고 있다면, 그는 자신도 모르는 사이에 성공해 있을 것이다」

대부분의 사람들은 단지 돈을 좀더 벌 목적으로 사업을 시작한다. 하루아침에 부자가 되는 사람은 드물다. 그러므로 조금씩 조금씩 점차로 사업이 커지면서 그들 꿈도 커지게 되는 것이다. 처음에는 작은 꿈을 갖는 것부터 시작하는 것이다. 자, 오늘은 어떤 꿈부터 시작해야 하는 것인가?

우리는 하나님의 사랑을 받고 있고, 하나님은 우리의 꿈이 실현될 수 있도록 해준다. 하나님은 우리를 만들어놓고 사라지신 것이 아니다. 하나님은 우리 인생에 관심을 기울이고 있다. 때때로 당신은 사랑하는 사람도 아무도 없이 외로워하고 혼자 이 세상에서 고통받고 있는 것처럼 생각될 때도 있을 것이다. 그러나 그렇지 않다. 하나님이 당신과 함께 계시고, 당신 가슴속에 꿈을 심어놓으셨고 당신이 그 꿈을 향해 나아갈 수 있도록 인도하신다. 당신의 꿈은 스스로를 비웃고 조롱할 만큼 황당하거나 불가능한 것은 아니다. 그 꿈들은 현실적이며, 그래서 조심스럽게 고려해 보아야 한다.

물론, 여기에도 위험은 있다. 살다보면 우리는 현실적이지 못한 계획을 세우기도 한다. 파바로티처럼 노래를 잘 부르고 싶다든지, 조 몬타나처럼 미식축구를 잘하고 싶다든지, 매직 존슨처럼 멋진 슈팅을 하고 싶다든지, 토니 모리슨처럼 글을 잘 쓸 수 있다면 하는 생각을 할 것이다. 우리가 믿고 사랑하는 사람들로 하여금 꿈의 현실성 여부를 체크하는 것이 매우 중요하다. 때때로 비현실적인 꿈은 우리에게 강박관념을 주기 때문이다.

로즈볼 출전의 꿈이 사라져버린 나스 임랜은 외로운 감옥에 앉아 계속 꿈을 꿨다. 처음엔 분노로 가득 찼지만, 석방되자마자 그는 이슬람교에 가담했다. 마호메드가 죽자 시카고에서 주도권이 옮겨지는 것을 도왔다. 마침내 그는 시애틀 이슬람 조직의 대표로 임명되었다. 나스는 그 당시를 다음과 같이 회상했다. 「그런 후 이 나라에서 우리 동족들에게 일어났던 일에 대해서 복수라는 것이 아무 소용이 없다는 것을 깨달았죠. 그것은 단지 치유되어야만 했습니다. 이슬람교도의 꿈은 증오를 바탕으로 다른 이들을 비난하며 세워졌습니다. 증오와 경멸이 마음속에 있는 한 치유란 없습니다. 누군가 얘기하기를 기독교는 사랑으로 만들어졌다더군요. 사랑은 치유 능력이 있습니다. 내 경우엔 예수님으로 인해 과거를 용서하고 백인과 흑인 모두를 위한 미래가 있는 원대한 꿈을 꾸는 것을 배웠지요」

오늘날 나스 임랜과 그의 부인은 명실상부한 암웨이 디스트리뷰터이다. 그리고 그는 아내와 8명의 아이들, 그리고 수백 명의 사람들에게 자유기업의 꿈을 심어주었다. 경제적인 안정으로 나스는 그의 시간과 부와 창의성을 그가 몸담고 있는 사회의 사람들을 위해 봉사하는 데 쓸 수 있게 되었다.

사실, 나스를 위시하여 아프리카와 아시아, 라틴아메리카에 뿌리를 깊이 박고 있는 수많은 암웨이 가족들 덕분에 이 회사는 발전되고 변화하고 있는 것이다. 그들은 한때는 소외당하고 무시당하던 사람들을 위해 상품을 개발하고 시장을 개척했다. 소외당한 사람들에게 우리는 문을 활짝 열어놓고 있다. 나스 임랜과 그와 같은 사람들은 그들 자신을 위해 또 우리들을 위해 원대한 꿈을 가졌기 때문에, 법인체 기금을 미국 흑인대학 재단과 같은 훌륭한 기관에 장학금으로 내놓고 있다.

다른 사람들을 어떻게 생각하는가?

〈생활신조 1〉은 우리 각자에게 나름대로의 의미를 고무시키고 있다. 그것이 뜻하는 것이 무엇인지 알게 될 때, 목적을 향하여 내딛을 수 있게 되는 것이다. 그러나 〈생활신조 1〉에서는 윤리적, 도덕적으로 고려해야 할 중요한 사항에 대해서도 언급하고 있다. 우리가 자신을 어떻게 바라볼 것인가 하는 것은 단지 시작에 불과하다. 오랜 시간에 걸쳐 다른 사람을 어떻게 볼 것인가 하는 문제가, 우리의 꿈을 실현시킬 수 있는 좀더 중요한 실마리가 될 것이다. 당신과 나, 우리들이 하나님의 형상대로 창조되어 스스로 위대한 꿈을 가질 수 있는 것이라면, 이 세상의 다른 모든 사람들 또한 하나님의 모습과 똑같이 창조되었기 때문에 우리의 꿈도 그들의 꿈이 실현될 수 있도록 도움을 주는 데까지 이르러야 하는 것이다. 좀더 신중하게 〈생활신조 1〉에 관해 생각해 보자.

우리는 똑같은 목적을 위해 똑같은 방법으로 창조되었다. 인류 역사를 통해 알 수 있는 끔찍한 사건들은 어느 한 사람이 또는 어느 한 집단이 다른 사람들이나 다른 집단들보다 더 우월하다는 생각에서 비롯된 것이다. 우리 자신은 더할 나위 없이 귀한 피조물로 여기면서 남들은 1.78달러의 화학물체에 지나지 않는다고 생각할 때 비극은 시작된다. 50년 전에 히틀러의 명령에 따라 나치는 6백만 유태계 유럽인들을 학살했다. 그 공포의 시기에 6백만의 종교적, 군사적, 정치적 포로들이 고문당하며 또 죽어갔다. 히틀러 한 사람에 의해 희생된 수많은 사람들 모두 다 하나님에 의해 꿈을 가지고 살 수 있도록 창조된 존재들인 것이다. 1.78달러짜리 화학물체를 불태워 버리기는 쉽다. 덜컹거리고 고장 잘 나는 기계를 치워버리면서 양심의 가책을 느끼는 사람은 없다. 미친 개를 죽이면서 노여워하는 사람 또한 거의 없다.

유태인들은 그렇게 죽어갔다. 수백만의 유태인들은 여러분과 나처럼 창조되었던 사람들이었지만 자신의 꿈들을 채 이뤄보지도 못하고 처절하게 죽어갔다. 아우슈비츠나 부헨발트의 현장 사진을 잊을 수가 없다. 나치 돌격 대원들과 경찰견들이 달려들 때 수많은 부모들과 어린아이들이 공포에 질려 서로를 부둥켜안고 있는 모습들, 가스실을 메운 가족들, 그들의 옷가지와 안경, 심지어 금니가 그들의 목숨보다도 더 귀한 것이었다. 그들의 가죽을 벗겨 램프갓을 만들고 아이들의 뼈는 사격 연습용이나 재털이로 쓰였다. 굶주려 몸부림치던 알몸뚱이의 시체들은 장작더미처럼 쌓여 큰 구덩이 속에 던져졌다.

소련 공산당 학살자들의 만행에 관한 실화 소설 『이반데니소비치, 수용소의 하루』를 읽어보자. 스탈린과 그 부하들은 약 천만 명의 사람들을 감옥으로 보내 고문하고 학살했다. 캄보디아에서 크메르루즈는 지난 10년 동안 수백만의 동포들을 학살했다. 이라크에서는 아직도 사담 후세인이 소수 민족들을 학살하고 있다. 북방의 쿠르드인들과 서남쪽의 이슬람 교도들, 세르비아인들은 보스니아 사람들을 대량학살하고, 아일랜드 정교와 청교도인들은 지금까지 전쟁을 하는 등 서로 서로 죽이는 일까지 계속하고 있다. 이 성스러운 땅에서 유태인과 기독교, 이슬람교도의 죄없는 자손들이 아직도 서로 죽이고 상처입히는 혈전을 계속하고 있다.

그런 예가 외국에만 있는 것은 아니다. 미국 또한 우리 형제 자매들을 업신여긴 비극적인 역사가 있다. 미국 원주민들을 기만하여 결국 이 땅에서 그들을 거의 제거해 버렸다. 우리 조상들은 그 인디언들도 하나님에 의해 꿈꿀 수 있는 존재로 창조되었다는 것을 믿지 않았던 것이다. 「모든 인간은 평등하게 태어났고 그 창조주로부터 누구에게도 양도할 수 없는 권리를 부여받았다」라고 하는 진리에 기초하여 우리 나라가 세워졌지만, 노예나 그 자손들은 차치하더라도 여성과 아이들도 똑같은 권리를 가지고 있다는 견해를 이해하지 못했다.

1681년경 미국 노예의 수는 버지니아 주를 중심으로 하여 2,000명 정도였다. 그러던 것이 19세기 중반에는 대서양을 거쳐 4백만 명의 아프리카인들이 마치 개, 돼지처럼 배에 실려 잡혀왔다. 이 낯선 땅에서 그들은 가족들과 헤어져 쇠사슬에 묶인 채 재산처럼 경매 처분되었다. 고된 노동과 굶주림과 채찍에 시달리며 가난과 불안 속에서 인간으로서의 존엄성은 내팽개쳐진 채 살다가 이름 모를 곳에 묻혀 버렸다. 인간에 대한 이런 잘못된 견해가 또다시 비극을 초래하게 된다. 우리는 노예 문제가 오랫동안 미국에 끼쳐온 영향에 관해 한 번도 진지하게 다뤄보지 않았다. 또한 여성과 아이들을 포함한 모든 인간은 평등하다는 생각도 믿지 않고 있었다.

자기 자신의 가치만큼 타인의 가치도 인정하는 것이 우리 사업을 성공적으로 이끌기 위한 선결 조건이다. 이것은 이 나라와 이 세계가 안고 있는 모든 문제들에 대한 해답의 실마리가 될 것이다.

예수님은 십자가에 못 박히시기 전, 다음과 같은 짧고 설득력 있는 말을 남기고 자신의 생을 마쳤다. 「이웃을 사랑하라」이웃 사람들, 고객들, 상사 또는 낯선 타인들 혹은 당신을 격분케 하는 사람들을 어떻게 생각하는가? 성공하기 원한다면, 이 사람들을 당신처럼 생각해야 한다. 왜냐하면 그들 또한 꿈꿀 수 있는 존재로 창조되어, 하나님의 사랑을 받으며, 하나님은 그들이 꿈을 이루기를 원하기 때문이다. 오래된 편견은 좀처럼 없어지지 않는다. 우리는 남을 사랑하는 시간보다는 증오하는 시간이 더 많다. 그렇지만 하나님이 우리 이웃을 대하는 것처럼 우리도 이웃을 그렇게 대할 수 있다. 우리 모두 노력하면 된다. 조금씩 노력하면 크게 달라질 수 있다.

링컨이 노예 해방 법안을 그의 각료들에게 내놓기 전에 혹 이런 제퍼슨의 얘기를 들었는지 궁금하다. 토머스 제퍼슨은 다음과 같이 말했다. 「용기 있는 한 사람이 다수를 대신할 수 있다」

나는 암웨이의 친구들로부터 많은것을 배웠다. 데이브와 젠 세번은 다음과 같은 얘기를 내게 해주었다. 「다른 사람들이 원하는 것을 이룰 수 있도록 도와주려는 마음자세가 되어 있다면 당신 또한 인생에서 원하는 것을 얻을 수 있다」〈생활신조 1〉에서 얘기하는 것을 어찌 이보다 더 확실하게 설명할 수 있겠는가?

사랑하는 하나님에 의해 창조된 우리이기에 우리 자신을 위해, 또 타인을 위해 원대한 꿈을 꾸어볼 수 있다. 그 이상을 실천한 것이 세번 부부의 사업성공의 열쇠였다.

데이브 세번은 아이다호 주 보이즈에서 자라났다. 미군에 입대하기 전 그는 아이다호 주립대를 학사장교 후보생(R.O.T.C)으로 졸업했다. 졸업 후 데이브는 국제 회계사무소인 에른스트 & 에른스트에서 일했다. 젠 세번은 인구가 2,000명 정도인 아이다호의 트윈휠즈에서 성장했다. 1969년, 데이브와 젠은 결혼했다. 동시에 데이브는 현역병으로 군대에 입대했고, 그 둘은 유럽에서 3년을 보냈다. 첫 아이를 독일에서 낳았고, 제대하자마자 미국으로 돌아왔다. 「그 당시는 경제적으로 아주 힘든 시기였죠. 젠은 아기를 돌보며 집에 있고 싶어 했지만 돈이 필요했기에 어느 보험회사의 안내원으로 일해야 했지요. 순식간에 우리의 꿈은 현실에 의해 산산조각나고 말았죠. 우리는 더 많은 수입이 필요했어요. 돈을 더 벌기 위해 낡은 집을 보수하는 일을 시도해 보기로 했죠. 우리가 시도해 본 다른 일들도 그랬지만, 그 시도로 우리는 빚만 더 지게 되었어요」라고 젠은 씁쓸하게 과거를 회상했다.

「자영업을 하는 사람들을 위해 세금업무도 봐줬어요. 그러면서 그들이 얼마나 많은 돈을 버는지 알고는 놀랐죠. 곧 나도 공인회계사 사무실을 내는 것을 꿈꾸게 되었지만 창업비용이 엄청났고 그래서 그 꿈도 역시 좌절되었어요. 그 후에 이 사업을 시작했죠. 그 후의 이야기는 역사에 남을 만 하답니다」라고 데이브가 말했다. 성공의 비결이 무엇인가를 물었을 때 데이브는 조금도 망설임 없이 다음과 같이 말했다. 「한 가지 목적에만 매달렸죠. 부자가 되겠다는 목적 말이에요. 우리의 꿈을 실현하기 위해서는 돈이 필요했고 그래서 우리는 무작정 밀어붙이는 태도를 취했죠. 누구에게든 말합니다. 〈당신도 돈을 벌 것이고, 또 부자가 될 것입니다〉라고요. 내가 사람들을 모으고 훈련시키는 일에 뛰어들었을 때 처음에 그들은 단지 나의 수입으로만 보였어요. 총명하고 용모단정한 사람들을 열심히 지원했습니다. 〈당신이 성공하면 우리 모두가 함께 성공하게 됩니다〉라고 나

는 그들에게 얘기했죠. 그러나 마음 속으로는 〈당신이 그만두면 그
건 당신문제죠. 잘가요〉라고 말하고 있었습니다. 그후 성공하는 사
람들이 생겨났습니다. 사업을 크게 하는 사람과 그렇지 못한 사람의
차이는 얼마나 많은 사람들을 자진해서 도와주느냐 하는 것을 그들
때문에 알게 되었지요. 나는 그들에게 얘기했죠. 〈당신이 성공하면
우리 모두가 함께 성공하게 됩니다〉라고」

타인을 평가할 때 그들이 건전한 정신을 가졌든 아니든 간에 하나
의 형체로만 보는 것은 아주 위험하다. 그런 생각은 사람들을 이용
하게 만들어 결국에는 못쓰게 된 사람들은 쓰레기 버리듯 버리게 된
다. 대신에, 인간은 하나님의 창조물로서 형체가 있는, 그리고 그
마음과 지성이 있는 인물로 본다면 그 사람에게 봉사할 수 있게 되
고 그 사람이 하나님의 뜻대로 위대한 창조물로 화하게 되는 것을
지켜볼 수 있을 것이다. 「이런 사실을 처음 깨닫게 된 것은 최초의
랠리때 였습니다. 〈다른 사람들이 원하는 것을 하도록 도와주려 할
때에야 비로소 우리 자신이 원하는 것을 얻을 수 있다〉라고 생각하
고 실천할 때, 또 우리를 나름대로의 꿈을 키우는 하나님이 만든 창
조물로 인식했을 때에야 비로소 우리는 우리의 꿈을 실현할 수 있었
죠. 우리 사업은 정말 번창하기 시작했어요」라고 젠이 말했다.

켄 스튜어트는 스물일곱 살 때 우리 사업에 대해 들었다. 그는 미
주리 주 스프링필드에서 성공한 주택건설업자로, 한창 번창하고 있
는 중서부 지역에서 연간 50채 이상의 집을 지어 팔고 있었다. 켄과
그의 부인 도나는 성공가도를 달리고 있었다. 「우리는 젊었고 또 야
심에 차 있었지요. 하지만 우리는 30만 달러의 빚을 지고 있었고 물
쓰듯 쓰고 있었던 돈을 메울 수 있는 방법이 없을까 하는 걱정에 시
달리고 있었어요. 그 해결책은 우리가 디스트리뷰터가 되는 것이라
고 생각했죠. 그래서 우리는 발벗고 나서서 우리 같이 야심에 찬 부
부들을 찾아서 팀을 후원하기로 했지요. 그리고 나서 이 분야에서
우리가 가장 존경하는 리더들에게 귀를 기울였습니다. 곧 그들은 독

특하고 훌륭한 방법으로 사람들과 세상을 바라본다는 것을 알게 되었죠」 켄은 계속해서 얘기했다. 「처음 대화를 하고 난 후 우리 후원자인 덱스터 예거는 내 애칭을 불렀죠. 〈아기!〉라고요. 나는 젊고 열정이 있었고, 정열적이었지요. 나 자신을 승리자로 생각했고 또 그렇게 되기를 바랐습니다. 그때까지 나는 사람들을 하나님이 보시는 것처럼 그렇게 보지 않았지요. 승자와 패자의 범주 속에서 인간을 이해한다는 것이 얼마나 위험한 생각인지 그때는 미처 깨닫지 못했습니다. 오랜 세월이 지난 후 누가 승자가 되고 누가 패자가 될지는 아무도 모르니까요」

도나는 설명한다. 「시간이 좀 걸리기는 했지만, 사람을 점차 능력 위주로 판단하지 않게 되었습니다. 웃음을 띠며 자기 주장을 한다고 해서 똑똑한 사람들로, 또 약하고 수줍어 보이는 사람은 좀 멍청한 사람들로 구분지을 권리가 우리들에겐 없었죠」 켄이 이어 말했다. 「많은 사람들이 다 그렇지만, 사람의 숨은 재능을 너무 빨리 알아내려고 하기 때문에 우리는 그들의 가능성을 놓치고 맙니다. 우리가 사업에 성공하기 시작한 것은, 첫인상에 의존해서 사람들을 평가하지 않고 진정으로 하늘이 주신 그들의 능력으로 믿기 시작한 때부터였습니다」

켄은 다음과 같이 결론지었다. 「사람들을 현재 그대로의 상태로 받아들이도록 노력해야 합니다. 그리고 그들이 무엇이 되고 싶어하는가를 생각하여 그들의 꿈을 성취하도록 도와주어야 합니다. 그 과정을 이해하고 우리 인생을 거기 바치게 되면 우리의 인생에는 새로운 기쁨이 생기고 비로소 우리의 사업도 성공하게 되는 것이죠」

옛날 격언에 「꿈을 성취하기 바라는 사람은 먼저 잠에서 깨어나야 한다」는 말이 있다. 내가 제대로 설명을 해왔는지 모르겠지만 〈생활신조 1〉에서 얘기하는 요점은 우리 모두 깨어나야 한다는 것이다. 더불어 사는 자본가가 되기 위해서는 자신을 어떻게 생각하는지, 또는 타인들을 어떻게 생각하는가 하는 것이 그 관건이라 하겠다.

인종을 가리지 않고 이 세상 모든 사람들은 당신과 똑같은 가치와 존엄성과 잠재력을 가지고 있다는 것을 인정할 수 있겠는가? 그렇다면 당신은 이미 이 세상을 올바로 되돌려 놓을 수 있는 꿈을 당신을 위해서, 그리고 타인을 위해서 실현하고 있는 것이다.

제2장 ## 우리는 어디로 향하고 있는가?

> 많은 사람들은 자신의 잠재 능력을 충분히
> 발휘하지 못하고 있으며,
> 만약 그 능력을 발휘할 수 있는 실질적이고 혁신적인 변화의
> 계기가 주어진다면 무척 고맙게 여길 것이다.
> 그러기 위해서, 우리 모두는 자신이 현재 처해 있는
> 위치와 앞으로 바라는 위치, 그 위치에 이르기 위해 필요한 것은
> 무엇인가 하는 점을 밀도 있게 고려해 보아야 한다.
> 생활신조 2

조 포글리오는 캘리포니아 콜로라도의 바다가 보이는 곳에 큰 저택을 갖고 있었다. 어느 날 그는 화가 나 주방에서 뛰쳐나와 뒷문을 활짝 열고 햇볕이 내리쬐는 바깥으로 나와 찌는 듯한 진입로를 가로질러 갔다.

그는 잠시 돌아서서 현관에 서 있는 아내 노마를 바라보았다. 그녀의 손은 떨리고 눈에는 눈물이 글썽거렸다. 「조? 제발 가지 말아요」

「이 집을 나갈 거야!」 차 문을 열면서 그는 말했다. 아내를 정면으로 쳐다보기가 두려우면서도 자신을 붙잡아 주었으면 하는 생각도 없지 않았지만 한편으로는 그럴까봐 두렵기도 했다. 「언제 돌아오실 건가요?」 차도를 향하고 있는 남편을 바라보며 아내가 물었다. 예전과 마찬가지로 그들에게는 아무런 일도 일어나지 않은 것처럼 남편이 대답해 주기를 바랐다. 「몰라도 돼」 그는 자동차 문을 쾅 닫으며 말했다. 조는 돌아보지도 않은 채 차에 시동을 걸고는 떠나갔다.

잠시 동안 노마는 꼼짝 않고 그 자리에 서 있었다. 눈물로 목이 메인 채 아이들이 방에서 내려다보고 있는 것을 느끼며 천천히 집안으로 들어왔다. 한숨을 쉬며 아이들을 바라다보았다. 열아홉 살과 열여섯 살 난 두 아들 니키와 조이, 그리고 열일곱 살 된 딸 체리는 요즈음 노상 싸움만 하는 부모를 보며, 좌절감과 두려움을 느끼고 있을 것이다. 그래서 노마는 한숨을 쉬며 돌아서서 말하였다.

「아빠가 왜 저렇게 소리지르며 나가는지 엄마는 안단다. 아빠는 지금 절망하고 있어. 우리 모두가 아무리 열심히 일을 해도 생활은 조금도 나아지지 않고, 뭔가 잘못되어 가는 것 같구나. 우리는 무력감으로 더욱더 절망이 크구나. 우리가 사랑하던 모든 것들이 점점 더 악화되기만 하고, 우리는 그것을 멈추게 할 방법이 없구나!」

조는 콜로라도 다리를 지나 5번 국도를 통해 멕시코 접경 지역으로 내달렸다. 그는 멕시코 로사리타 해변에 주택단지를 건설중이었고, 종업원들은 그를 기다리고 있었다. 그는 자신이 제정신이 아닌 것에 또 한번 화가 치밀었다. 그는 자신의 인생이 깊은 암흑 속으로 휘말려 빠져들고 있는 것처럼 느껴지자, 또다른 두려움이 그를 엄습했다. 「10년 간 코티손(루머티즘 관절염 치료약)으로 살아오고 있었지요. 경화증으로 고생을 하며, 몸무게는 불고, 두 번의 파산을 겪고 난 후 다시 재기하여 고층건물을 지었는데 이제는 사업자금도 바닥났지요. 멕시코는 돈 가치가 떨어져 경제적 혼란을 거듭했고, 실질적인 이윤 또한 제로로 떨어졌지요. 또다시 파산지경에 이른 것이지요」 조는 그때를 회상하며 말했다.

노마는 식탁에 앉아 조용히 커피를 마시며 마음을 가라앉히고 있었다. 딸 체리는 어떻게 엄마를 위로해야 할지 몰라 옆에 가만히 앉아 있었다. 아들 조이는 자기 방으로 들어가 헤드폰을 끼고 음악을 크게 틀어놓았다. 큰아들 니키는 우울하고 화가 나 오토바이를 타고 나가버렸다.

조는 은색 재규어를 몰고 좁고 더러운 도로를 거쳐 인적이 뜸한 멕시코 해변으로 향하였다. 태평양 저 너머에는 햇빛이 비치고 있었다. 조는 머리를 핸들에 박고 울음을 터뜨렸다. 「나는 이제 파멸이야. 정신적으로나 육체적으로 또 경제적으로 모든 것이 다 엉망이 되어버렸어」 나는 아내와 가족을 잃을지도 모른다는 생각과 크고 검은 구름처럼 절망감이 조의 머리를 가득채웠다.

이런 종류의 얘기를 들어본 적이 있는가? 아니면 직접 경험해 본 적이 있는가? 경험이 있더라도 그날 조와 노마가 겪은 정도까지는 아니었기를 바란다. 절망감이 당신 인생을 뒤덮는 일이 없기 바란다. 누구나 자신의 꿈이 좌절되고 파멸되는 시기를 겪을 수 있다. 매번 실패하게 되면, 옛날 사람들도 그래왔듯이 당연히 절망과 좌절감을 느끼게 된다. 다윗 왕은 그의 절망에 관해 다음과 같이 고백하고 있다.

주여, 당신은 얼마나 오랫동안 나를 잊으셨습니까!
언제 재림하실런지요.
저는 얼마나 더 번민으로 괴로워하고,
마음속에는 슬픔을 갖고 있어야 하는 것인지요.
이 마음의 고통들은 언제까지 저를 괴롭힐는지요.

———시편: 13:1-2

1854년, 소로는 다음과 같이 간단하게 절망감을 몇 마디로 줄여 설명하고 있다. 〈인간은 절망에서 벗어나기 위해 조용한 가운데 필사적인 몸부림을 치며 살아가고 있다.〉여태껏 사람들은 마음속으로 절망과 분노를 느끼며 살아왔다. 우리 시대에 절망감은 하나의 전염병이 되고 있다.

국제 정신건강 연구소의 조사에 따르면, 〈공허함, 불감증, 피로, 불면증, 과민증에 시달려 죽음이나 자살을 생각하게 되는 사람들이 늘고 있다〉고 한다. 웨스팅하우스의 한 연구원은 다음과 같이 말하고 있다. 〈미국의 사업가들은 1달러당 20센트를 정신건강을 위한 약물을 사는 데 쓰고 있고 그만큼 약에 의존하고 있다. 그리고 예방의학 프로그램에서 가장 비용을 절감할 수 있는 분야는 정신건강 쪽이다〉라는 놀랄 만한 보고를 하고 있다.

다시 말해서, 우리가 더불어 함께 살아간다면 신체건강은 저절로 회복될 것이다. 절망과 그에 수반되는 질병으로 미국의 사업가들은 170억 달러를 쓰고 있다고 보고되었다. 그 연령층이 점점 확산되어, 젊은이들이 만성병과 망가진 생활을 회복하는 데 쓰는 시간과 돈은 엄청나다.

코넬대학교 의과대학의 제럴드 클러만 박사는 다음과 같이 말했다. 〈일반적으로 사람들은 비관적으로 변하며 그들의 기대가 자주 어긋남에 따라 그 좌절감도 점점 커지고 있다.〉

여기에 〈생활신조 2〉를 들고 나온 이유가 있는 것이다. 실제로, 우리 현실은 항상 우리의 꿈에 미치지 못한다. 그래서 더욱더 절망하게 되는 것이다. 그 좌절감과 싸우면서 우리의 행동은 점점 파괴적으로 변하게 되는 것이다. 결과적으로 우리의 삶이 재기가 불가능한 것처럼 보일 때까지 한없이 늪에 빠져버리는 것이다. 꿈이 깨지고 우울 상태가 되면 어떻게 될까? 실패와 우울 상태를 반복하는 사람도 있을 것이다. 처음에 그들은 그것을 부정하거나 무시하려 한다. 그런 후 그들은 자기 자신이나 타인을 탓하게 된다. 내내 그들은 그것에서 빠져나가려 한다. 이 절망감으로 어떤 이들은 폐인이 되고 어떤 이들은 자포자기하며 파괴적으로 변할 것이다. 영원히 우울한 상태로 살아가고 있는 사람들도 있다. 그럴 필요가 없는 데도 속수무책으로 죽음에 이른 사람도 있을 것이다.

선택: 절망감을 부정하거나 그것을 무시하라

조 포글리오는 저녁 늦게 로사리타 해변에서 돌아왔다. 노마는 아무 일 없었던 것처럼 남편을 맞이했고, 조는 부인과 같이 식탁에 아이들과 둘러앉아 의미 없는 대화를 나누었다. 노마는 억지 미소를 지으면서 오븐과 식탁 사이를 왔다갔다하고 있었다. 모두가 다 상냥하고 공손한 태도를 가졌지만, 그들의 마음속의 고통은 두 배로 증가했다. 왜 소로는 인생이 조용하면서도 필사적인 몸부림이라 했던가. 미국 초창기의 시인인 소로는 사람들이 더 비참하게 느낄 때는 그것을 감추기 위해 웃는 척하고 다닌다는 것을 말한 바 있었다.

사람들은 고통을 남몰래 혼자 겪고 싶어한다. 자존심 때문에 진실을 인정하려 하지 않는다. 또한 남들이 자신의 실패를 알게 되는 것을 원치 않는다. 예를 들어 동양에서는 〈체면을 유지할 것〉을 강조한다. 영국 속담에 〈곤경에 처해도 방황하지 말라〉는 것이 있다. 또 〈진짜 사나이는 울지 않는다〉라는 꿋꿋한 미국인에 대한 속담도 있다. 어느 누가 갈등하며 괴로워하기를 원하겠는가. 적어도 처음에는 모든 일이 잘 되어가고 있는척 하는 것이 훨씬 편하다. 비참함은 무서운 비밀로 둔갑한다. 자기주위에 벽을 쌓고서 동정하고 원조하는 사람들은 자기로부터 격리시킨다. 병든 동물처럼 몸을 숨기고 병이 낫기를 기다린다. 당신도 그런가? 꿈이 위협받아 절망의 늪을 헤매게 될 때, 침묵하고 방황하게 되는가? 아니면, 세상이 무너지는 것 같이 느껴질 때도 씩씩하게 웃으며, 아무 일도 없었던 것처럼 돌아다니는가?

「조가 파산하기 직전까지도 우리는 경제적으로 부유하게 살았지요. 아름다운 집과 보트, 멋진 자동차 등. 그것이 모두 사라졌을 때, 나는 사람들이 그 사실을 알게 되는 게 두려웠어요. 그래서 계속 아무 일 없었던 것처럼 예전처럼 살아갔지요. 부자인 한 친구가 그의 은색 XJS 재규어 차를 거져 주다시피 내게 팔았지요. 나는 매달 차 값을 갚아나갔고요」자조적인 웃음을 띠며, 머리를 저으며 조는 말했다. 「샌디애고에서 코로나도만을 가로질러 아름다운 케이 섬에 있는 바다에 접해 있는 커다란 저택을 구입했지요. 계속 성공에 대한 환상을 간직하며 살아가는 것은 그리 어렵지 않았어요. 적어도 얼마 동안은요」 노마는 수줍게 웃으며 말했다. 「그래서 완전 빈털털이가 되었을 때에도 우리는 계속 얼굴에 가면을 쓰고 다녔지요. 교회에서, 애들 학교에서, 직장에서 또는 은행이나 식품점 등, 어디에서든 항상 웃으며 즐거운 척했습니다」

조와 노마는 가면을 쓴 채 이중생활을 하게 됨으로써 절망감과 상실감이 더 커져만 갔다. 바깥에서는 가면을 쓰고 생활하여, 그들의 황폐해져가는 관계를 아는 사람은 거의 없었다. 혹 이 이야기가 자신의 얘기처럼 들리지 않는가? 아무리 아닌 척해도 우리 자신은 받아들이지 않을 수 없다. 우리 자신이 도움이 필요하다는 것을 인정하기 전에는 어느 누구도 도와줄 수 없다. 좌절감이나 절망감은 우리가 그것을 부정하고 무시해서는 치유될 수 없다. 좌절감과의 싸움은 당신이 그것 때문에 고통받고 있다는 것을 먼저 인정해야만 끝이 난다. 먼저 당신 자신이 그것을 인정하고 또 주위에서 만나게 되는 믿을 수 있는 사람들에게 차츰 차츰 자신의 그러한 상황을 인식시키는 것이다.

선택사항 : 남의 탓으로 돌리기!

저녁 설거지도 끝나 조와 노마는 침실로 왔다. 그러나 그들의 대화는 역시 똑같았다. 「당신이 그런 식으로 하지만 않았었다면」, 「당신이 항상 이렇게 일 처리를 하지만 않았다면」 하고 상대방을 탓하며 점점 언성을 높이게 되고 드디어 화난 목소리는 얇은 벽을 뚫고 아이들에게까지 들리게 되었다.

「우리는 항상 서로 크게 소리지르곤 했지요. 그 소리는 아이들이 틀어놓은 록 음악보다도 더 컸어요. 우리 문제에 대해 서로 비난하지 않으면 누군가 다른 사람을 비난하곤 했지요. 부모님이나 선생님

혹은 친구나 동료들 심지어 미국 정부를 욕한 적도 있어요. 사업가로서 온갖 세금과 갖가지 공문서에 질려 있었거든요. 일할 때마다 걸고 넘어지는 법조문이나 관계당국을 증오했지요. 결국 이 나라를 떠나기로 결심했지요. 로사리타 일이 잘 안 돼갈 때, 나는 이미 미국 시민권을 포기하고 멕시코 시민권을 얻을 생각이었어요. 그런데 멕시코 화폐 가치가 떨어졌지요」 이어서 노마가 말했다. 「우리의 순이익은 뚝 떨어졌고, 멕시코 대통령이 우릴 망하게 하려고 그만뒀다는 생각까지 했지요. 실상, 누군가 우리의 비난을 받을 새로운 사람이 필요했거든요」

서로 자주 비난하는 것은 가족의 대화를 완전히 차단시키게 한다. 서로에게 소리치고 비난하던 것이 차츰 육체적인 폭력을 가하는 것으로 이어지고, 이 가족 내의 폭력은 이 나라의 정신건강을 위협하는 커다란 요인이 되고 있다. 「저는 조에게 총을 겨눈 적도 있어요」 노마는 창피해하며 얘기했다. 「엽총으로 차 트렁크를 맞췄기 망정이지 제대로 겨냥했으면 그는 죽었을 거예요. 서로 힘들었던 시기에 그를 그렇게 죽였다면, 나중에 우리가 함께 향유할 수 있었던 소중한 시간들을 갖지 못했을 거예요」

가정에서의 육체적인 학대, 특히 아내 구타는 매 15초마다 희생자가 나오고 있다. 가정불화로 인한 피해자들의 치료에 드는 돈은 연간 1,800만 달러 정도로 추산되고 있다. 사람들은 그런 절망적인 시기에는 위험하기 짝이 없는 광기 있는 일들을 많이 저지르게 된다. 노마는 밤중에 남편에게서 온 장거리 전화를 떠올린다. 멕시코 감옥에서 수신자 부담으로 남편이 전화해 왔다. 노마는 통화를 하면서 남편에 대한 불신감이 그 도를 더해 갔다. 「문제가 생겼어」 그의 목소리는 작고 떨리고 있었다. 노마는 주의를 기울여 그가 하는 얘기를 들었다. 남편은 돈을 벌기 위해 발버둥치다가, 미국 국경을 넘나드는 마약 밀수범들을 거들었던 것이다. 「그러나 일을 하기 전에 멕시코 당국이 우리 계획을 알아채서 난 체포되었어. 사흘 낮 사흘 밤을 꼬박 취조당했지. 그리고 벌금으로 많은 돈을 내야 해. 그 돈을 못 구하면 나를 풀어주지 않겠대」어쨌든 노마는 남편을 석방시키기 위해 필요한 돈을 구했다. 그들 둘에게 그 시기는 아주 고통스러웠고 앞으로 어떻게 될까 두렵기만 한 시기였다. 그때를 돌이켜보면, 포글리오 부부는 이 사건을 통해서 사람들이 절망적이거나 좌절감을 느낄 때 주로 보이는 광기 어린 행동들이나 무책임한 행동을 한다는 사실을 인식하게 된 것이다.

때때로, 우리는 자신을 책망하며 죄책감을 갖는다. 때로는 그 죄책감을 면하기 위해서 남을 비난 하기도 한다. 누구의 탓으로 돌린다는 것은 하나의 위험한 부메랑이 되어 끝없이 맴돌다가 결국 폭력과 범죄로 발전하게 되는 것이다.

우리의 꿈이 사라지고 절망이 끼여들 때 우리는 비난을 그치고, 일이 이렇게 엉망이 된 타당한 이유를 찾아서 그것에서 벗어날 수 있는 적절한 계획을 세우려 해야 한다.

선택사항: 좌절감에서 벗어나자

조와 노마는 이런 대립과 좌절의 시기에 그것에서 벗어나고자 술을 마셨다. 「우리는 고통을 잊고, 일시적인 안정감을 얻기 위해 알코올에 의존했지요」조가 말했다. 「같이 저녁식사 하러 나가면 항상 술을 많이 마셔야만 했어요. 둘이 같이 있다는 것을 참기 위해서지요」노마가 말했다. 「그런 중에도 마약에는 손대지 않았어요. 얼마나 다행인지 몰라요. 하지만 잠자기 위해 마리화나를 굉장히 많이 피웠어요. 불행하게도, 내 아들 니키가 그걸 따라 하게 되었고 몇 년 전 그 애가 죽은 것도 다 그 때문일 거예요」

좌절감에서 벗어나고자 하는 사람들을 겨냥한 사업들은 이 나라와 전세계 각지에서 최고의 성장 산업이 되고 있다. 실상은 끔찍하지만 사람들이 절망감을 해소하기 위해 매년 쓰는 돈이 몇 조 원에 달하는지를 정확히 아는 사람은 아무도 없다. 예를 들면, 과일과 샐러드로 유명한 캘리포니아에서도 돈이 되는 주된 농작물은, 오렌지나 포도나, 양상치, 토마토가 아니라 마리화나이다. 고통에서 벗어나기 위해 또는 마약 사용자들이 얘기하는 것처럼, 피워 없애기 위해서 마리화나는 미국 제일의 마약이 되었다. 줄잡아 2,250만의 사람들이, 즉 전체 인구의 10%가 마약 상용자인 것으로 나타났다. 현재, 주요 상용자들은 그 질에 따라 담배로 말렸거나 노릇하게 구워낸 얇고 푸른 잎에 1온스당 100 내지 500달러까지 쓰고 있다.

헤로인을 포함하여 유럽이나 미국에서 구할 수 있는 마약에 중독된 사람들은 거의 50만 명 정도나 된다. 예를 들어 이탈리아의 밀라노에서는 3, 4천 명의 사람들이 매일 뒷골목에서 주사기를 꽂는 것으로 나타났다. 뉴욕에서 샌프란시스코에 이르기까지 빈민가 쓰레기통이나 고층 건물 쓰레기 더미에서 발견된 쓰다 버린 주사바늘 수는 엄청나다. 해변가나 국립공원, 고등학교 뒷동산이나 중학교에서 심지어 회사 중역실이나 일류 호텔에서까지 발견되는 빈 플라스틱 물약병 또한 헤아릴 수 없을 정도이다. 미국에서 마약 중독으로 치료받고 있는 20만 2천 명이라는 숫자는 룩셈부르크의 노동인구를 웃도는 숫자이다.

리처드 애셔는 《랜셋》이라는 영국 의학잡지에의 기고에서 다음과 같이 쓰고 있다. 〈절망은 홍분제가 아닌 희망으로 치유되어야 한다.〉 나 또한 이것이 옳다고 믿고 있기에 이 문구를 좋아한다. 이 문구는 자동차 범퍼 스티커에 씌어져 아이들에게 마약에 대한 경고로 사용되고 있다. 그러나 알코올 중독이 헤로인, 아니 코카인이나 마리화나보다 더 치명적이고 희생이 크다는 것을 잊고 있지는 않은가.

최근, 미국인들의 알코올 소비량이 줄어들고 있다는 소문이 떠도는데 이것은 헛소리에 불과하다. 폭음은 한꺼번에 사람을 홍분시켰다가 오랫동안 늘어지게 하는 진정 효과가 있다고 알고 있다. 맥주, 포도주, 그 외 다른 술에 드는 비용이 얼마나 되는지 우리는 잘 알고 있다.

무절제한 음주는 우리 사회에 또다른 유행병처럼 돌고 있다. 유럽, 일본, 미국에서의 알코올 중독은 50% 이상 증가했다. 독일에서는 알코올 소비량이 64%나 증가했고 일본에서는 73.5% 정도로 놀랄 만한 수치이다.

최근 들어 일본인들을 좋아하고 존경하게된 나로서는 알코올 중독 문제가 그 나라에도 심각하게 대두된다는 사실이 무척 안타깝게 느껴진다. 더 심각한 것은 그들이 그것을 잘 모르거나 공공연히 인정하지 않는다는 것이다. 세계적으로 연구된 바에 의하면 일본은 이 문제를 가장 등한시하고 있으며 단지 17%만이 알코올 문제를 심각히 생각한다고 나타났다.

한편, 미국인들의 74%는 알코올 중독 문제를 아주 심각하게 생각하는 것으로 조사 결과 나타났다. 예를 들어, 미국에서는 평균 1년에 음주 관련 교통사고가 무려 184만 4천 건이나 발생하였다. 1989년에는 대부분이 10대인 미국인 20,208명이 음주운전을 하다 죽었다. 10만여 명의 희생자들은 영원히 불구가 되거나 다치게 되었다. 자신의 아이들이 음주 운전으로 평생 불구가 되거나 죽은 어머니들의 모임인 MADD(음주운전 추방 어머니회)에서 보이는 분노와 슬픔을 이해할 수 있다.

그러나 우리는 알코올 중독자 모임의 사람들과 절대적으로 금주를 해야 하는 사람들을 위한 프로그램을 행하는 사람들을 도와야만 한다. 그들에게는 절대적인 금주만이 유일한 길이기 때문이다. 정신적인 억압을 받으면 누구나 다 알코올의 남용이나 중독에 빠질 수 있다는 사실은 절실하게 깨달을 필요가 있다.

버틀란트 러셀은 〈음주는 일시적인 자살행위이다. 음주로 인한 행복감은 단지 불행을 소극적이고 순간적으로 멈출 수 있을 뿐이다〉라고 하였다. 무절제한 음주는 이 나라의 비극이 되었고 내가 보기에는 더 큰 불안의 징후가 되고 있다. 우리가 폭음을 하는 것은 우리의 절망감과 용기 있게 정면 대결하는 것이 아니라 단지 도피하고자 하는 것이다.

지난 몇십 년 간 유명한 내과 의사나 정신과 의사들은 처방전을 내릴 때 발리움, 자낙스, 푸로작 같은 약은 안전하며 불안감을 치유하는 데 도움이 된다며 사용했다. 그러나 이런 약제들이 인기리에 사용되고 급속히 번지고 있는 것은 막아야 한다. 절망감을 치유하기 위해 사람들은 안정제나 기분 전환제, 항우울증제들을 마치 별것 아닌 것처럼 먹고 있다.

그러나 이러한 처방 의약품이 특히 술과 같이 먹었을 경우에는 더하다. 캘리포니아 팜스프링스의 베티포드 병원에 처방약 의존 치료를 위해 내노라 하는 명사들이 드나드는 것을 감안하면, 우리는 우울증을 극복하기 위한 그런 약제를 사용할 때 주의할 필요가 있다. 「안정제가 위험한 이유는 그것이 가져다주는 안정감이 약에 의해 억지로 강요된 것이기 때문이다. 그 약을 사먹고 안정을 얻으려 할 경우 싸구려 약에 적응되어 버리는 것이다」라고 한 전문가는 말한다.

우울증에서 더 쉽게 벗어나는 방법은 TV다. 정신을 똑같이 마비시키기는 하지만, 통계를 100% 믿는다면 전세계가 이 TV에 중독되어 가고 있다고 한다. 어떻게 이럴 수 있는지는 잘 모르겠지만 믿을 만한 소식통에 의하면 일본 사람들은 평균 하루에 9.12시간을 TV 시청에 쓰고 있다고 한다. 미국인 또한 7시간씩이나 소파에 앉아 TV를 보며 감자칩을 먹으니 세계 기록 2위감이라 하겠다.

나는 TV의 좋은점을 알고 있다. 그것은 우리에게 필요한 정보를 제공해 주고 또한 즐거움을 준다. 그러나 위의 자료는 무언가가 잘못 되었음을 보여준다. 그러나 나는 이 TV 중독증은, 사람들이 우울증에서 벗어나고 또 그 원인을 치유하려는 절실함에서 기인된 것이라 생각한다. 위에 열거한 많은 수치 통계에 여러분이 질리지 않았기를 바란다. 그러나 외부에서 일어나는 이런 저런 일들보다는 우리 내부에서 일어나는 일이 더 중요하다. 우리 자신의 좌절된 꿈과 그 것으로 인한 우울증은 어떻게 치유해야 하는가?

선택사항 : 우울증을 받아들여라

캘리포니아 출신인 프랭크와 바버라 모랄레스 부부는 바버라가 경험한 감동적인 일에 관해 얘기해 주었다. 그녀는 열일곱 살 때 캔서스 시의 어느 은행에 입사를 하였다.

「그 은행의 채권 담당 부서에는 종업원들과 고객에게 성실한 조력을 아끼지 않는, 평생을 그 은행에 바친 나이 드신 여직원 한 분이 계셨어요. 그 분이 정년이 되었을 때, 은행에서 몰래 파티를 준비해 주었어요. 그때 파티장 중앙에 서서 눈물을 흘리던 그 분의 모습과 그 분의 눈에 비친 허무감을 잊을 수가 없어요. 그 다음날, 그 분은 다시 은행에 나와 창 밖에 서 있다가 들어와서 자신의 책상에 가서 자신의 후임자로 온 젊은 여성 뒤에 서서, 자신이 그 오랜 세월 동안 어떤 식으로 일해 왔는가를 설명하려 하였어요. 나중에 안 일이지만 그 노인은 재직중에 몸이 아프다거나 하는 개인적인 용무로 회사를 빠져본 적이 한번도 없었어요. 휴가도 안 갔지요. 모든 인생을 은행에서 보냈는데, 이제 퇴직을 하고 나자 그녀의 인생 또한 끝이 난 것이지요. 매일 매일 그녀는 은행에 나와 그녀가 앉았던 책상에 왔지요. 그녀 모습은 점점 더 무력감과 절망감에 휩싸였어요. 결국 은행 지배인은 수위에게 일러 그녀를 문 밖으로 데려다주도록 했지요. 그 후로 그녀 모습을 볼 수 없었어요. 그녀의 꿈이 사라지고 얼마나 더 살았는지는 알지 못해요」라고 바버라가 말했다.

얼마나 많은 사람들이 좌절감이나 우울증으로 인해 죽은 것이나 마찬가지의 삶을 살고 있는 것일까? 버틀란트 러셀은 인간이 자신의 꿈이 실현 불가능함을 깨달았을 때의 그 처절한 고통을 다음과 같이 표현하고 있다. 〈인간의 삶이란 단순하면서도 무력하기 짝이 없다. 서서히, 그러나 확실하게 다가오는 무덤과도 같은 우울은 우리를 어둡고 무력하게 한다.〉 조와 노마 포글리오는 그런 고통을 잘 알고 있다. 다윗 왕이 죄를 지어 그의 아들 압살롬을 죽게 한 것처럼 포글리오 부부는 외쳤다. 「오, 내 아들아! 내가 죽었어야 했는데, 하늘도 무심하시지!」 1988년 2월 11일 장남 니키는 오토바이 사고로 죽었다. 그는 사춘기 때부터 술과 마약의 악습에 젖어 있었다. 그 겨울날 밤 그의 고통도 끝이 났다. 마약을 복용하고 기분이 고양되어 힘이 넘쳐 나는 것처럼 느껴 니키는 야마하 오토바이의 액셀레이터를 밟아 해안 고속도로를 질주하다 결국 죽음을 자초하였다.

우리네 인생에는 커다란 비극과 엄청난 고통의 순간들이 있다. 슬플 때 행복한 얼굴을 하는 것도 아무 소용이 없다. 우리의 절망을 부정하는 것은, 그것을 가리고 영원히 도피하는 것은 불행을 초래하게 된다. 그들이 죽으면 우리가 할 수 있는 일은 그저 슬퍼하며 눈물이 마를 때를 기다리는 것뿐이다. 한번 잃으면 두번 다시 되살아나지 않는 꿈도 있다.

그러나 우리는 슬픔 속에 빠져들어 좌절감이나 실망감에 굴복해서는 안 된다. 비관은 우리의 잠재력을 질식시키고 죽일 수도 있을 만큼 무서운 질병인 것이다. 좌절이 아닌 희망을 서로 나누자. 우리의 꿈이 실현되지 않는다 해도, 절망감이 우리의 진로를 방해한다 해도, 또다른 희망이 꼭 있을 것이라는 것을 잊어서는 안 된다. 친구들이 내게 들려준 조와 노마, 그리고 그 외 다른 얘기들은, 이 사업 (또는 다른 사업, 다른 종교 또는 기타 치료단체)에 손을 대는 것으로 우울증이 확실하게 치유되는 것은 아니라는 것이다. 실제로 우리의 꿈을 실현시켜 줄 수 있는 확실한 길은 없다.

그러나 확실한 것은 우리 친구들과 동료들의 대다수가 그들 꿈이 실현되지 못해서 우울하다는 이유 때문에 제이와 내가 하는 사업에 동참하게 된 것이다. 그러나, 우울한 기분에 있었을때, 이런 사람들은 이런 부정적인 느낌들을 끝이 아닌 시작으로 인식했다는 것이다. 이제 그들은 감사하는 마음으로 그 어두웠던 시절을 회상한다. 그 시절이 있었기에 안정된 오늘이 있다고 생각하기 때문이다. 이런 얘기들을 지나치게 낙천적인 사람의 얘기로 들어서는 안 된다. 폭풍우가 몰아친 다음날에는 항상 무지개가 뜨기 마련이다. 울음은 웃음이 되고 슬픔은 기쁨으로 바뀌게 될 것이다. 지금까지 이 세상을 살아온 70여년 동안을 통해 보면 길고 어두웠던 날들 뒤에는 항시 태양이 떠오른다는 사실을 알고 있기 때문이다.

절망이 결코 끝나지 않을 것 같다고 느낄 때 우리는 그것에 굴복하게 된다. 사실상, 여러분의 절망의 끝은 바로 눈앞에 와 있다. 내가 그 우울증이나 공포를 과소 평가 하는 것은 아니다. 어찌할 수 없는 절망감이나 상실감으로 고통받는 이들의 마음을 이해할 수 있다. 나 또한 우울증으로 인해 괴롭고 쓰라린 나날을 경험해 보았다. 때로 우리는 잠 못 드는 밤을 견디기 위해 발리움이나 푸로작이 필요할 때도 있다. 카운슬러나, 정신과 의사들, 그리고 정신병원도 큰 힘이 된다. 걱정해 주는 가족이나 친구들도 병을 치유하는 데 도움이 될 수 있다. 그러나 만약 우울증에 빠져 헤어나지 못해 자살을 하거나 죽은 거나 마찬가지인 생을 유지한다면 그 좌절감이 우리에게 선사하는 기회를 놓치게 되는 것이다. 조와 노마 부부는 우울증에 굴복하지 않았다. 그 대신 그들은 그것을 경고신호로 받아들였던 것이다. 그들은 절망감을 변화가 절실히 요청된다는 신호로 받아들여 하나님과 친구들의 사랑과 도움으로 그 절망감에서 벗어나 과거를 새로운 각도에서 이해하고, 현재를 즐기며 미래에 대해 또다른 꿈을 꾸며 살아가고 있다.

1988년 서울 올림픽에서 3관왕에 오르고, 1992년에는 금메달, 은메달을 각각 한 개씩 획득한 자유형 수영 선수인 20세의 자넷 에반스는 다음과 같이 말했다. 「인생에는 어려운 시기와 좋은 때가 교차하지요. 어려운 시기가 지나고 나면 좋은 시절을 더 절실하고 고맙게 느낄 수가 있게 되지요」

조와 노마에게 물어보자. 그들 또한 한동안은 미래에 대한 희망이 전혀 보이지 않는다고 생각했었다. 조는 회상한다. 「니키가 죽었을 때, 밀려드는 슬픔과 죄책감을 어쩔 수가 없었어요. 샌디에고의 장지에서 내 아들 관 옆에 서서 왜 나 대신 내 아들이 죽어야만 했는지에 대해 생각했지요. 노마와 체리, 조이가 거기 있었지요. 우리 가족을 위로하기 위해, 그 고통을 함께하기 위해 친구들이 멀리서까지도 찾아와 주었어요. 소름 끼치는 정적감 속에서 나는 절망적으로 하나님을 찾았습니다. 〈제게 다시 한번 기회를 주십시오.〉니키가 어렸을 때 내가 저질렀던 엄청난 실수를 보상하고 싶었습니다. 조이나 체리가 어엿한 젊은이로 자라주어 그것에 항상 자랑스럽고 감사하게 느꼈지만, 내게는 니키의 자리를 채워줄 또다른 아들이 필요했습니다」

「몇 주 후에 나는 해군 특수부대 요원 중 한 대원에게 암웨이 사업 내용을 설명했지요. 이들은 테러리스트에게 납치된 인질을 구하거나 침몰한 잠수함의 승무원들을 구하는 등 다양한 임무를 수행하는 사람들이죠. 내 설명을 들은 젊은이는 자신의 동료 대원이나 부인과 친구들에게 우리 사업을 전했습니다. 얼마 안 돼서, 나는 니키처럼 크고 건장하며 잘생긴 이 특수부대 대원들의 대부격이 되었지요」

경제적으로나 정신적으로 파산에 직면해 있을 때 조와 노마는 다시 시작해야 한다는 용기와 지혜를 갖게 되었다. 현재 그들 부부는 놀랄 만한 수입을 올리는 성공적인 사업을 하고 있다. 파산으로 잃은 것 그 이상을 얻은 것이다. 빚은 청산되었고, 그들은 콜로라도 케이에 아름다운 집을 사고 이젠 그들의 시간과 돈을 교회나 소아마비 치료 모금 운동 같은 중요한 운동에 원조를 아끼지 않고 있다. 무엇보다도 그들은 새로운 친구를 얻었다. 조는 친구들에 대해 이렇게 말한다. 「내 자동차가 시동이 걸리지 않을 때는 전화 한 통만 하면 이 사업을 하면서 사권 수백 명의 친구들이 내 목적지까지 데려다주기 위해 달려와 줄 것입니다」더 중요한 것은 조는 그가 사랑하던 니키를 대신할 또다른 아들을 갖고 싶다는 꿈이 실현됐다는 것이다. 단 하나의 아들이 아닌 수백의 젊은 특수부대 대원들과 그가 사랑하는 수많은 젊은이들을 아들로 가진 것이다.

우리의 꿈이 사라졌을 때, 좌절감이 우리의 미래를 위협할 때 조와 노마를 기억하라. 「몇 주 전에 이 사업을 하며 만난 친구 빌과 애니 심프턴이 전화했어요. 아들이 교통사고로 중상을 입었다는 내용이었죠. 피닉스 병원에서 다 죽어가고 있었어요. 조는 샌디에고 공항으로 달려가 고통받고 있는 친구와 함께 있어주기 위해 피닉스로 날아갔어요. 심프턴 부부의 아들이 죽었을 때 빌은 조에게 카폰으로 전화하여 물어보았죠. 〈조! 당신 아들이 죽었을 때 어떻게 헤어날 수가 있었지?〉 남편은 잠시 그 고통스럽고 힘겨웠던 시절을 떠올린 후 말했어요. 〈좋아질 걸세, 애니와 자네는 곧 괜찮아질 거야.〉」 그 전화를 회상하면서 조는 눈물을 글썽거렸다. 「저는 갑자기 세상이 어떻게 돌아가는 것인가를 알게 되었죠. 고통은 하나님이 우리가 살아가면서 만나게 되는 사람들을 도울 수 있도록 단련시키기 위해 내리는 것이지요. 우리 꿈이 사라져 힘들어 할 때, 하나님은 꿈을 잃은 우리 형제 자매들을 위해 우리를 더 강인하게 만드시는 것이지요. 이런 때는 아주 힘든 시기입니다. 우리의 꿈은 우리 자신도 어쩔 수 없는 일들에 의해 위협받고 있어요. 때때로 우리는 싸움에서 지기도 하지요. 그러나 함께라면 우리는 이길 수 있을 것입니다. 서로 서로 도와 다시 꿈을 갖게 된다면 우리 자신도 모르는 사이에 우리의 꿈은 성취되어 우리를 놀라게 할 것입니다」

제3장 우리는 어디로 가기를 원하는가?

> 우리가 가장 소중히 하는 사람들이나 몸담고 있는
> 사회 안에서 우리의 사명을 생각할 때,
> 발전으로 향한 변화는 이미 시작된 것이다.
> 우리는 이제 우리 자신이 무엇이 되기를 원하고,
> 또 무엇을 해야 하는가를 결정해야만 하며
> 그에 따라 우리의 목표를 세워야 한다.
> 생활신조 3

1955년 늦은 봄 어느 날, 워싱턴 주 야키마 계곡에서 체리 재배업자들이 비상 회의를 소집했다. 체리를 수확할 일꾼이 필요했던 것이다. 도허리 가족은 일꾼이 필요하다는 말에 얼마 안 되는 짐을 꾸려 워싱턴의 남동부로 이주했다. 야키마 계곡의 구릉진 언덕들은 벚꽃과 사과나무로 온통 흰 눈밭 같았다. 바람이라도 불면, 벤튼과 야키마 지역은 향기로운 꽃 냄새로 뒤덮인다.

잭 도허리는 이제 겨우 열 살이다. 하지만, 스네이크 강가 과수원에서 과실의 향긋한 냄새를 맡으며 일해 온 지 벌써 다섯 해나 되다. 체리를 수확하던 첫날 새벽에, 잭은 어머니가 가족들을 위해 요리용 난로에 준비해 둔 팬케이크로 아침식사를 했다. 그리고 가건물 계단에 앉아 아버지가 빈 기름통의 찌꺼기를 닦아내고 있는 모습을 뚫어지게 쳐다보았다. 그의 아버지는 투박하고 거친 손에 들려 있는 잘 드는 칼로 캔 양쪽에 구멍을 내어 그 구멍 사이로 녹슨 철사를 꿰었다. 그것으로 길게 고리를 만들어 잭의 목에 거니 그것은 잭의 허리춤까지 내려왔다. 「안성맞춤이군」 잭의 아버지는 자신이 만든 것에 만족한 듯 뒤돌아서 중얼거렸다.

재배업자들 트럭의 시끄러운 경적 소리가 새벽의 고요함을 깨뜨렸다. 어머니는 잭을 데리고 과수원 가까이 있는 자갈밭으로 갔다. 잭은 짙은 자줏빛 과일들이 주렁주렁 매달려 있는 아래에 고개 숙인 듯 체리나무가 있고 그 밑을 걸어 다녔던 기억이 아직도 난다. 「난 키가 작았지만, 발끝을 세우고 서면, 내 작은 기름통을 채울 만큼의 체리를 딸 수 있었어요. 처음 며칠 동안은 체리의 반은 통에 넣고 나머지 반은 내 입 속에 넣곤 했죠. 그러면, 붉은 체리즙이 입가에 흘러 얼굴과 손이 온통 엉망이 되어버렸어요」

「우리는 떠돌이 일꾼들이었지요. 캘리포니아의 콜링이나 캐나다 접경 지역 내의 밭에서 일하거나 수확해서 번 돈으로 먹고 살았지요. 파운드당 임금을 받고 있었으니, 내가 먹은 체리는 그만큼 우리 가족 수입에 영향을 끼치게 되잖아요. 우리는 움막집이나 텐트, 아니면 덥고 통풍이 안 되는 트레일러에서 호스로 샤워하며 변기를 가지고 다니면서 살아왔어요. 어머니는 우리들을 깨끗이 씻겨주고, 헤진 옷은 기워줬지만, 우리는 그때 다 떨어진 진바지와 낡은 작업복에 닳고 닳은 신발을 신고 있었어요. 우리는 들판이나 길가에서 식사를 하고 이것저것 생활용품들을 싣고, 일꾼을 구하는 곳이 없나 하고 이 농장 저 농장을 기웃거렸어요. 대부분 형색은 남루하고 지친 채로 다녔지요」

언제부터 더 나은 삶을 꿈꿔 왔는지 잭은 기억이 잘 나지 않는다. 어린 나이임에도 그의 기억속에 남아 있는 것은 현장 감독과 돈 많은 농장주들을 증오했던 기억밖엔 없었다. 「한번은 캘리포니아에서 이런 일이 있었어요. 43도의 찌는 듯한 더위 속에서 체리를 따고 있을 때, 농장 주인의 아이들은 집 뒤의 대형 수영장에서 물놀이를 하고 있었지요. 그때 내 나이 열두서넛 됐을 거예요. 들판에 서서, 물놀이를 하고 있는 아이들에게 점심식사를 날라다 주던 하녀를 보며, 질투심에 화가 났던 기억이 있어요. 그 나이에도 저는 〈나는 내 가족이 찌는 태양 아래에서 체리나 사과를 따는 일을 하지 않아도 잘 살아갈 수 있도록 하겠다〉는 생각을 했지요. 어딘가에는 이런 생활 말고 행복하게 살 수 있는 곳이 있으리라. 기필코 난 그곳을 찾고 말겠다라고 결심하게 되었죠. 떠돌이 노동자로 살아온 우리 부모님들은 평생을 열심히 일을 해오신 분들이지만, 제가 원하는 것은 그것만이 아니었어요. 제 욕심은 다른 데 있었지요. 편하게 살고 있는 농장주들과 그 가족들을 보면, 처음에는 화가 났어요. 하지만, 차츰 나는 무엇인가를 깨닫기 시작했고, 그것은 내게도 가족들을 위해 저들과 똑같은 기회가 주어져야 한다는 것이었죠. 그래서 내 소유의 사업체를 갖는 것을 꿈꾸게 되었죠」

더 많은 것을 갖고 싶다. 자영 사업을 하고 싶다. 당신은 이런 생각을 한 적은 없는가? 떠돌이 일꾼의 아들이어야만 이런 기분을 이해할 수 있는 건 아니다. 뭔가 다른 것을 원하는 것은 누구나 어린 시절에 한때 겪게 되는 꿈일 뿐이라고 어떤 이들은 생각할는지도 모른다. 나의 아버지는 항상 말씀하시곤 하셨다. 「리치야. 넌 네 사업을 틀림없이 가지게 될꺼야」 아마 다른 부모님들도 그 아들에게 혹은 딸에게 이런 말씀들을 하셨을 것이다. 「얘야, 넌 이 나라 최초의 여성 대통령이 될 거다」, 「난 네가 오스카상을 타고, 에미상을 타고, 혹은 퓰리처상이나 노벨상을 타게 될 때 맨 앞줄에 앉아 너를 지켜볼 날만 기다리고 있단다」

물론, 그런 희망적인 얘기들을 부모나 혹은 학교 선생님, 목사님 또는 친구에게조차 들어보지 못한 아이들도 있을 것이다. 그런 아이들은 자신이 세계일주 여행을 꿈꾸거나 성직자 또는 영화배우나 《포춘》지가 선정한 세계 500대 기업 서열 안에 드는 회사의 최고 경영자가 되겠다는 꿈조차 꾸지 않고 자라게 된다. 그러나, 그들도 매달 몇 백 달러를 더 벌기를 바라고, 차를 사고, 집을 사고, 고등학교를 졸업하고 또는 부동산 중개인 면허를 따고 일류 호텔에 묵고 앞날을 위해 저축할 수 있기를 바란다. 최초의 여성 대통령이 되기를 바라든지 또는 때때로 혼자만의 시간을 보내고 싶어하든지 간에, 그것은 자기가 정한 목표 여하에 달려 있다. 〈난 뭔가 다른 것을 원한다〉거나 〈난 뭔가 더 좋은 것을 바란다〉고 말하는 것이 출발점이 된다는 것을 명심해야 한다. 미국 작가 벤 스위트랜드는 다음과 같이 쓰고 있다. 「성공은 인생의 과정이지 목적이 아니다」꿈을 갖는다는 것은 성공의 길로 접어드는 첫 걸음이 된다. 그리고 그 여행을 가능케 해주는 것이 더불어 사는 자본주의이다.

자본주의가 위대한 것은 소수의 사람들을 백만장자로 만들어주기 때문이 아니고, 수많은 사람들로 하여금 그들이 원하는 것을 하도록 도와주기 때문이다. 이것이 〈생활신조 3〉에서 다루고 있는 주장들인 것이다. 우리가 꿈을 잃고 길을 헤매어 왔다면, 우리는 어떻게 그것을 제대로 되돌려 놓을 것인가? 노먼 빈센트 필은 다음과 같이 말했다. 「의식을 바꿔라, 그러면 세상이 바뀔 것이다」만약 자신이 원하는 대로 되지 않았거나 할 수 없었다고 한다면, 그런 꿈들을 실현하기 위해 자신의 의식을 어떻게 바꿔야만 하는 것인가?

대부분 사람들이 가지고 있는 꿈은 흐리거나 확실하지가 않다. 우리 자신이 어디로 향하고 있는지도 모르면서 목적지에 닿지 못하는 것에 대해 이상하게 여길 것은 없다. 알프레드 노스 화이트헤드는 다음과 같이 말했다. 「우리의 생각은 지극히 보편적이지만, 생활은 구체적이다. 이제는 실현하지 못할 사상누각을 세워서는 안 된다. 좀더 구체화시켜야 한다. 어떻게 우리의 꿈을 구체화시킬 것인가? 전혀 꿈을 갖지 않고 사는 이들도 있다. 내가 고등학교 때, 어떤 모임에서 거의 불가능한 목표를 20개나 세운 어느 젊은이의 이야기를 다룬 슬라이드 영화를 본 적이 있다. 그는 18세에 그의 영웅인 파이니스 포그처럼 세계를 일주할 목표를 세웠다. 어떻게든 그는 이 목표를 달성했고, 그는 〈80일간의 세계일주〉라는 제목으로 자신이 여행한·

것을 담은 슬라이드를 강당에서 보여주었다. 그 강당의 딱딱한 의자에 앉아 난 〈나의 목표는 무엇이며, 또 왜 나는 그 목표를 세우지 못했는가〉라고 생각했다. 나는 가까스로 학교를 졸업했다. 성적은 중간이었고, 출석률도 보통이었다. 선생님이나 교장선생님이나 누구도 나를 특별히 기억하시는 분은 없으셨고, 사실 나 자신도 마찬가지였다. 그러나 강당에서 그 영화를 본 날 밤, 나는 스스로 나의 목표를 세우기 시작했다」

대부분 사람들은 수동적으로 살아간다. 매일 아침 아무 생각 없이 눈을 뜨고, 그날 하루 아무것도 한 것 없이 또 잠자리에 들어야 한다면 이런 인생은 복종하기만 하는 고역에 불과하다. 부모가 원하는 대로 하고, 선생님이 내준 숙제만 하고, 사장이 지시한 대로, 또 가족이나 친구들이 우리에게 기대하고 혹은, 교회나 나라에서 요구하는 대로만 행한다. 우리의 도덕심도 법이 무섭기 때문이고 자선금도 세금 공제액 때문에 하게 되는 상태라면 우리의 삶은 무엇 때문에 있는 것일까? 작가이며 연기자인 그리고 자선가이기도 한 빌 코스비는 이 점에 대해 다음과 같이 말했다. 「성공의 열쇠가 무엇인지는 저도 모릅니다. 하지만 실패하기 위해서는 어떻게 하면 되는지는 알고 있습니다. 모든 이들을 만족시키려고 노력하면 됩니다」

우리는 우리 인생을 살고 있는 것이다. 시간은 가고 있고 시계를 보는 동안에도 초침은 움직이고 있다. 하던 일을 멈추고 종이와 펜을 꺼내 맨 위에 다음과 같이 써보자. 나의 인생의 목표는 무엇인가? 어떤 종류의 사람이 되고 싶은가? 이 지상에서 사는 짧은 세월 동안 나는 어떤 일에 흥미를 갖고 추진하여 내 인생을 풍요롭게 하기를 원하는가? 목적을 달성하기 위해 오늘 내가 해야 할 일은 무엇이며, 다음 주 혹은 내달, 내년에 해야 할 일은 또 무엇인가?

지금 해보자. 하던 일을 멈추고 우리 인생의 진로에 대해 잠시 동안 생각해 보자. 그리고 목표를 적어보자. 씌어진 목표들을 다시 한 번 훑어보고, 가장 중요한 목표에 동그라미를 친다. 그리고 그것을 크게 읽고 당신 자신에게 물어본다. 그 목표를 달성하기 위해 오늘 나는 무엇을 해야 하는가. 확실히 모르겠으면, 생각해 보고 결정하도록 한다. 당신 인생의 가장 중요한 목표를 달성하기 위해서 오늘 무엇인가 아주 작은 일이라도 해놓기 전엔 휴식을 취해선 안 된다. 목표를 한번 검토해 보자. 당신의 첫번째 목표가 돈을 많이 버는 것이고, 두번째, 세번째, 네번째가 똑같이 돈을 많이 버는 것이고, 나머지 목표도 마찬가지라면, 처음부터 어려움을 겪게 될 것이다. 내 경험에 의하면, 단지 돈을 많이 벌겠다고 목표를 세운 이들은 대부분 성공하지 못한다. 반면, 자신이 왜 돈이 필요하고 그 돈을 가지고 무엇을 할 것인가를 알고 있는 사람들은 그 성취 목표에 접근하기가 한층 쉬워진다.

스튜어트 멘 박사가 그 좋은 예이다. 그는 1968년에 병원 레지던트 과정을 마치고 공군기지에서 2년 간 실습을 한 후 내과를 개업하여 폐질환 환자들을 주로 치료하였다. 그러나 얼마 지나지 않아 매달 간접비 및 의료 사고 보험료를 지불하면서 병원을 경영해 나가야 했기 때문에, 그는 환자들을 자신의 도움이 필요한 사람으로 보는 것이 아니라 돈이 생기는 하나의 거래 고객으로 여기게 되었다. 「내 환자들에게서 좀더 돈을 뜯어내지 않으려면 다른 수입원이 필요하다고 생각했습니다」 그래서 그는 5년 간 유통업을 부업으로 해서, 그가 의과대 4년, 인턴 1년, 레지던트 1년과 수습 기간 몇 년 동안에 필요했던 돈보다 두 배나 많은 수입을 올렸다. 결국 그는 자신이 하고 싶었던 일을 해낸 것이다. 다른 수입원을 찾는 데 시간을 투자했기에 환자들을 대할 때 수입에 대해 신경 쓰지 않아도 되었던 것이다. 따라서 환자들을 좀더 여유롭게 진찰할 수 있게 되었고 그의 관심 분야인 수면중의 증세에 관해 좀더 시간을 낼 수 있게 되었다.

멘 박사는 「사람들이 자신의 에너지를 인생의 목표를 달성하는 데 쏟아부으면 놀라운 일이 벌어지게 됩니다」라고 우리에게 말했다.

흑인인 마가렛 하디는 자메이카의 킹스턴에서 미국으로 이주했다.

그녀는 역시 흑인인 테렐 하디를 만나 결혼하고 테렐이 뉴욕대학에서 건축공학 공부를 마치도록 법률사무실 비서로 일했다. 테렐은 남부 캘리포니아 스탠버그에서 출생했다. 그는 편견으로 인한 차별대우를 받았으나, 어렵게 얻은 공학사 학위와 아름답고 지적인 부인이 그를 도와줌으로써 곧 꿈을 이루리라는 것을 알고 있었다. 권위 있는 뉴욕의 건축회사에서 16개월 동안 일한 테렐은 백인 동료와 똑같이 승진할 위치에 있었다. 「의심의 여지가 없었어요. 나는 승진할 만했지만 사장이 나를 불러 승진 못 시키는 이유를 얘기할 때 놀라거나 실망하지 않았어야 했지요. 〈당신은 우리 회사에서 흑인으로서 오를 수 있는 최고의 위치에 올라 있습니다. 나도 이렇게 하고 싶지 않지만 흑인이 백인을 감독할 수는 없는 것 아니겠어요?〉라고 내 상사가 말하더군요. 그 말을 듣고 무너져 버린 것은 단지 내 꿈만이 아니었습니다. 그 순간 모든 미국의 꿈이 사라진 것이지요」

테렐과 마가렛 부부에게는 더 많은 돈을 필요로 했지만 그들에게 더 필요한 것은, 룰이 공평한 비즈니스이었고 생산성에 따라 평가받을 수 있는, 노력한 만큼의 대가를 받을 수 있는 그런 환경이었다. 지금 두 사람은 이 사업을 하여 그들이 꿈꿔왔던 것보다 더 많은 돈을 벌고 또 남을 돕고 있다.

레이프 존슨은 검안사 일을 하다가 이 사업을 시작했다. 그는 아이들을 제대로 키우기 위해 8년이나 걸리는 의학 학위를 땄고 도움이 필요한 사람들을 치료해 주고 여분의 수입을 올리기를 바랐다. 그러나 보험료는 더 비싸지고, 정부의 간섭은 많아졌으며 경상비 지출이 많아져 오랜 시간 동안 열심히 일했는데도, 기부는 고사하고 가족들을 위해 쓸 수 있는 돈마저 줄어들었다. 그의 부인 비벌리는 재능 있는 음악가로 대학에서 음악 교수로 재직하고 있었다. 그러던 그녀가 이 사업을 시작한 것은 다음과 같은 이유에서였다. 「기독교 계통 학교의 선생은 수입이 많지 않아요. 두 아이를 키우기 위해 나는 돈이 더 필요했죠. 경제적 도움도 주면서 음악에 재능 있는 아이들을 가르치고 싶었어요」

바쁘게 살면서 아이들을 잘 키우고 사업을 성공시키는 것이 쉬운 일이 아니었음에도 비벌리와 레이프 존슨은 절실하게 도움을 요하는 사람들을 위하여 쓸 수 있는 돈과 시간을 낼 수 있게 되었다. 그들은 음대생과 운동선수들을 위해 장학금을 내놓았다. 운동기구를 싸게 파는 상점을 열고, 동구권에서 서구로 공부하기 위해 온 젊은 지휘자들을 돕고 오레곤 대학의 바하 페스티벌에서 유럽 출신의 음악가들에게 보조금을 지급하였다.

스튜어트 멘 박사, 테렐과 마가렛 부부. 그리고 레이프와 비벌리 존슨의 이야기는 돈을 버는 것에 관한 것이 아니다. 이미 언급한 대로 더불어 사는 자본주의가 위대한 것은 소수의 사람들을 백만장자로 만들어주기 때문이 아니고, 수백만의 사람들이 자신이 원하는 대로 성취하게 해주기 때문이다. 이런 이야기를 한다고 해서 꼭 우리들의 사업을 권유하는 것은 아니다. 암웨이 이외에도 더불어 사는 자본가가 성공할 기회는 이 세상에 수없이 많이 있다. 멘 박사는 단지 돈을 버는 것만을 원했던 것이 아니다. 그 환자들을 동정을 가지고 대할 수 있는 그런 의사, 그리고 희귀한 병을 앓고 있는 사람들을 도울 수 있는 의학 연구를 하는 의사가 되고 싶어했던 것이다. 마찬가지로 마가렛과 테렐 하디는 불공평과 편견에서 벗어나, 그들이 자부심을 가지고 행복하게 할 수 있는 일을 원했다. 비벌리와 레이프 존슨 또한 단지 돈을 벌 목적으로 일을 시작한 것은 아니었다. 그들은 돌보아야 할 자녀들이 있었고 오레곤 주와 온 세상을 돕겠다는 명분을 가지고 있었다. 더불어 사는 자본주의는 돈을 버는 것에 관한 것이 아니고 자유롭게 자신이 원하는 모습이 되어 원하는 일을 하는 것이다.

「기회는 항상 있습니다」라고 테렐 하디는 말한다. 「포기하지 마세요. 때가 있을 것입니다. 그때를 맞기 위해 미리 준비를 해야 합니다. 때가 왔을 때 그냥 지나치게 두어서는 안 됩니다. 우리는 우리가 믿는 것을 꽉 잡았고 그것에 매달려 그것이 우리에게 주겠다고 약속한 것을 주도록 만들었습니다. 그게 전부입니다」

멘 박사와 하디 부부는 여분의 돈을 원한 것은 심오한 인간적인 목표를 달성하기 위함이었다. 인생에서 무엇을 하고 무엇이 되기를 원하는가? 위대한 목표는 위대한 신념에서 나온다. 당신은 무엇을 믿고 있는가? 우리 인생에 박차를 가하여 목표를 이루도록 이끌어줄 가치는 무엇인가?

한 세대 전만 해도 만약 길거리에서 어느 행인에게 가장 소중하게 생각하는 사회가 무엇인가 묻는다면 그는 다음과 같은 순서로 대답했을 것이다. 「하나님, 국가, 가족, 친구, 학교, 직장」 대개 이런 순서대로 답했을 것이다. 그러나 월남전과 워터게이트 사건, 월스트리트, 그리고 TV 복음전도사들의 추문이 나도는 요즘같이 떠들썩하고 냉소적인 시기에 와서 그 대답은 변했다. 여론 조사에서는 제대로 드러나고 있지 않지만 그렇게 신임을 받던 정부를 위시하여 다른 여타 사회제도들은 점점 국민의 믿음을 잃어가고 있다. 미국인의 98%가 하나님을 믿고 있기는 하지만 주요 종파의 교세는 점점 약화되고 있다. 그 실례로 성공회 뉴스서비스의 보고에 따르면 성공회의 전 교단이 심각한 재정적 위기에 몰려 교회 전도사업을 다시 한번 검토해 보아야 한다는 것이다. 현재 성공회는 예산을 5% 삭감하고 인원 채용과 봉급 인상을 동결시켰다. 장로회도 인원 채용을 동결시켰고 적립해 놓은 돈을 꺼내 쓰고 있는 실정이다. 줄어들고 있는 헌금과 계속해서 목돈이 들어가는 지역구 집회 모임으로 인해 현금 유통은 바닥이 날 판이다. 1,490만 신자를 가지고 있는 침례 교회도 마찬가지여서 연간 8% 내지 13%까지 늘어났던 수입이 현재 국내 물가 상승률을 감당해 내지 못하고 있는 실정이다.

교회 신도들과 헌금이 점점 줄고 있긴 하지만, 정치단체는 그보다 더 크게 신뢰를 잃어가고 있다. 최근의 여론 조사에 의하면 조사 대상의 35%만이 국회를 대단히 신임하고 있다고 대답했다는 것이다.

또한 상원의원과 하원의원들의 성실성과 윤리성에 대한 신임도 조사 결과는 상원의원의 경우 76%, 하원의원의 경우에 대해서는 국민들의 79%가 〈평균 이하〉라고 대답한 것으로 나타났다.

　미국 가정의 전통적인 형태도 점점 그 모습을 잃어간다. 한때는 이 사회의 버팀목으로 여겨지던 것들이 이제는 보기 드물어진 것이다. 1980-90년대 사이에 이혼 증가율도 급격히 늘어 100%를 육박하고 있다. 이 수치가 그대로 간다면, 놀랍게도 초혼인 사람들의 50%가 이혼하게 되며, 결국 미국 아이들의 50%가 편부모 슬하에서 양육될 것이라고 한다. 결혼은 이제 더 이상 신성불가침의 영역이 아니며, 또 꼭 해야만 하는 것은 더더욱 아니라는 시각이 늘고 있다. 1970년에 미국인 아기들의 5%가 사생아였으나 1988년에는 그 수가 점점 늘어 26%가 되었다. 1970년에는 12%의 미국 아이들이 편모슬하에서 양육되었는데, 1992년에는 그 수치가 25%로 배가되었다. 이 수치들을 들먹이는 것은 도덕적 기준에서 그것을 비판하거나 비난하자는 것은 아니다. 나는 비록 전통적 가족형태를 옹호하는 입장이지만 때때로 아이들이나 상대방 배우자들이 계속되는 충돌이나 폭력, 성적 학대에 시달릴 때면 이혼은 그것을 막아주는 최선의 방책이 될 수도 있다고 생각한다. 나는 물론 모든 아이들이 강인하고 사랑이 넘치는 부모 밑에서 성장하기를 바라지만 양육권을 가진 편부모들이 씩씩하게 혼자서도 아이를 잘 키워내고 있는 것도 보아왔다. 부모들의 이혼으로 인한 아이들의 고통을 최소한으로 줄이기 위해 아이들 양육을 돌아가면서 효과적으로 해결하고 있는 애정 많은 부모들도 있다.

　결혼뿐 아니라 친구간의 우정마저도 미국 사회에서는 제자리를 잃어버리고 있다. 필립 아리스는 그의 책 『유년기』에서 가족 사회사에 대해서 다음과 같이 설파하고 있다. 「직장에서나 가정에서나 요즈음 우리들의 생활은 한때 우리 생활에 가득 찼던 친구들과의 친목 도모를 할 수 없게 하고 있다」 확실히 우리는 우정을 믿고 있다. 그러나 우리는 그 우의를 돈독히 다지며 살 수 있는 시간과 여력이 충분치 않은 것이다.

미국인들이 점점 하나님과 교회, 국가와 지도자뿐 아니라 부모와 전통적 가족 형태에 대한 믿음을 상실해감에 따라 우리들과 밀접한 관계에 있는 커다란 사회 즉, 학교와 직장에 대한 믿음도 잃어가고 있다. 옛날부터 우리가 가장 가치 있게 여겨왔던 제도의 목록에서 항상 마지막 순위에 오르던 직장은 이제는 아예 순위에 오르지도 못한다. 최근 조사에 응한 근로자의 33%는 다음과 같이 딱 잘라 말했다. 「나는 내가 하는 일이 정말 싫고 지금 당장이라도 그만두고 싶다」 미국에서 가장 신뢰받고 있다는 사회인 교회나 군대에 대한 신뢰도도 인구의 약 50%만을 웃돌 뿐이며 대기업체는 미국 시민의 1/4 정도의 신뢰만 받고 있을 뿐이다.

이런 모든 사실들을 종합해 보면 우리 부모나 할아버지 할머니들이 사시던 시기에는 아주 중요한 역할을 했던 사회들 즉 하나님과 국가, 가족, 친구, 학교 그리고 직장이 차츰 사람들의 신뢰를 잃어가면서 우리는 중요한 두 가지 문제를 안게 된다. 첫째, 예로부터 이런 사회들은 우리 인간의 가치관을 형성시켜 주는 주요한 원천이 되었다. 이제 그런 사회가 없다면 어떻게 인생의 방향을 잡아갈 것인가. 둘째, 이런 사회들은 우리가 고통받을 때 우리에게 힘을 주어 더 강인하게 해주었다. 이제 그런 사회가 없다면 도움이 필요할 때는 어디로 가야 한단 말인가?

〈생활신조 3〉의 배후에는 〈인생에서 무엇을 하고 싶습니까?〉라는 질문이 기다리고 있다. 당신은 더불어 사는 자본가로서 성공을 하기에 앞서 위 질문에 진지하게 대답을 해야 한다. 어쩌면 당신은 인생의 가치에 대해 깊이 생각을 안 해 봤는지도 모른다. 혹은 어쩌면 당신은 우리 부모님 세대나 할아버지 할머니 세대에게 중요한 가치였던 것이 여전히 우리에게도 중요하게 남아 있다고 생각하는지도 모른다. 혹은 그것들을 아직도 존경받을 만한 사회로 가치를 두며 그

것이 신뢰를 잃어갈 때도 변화시키기 위해 노력할는지도 모른다. 아니면 아예 포기해 버리고 새로운 가치를 찾아 나설지도 모른다. 그렇지 않으면 가치관에 혼란을 느껴 이런 종류의 토론에 흥미를 잃고 몇 푼 더 벌어 때때로 여행을 떠날 수 있는 그런 생활을 원할는지도 모른다.

나는 지금 여러분에게 내 가치관을 주입시키거나 나의 목표를 따르도록 이 글을 쓰고 있는 것은 아니다. 궁극적으로 그것은 아주 개인적인 문제로 당신이 직접 결정해야 하는 것이다. 아주 다른 사고를 가지고 있으면서도 더불어 사는 자본가로 성공하는 예는 얼마든지 있다. 그러나 인생의 근저에 긍정적 사고방식을 가지고 있지 않다면 당신의 목표는 항상 뭔가 부족하고 신뢰할 수 없는 것이 되어 실제로 당신을 성공으로 이끄는 것이 아니고 위험스런 파멸로 몰아넣게 될 것이다.

내가 어렸을 때 어머니는 매주 일요일 아침식사를 준비하여 다같이 먹게 한 후에 우리를 밖으로 내보냈다. 「일요일은 하나님의 날이란다. 좋든 싫든 우리 다같이 맨 앞줄에 앉자꾸나」하며 주일 학교나 교회를 가기 싫어하는 사람들에게 이 날의 의미를 깨닫게 해주곤 했다.

그런 어린 시절에 내가 마음속에 어떤 생각을 품고 있었는지는 생각이 나지 않는다. 그러나 때때로 일요일 아침의 그런 일과가 몹시 싫어 반항했던 때가 있었다. 그래서 어머니와 싸우곤 했었는데 그때마다 어머니가 이겨, 비가 오나 눈이 오나 교회에 가야만 했다. 주일 학교에서 하는 공부, 찬송가, 설교는 영원히 끝나지 않을 것처럼 지루하기만 했었는데 그 시절에 내 마음속엔 내 인생을 완전히 바꿔버릴 씨앗이 자라고 있었던 것이다. 부모님을 위시하여 수많은 목사님, 선생님, 집사님, 그리고 지금은 기억속에 없는 분들이 내게 인생에서 가장 중요한 선물을 남겨주셨던 것이다. 목표를 향해 나갈 수 있는 지표와 살아가면서 힘과 위안을 얻을 수 있는 터전을 마련해 주신 것이다. 어머님 덕분에 내 가치 체계는 기독교 전통에 뿌리를 두게 되었다.

「가장 위대한 계율은 무엇인가요?」 한 젊은 변호사는 예수님을 향해 이렇게 묻곤 했다. 그는 무엇을 묻고 있는가? 〈생활신조 3〉에 나온 질문들이다. 인생의 의미를 찾기 위해서 난 무엇을 해야만 하는가? 내 인생의 목표는 어떤 계율과 어떤 가치를 기반으로 세워져야만 하는가? 예수님의 대답은 지극히 단순한 것이었지만 행하기 쉬운 것은 아니었다. 「하나님을 사랑하라. 그리고 이웃을 내 자신처럼 사랑하라」 나의 모든 가치는 그 계율에서 시작된다. 내가 세워둔 모든 목표는 그가 우리에게 준 강렬하고 명철한 해답 아래에서 검토되어야만 한다. 기독교 전통에 따르자면 내가 이 땅에 존재하는 것은 하나님을 사랑하고, 나 자신을 사랑하고, 내 이웃을 사랑하기 위함이다. 지나치게 간단하게 표현하기는 했지만 이것들이 바로 내 결정에 영향을 미치는 가치들인 것이다. 나는 성공한 적도 있고 실패한 적도 있다. 그러나 내가 행하고 또 말하고 있는 성공이라는 것은 이 간단한 질문에 의해 평가되어야 한다. 즉, 사랑을 얼마나 제대로 실천하고 있는가? 한 국민으로서 또 한 국가로서 우리가 필요로 하는 위대한 개혁은 이 사회를 구성하고 있는 개개인이 다시 서로를 사랑하게 될 때에야 비로소 시작될 것이다. W. H. 오든은 말했다. 「우리는 서로를 사랑해야 한다. 그렇지 않으면 죽게 된다」 서로를 사랑한다는 것이 어떤 의미인지는 정확히 나도 모른다. 혹 당신은 알고 있는가? 2천 년 전에 사도 바울은 아래에 나오는 아름답고 교훈적인 이야기로 그것을 상세하게 묘사하고 있다.

> 내가 사람의 방언과 천사의 말을 할지라도
> 사랑이 없으면 그것은 소리 나는 구리나 울리는 꽹과리가 되고
> 내가 예언하는 능이 능히 있어 모든 비밀과 모든 지식을 알고
> 또 산을 옮길 만한 모든 믿음이 있을지라도

사랑이 없으면 나는 아무것도 아니요.
내가 내게 있는 모든 것으로 구제하고
또 내 몸을 불사르게 내어줄지라도
사랑이 없으면 내게 아무 유익이 없느니라.

사랑은 오래 참고, 사랑은 온유하며
투기하는 자가 되지 아니하며, 사랑은 자랑하지 아니하며
교만하지 아니하며 무례히 행치 아니하며
자기의 유익을 구하지 아니하며
성내지 아니하며 악한 것을 생각지 아니하며
불의를 기뻐하지 아니하며, 진리와 함께 기뻐하고
모든 것을 참으며, 모든 것을 믿으며,
모든 것을 바라며, 모든 것을 견디느니라.

사랑은 언제까지든지 떨어지지 아니하나
예언도 폐하고, 방언도 그치고 지식도 폐하리라.
우리가 부분적으로 알고, 부분적으로 예언하니
온전한 것이 올 때에는 부분적으로 하던 것이 폐하리라.
내가 어렸을 때는 말하는 것이 어린아이와 같고
깨닫는 것이 어린아이와 같고, 생각하는 것이 어린아이와 같다가
장성한 사람이 되어서는 어린아이의 일을 버렸노라.
우리가 이제는 거울로 보는 것과 같이 희미하나,
그때에는 얼굴과 얼굴을 대하여 볼 것이요.
이제는 내가 부분적으로 아나
그때에는 주께서 나를 아신 것과 같이 내가 온전히 알리라.
그런즉, 믿음, 소망, 사랑 이 세 가지는 항상 있을 것인데,
그중의 제일은 사랑이라.

―― 고린도전서 13:13

사랑을 배우는 데는 한평생이 걸린다. 살아가면서 얼마나 많이 비틀거리며 좌절하는가. 그러나 사랑을 갖는 것만큼 굉장한 선물은 없다. 사랑이란 우리의 목표를 세우고 우리의 행동을 좌우하는 토대가 되는 위대한 가치이기 때문이다. 더불어 사는 자본주의는 바로 여기서 시작된다. 즉, 더불어 사는 자본주의는 사랑을 토대로 한 자본주의라는 것이다. 더불어 사는 자본가는 최선을 다해 하나님을 사랑하고 그들 자신을 사랑하고 이웃을 사랑한다. 사랑은 다른 모든 가치의 기반이 된다.

옛 속담에 이런 말이 있다. 〈가난이 집안에 들어오면, 사랑은 창문으로 날아가 버린다.〉 사랑에 대한 이런 말들이 바보 같은 헛소리에 지나지 않음을 더불어 사는 자본가들은 이미 알고 있다. 그들은 어떤 이유로든 도움이 필요한 사람들에게 사랑의 손길을 내밀며 말한다. 「들어오십시오. 여러분들을 위해 여기 많이 준비되어 있습니다」

잭 도허리는 다음과 같이 어린 시절을 회상한다. 「찌든 태양 아래서 하루에 10시간 동안이나 체리를 따곤 했었죠. 그때 돈 많은 농장주들과 현장 감독들이 얼마나 밉던지, 조랑말을 타고 가는 그 애들의 멋진 모습을 볼 때면 꾀죄죄한 내 모습이 어찌나 창피하고 초라해 보였던지, 하나님의 존재를 알고 있었다면, 어린 시절 내내 우리 부모님과 내가 겪어야만 했던 불평등과 부당함에 대해서 하나님을 원망했을 것입니다」

열네 살 때, 잭은 워싱턴 그랜드 뷰 지방에 있는 커다란 감자 가공 공장으로 일하러 다녔다. 「처음에 제가 맡은 일은 오래된 목조 용수로가 있는 밭에서 잡초를 뽑는 일이었어요. 쥐와 방울뱀이 그 용수로 홈통 밑에 숨어 있을 때도 있었지요. 잡초를 뽑으려고 손을 뻗칠 때마다 혹시 쥐가 내 손가락을 물지나 않을까, 방울뱀이 내 팔을 물지나 않을까 항상 두려웠죠. 열대여섯 살이 되어서는 100파운드의 감자 푸대를 들어올려 트럭에 싣는 일을 했죠. 감자 농장과 가공 공장의 일들을 닥치는 대로 하고 나자 관리자로 승진시켜 주더군요.

그러고는 곧 리타와 결혼했어요. 그녀는 농부의 딸로 네브라스카의 초원에서 자랐죠. 그 공장의 관리자가 된다는 것은 우리 가족 모두 생각지 못한 것이었습니다. 그러니 마치 내 일처럼 공장 일을 맡아서 해냈어요. 일찍 출근해서 늦게 퇴근하고, 다른 사람들은 5시 정각이 되기가 무섭게 공장문을 나섰지만, 난 네댓 시간 더 잔업을 하면서 다음날 새벽 근무자들이 일할 수 있도록 만반의 준비를 해놓곤 했죠. 결국 나는 이주한 노동자의 자식이었기에 새벽부터 밤늦게까지 일해야 한다는 사고를 가지고 있었어요. 얼마 지나지 않아 리타 말이 옳았다는 것을 알았죠. 우리는 서로 만나기가 힘들었어요. 매일 12시간씩이나 떨어져 있었으니까요. 그녀는 미용사로 두 배의 일을 했고 난 실제로 공장에서 살다시피 했으니까요. 불만이 점점 커지기 시작했죠. 남편으로서, 아버지로서 제대로 못하고 있었는데 어떻게 제 자신을 사랑할 수 있었겠어요? 하루에 12-14시간씩 일했는데도 공장주나 노동자들이 그 노고를 몰라주는데 어찌 그들을 사랑할 수 있었겠어요? 하나님과는 점점 멀어지는 생활을 하고 있었고, 실상 하나님을 사랑하거나 원망할 시간조차 없었어요. 내 생활에서 하나님은 사라진 거죠」

잭과 리타는 그들의 생활을 되찾을 수 있는 자영업을 찾기 시작했다. 드디어 그런 일을 찾게 되었고 그들은 그 일에 혼신의 정열을 쏟아부었다. 암웨이의 디스트리뷰터들은 잭과 리타가 체리밭의 주인이나 감자 공장의 공장주에게서는 전혀 경험해 보지 못한 사랑을 보여주었다. 이 사업을 하면서 만난 친구들과 동료들은 도허리 부부의 성공을 축하해 주었고 그들에게 잃어버린 시간에 대한 위로를 해주었다. 이 새사업에서 성공하는 것은 쉬운 일이 아니었다. 그들 부부는 암웨이 디스트리뷰터들에게서 받았던 사랑을 그대로 고객과 새 그룹의 디스트리뷰터들에게 보여주어야 한다는 것을 곧 알게 되었다. 그래서 새 사업을 시작하면서 예전과 똑같이 시간과 정열과 희생을 쏟아부었다.

「우리는 조그마한 아파트에 살았죠. 식탁에 앉아서도 모든 것이 손에 닿을 정도였어요. 우리는 꿈을 실현하기 위해 29달러와 몇 년 동안의 고된 노동을 투자했던 거예요. 처음에는 근무 시간에만 일을 하다가 차츰 밤에도 주말에도 일해야만 했어요. 결국 우리는 이 사업에 온 시간을 다 투자했죠. 처음에는 너무 힘들었지만 우리는 항상 함께였으니까 위로가 됐어요. 이 조그마한 사업이 현재는 연간 수백만 달러의 수입을 올려주고 있죠. 더 중요한 것은 이 소규모의 사업은 다른 누구의 것도 아닌 바로 우리 자신의 것이라는 데 있어요. 이제 우리는 남들을 마음대로 도울 수 있게 되었고, 그것도 우리가 전혀 생각지도 못했던 방법으로 돕게 됐죠」

우리의 목표는 무엇인가? 평생을 두고 닿아야만 하는 목적지는 어디인가? 잭과 리타의 서로에 대한 사랑이 같은 목표를 정해서 같이 위기를 넘기고 그래서 변화할 수 있게 만든 것이었다. 그 과정을 겪으며 그들은 하나님과 이웃을 사랑하는 방법을 알게 되었다. 이주한 노동자의 아이는 이렇게 해서 수백만 달러의 연간 수입을 올리게 된 것이다. 이제 그의 아이들은 집에 수영장을 갖게 되었다. 잭과 리타가 시간과 돈을 들여 실질적으로 인생을 바꿔놓을 수 있는 방법으로 타인을 사랑하게 되자 그들이 다니는 교회와 이웃, 마을은 그들의 헌금으로 인해 훨씬 더 생활이 좋아졌다.

냉전이 한창 격렬해지던 1959년 케네디 대통령은 연설에서 이렇게 말했다. 「위기라는 말은 한자로 두 글자입니다. 한 글자는 위험하다라는 뜻이고, 다른 한 글자는 기회라는 의미를 가지고 있습니다」

우리 시대의 사회는 새롭게 변화하고 재구성되어야 한다. 우리가 새로운 해결책을 가지고 새 사회를 만들어나갈 때 우리 앞에 당면한 문제들에 접근할 수가 있다. 과거에도 일대 위기가 큰 기회를 만들었으며 그래서 문명은 새로운 활력을 가지고 전진해 왔던 것이다. 만약 우리가 교회, 나라, 가정, 학교, 공장이나 사무실에서 다시 사랑을 찾고 또 실천한다면 우리 경제는 호전되고 국민들은 인생을 바꿀 수 있는 목표를 세워 서로의 도움으로 그 목표를 이루고자 노력하게 될 것이다.

잭 도허리를 기억하라. 이주 노동자의 아들로 태어나 찌는 태양 아래서 체리를 따며 어린 시절을 보내면서도 뭔가 더 좋은 것을 바랐던 잭 도허리를, 또한 리타 도허리를 기억하라. 네브라스카 농장에서 자라 그녀 소유의 사업을 해볼 꿈을 갖고 있었던 리타 도허리를. 도허리 부부는 더불어 사는 자본주의를 실천하여 더 나은 생활에 대한 그들의 바람이 마침내 이루어지게 된 것이다.

제4장

목표를 성취하기 위해 돈은 왜 그렇게 중요한 것인가?

> 우리가 가진 자금의 수지를 맞추는 것, 즉 빚을 갚고,
> 다른 사람들과 자금을 공유하도록 하고,
> 자금 유용의 한계를 정해서 그에 맞게 충실한 생활을 하는 것
> 등이 자유로운 생활의 시작이라는 것을 신조로 한다.
> 그러므로 갚을 것은 갚고, 자금상의 우선 순위를 정해 두어야 한다.
> 생활신조 4

1968년 가을 노스캐롤라이나 주에 사는 헬과 수잔 부부는 어느 기분 좋은 저녁에 토머스빌 마을 한가운데 있는 핀치 저택의 담을 돌아 차를 몰고 있었다. 헬은 군복무를 마친 지 얼마 되지 않은 스물다섯 살의 젊은이였고 수잔은 스물두 살로 동네에 인접한 공업 단지에 있는 거울 제조 회사에서 컴퓨터 오퍼레이터로 일하고 있었다. 헬은 현재 가정용 가구 사업을 하는 아버지를 돕고 있었다. 12에이커에 이르는 핀치의 저택을 지나가는 이 젊은 부부는 큰 집을 갖는 꿈이 언제 이루어질 것인가 하는 생각에 잠겼다.

헬은 다음과 같이 회상한다. 「핀치 일가는 토머스빌 가구 회사의 소유주였어요. 그 작은 마을의 인구래야 약 만 6천 명밖에 안 되는데 그중에 6천 명이 핀치 씨 회사에서 일하고 있었지요. 그러니 그처럼 큰 저택을 갖고 있을 수박에요」

수잔도 다음과 같이 말한다. 「그들이 아마 마을에서 제일 부자였

을 거예요. 따뜻한 캘리포니아의 밤에 1만5천 평방 피트의 대지에 서 있는 그 저택 옆을 차를 타고 지나치면서 우리도 그처럼 멋진 저택에서 살 수 있을 정도의 돈을 벌 수 있을지 생각해 보곤 했지요」

헬이 계속 이어 말한다. 「그 시절 나는 소규모의 가구업을 하시는 아버지를 돕고 있었죠. 수입도 웬만큼은 됐어요. 많은 돈은 아니었지만 충분히 생활은 할 수 있었고 수잔도 시간제로 일을 해서 수입에 도움이 되었지요. 그렇지만 월말만 되면 날아오는 청구서 대금을 지불하고 나면 거의 남는 게 없었어요」

헬과 수잔은 대저택에 사는 꿈은 제쳐놓고라도 한달에 55불 하던 사글세방 신세를 언제나 면할까 하고 한숨을 쉬던 때를 지금도 기억한다. 그 무렵, 어느 저녁에 헬과 수잔의 가슴속에는 하나의 꿈이 피어나기 시작했다.

「언젠가 큰 집을 장만하는 것으로는 충분치 않아」 하고 헬이 속삭였다. 「우린 바로 여기 토머스빌의 핀치 씨 저택을 소유하게 될 거야」 수잔은 남편의 손을 꼭 잡고 미소지었다. 사실 그들의 현실은 수백만 달러의 저택은 커녕 대금 청구서를 지불하기도 벅찬 실정이었다. 그러한 기분을 당신도 알고 있는가? 꿈은 가지고 있지만 그 꿈을 성취할 여유까지 있을까? 당신이 봉급 생활자라면 매달 30일 봉급에 맞춰 지출을 한다는 것이 얼마나 어려운지를 알 것이다. 당신이 가진 꿈은 새 집, 새 차, 가족 휴가, 여행 중의 하나인가? 아니면 매달 우체통을 가득 메우는 청구서만이라도 해결할 수 있는 비상금 정도의 생활의 여유만 있으면 되는가?

「우리는 대학 졸업장도 없었어요. 우리 마을 사람들은 가난했어요. 도와줄 부자 친척도 없었고 고작 해야 은행을 턴다든가 위조 지폐를 만들어 볼까 하는 게 생각할 수 있는 전부였어요. 하지만 그런 생각만 하면 얼굴이 붉어져서 어쩔 줄을 몰랐죠. 게다가 노스캐롤라이나에는 복권 제도도 없었어요. 설사 행운이 찾아온다고 해도 그게 우리들 몫은 될 수 없었을 거예요. 물가는 올라가고, 그래서 실수입은 자꾸만 적어졌죠」 수잔은 그렇게 회상했다.

「우리의 꿈을 성취하려면 우리는 돈을 더 벌어야만 했어요. 왜냐하면 다른 방법은 하나도 없었으니까요. 돈만이 유일한 해답으로 보였지요」 헬이 말했다. 돈! 프랑스 실존주의 작가 알베르 카뮈는 그의 「카뮈의 수첩──1935년에서 1942년」이라는 작품에서 다음과 같이 썼다. 〈돈 없이도 사람은 행복해질 수 있다고 사람들을 믿게 만드는 것은 신사인 척하는 사람들의 정신적 속물 근성이다.〉도로시 파커는 동료 기자에게 영어에서 가장 아름다운 말은 〈수표 동봉〉이라는 두 단어라는 말을 하기도 했다. 전 영국 수상 대처는 〈착한 사마리아 사람이라는 말은 그들이 착한 마음을 가졌기 때문만이 아니라 돈이 많기 때문에 나온 말이다〉라고 말했을 정도이다. 〈돈! 돈에 대한 사랑은 모든 악의 근원이다〉라고 했던 사도 바울의 말이라든가 거꾸로 〈돈의 부족이 바로 모든 악의 근원〉이라고 말한 버나드 쇼. 어느 쪽을 따르더라도 돈을 벌고 쓰는 일이 우리가 깨어 있는 동안 하는 일의 전부이거나, 또는 잠 못 들게 하는 요인이 될 수 있다는 것에 대해서는 모두가 인정할 것이다.

좋은 뉴스는, 돈을 많이 버는 방법에는 여러 가지가 있다는 것이다. 하지만 여기에는 다음과 같은 나쁜 뉴스가 뒤따른다. 그것은 바로 새 사업을 시작하든, 해오던 사업을 계속하든 반드시 자금은 수지를 맞추어 놓아야 하는 어려움이 있다는 점이다. 너무도 많은 사람들이 귀기울이기 싫어하는 오래된 격언이 있다. 〈당신이 버는 돈으로 꾸려 나갈 수 없다면 더 많이 번다고 해서 잘해 나갈 수는 없을 것이다〉예수는 이 말을 다음과 같이 바꿔 말했다. 〈가난할 때 성실하게 살 수 있다면 부자가 되면 더 성실하게 살 수 있다.〉

〈사람들은 해묵은 금전문제를 처리도 하지 않은채 새로운 문제에 뛰어든다〉라고 암웨이 사의 독립 디스트리뷰터로 성공한 빌 브리트는 말했다. 〈먼저 생긴 일은 먼저 처리해야 한다〉라고 그는 덧붙였다. 〈빚이 있는 사람은 오래된 것부터 차례로 빚을 갚아 나가거나 적어도 빚을 갚을 계획만이라도 세워야 한다. 그래야만 일을 시작할 수 있게 되고 새로운 사업도 시도할 수 있게 된다〉라고 캐나다의 암 웨이 디스트리뷰터로 가장 성공한 짐 젠츠는 말했다.

이제는 솔직해지자. 많은 사람들이 돈을 더럽히고 있다. 이유는 단순하다. 번 돈보다 더 많은 돈을 쓰고 있기 때문이다. 그래서 일이 생긴 사후에 해결하려고 해도 간단하게 되는 것이 아니다. 일단 눈 사태처럼 청구서가 쌓이게 되면 이를 해결하기란 완전히 불가능해지기도 한다. 엉망이 되어버리면 죄의식과 공포감, 그리고 손쓸 수 없는 절망감으로 모든 사고와 행동에 불행을 초래하게 된다. 「인간의 굴레」라는 작품에서 서머셋 모음은 〈돈이란 사람의 육감(6번째 감각) 과 같은 것으로 이것 없이는 다른 오감도 소용이 없게 된다〉고 말했다. 많은 사람들이 불행하게도 모음이 말한 육감을 발달시키지 못해서 그 결과 그들의 삶이 실패하게 된다는 것은 분명하다. 다음 숫자를 살펴보자. 전문가의 보고에 따르면, 미국의 한 가정이 평균 지고 있는 빚은 집 저당권을 포함해서 71,500달러라고 한다. 당신이 보기에도 큰 돈이 아닌가? 반면 독일은 평균 27,700달러이고 스위스는 평균 800달러에 지나지 않는다.

신용카드를 좋아하고 그 남용 때문에 미국의 소비자들은 많은 빚을 지고 있다. 미국 전체에는 약 13억 개의 신용카드가 유통되고 있고 미국 성인의 80%가 최소한 한 장 이상의 카드를 가지고 있다고 한다. 일반 신용카드의 사용이 이러한데, 기업 신용카드는 어느 정도일까? 최근 1년 동안 아메리칸 익스프레스 카드 한 가지만 보더라도 1년에 평균 약 1,000억 달러를 카드로 처리한 것으로 통계가 나왔다. 적어도 7천5백만 명이 신용카드를 사용했다는 계산이다.

한 사람의 카드 소지자는 연평균 2,474달러의 카드 빚을 지고 있으며 평균 연이율 18.8%로 464달러를 이자로 지불하고 있다는 결론이다. 불행하게도, 수백만의 미국인이 수십억 달러의 빚을 지고 있다는 문제는 그리 쉽게 해결할 수 있는 것이 아니다. 당신도 그런 플라스틱 조각에 혼이 빠져 있는가? 그렇게 탐닉해서 올바르게 돈 관리가 되겠는가? 쉬운 해결 방법이 없는 것은 아니다. 다음 질문에 답을 찾다보면 그 출발점을 찾을 수 있을 것이다.

당신은 현재 카드를 몇 장 가지고 있는가? 카드 빚 중에서 가장 많은 빚은 얼마인가? 빚이 계속 늘고 있는가? 오늘까지 진 빚의 총액은 얼마인가? 계속 수입이 있고 카드를 절대 쓰지 않는다고 한다면 얼마나 걸려서 그 빚을 청산할 수 있겠는가? 수입이 줄어든다든가 아니면 수입이 끊어질 때 쌓이는 이자는 그만두더라도 그 빚을 어떻게 갚을 수 있겠는가? 실질적으로 얼마 동안 더 빚을 질 수 있겠는가?

신용카드 회사의 제일 큰 시장과 고객은 대학생이다. 이미 390만 명의 대학생들이 최소한 한 장 이상의 카드를 가지고 있다고 한다. 이 숫자는 4년제 대학생 560만의 70%에 이르는 숫자이다. 지난 2년 동안만을 놓고 보더라도 이들 젊은이들의 카드 소지 증가는 40%에 이르고 있다. 대부분의 카드는 보증인도 필요없고 수입이나 저축 여부의 요구 조건도 없이 발행되는 게 요즈음의 추세이다. 이 같은 플라스틱 조각이 가져다주는 재앙은 국가경제를 침식하고 있으며 이러한 상황은 마치 전염병처럼 점점 더 젊은층으로 퍼져 더 많은 희생자를 만들고 있다. 보통 미국 학생들은 아르바이트를 해서 벌거나 부모들로부터 받는 돈의 합계가 주당 평균 153달러라고 한다. 이 금액 가운데서 학생들이 오락비, 옷이나 필요한 물건을 사는 데 쓰는 돈은 105달러에 지나지 않는다. 그러나 이 금액을 합해 보면 일년에 약 600억 달러로, 여기에 바로 카드 회사들이 탐내는 이유가 있는 것이다.

텍사스 공대의 한 경제학 교수는 《워싱턴 포스트》에 기고한 글에서 한 과의 학생들이 적어도 열 장의 신용카드를 소지하고 있으며 그 카드는 1,000달러가 사용 한도액이었다고 한다. 그는 또한 5만 달러에서 심지어는 7만 달러나 빚을 지고 있는 학생들도 있다고 말했다. 이들 학생들은 옷이나 피자, 학비, 책, 여행, 여자 친구에게 줄 선물, 신발, 시계, 무도회 비용, 야회복들을 사는 데 돈을 모두 쓰고 있다. 아이들은 점점 심한 낭비를 하고 있으며 소비자로서 실질적인 금전적 거래의식이 전혀 없는 게 현실이라고 이 교수는 말한다.

《포스트》의 인터뷰 기사에서 한 학부모는 다음과 같은 재미있는 결론을 내렸다. 「오래전의 가치 기준이지만 상거래에 대해 가장 잘 가르쳐준 사람은 초등학교 1학년 때의 선생님이었습니다. 그 분은 매주 수요일마다 저금통장을 우리들에게 나눠주셨습니다. 그때 우리들은 푼돈이지만 조금씩 쌓여가는 것을 보는 즐거움이 있었죠. 그러나 지금 아이들은 정부의 적자가 쌓여가는 것을 볼 뿐입니다. 이러한 상황인데 어떻게 아이들에게 근면과 자제를 말할 수 있겠습니까?」

다른 사람들이나 다른 단체의 재정적 문제를 탓하는 것은 위험한 일이기는 하지만 이와 같은 경우처럼 곤경에 처한 학부모들의 말은 무시할 수 없는 일이다.

그렇다면, 사람들의 재정적인 회복을 위해서는 어떻게 해야 하는가? 암웨이 사에서 가장 성공한 사람들과의 대화에서 다음 5단계의 해결 방법을 찾을 수 있었다. 첫째, 빚은 갚아야 한다는 것. 둘째, 각자의 재정적 몫을 알맞게 할당할 것. 셋째, 매달 조금씩이라도 저축을 할 것. 넷째, 지출할 돈은 한도액을 엄격하게 정할 것. 다섯째, 정해진 한도 내에서 생활한다는 것이다.

아리스토텔레스는 〈우리가 해야 할 일은 그 일을 함으로써 배울 수 있는 것이다〉라고 말했다. 빚을 갚고 재정적인 회복을 하기 위한 계획이란 그것을 실행할 때 스스로 배울 수 있는 것이다. 그렇게 하기 위해서는 다음의 한두 가지 개념을 알게 되면 많은 도움이 될 것이다.

빚은 갚고 보자

곤경에 처한 한 영국 신사의 얘기가 있다. 빚을 받으려고, 그것이

안 되면 이자만이라도 받으려고 양복쟁이가 찾아오자, 그 신사는 〈나는 원금(Principal)을 갚는 데 관심(Interest)이 없을 뿐만 아니라 이자(Interest)는 갚지 않는 게 내 원칙(Principle)이다〉라고 조롱하듯이 말했다고 한다. 그 영국 신사처럼 빚쟁이를 내모는 것도 쉬운 일이 아니라면, 차라리 어떻게 해서든 빚을 갚고 돈 문제는 정리를 해두는 게 더 쉬운 노릇이 아닐까.

최근에 나는 그랜드 래피즈 백화점의 신용카드 관리인과 오랫동안 얘기를 나눈 적이 있다. 카드 대금 지불이 연체된 고객들에게 그 빚을 정리하는 적극적인 방법을 제시하면서 그녀는 이렇게 말했다. 「신용 있는 고객들은 연체가 될 것 같으면, 우리들에게 연락을 해주죠. 또한 신용을 지키기 위해, 연체된 금액의 일부를 적은 돈이라도 상세하게 기록해 놓은 통지서와 함께 수표나 현금을 동봉해서 우리에게 보내와요. 이런 고객은 신용 있고 책임 있는 고객으로 분류해서 재정적으로 곤란할 때에는 그러한 고객을 도와주기 위해 애쓰게 되는 것이죠. 그러나 통지를 해주지도 않고, 매달 적은 액수나마 송금도 해오지 않는 고객들은 우리들도 어쩔 수 없이 수금 회사에 넘겨버릴 수밖에 없어요. 수금 회사 사람들은 인정사정 봐주지 않거든요」

내가 빚을 갚기 위해 취할 수 있는 조치에 관해 묻자, 이 여자 관리인은 다음과 같은 다섯 가지를 조언했다. 첫째, 빚진 총액을 계산할 것. 둘째, 주 단위나 월 단위로 갚을 수 있는 금액을 정할 것. 셋째, 이렇게 해서 지불할 금액은 신용카드 담당자에게 꼭 확인시킬 것. 넷째, 성실하게 지불한다는 것을 인식시킬 것. 다섯째, 다시는 이 같은 곤경에 빠지지 않기 위해서 수입이내에서 살아가도록 생활 수준을 정해 놓을 것 등이다.

참으로 좋은 제안이라고 나는 생각한다. 당신은 어떤가? 꽤 많은 빚을 지고 있지는 않은가? 빚 갚을 계획은 세웠는가? 당신의 형편을 이해시키기 위해 채권자와 연락해 보았는가? 성실하게 빚을 갚아 가고 있는가? 지출한계를 정해 놓고 있는가? 이 같이 작은 계획은 얼마나 간단한가. 어떤 계획도 세우지 않는 것보다는 낫다.

론 럼멜이란 사람이 텍사스 공과대학과 캠브리지에서 건축학사 학위를 받고 외국에서 1년 경험을 쌓은 뒤 미국으로 되돌아왔을 때 그는 야망과 열정에 불타고 있었다. 곧 유명한 건축회사에 입사하게 되고, 그의 아내 멜라니도 초등학교 5, 6학년 학생들에게 언어학을 가르치게 되었다. 그때, 갑자기 전세계 원유 시장이 붕괴되는 사태가 발생했다. 달라스에서도 건축붐은 사그라들었고 론과 그의 아내 멜라니도 실직을 하고 빚더미에 앉게 되었다. 멜라니의 마스터카드도 정지되고, 가지고 있는 신용카드 모두가 지출한계를 넘어서고 있었다. 「건축가로서 한 달에 800달러를 벌게 되는 데 대학을 졸업하기까지 6년이 걸렸어요. 하지만 모든 게 엉망이 된 그때, 나는 스물여섯 살 된 고등학교 중퇴자에게서 암웨이 마케팅과 디스트리뷰션 설명에 귀담아듣고 있는 내 모습을 발견했어요. 그때, 나는 빚을 갚는다는 것과 가족과 좀더 많은 시간을 갖겠다는 두 가지 목표를 세워 암웨이 사의 사업에 뛰어들었죠」

그는 농담을 한 것이 아니다. 수천만의 미국인들에게는 신용카드의 빚을 갚는 게 인생의 커다란 목표가 될 수 있기 때문이다. 그러한 목표를 달성하기 위해 부업을 하는 것도 흔한 일이 되고 있다. 「나는 다른 일과 겸해서 암웨이 사업도 열심히 했어요. 우리는 사고 싶은 것, 필요한 것 그 모두를 참고서, 그 동안 쌓인 빚을 갚기 위해 일주일에 7일을 꼬박 12시간씩 일을 했어요」

그렇게 해서 론과 멜라니는 빚을 갚을 수 있었고 또한 신용카드의 수지를 맞출 수 있었다. 이제는 사업도 크게 성공해서 가족과 함께 많은 시간을 보내게 되었으며, 이웃에 있는 어려운 사람들을 도와줄 수 있게도 되었으며, 무엇보다도 무절제한 신용카드 사용에서 오는 고통은 절대 겪지 않게 되었다.

미래를 향해서 무슨 일을 시작하기 전에 과거에 한 일에 대하여 먼저 책임을 져야 한다. 빚을 갚기 위해서 아주 복잡한 계획이 필요하다면, 은행이나 신용 관리인에게 물어보면 될 것이다. 또한 많은 책과 테이프, 세미나나 상담자들도 도움을 줄 수 있을 것이다. 여하튼 빚 갚는 일도 다른 목표와 같이 계획을 세워서 그것을 실천해 나가야 하는 것이다. 실행해서는 안 되는 계획도 있다. 즉, 돈을 또 빌려서 빚을 갚는다면 이는 빚을 갚는 것이 아니다. 그것은 또다른 빚을 지는 것이다. 신용카드는 각자 국민들의 빚을 늘려가는 주요한 원인이 되고 있다. 신용카드 문제를 해결하는 것이 각 개인의 빚을 갚는 만병통치약이 될 수는 없지만, 빚을 갚을 수 있는 하나의 좋은 방법은 될 것이다.

모든 카드 빚을 모아보자. 각 카드에 얼마씩 빚이 있는지 모를 때에는 각 은행의 수신자 요금 부담 번호로 전화를 해서 현재의 금액 상황을 알아야 한다. 그 뒤 자신이 가진 모든 카드의 금액을 합산한 다음 저당잡힌 것, 할부 자동차, 학비 융자 등 특히 돈이 많이 들어가는 항목의 금액을 합해 보라. 가지고 있는 모든 카드를 살펴보면, 전체 금액을 추적하기가 그리 쉽지는 않다. 그러나 일단 그 많은 금액들을 죽 적어가다 보면, 전에 없이 새로운 각오로 카드 사용을 안 하겠다든가 빚을 갚아나가야 되겠다는 생각이 들 것이다. 빚진 총액을 가지고 있는 모든 카드에 붙여놓아라. 또 그 금액을 냉장고라든가 각 계기판에도 붙여놓고 목욕탕 거울에는 비누로 쓰고 수표책 표지에는 칼로 금액을 새겨놓아라. 일단 부채 금액이 얼마인지를 알게 되면, 그 빚을 다 갚을 때까지 지출을 억제해야 한다. 유흥비로 카드를 사용하고 싶을 때는 그 카드 표면에 붙어 있는 〈이 카드만 4,321달러, 합계는 74,000달러 빚을 지고 있다〉는 것을 읽어보자. 그러면 카드를 쓰기 전에 눈을 감고 생각하게 될 것이다. 〈지금 가치 있는 일에 돈을 쓰려 하는 것인가? 이 이상 더 많은 빚을 지기를 원하는가? 이런 데 돈을 쓰지 않고는 살 수 없는 것인가?〉라는 질문을 하게 될 것이다.

현재 가지고 있는 카드 모두를 찾아서 확인해 보자. 응접실 바닥

에 일렬로 늘어놓은 다음 기간이 만료된 카드는 잘라버려라. 기간
이 만료된 카드라도 주변에 놓아두는 것은 위험하다. 다른 사람의
카드를 가지고 나쁜 짓을 하는 사람들도 있기 때문이다. 그러한 카
드는 폐기해 버려라. 실제 사용 가능한 카드 가운데 이율이 가장 낮
은 카드를 찾는다. 가끔은 지불하고 있는 원금의 이율을 살펴봐야
하는데, 이는 은행의 수신자 요금 부담 전화번호를 돌려 물어보면
쉽게 알 수 있다. 낮은 이율의 카드를 사용하면 10년 뒤쯤이면 수천
달러를 절약할 수 있게 된다. 카드는 두세 개 이상은 가지고 다니지
말라.

　뉴스레터인 《램 리서치 은행 카드 동향》의 발행자 로버트 맥킨리
는 매달 결제 할 물건을 살 때에는 연간 수수료가 붙지 않는 카드
를, 융자를 받고자 할 때에는 저이율 카드를 사용할 것을 제안한다.
그 다음 세번째 카드는 사업용으로만 쓸 것도 제안한다. 남아 있는
카드라고 무조건 폐기해서는 안 된다. 빚을 갚고 카드를 폐기할 때
에는 은행에 통보해야 한다. 주의해야 할 것은 당신이 카드 폐기를
은행에 통보한 뒤라도 살아 있는 카드로 되어 수수료가 청구되는지
확인해 보아야 한다. 카드를 폐기한 후 그것을 은행에 반환하는 것
이 가장 안전하다.

　내가 신용카드에 관해서 너무 끈질기게 이야기하고 있는 것일까?
그러나 신문 경제면을 살펴보면, 〈신용카드 지불 연체 30% 상회〉라는
제목을 볼 수 있을 것이다. 신용카드 연체는 1년 내내 지속되고 있
다. 뉴욕에 있는 미국의 3대 통계서비스 회사인 무디스사의 보고에
의하면 최근 신용카드 사용자의 6.13%가 최소한 1달 이상 결제비가
연체되어 있다는 보도를 했다. 이 숫자는 대략 18억 장의 카드 가운
데 8천2백만 장 정도가 연체되어 있다는 말이다. 얼마나 많은 사람
들, 얼마나 많은 가족들이 이에 연관되어 있을까. 투자 서비스 회사
의 분석가는 연체의 지속적 증가 원인을 〈최근 실직한 사람들이 다
시 취업할 때까지 카드를 사용하기 때문〉이라고 설명한다. 그러나

카드도 바닥이 나고 직업도 구할 수 없을 때 이 사람들은 어쩔 수 없이 파산지경에 이르게 된다. 무디스사는 또한 〈체납과 개인 파산에 관한 산더미 같은 서류철이 말해주듯 은행들이 회수불능으로 보고 손실로 처리하는 신용카드의 빚이 42%나 증가했다〉고 경고하고 있다. 신용 카드 계정의 막대한 손실은 보증은행의 손해로 이어진다. 그 결과 국민과 세계의 재정적 전망을 위협하게 된다. 은행감독원도 수백의 미국 은행들이 고객의 지불연체로 파산 직전에 놓여 있다고 경고하고 있다.

당신도 신용카드 중독자인가? 당신의 마을에도 신용카드 사용자협회가 세워질 필요를 느끼는가? 궁할 때, 자동현금 지급기에서 100달러를 꺼내 쓰기는 아주 쉽다. 그러나 18% 내지 20%의 쌓여가는 이자는 별도로 치더라도 그 빚을 갚지 못할 때 어떤 일이 생기는지 생각해 봤는가? 은행이 저당을 잡고자 할 때, 당신과 당신 가족은 어떻게 되는가? 혹시라도 은행이 악성부채로 수금불능으로 처리했다고 당신을 추적하지 않으리라고 생각하고 있지는 않은가? 그들은 끝까지 당신을 추적해 낸다. 일단 은행이 당신을 적으로 판단하면, 그들은 당신을 형편없이 망가뜨릴 수 있다. 수금회사 사람들은 당신의 모든 것을 긁어내려 할 것이다. 당신의 신용이 땅에 떨어지는 것은 물론이고 생활도 엉망이 되고 법에도 저촉되어 때로는 수감될 수도 있다. 따라서 한마디 덧붙인다면, 갚을 능력도 없이 신용카드로 물건을 사거나 현금서비스를 받는다는 것은 은행을 터는 것과 다를 바 없다는 것을 명심하라.

우리 돈이 아닌 돈을 쓸 때에는 우리 아이들이 자신들의 미래를 도박에 거는 것과 같이 위험한 짓이다. 개인으로서든 국민으로서든 빚을 진다는 것은 신중하게 고려해야 한다. 빚을 갚을 때까지는 우리는 결코 자유로울 수 없다.

금전은 다른 사람들과 공유하라

　대부분의 내 친구들과 동료들은 더불어 사는 자본가로서 성공하기 위한 첫 단계는 먼저 부채를 갚는 것이라는 데 의견의 일치를 보이고 있다. 당연한 일이다. 다른 사람들과 금전을 공유하는 방법을 익혀야 하는 것이 더불어 사는 자본주의라면, 금전적 여유가 없을 때라도 심지어는 빚을 갚고 있을 때라도 다른 사람과 금전을 공유해야 한다는 데 또한 의견의 일치를 보이고 있다. 나 역시 공유의 개념을, 먹을 것이 충분하고 은행에도 돈이 있고, 그러한 여유가 있고 난 다음에야 해야 할 것 같은 유혹을 받았다. 그러나 공유란 자본주의의 끝이 아니라 시작이라는 생각과 함께 살아가면서 언제나 같이 해야 할 덕목이라는 것을 알게 되었다.

　우리가 공유를 얘기할 때 반드시 이익의 일정 분량을 내놓는 것만을 의미하는 것은 아니다. 우리가 하는 모든 일에 영향을 미칠 수 있는 더불어 사는 자세를 말하고 있는 것이다. 이는 생산해서 판매하는 물품, 우리가 세운 공장, 기계, 원료, 또한 우리가 배출하는 쓰레기, 광고활동, 판촉활동, 그리고 무엇보다도 중요한 사람들, 가족, 직원, 고객, 심지어는 우리의 경쟁자에게까지도 영향을 미칠 수 있는 그러한 자세를 말하는 것이다. 여유가 있을 때까지 기다려서 자선을 베풀겠다면, 우리는 결코 그 일을 할 수 없을 것이다. 언젠가는 자선을 되돌려 받기 때문에, 처음부터 그런 마음과 행위를 해야 한다는 생각을 우리 모두는 진지하게 받아들여야 한다. 공유를 실행하기 위해 반드시 유대인이나 기독교인이 되어야 하는 것은 아니다. 또한 구약이든 신약이든 성경책을 읽어야만 하는 것도 아니다. 미국 시인 엘라 휠러 윌콕스가 한 다음의 말은 예수의 말씀을 인용한 것이 아니다.

　그 많은 신들, 그 많은 생활신조,

수없이 구부러진 많은 길들이 있지만,

이 가엾은 세상이 필요로 하는 것은 오로지 자선뿐인 것을.

내 경험에 비춰볼 때, 종교적 배경이 무엇이든 간에 사업을 시작할 때부터 타인과 기쁨을 공유하는 사람들은 반드시 사업에 성공했다. 그들은 고객과 경쟁자들을 항상 애정과 감사함으로 생각했던 사람들이다. 결국 마지막에 당신이 어떻게 기억되는가 하는 것은 당신이 처음부터 그들에게 베푼 자선의 마음으로 결정된다.

당신도 슈바이처의 얘기를 알고 있을 것이다. 그는 성공한 의사였으며, 과학자였다. 또한 그는 세계적인 바하의 해석자였으며, 유럽의 대성당에서 오르간 연주회를 열기도 하였다. 그의 철학적 연설과 글들은 생전에도 찬양받았던 것이다. 또한 그는 프랑스령 적도 아프리카의 가봉 람바레네라는 작은 마을에서 선교의사로서 평생을 보냈다. 오고웨 강둑에는 슈바이처 박사가 세상으로부터 버림받은 아프리카 사람들을 위해 세운 병원이 있다. 세상이 그를 기억하는 것은 그의 음악적 업적이라든가 그가 쓴 책 또는 노벨 평화상을 탔다는 사실이 아니고, 버려진 사람들을 위해 평생을 바쳤다는 것이다. 그렇게 하기 위해서, 당신도 선교사가 될 필요는 없다. 일상생활에서 더불어 사는 자본가들에겐 그와 똑같은 기회가 얼마든지 있기 때문이다. 〈대부분 훌륭한 사람들의 인생은 작고 보잘것없어 기억될 가치조차 없는 남에게 보이지 않는 사랑과 자선의 행위로 일관된다〉고 워즈워드는 말했다. 우리들 중에서 슈바이처의 명성이나 워즈워드의 명언을 그대로 성취해 낼 사람은 없을 것이다. 하지만 그것은 큰 문제가 아니다. 진정으로 중요한 것은 공유하는 기쁨을 서로 나눈다는 것이다. 남들과 공유하고자 하는 조그마한 행위들은 대부분 잊혀져 없어질 수도 있지만, 그래도 우리는 계속 그렇게 하는 것이다. 그것이 좋은 일이기 때문이다. 어려운 처지의 사람들에게 희망과 도움을 주고 우리 자신에게는 기쁨을 줌으로써 나 자신을 가치있는 존재라고 느끼게 해 주는 것이다. 급진적 사회주의 비평가인 이반 일리치는 다음과 같이 말했다. 〈인간은 물질적으로 풍요워질 것인가 아니면 물질을 사용할 수 있는 자유를 많이 얻을 것인가를 선택해야 한다.〉 모든 공유의 행위들은 우리를 자유롭게 한다. 특히 〈그럴만한 여유가 없을때〉 행위는 더욱 그러하다.

매일 조금씩 저축하라

어머니가 내게 처음으로 사주신 저금통은 손으로 칠한 예쁜 철제 저금통이었다. 작은 홈통에 동전을 굴려 넣거나 혹은 새의 부리에 동전을 넣어 두고 손잡이를 누르면 작은 구멍 속으로 굴러 떨어진다. 그 동전을 모아 은행으로 한 달에 한 번씩 방과 후에 신이 나서 어머니와 함께 달려가서 내 통장에 예금하곤 했다. 은행 직원이 내 저금을 더해서 빨간 내 저금통장에 기입하는 모습을 보는 것은 참으로 즐거운 일이었다. 그 직원은 통장에 서명을 하고 도장을 찍어주었다.

어릴 때 저금통이 있었는가? 그것은 아마 장식이 있는 유리 저금통으로 금속 윗부분에 구멍이 뚫려 있는 것이었거나, 여러 가지 색깔의 돼지 저금통이었을 것이다. 그때만 해도 우리는 저금하는 세대였다. 아무리 적더라도 어느 집이나 통장이 있었고, 매달 월급날이면 아버지는 은행에 가서 저금을 하곤 했다. 아무리 경제적으로 어렵더라도 매달 얼마씩은 저축을 하려고 했다.

그러나 이제 시대는 변했다. 미국은 다른 공업국가 중에서 저축률이 가장 낮은 것으로 기록되었다. 한 세대 동안에 평균 저축률은 6%나 떨어졌다. 매달 수입에 대한 저축 비율을 보면 일본이 19.2%, 스위스가 22.5%인 반면, 미국은 2.9%에 지나지 않는다. 다시 말해서, 어려운 때를 위해 저축하는 돈이 스위스는 19,971달러, 일본은 45,118달러인 데 반해 미국은 4,000달러밖에는 저금하지 않는다는 것이다. 당신은 매달 수입의 얼마를 저축하고 있는가? 비상시에 쓸 돈으로 비축해 둔 돈이 얼마나 되는가?

가장 기본적인 저축방법을 기억해 두는 것이 좋다. 재해를 대비하여 한 달 봉급 정도는 저금이 되어 있어야 한다. 그것을 기준으로 해서 더 적게 했는가, 아니면 더 많이 저축되어 있는가?《우리들의 위상》의 편집자는 다음과 같이 결론짓고 있다. 〈장기적으로 볼 때 저축률이 낮아지고 있는 것은 한 가정의 안정뿐 아니라 이 나라의 장래에 대한 투자가 그만큼 적어지고 있다는 것을 의미한다.〉

빚이 있거나, 매일매일 써야 할 돈이 점점 많아질 때 저축한다는 것이 얼마나 어려운지는 알고 있다. 그러나, 최악의 경우에라도 매달 인내를 가지고 착실하게 조금씩이라도 저축을 하게 되면, 어느 만큼 세월이 흐른 후에는 놀랄 만큼 돈이 모이게 될 것이다.

《블랙 엔터프라이즈》의 편집자들은 적어도 세 달치 쓸 비용은 비상용으로 가지고 있어야 한다고 권장한다. 또한 자녀 대학 비용으로 매주 20달러 정도는 연간 10% 정도의 이율을 받을 수 있는 투자 신탁에 적금을 부어놓으면, 15년 후에는 3만5천 달러를 받게 된다고 한다. 불행하게도, 비축해 놓은 돈이 자녀가 대학도 가기 전에, 또 퇴직연금을 타기도 전에 필요할지도 모른다. 건강관리 비용도 엄청나고, 집이나 자동차 수리비도 매일 늘어나고 있는 추세이다. 또 긴급하게 돈 쓸 일이 생길지 누가 아는가? 아무리 긴급한 상황이더라도, 대부분은 준비가 되어 있지 못하다. 수입이 중간 이하여서 은행에 저축해 놓은 돈이 하나도 없기 때문이다.

S. S. 크레스지라는 이름을 기억하는가? 그는 남북전쟁 직후 펜실베이니아의 가난한 가정에서 태어났으며, 컴퓨터 회사의 외판원으로 사회에 첫발을 내디뎠다. 미국 전지역을 망라하여 소규모 상점들에게 배달이 필요 없는 현금 판매를 하자는 프랭크 울워스의 제안에 고무되어 시작한 사업이 1932년경이 되자 크레스지 자신 소유의 상점

수백 개로 확장되었다. 크레스지는 강력한 저축 옹호론자였다. 그의
전기에 따르면, 그는 〈평생을 돈을 벌 욕심과, 그것을 써서는 안 된
다는 강박관념에 사로잡혀 있었다〉고 한다. 말년에 그는 미국에서
내노라 하는 재산가 축에 들었지만 골프를 치면서 공을 잃어버리는
것을 참을 수 없어 골프를 포기한 사람이었다. 신발은 완전히 해질
때까지 신고, 구두 밑창이 낡아 물이 들어오면 신문지로 막아 신고
다녔다. 그와 이혼한 두 여자의 이혼 사유는 그의 구두쇠 노릇 때문
이었다. 오늘날 크레스지 재단은 거대한 자선단체로 성장하여 자선
활동과 그 미래 지향성으로 최고의 평판을 받고 있다. 그가 죽은 지
여러 해가 지났지만, 크레스지는 자신이 벌어놓은 돈을 사회에 희사
하고 있다. 미국 전역의 대학, 병원 봉사 단체들은 생전의 크레스지
의 구두쇠 노릇 덕분에 그가 죽은 오늘날 덕을 보고 있다. 그러나 나
는 그가 살아 있을 동안에 나누어 주기를 알고 그 기쁨을 가졌더라
면 그쪽이 더 만족스러운 것이 아니었을까 하고 생각하지 않을 수
없다. 많은 사람들과 자선단체가 절실히 요구되는 요즘 같이 어려운
시기에 특히 우리 자신에게 물어봐야 하는 질문이다.

가계의 한도를 정해놓고 그 안에서 착실히 생활하자

마가렛 대처 전 영국 수상이 하원에서 행한 한 연설 중에 이런 말
이 있다. 〈우리는 자신이 가진 돈이 없으면, 쓰지 않는 세대였습니
다.〉이 수상의 정치 철학을 어떻게 생각하든, 우리는 그 말 속의 지
혜를 진지하게 생각해 보아야 한다. 두 가지 문제를 생각해 보자. 첫
째, 대부분의 사람들은 그들 수중에 돈이 있는지 없는지를 모른다.
어떻게 그럴 수 있는가? 현재 가지고 있는 것은 고사하고 그들은 은
행계좌의 잔고에 대해서도 정확히 모르고 있다. 둘째, 개인이건 가
족이건 가계의 예산을 세우지 않는다. 세웠더라도 그 한도 내에서

생활하지 않는다. 예산을 세우지 않기 때문에 돈이 있어도 그 대부분이 빚 청산이나 기부금 또는 저축으로 돌려야 할 돈이라는 것을 깨닫지 못하고 있다. 그래서 계속 쓰기만 하게 되는 것이다. 진탕 마시고 떠드는데 돈을 써버리고 다음날 아침 두통을 제대로 가누지 못한다.

그동안 예산을 세워보지 않았으면, 금요일 저녁이나 토요일 오후에는 예산파티를 열어 보자. 규칙은 간단하다. 자금의 한계를 정해 놓고 그 안에서 생활하기이다. 가족과 다같이 둘러앉아 보자(독신이면 혼자 할 수도 있다. 자녀가 없는 경우에는 부부끼리만 할 수도 있다). 독창적으로 재미있게 만들어보자. 다과도 준비하고 상도 주고, 잘하는 사람들에게는 다 끝나고 영화구경도 시켜준다든가, 해변에 간다든가(그것도 가계 예산 내에서) 등의 보상을 한다. 즐겁게 될 수 있을 것이다. 시작해 보자.

1단계. 매달 정기적으로 들어가는 돈을 모두 더한다. 6개월에 한번 1년에 한번씩 내는 보험이나 세금도 포함시킨다.

2단계. 갚아야 할 돈, 어려운 사람에게 나누어 줄 돈, 저금할 돈을 모아 더해 본다.

3단계. 월수입에서 1단계와 2단계에서 필요한 돈의 총합계를 감한다. 돈이 남으면, 가족들에게 분배를 해서 재량껏 쓰게 하거나 빚진 돈들을 빨리 갚아버리거나 고통 받는 사람들에게 나눠주도록 한다. 남는 돈이 없거나 모자라면, 수입에 비해 지출이 많은 것이므로 바야흐로 지출을 줄이기 위해 허리띠를 졸라맬 때인 것이다. 이 시점에서 당신은 돈을 더 벌어야겠다는 생각이 들 것이다. 그러나 아예 그런 생각은 하지 않는 게 좋다. 왜냐하면, 그런 생각이 들면 돈을 실제로 더 벌기 전에 더 많은 돈을 쓰게 되기 때문이다. 그렇게 되면, 우리가 처음에 얘기했던 대로 엉망이 되어버리는 것이다.

4단계. 가족이 둘러앉는다. 그리고 나서는 둘러앉은 한 사람씩 서약을 한다. 「(아무개 누구)는 이번 달에는 예산을 세운 만큼만 쓸 것

을 약속합니다」 예산을 세우기는 쉽지만, 예산 내에서 돈을 쓰기는
어렵다.

5단계. 예산 내에서만 쓰겠다는 약속을 지킨 사람을 칭찬해 준다.
예산을 초과해 돈을 쓴 사람에게는 그 이유를 따진다. 모든 사람들
이 인정할 때까지 그 이유를 듣는다. 지나치게 쓴 사람에게는 벌로
써 다음달 분배를 줄인다. 예산에 어떤 항목이 추가되어야 하며, 불
필요한 항목, 예산 액수를 늘려야 하는 항목, 줄여야 하는 항목 등을
다시 고려하고, 다음달의 성실한 지출을 다시 한번 약속한다. 월말에
차질이 생기지 않도록 하기 위해서 혹 예산에 포함되어 있지 않은
항목에 대한 지출이 필요하면, 중간에라도(월중이라도) 가족 비상모
임을 가져 서로 의논하도록 한다.

「좋아, 그렇게 할 수 있어」라고 모든 가족 구성원들의 의견이 다
받아들여질 수 있다면, 더 이상 바랄 것이 없다. 그럼에도, 지출 한
도액을 정해 놓고, 그 지출현황을 관리하기 위해서는 무엇인가 해야
만 한다. 처리하기 곤란해질 때까지 우리는 돈에 관한 얘기는 되도
록 안 하며 살아간다. 쓰고 또 쓰고 나면, 어느 순간 갑자기 그에 대
한 이자가 우리 미래를 위협하게 된다. 너무 많이 쓴 것 때문에 서로
원망하기 시작하고 서로 욕설을 퍼붓게 된다. 저주하거나 심지어는
싸우기까지 한다. 돈에 관한 얘기는 너무 늦기 전에 일찍 털어놓는
것이 좋다. 그렇지 않으면, 소중한 사람들을 다 잃게 될지도 모르기
때문이다. 또 폭력이나 죽음을 초래하기도 한다. 통계에 의하면, 가
족관계를 파멸로 이끄는 요인은 간통을 포함하여 어떤 다른 요인보
다도 돈 문제가 가장 많은 것으로 나타났다.

헬과 수잔을 기억하는가? 4장 첫머리에서 핀치 일가의 대저택을
바라보고 있던 부부에 관한 얘기를 했다. 그때 그들은 그런 큰 저택
에 살기는커녕, 매달 날아오는 청구서만으로도 쩔쩔매고 있는 실정
이었다. 자, 20년이 지난 지금 다시 한번 그들 모습을 바라보자. 그
들은 이제 날아드는 청구서도 없고, 수지균형도 맞는 상태이다. 그

들은 암웨이 사업을 자그마하게 시작했고, 열심히 일해서 사업을 확장시켰다. 오늘날, 그 사업은 50개 주와 70여개 나라에 널리 퍼져 있다. 그들의 꿈이 된 그 커다란 집은 이제 헬과 수잔 그리고 열여덟 살인 아들 크리스의 집이 되었다. 이들의 이야기는 우리에게 새로운 것은 아니다. 어디서나 흔히 들을 수 있는 이야기이다.

사람들은 큰 꿈을 갖게 되면 진지하게 돈을 모으기 시작한다. 그들은 번 돈 이상은 쓰지 않는다. 청구서를 청산하여 수지를 맞춰놓는다. 그들은 통장을 만들어 매주 조금씩이나마 저축한다. 그리고 그들의 축복을 나누어 도움이 필요한 사람에게 나누어준다. 곧, 그들 꿈이 실현되는 것을 지켜볼 수 있게 된다. 물론, 거기에는 희생이 뒤따르게 된다. 헬은 누구보다도 낚시를 좋아했다. 그가 아주 소중히 여기던 낚싯배가 있었다. 그러나 이 사업을 위해 그는 이동주택과 바꿔버렸다. 이동주택은 전국 방방곡곡을 돌아다니며, 그들 사업이 성장하도록 했다. 헬의 친구들은 그가 그 배를 팔았을 때 모두 그를 타박했다. 「그들은 우리 사업이 망하리라 생각했죠. 헬은 다시는 자기 배로 낚시하지 못하리라 생각했던 것이지요」 수잔은 그 당시를 이렇게 회상했다. 「그러나 우리는 이동주택이 필요했어요. 아이는 어린데 잠잘 데가 마땅치 않았거든요. 호텔이나 모텔은 너무 비쌌지요」 헬은 이렇게 회상한다. 「얼마간은 해변에서 낚시를 했죠. 그 당시에는 넙치류나 농어류에 만족해야만 했어요. 내 작은 배를 파는 것이 쉽지는 않았죠. 그러나 그만한 가치가 있었어요. 오늘날 수잔과 크리스와 저는 다이아몬드 레이디라는 이름의 60피트짜리 캐롤라이나 대형 모터보트를 가지고 있거든요. 이제 우리는 한 가족으로서, 500파운드짜리 청새치류를 낚시하죠. 우리는 원대한 꿈을 가지고 있었고, 그 꿈을 이루기 위해 그 대가를 치렀기 때문이지요」

헬과 수잔 부부와 마찬가지로 노스캐롤라이나 랠리에 살고 있는 래리와 팸 윈터 부부도 돈이 없는 상태에서 꿈을 꾸고 있었다. 래리는 세차장을 경영하고 있었고, 팸은 세차장 경리였다. 점심 시간이면 세차장이 내려다보이는 곳에 앉아 달걀 샌드위치를 먹으면서 언제가 되어야 그들이 랠리 근교에 있는 225달러의 사글세방에서 벗어날 수 있을 만큼의 돈을 모을 수 있을 것인가, 혹은 언제가 되어야 청구서를 정리하고 살림을 잘 꾸려 나갈수 있을까를 궁리하고 있었다. 그런 지 7년이 채 안 된 지난 크리스마스날, 팸 윈터는 랠리의 아름다운 주택지구에 있는 그녀의 새 집 식탁에 서 있었다. 여덟 살 된 그녀의 딸 타라와 네 살 된 아들 스티븐은 그녀가 갓 구워낸 초콜릿을 잘라 싸는 것을 돕고 있었다. 래리는 한 손에는 새로 산 겨울 옷보따리를, 또 한 손에는 두살박이 아들 리키를 안고 있었다. 최근 래리는 우리에게 다음과 같이 얘기해 주었다. 「지난 5년 동안, 팸과 나는 모아놓은 장갑, 따뜻한 양말, 속옷, 블루진, 카키팬츠, 플란넬 셔츠, 소형 썰매 등을 크리스마스날이면 불쌍한 사람들에게 나눠주곤 했죠. 팸은 그녀가 특별히 만든 초콜릿을 담은 음식바구니를 챙겼고 우리 애들은 모아놓은 물건을 싣는 것을 도와주었죠. 같은 사업을 하는 친구나 가족들과 같이 랠리나 샤로트 거리로 차를 몰아 크리스마스날 밖에서 노숙하는 사람들을 찾았습니다」

세차장 시절에서 십 여 년이 지나 팸과 래리는 경제적으로 독립했다. 이제 그들은 자영업을 하고 있어서 크리스마스날 맘껏 시간과 돈을 쓸 수 있었고 그것은 평생을 두고 그들이 꿈꿔온 것이었다. 「세차장 시절에는 누구도 도와줄 수가 없었어요. 우리 자신의 금전 문제로 꽉 차 있었죠」 그녀가 이렇게 덧붙였다. 「다른 이들과 마찬가지로 우리도 늦은 밤 TV에서나 일요 신문 광고란에서 선전하는 일확천금계획에 대한 광고가 홍수를 이루는 시대에 살고 있었죠. 형편없는 물건을 파는 것으로 순식간에 돈을 모을 수 있다고 허풍을 떠는 것 말예요. 명심하세요! 그 약속은 중요한 부분이 빠져 있는, 과장이 심한 얘기거나 혹은 거짓말일지도 모릅니다. 그 물건은 너무 비싸고 쓰기 힘들어도, 반환은 절대 되지 않지요」

「이 디스트리뷰션 사업에 관한 얘기를 듣고는, 드디어 간단하게 여분의 돈을 벌 수 있겠구나 생각했죠. 제품도 마음에 들었고, 마케팅 전략도 괜찮다고 생각했거든요. 그래서 다른 사람들도 이 물건을 사려고 몰려들어 그들도 자영업을 하는 데 뛰어들 것이라 생각했죠. 우리는 시설을 갖춰놓고 이것저것 사놓느라 돈을 썼어요. 작은 사무실을 꾸미고, 전화도 놓았죠. 세차장의 일을 그만둔 후 몇 군데 상품선전도 했으니 이제는 전화벨 울리기만 기다리면 되었죠」 래리가 말했다.

「1980년에 우리는 이 소규모의 사업을 시작했어요. 하지만 1985년경에는 재정상태가 더 악화되었지요. 빠른 성공은 고사하고, 전화료조차 내지 못했어요」라고 팸이 말했다. 「우리가 목표에 도달하기까지는 스폰서들에게서 많은 것을 배워야만 했습니다. 그리고 암웨이든 다른 사업이든 쉽게 돈을 벌 수 없다는 것을 알았습니다. 쉽게 버는 방법은 없는 거지요. 우리가 번 돈의 범위내에서 살아야 한다는 것을 배웠습니다」 팸은 계속해서 이야기했다. 「내가 불안해지고 마음이 약해지면, 이 사업의 새 동료나 조언자를 찾아갔죠. 그들은 우리에게 세 가지 놀라운 원칙을 설명해 주었어요. 첫째, 우리는 무엇이든 할 수 있는 나라에 산다. 둘째, 찾기만 하면 기회는 얼마든지 있다. 셋째, 하나님은 사람을 차별하지 않는다 등이었죠」

만약 당신이 평소에 많이 베풀고 열심히 일하고 사람들을 바르게 대한다면, 당신이 흑인이건 백인이건, 뚱뚱하건 말랐건, 부자건 가난하건, 크건 작건, 못생겼건 잘생겼건 상관없이 하나님은 당신을 성공하게 할 것이다. 나가서 당신을 드러내어 선행을 많이 베푼다면, 당신에게도 좋은 일이 생길 것이다. 「이제 우리는 우리의 재정적인 어려움을 남들이 해결해 줄 것이라고 생각하지 않기로 했어요. 우리 자신이 일을 해서 해결해야 할 문제지요. 1988년에 우리는 모든 빚을 다 청산했어요. 1989년에는 새 차를 사고, 랠리의 부자 동네에 새 집을 샀지요. 1990년에는 경제적으로 독립할 수 있었고, 그래서 우리가 원하는 방향으로 시간과 돈을 쓸 수 있었어요」 래리가 이렇게 말했다. 「우리가 우리 자신을 어떻게 도와야 하는지 알게 되었을 때, 다른 사람들에게도 자신을 어떻게 도와야 하는지 알려줄 수 있었어요. 우리 동료들이 또다시 가르쳐준 것은 다른 사람을 진정으로 돕기 위해서는 그들에게 돈만을 주어서는 안 된다는 것이었어요. 그들이 자기 자신을 도와 독립할 수 있도록 해야 하는 것이죠. 지난 몇 년 동안 우리는, 우리가 세차장에서 일할 때 정도의 수준에 머물러 있는 많은 부부들, 수백 혹은 수천의 부부들을 도와 스스로 경제적인 독립을 할 수 있게 했죠. 아직도 우리 사회에는 도움이 필요한 사람들이 많습니다. 그들을 도울 수 있으니 돈이란 참 멋진 것이죠. 당신도, 스스로 도울 수 없는 사람들을 도울 수 있습니다」 팸의 이야기이다.

1991년, 크리스마스 이브에 팸과 래리 그리고 세 아이들은 랠리 시내로 나왔다. 집집마다 두꺼운 문에 가시나무 화관을 걸어놓고 화려하게 불을 밝히고, 주름 잡힌 커튼이 멋지게 늘어져 있는 창가에는 크리스마스 트리가 세워져 있었다. 금박 은박으로 포장된 선물 꾸러미를 들고 종종걸음을 쳐 고층아파트로 들어가고 있는 사람들도 있었다. 래리는 천천히 차를 몰아 높은 고층건물에 가려져 절망과 좌절의 어두움이 깔려 있는 마을로 들어섰다. 「드럼통에 불을 지피고 둘러서 있는 남루한 옷차림의 사람들, 우리 아이들이 먼저 그들을 보았죠. 그들은 언 손을 녹이고 있었어요」「엄마, 장갑」 어린 타라는 다소 흥분하여 말했다. 「그래, 장갑을 꺼내자」 팸은 차를 세우고 뒤로 돌아가 가죽장갑이 들어 있는 가방을 꺼냈다. 그것은 남편이 군대 잉여품 판매소에서 구해 온 것이었다. 「초콜릿도 잊지 말고」 스티븐이 말했다. 「초콜릿 말이지」 래리가 사람들에게 크리스마스 저녁식사로 줄 음식보따리를 꺼내며 그 말을 되풀이했다. 몇 시간 동안, 그 가족은 랠리의 난민가를 오르내리며, 도움이 필요한 사람들에게 크리스마스 선물을 주었다. 한 흑인 여인이 두 아이들과 세탁소 가까이에서 뿜어 나오는 김을 쏘이고 있었다. 「잠시 동안 우리는 그녀를 바라보았죠. 언 몸을 녹이기 위해 서로서로 꼭 안고 있었어요. 그 추운 밤에. 내가 그녀였다면 마음이 어땠을까 생각했어요. 날씨는 추운데, 아이들을 따뜻하게 해줄 수 없는 엄마 마음이 어땠을까 하고요. 그러고는 화가 났어요. 세계에서 가장 잘산다는 이 나라에서 이런 고통을 겪고 있는 사람들이 있다는 것에 화가 났죠. 우리 어린 딸이 〈아빠, 장갑〉 하고 아빠에게 속삭였죠」

「장갑 말이지」 래리가 그 말을 되풀이했다. 그러고 나서 둘은 차 트렁크로 가서 음식과 옷가지를 꺼내 그 흑인 여인에게로 갔다. 그녀는 보따리를 푸는 것을 빤히 보고만 있었다. 그러다 갑자기 꿈에서 깨어난 듯, 옷을 입고 음식을 아이들에게 먹였다. 래리는 딸을 꼭 껴안고 차로 돌아왔다. 「고마워요」 흑인 여인이 조용히 얘기했다. 잠시 동안 아무도 움직이지 않았다. 「무슨 말씀을요」 타라가 대답했다. 흑인 여인은 미소지었다. 피곤에 지치고 눈물이 글썽거리는 눈에 황혼의 마지막 햇빛이 희미하게 비치고 있었다. 희비가 엇갈리는 그 순간은 아이들의 표정에도 드러나 있었다.

더불어

샤는

자본주의

2 부 - 제 자 리 에

제5장 일이란 무엇이며 어떻게 우리의 삶을 풍요롭게 해줄 수 있는가?

우리는 일이란 자유, 보상, 인정, 희망을
줄 때에만 일이 좋은 것이라고 믿는다.
따라서 우리가 하는 일이 재정적, 정신적, 심리적으로
만족스럽지 못하다면 가능한 한 빨리 그 일을 그만두고,
만족할 수 있는 다른 일을 시작해야 한다.
생활신조 5

핸퍼드 원자력 연구소 위에 짙은 먹구름이 드리워 있었다. 여름 폭풍이 시작될 징조였다. 아침 하늘에 번개가 번득이고 멀리서 천둥소리가 들려오는 바로 그 시간에 론 퓨리어는 1963년형 램블러 스테이션왜건을 몰고 회사로 가고 있었다. 손에 체크리스트를 들고 제복을 입은 경비원이 론의 초록색 차량 출입증을 확인하고는 들어가라는 손짓을 했다. 론은 그때를 이렇게 회상했다. 「나는 워싱턴 주의 트리시티 지역에 있는 정부 하청업체의 회계사였습니다. 착실히 승진을 해서 책임 있는 중견 간부 직위에 올랐죠. 나는 어렸을 때부터 대학을 졸업하고 좋은 직장을 구해 거기서 열심히 일한다면 성공과 안정된 생활이 보장되리라는 말을 귀가 따갑게 들어왔습니다. 그 거대한 원자력연구소의 주차장으로 차를 몰고 가던 그날 아침에도 나는 열심히 살아왔고 꿈을 이루었다는 것을 추호도 의심치 않았습니다」

그 금요일 아침, 거대한 빌딩 안으로 들어선 론은 동료들의 충격

받은 얼굴을 보았고, 분노로 가득 찬 그들의 목소리를 들었다. 보통 금요일 같으면 길고 희미한 조명이 켜진 복도에서 정다운 인삿말이 넘쳐흐른다. 주말을 기다리는 직원들은 가슴 높이까지 오는 사무실 칸막이를 사이에 두고 손을 흔들거나 미소를 교환하곤 했다. 그런데 그날 아침에는 여기저기 몇 명씩 모여서 마치 대통령이 죽었다든지 전쟁이라도 난 것처럼 서로 목소리를 낮춰 무엇인가 이야기하고 있었다. 「나는 갑자기 불안한 생각으로 조용히 내 자리로 가 앉았습니다. 내 이름이 적힌 인사과 명의의 긴 봉투 하나가 책상 위에 놓여 있더군요. 그 옆에는 아름다운 아내 조지아 리와 두 아이 짐과 브레인이 사진 속에서 나를 보고 활짝 웃고 있었어요」

그날 아침 2,100명의 다른 동료들과 함께 론 퓨리어는 〈귀하의 능력을 인정합니다만〉 더 이상 직장에 나올 필요가 없다는 통고를 받았다. 아무도 이런 일이 일어나리라고 생각지 못했다. 원자력은 미래의 에너지라고 굳게 믿었다. 특히 론은 그렇게 안정된 직장을 가진 데 대해 축복받은 것이라고까지 생각했었다. 「그런데 아닌 밤중에 홍두깨식으로 먹구름과 같은 현실이 다가왔습니다. 몇 년 동안 그렇게 열심히 일했지만 단지 해고통지서 한 장으로 끝이었어요. 나는 내 일에 충실했고 또 능력도 발휘했습니다. 근무 시간을 초과하여 일을 한 것도 수백 시간은 족히 될 겁니다. 결재 시간을 맞추기 위해 일거리를 집에 가져 와서 하기도 했지요. 하지만 다 쓸데없는 짓이었어요. 결국 〈퓨리어 씨를 해고하게 된 것을 대단히 유감스럽게 생각합니다〉로 끝이었으니까요」

퇴근 때 론은 오랫동안 정들었던 동료들과 작별인사를 나누고 퇴직수당을 챙겨서 마지막으로 사무실 복도를 걸어 나왔다. 그러고는 집으로 차를 몰고 가면서 이 소식을 듣게 될 가족들의 모습을 상상했다.

론이 해고통지서를 받은 지 25년이 흘렀다. 그러나 오늘 내가 이 글을 쓰는 바로 이 순간에도 미국 체신청에서는 3만 명을 해고한다고 발표했고, 제너럴 일렉트릭 사는 4만5천 명에게 해고통지서를 발부했다. 미국의 실업률은 거의 8%에 달했고, 미국 인구의 14% 이상이 최저 생계 이하의 생활을 하고 있는 실정이다. 이번 달에도 지난 달보다 훨씬 많은 미국인들이 실업수당을 신청했다. 이런 상황에서 〈우리는 일이라는 것은 자유와 보상, 인정과 희망을 얻을 수 있는 경우만 좋은 일이라고 믿는다〉는 〈생활신조 5〉를 제시하는 것이 엉뚱한 것처럼 보일지도 모른다. 이런 상황에서 누가 일의 질을 따지겠는가? 실업자가 되면 어떤 일이든지 가리지 않고 기꺼이 하고자 할 것이다.

이런 어려운 시기에 외견상 현실과 동떨어진 것처럼 보이는 이러한 생활신조를 고집하는 것이 아주 우스꽝스러워 보일 수도 있다. 만일 내가 정기적으로 월급을 받고 매달 날아오는 청구서를 꼬박꼬박 낼 수만 있다면 그 일이 〈경제적, 정신적, 심리적으로 만족스럽지 못하다〉는 것이 무슨 문제가 되겠는가? 이렇게 많은 근로자들이 해고당하고 일자리가 없어져 가는데 누가 감히 〈가능한 한 빨리 그 일을 끝내고 만족할 수 있는 다른 일을 새로이 시작할 수 있겠는가?〉

아마도 여러분들은 일을 하고 있다는 자체가 중요하다고 말할 것이다. 과연 그럴까? 직장을 가지고 있어도 그것이 싫은 직장이라면 먼 안목으로 보면 그것 때문에 치러야 할 희생도 클 것이다. 그렇다고 크게 걱정할 필요는 없다. 당신도 불만스러워하면서도 계속 직장에 매달려 있을 수밖에 없는 대다수 미국 노동자들 중의 한 사람에 불과할 뿐이니까. 최근 《인더스트리 위크》지가 실시한 조사에서 응답자의 63%가 직장에 만족하지 못하고 있다고 답했다. 많은 사람들이 자동차 범퍼에 즐겨 붙이고 다니는 스티커에 이런 말이 있다. 〈해변에서 기분 나쁘게 보내는 하루가 직장에서 기분 좋게 보내는 하루보다 낫다.〉

1989년 〈미국 인구 조사〉 보고에 따르면 전반적인 직업 만족도가 5%나 떨어졌다고 한다. 1989년 미시건에 있는 스틸케이스 사가 발표한 사무실 환경지수에 의하면 가장 만족도가 낮은 근로자들은 〈노조에 가입한 노동자, 비서직과 사무직 종사자, 젊은 층의 노동자, 그리고 급여가 낮은 노동자〉라고 한다.

유사 이래 많은 사람들에게 일이란 끔찍하고 피할 수 없는 일상의 한 부분이 되어 왔다. 고대 그리스인들은 인간이 일을 해야 하는 것은 신이 그들을 미워한다는 증거라고 생각했다. 로마인들도 마찬가지였다. 그리스 로마 문명에서 〈일〉이라는 단어의 어원은 〈슬픔〉을 의미한다. 로마인들은 지성인들이 일을 하면 품위가 저하된다고 생각했다. 사색적인 생활(노동이 아닌 사고)만이 존경심을 불러일으킬 가치가 있다고 믿었다. 중세에는 일이란 더럽고 어려운 것으로 인식되었다. 농부들은 일생동안 흙을 묻히고 살았기 때문에 신발 밑과 손톱 밑에 흙을 묻히고 다녔고 몸에서는 흙 냄새가 났으며 머리에서도 흙이 떨어져 내렸다. 그리고 그렇게 열심히 흙을 파도 정당한 보수조차 받지 못했다. 그들은 일을 할 수밖에 없었기 때문에 일을 했었다. 인생이 일이었고 일이 바로 인생이었다. 날 때부터 물려받은 그 일을 버리고 다른 곳으로 갈 수가 없었다. 삽질은 하지만 소유는 할 수 없는 땅에서 태어나 일하고 죽는 것이 그들의 인생이었다.

르네상스 시기에 들어서자 일에 대한 인식이 조금씩 변하기 시작했다. 로마의 가톨릭 학자인 토머스 아퀴나스 같은 사람들은 일이 그렇게 나쁜 것만은 아니라고 생각하기 시작했다. 이때는 신이 인간을 증오해서 일을 시킨다는 생각이 사라지기 시작한 시기였다. 일은 의무이고 짐이기는 하지만 타고난 권리일 수도 있다. 오랫동안 가졌던 일에 대한 사람들의 부정적 견해가 점점 바뀌기 시작했다. 종교혁명 동안과 그 이후에 이런 태도는 더욱 급속도로 변했다.

마틴 루터는 일이란 신의 저주가 아니라 신을 섬기는 한 방법, 즉 신에 대한 봉사라고 주장했다. 루터는 일에 존엄성을 부여하는 데 많은 기여를 하였다. 루터는 일을 무의미하고 고통스러운 것 이상으로 보았다. 제네바의 종교개혁가인 존 캘빈은 일에 대한 사상적 혁명을 더욱 발전시켰다. 사실상 캘빈은 일에 대한 사상에 많은 영향을 미쳤기 때문에 가장 먼저 자본주의의 씨앗을 심은 사람으로 평가되어 왔다. 캘빈에게 일은 성직과 같은 것이었다. 일한다는 것은 좋은 일이며 사람은 일을 해서 그들의 능력을 최대한 발휘해야 한다고 생각했다.

루터와 캘빈 시대에 일이 좋은 것일 수도 있다는 생각은 이전 시대의 사상과는 전혀 새로운 것이었다. (이것은 오늘날의 많은 사람들에게는 별로 와닿지 않을 것이다.) 만일 일이 좋은 것이라고는 생각지 않는 사람들이 그들도 의미 있는 일, 즉 즐거움을 줄 수 있고 자기만족을 주는 일을 하도록 신이 부여한 권리를 가지고 있다는 말을 들었을 때 얼마나 놀랐을지를 상상해 보라!

사람들은 보통 자신의 가족들이나 혹은 자신과 같은 계층의 사람들이 종사하는 직업에만 종사해야 한다고 생각했다. 캘빈은 이러한 일에 대한 운명론적 차원의 고정관념을 타파하고, 사람들이 가장 많은 가능성을 지닌 계획을 택해서 자신의 타고난 재능과 능력을 발굴하여 이것을 일에 적용시키라고 용기를 북돋워주었다.

우리가 원하는 직업을 선택할 자유와 같이, 일에 대해 우리가 가지고 있는 여러 가지 생각은 비교적 최근에 생긴 것이다. 나는 의미있는 일이란 단순히 의식주를 해결하기 위해 돈을 버는 차원을 넘어서 사람들에게 도움을 줄 수 있는 의미 있는 활동이라고 믿는다.

의미 있는 일이 우리 자신에 대해 좋은 감정을 가지도록 해준다면 무의미한 노동은 비참한 실업상태와 거의 마찬가지라고 할 수 있다. 예를들어 론 퓨리어의 경우를 생각해 보자. 해고통지서를 받은 후 수 개월 동안 그는 무수히 많은 구직신청서를 써야 했다. 의미가 있든 없든, 직장을 잃으면 남자나 여자나 모두 자신의 존재 가치를 상실하게 된다. 자기에 대한 존중심이 없어지면 문제를 직시하고 해결하려는 능력도 사라져버린다. 그러나 무의미한 일 또한 그만한 대가를 치르게 된다.

론은 마침내 공공설비기관의 회계사로 새로운 직장을 찾았지만 곧 그 일이 전혀 만족스럽지 못하다는 것을 알게 되었다. 더구나 근로 시간은 두 배로 늘어났지만 월급은 오히려 30%나 줄었던 것이다. 주당 40시간의 작업 외에도 야간이나 주말, 심지어 공휴일에도 〈생산 라인에 꼭 필요한〉 컴퓨터 프로그램을 설치하기 위해 20 내지 30시간의 일을 해야만 했다. 아내인 조지아 리는 이렇게 말했다. 「론은 그 일을 아주 싫어했어요. 하지만 가족을 부양할 수만 있다면 늘어난 작업 시간과 줄어든 월급을 기꺼이 감수할 수 있는 것처럼 보였어요. 불행하게도 론의 오랜 실직 기간 동안, 그리고 새 직장에서 힘들고 불만스러운 일을 하면서 보낸 첫 일년 동안 빚이 엄청나게 늘어났어요. 더 이상 끌어댈 수 없을 만큼요. 신용카드도 한도액까지 다 써버렸고, 매달 공과금을 내고 나면 식비도 부족할 지경이었어요. 그렇다고 우리가 계획성 없이 돈을 마구 쓴 것도 아니었어요. 아무리 노력해도 론의 월급으로는 무리였어요. 나도 집에서 아이들을 돌보는 것이 좋다고 생각했지만 결국 일을 하지 않으면 안 되게 되었어요」

「나는 어려서부터 학교에 다녀오면 혼자 집을 지켰어요. 아내와 결혼하자, 나는 내 아이들은 절대로 엄마가 없는 빈 집의 문을 혼자 따고 들어오지 않도록 하겠다고 맹세했습니다. 아이들이 학교에서 돌아오면 엄마가 반겨주도록 하기 위해서는 어떤 희생도 마다않겠다고 결심했었죠. 그래서 아내에게도 아이들이 다 성장할 때까지는 절대로 직장에 나가지 못한다고 말했어요」라고 론은 슬픈 얼굴로 말했다. 「그러나 해고통지서를 받고 예금통장이 바닥이 나자 아내는 데니식당에서 웨이트리스로 일을 하기 시작했습니다. 그 일 때문에 무척 마음이 아팠지요」라고 덧붙였다. 조지아 리도 수긍했다. 「둘다 새 직장을 가지자 돈이 좀 모이기 시작했습니다. 그러나 여러 가지 면에서 버는 것 이상의 대가를 치러야 했어요. 우리 둘다 자신의 일을 좋아하지 않았어요. 아이들은 물론이고 우리 부부도 서로 얼굴을 대할 시간이 거의 없었어요. 항상 피곤했지요. 성격도 급해졌구요. 스트레스 때문에 건강도 나빠졌어요. 론은 위장약을 복용했고 나는 아스피린을 마구 복용했어요. 둘다 힘든 일이 고단하다는 것은 큰 고통이 아니었으나 별로 만족스럽지도 못하고 품위도 없는 직장에서 매일 일을 한다는 것이 고통이었어요」

이런 퓨리어 부부의 고통은 미국 사회에서 흔히 볼 수 있는 일이다. 1991년에 실시된 한 조사에 따르면 25-49세 사이의 미국인 중 64%가 〈직장을 그만두고 무인도에서 살거나 세계일주를 하거나 다른 뭔가 즐거움을 줄 수 있는 일을 하는 상상을 한다〉고 답했다. 론과 조지아 리도 새 직장을 싫어했다. 물론 직장을 가지고 있다는 사실에 감사했고 매달 수입이 있었지만, 좀더 의미 있고 즐겁게 할 수 있는 일을 원했다. 여러분도 그런 생각을 해본 적이 있는가? 혹은 지금 그렇게 느끼고 있지나 않은가? 아마도 지금이 여러분 스스로 〈내가 내 일에 만족하는가? 내게 더 의미 있는 일은 어떤 것일까?〉라는 질문을 해야 할 때일지도 모른다.

1981년의 연구에서 조사 대상 미국인 중 43%가 일이란 할 만한 가치가 있는 것이라고 생각하게 만드는 가장 주된 요인으로 〈돈〉을 꼽았다. 1992년에 다시 똑같은 질문을 던졌더니 응답자의 62%가 같은 대답을 했다. 그러나 정말 일을 의미 있게 만드는 것이 단지 돈뿐일까, 아니면 돈 이상의 무엇이 있을까? 미시간 대학교에서 수천 명의 근로자들에게 의미 있는 일이 되기 위한 가장 중요한 요인을 순서대로 나열하라는 질문을 던진 적이 있었다. 그 결과 중요한 순서대로 다음의 여덟 가지 항목이 나왔다.

1 일은 재미가 있어야 한다.
2 업무에 필요한 충분한 도움과 장비를 제공받아야 한다.
3 업무에 필요한 충분한 정보가 있어야 한다.
4 업무 수행에 필요한 많은 권한을 행사할 수 있어야 한다.

5 보수가 좋아야 한다.

6 특별한 능력을 개발할 수 있는 기회가 있어야 한다.

7 안전성이 높아야 한다.

8 결과가 인정되어야 한다.

여러분이라면 여기에 어떤 항목을 추가하겠는가? 여러분의 일을 더욱 의미 있게 만들기 위해 위의 항목의 우선 순위를 바꾸고 싶은 것이 있는가?

열의와 의지를 가지고 임한다면 의미 있는 일은 언제나 보수 이상의 혜택을 가져다준다. 프로이드는 〈의미 있는 행위에 대한 강한 충동에 의해서 우리는 살아있다는 실감을 가지게 된다〉고 말했다. 프로이드는 의미 있는 일에 종사하고자 하는 충동은 인간성의 본질이라고 가르쳤다. 사실상 프로이드의 후계자들도 계속해서 의미 있는 일을 하고자 하는 충동이 바로 인간이 동물과 구분되는 점이라고 주장했다.

심리학자들은 일이 음식, 주거지 등 필요한 물건들을 얻고자 하는 우리의 욕구를 충족시키는 데 도움을 준다고 말한다. 아울러 의미 있는 일은 자기 성취감을 가져다 준다는 사실도 지적한다. 성공한 사람들은 두려움과 자기 불신을 극복함으로써 생기는 성취감과 독립심을 가지며, 결핍에서의 해방감을 느낌으로써 정복감을 얻게 된다. 일이란 이렇게 한 인간의 주체성을 형성하는 중요한 요인이 되기도 한다.

의미 있는 일은 또한 사람들에게 자신들이 이 세상을 변화시키고, 국가의 부와 복지를 증진시키며, 자신과 후손들을 위해 생활 수준을 향상시키고 있다는 믿음을 갖게 한다. 의미 있는 일은 사람들이 성장하고 시야를 넓힐 수 있는 기회를 제공하기도 한다. 여행을 할 수 있고, 음악과 미술을 접하며, 다양한 사람들도 만나고, 일을 하지 않았더라면 겪을 수 없었던 경험들을 제공해 주는 것이다.

우리가 사는 이 세상을 보다 향상시키고 인간을 위해 봉사하는 일을 행함으로써 신의 활동의 일부를 인간이 공유한다는 것이다. 따라서 가장 일상적인 평범한 활동에까지도 일종의 성스러움이 깃들여 있다고 말할 수 있다.

사회과학자들은 의미 있는 일이란 사회의 요구에 대한 반응이라고 말했다. 일을 하는 사람들은 우리에게 필요한 재화와 용역을 제공한다. 다시 말하면 우리가 일을 하고 있다는 것은 다른 사람을 위해 뭔가 가치 있는 것을 제공하고 있다는 의미이다. 이런 의미에서 성공한 사람들을 단순히 일반 대중을 이용하는 기회주의자라고 볼 수는 없다. 그들이 성공한 이유는 편의주의 그 이상의 가치관을 가지고 일을 했기 때문이다. 그들은 훨씬 넓은 시야를 가지고 있고, 그 과정에서 스스로에 대해 보다 향상된 생각을 가지게 된 것이다.

우리는 이 세상에 무엇인가 부족한 것이 있다는 것을 알게 되면 그것을 충족시키려 한다. 그래서 그 빈 공간을 채우기 위한 계획이나 사업을 구상해 보는 것이다. 현대의 기업가들은 종종 의미 있는 일이란 연극과 같은 것이라고 생각한다. 새로운 것을 발견하고 이 세상에 봉사하기 위해 행동하고 그 과정에서 세상을 변화시키고 향상시키는 것이다. 특히 미국인 기업가들은 자유기업가정신, 우리가 즐기는 것을 선택할 자유, 그리고 야심을 가지고 열심히 일해서 얻을 수 있는 최대한의 기회 등에 의해 의미 있는 일을 하고자 하는 동기를 부여받는 것 같다.

론과 조지아 리 부부도 경제적으로 가장 궁핍한 시기에 자신들에게 내재된 기업가적 기질을 발견했다. 그것이 모든 것을 바꾸어놓았다. 론이 웃음을 띄며 이렇게 회상한다. 「그 힘든 시기에 5년 동안이나 만나지 못했던 몇몇 옛친구들이 전화를 해왔어요. 그 친구들이 우리에게 사업기회를 제공해 주었습니다. 〈기회와 그 기회를 맞이할 준비가 되어 있는 사람만이 성공할 수 있다〉라는 격언이 그대로 증명된 셈이죠」「다른 때에 우리에게 그런 일로 전화했더라면 듣지도 않았을 겁니다. 하지만 우리는 일을 해야 할 필요성을 절실히 느끼고 있었고, 바로 그때 전화가 걸려온 겁니다」라고 조지아 리가 덧붙였다.

론은 이렇게 고백한다. 「나는 진심으로 아내를 집에 있게 하고 싶었어요. 내가 약속을 깬 셈이었으니까요. 친구들이 제시하는 판매와 마케팅 전략을 보고 가계 소득에 얼마나 보탬이 될 수 있는지를 듣고 나는 한번 해보기로 결심했습니다. 아내가 데니식당을 그만두고 다시 아이들과 시간을 보낼 수 있게 할 수만 있다면 무엇이든 할 작정이었습니다」 조지아 리도 웃으며 이렇게 말했다. 「나는 비누를 판다거나, 판매 및 마케팅 전략 모두가 맘에 들지 않았어요. 내게 필요한 것은 좀더 일을 많이 하는 것이었어요. 그러나 이미 지친 상태였지요. 하루 8시간씩 식당에서 일하는 것도 힘들었지만 아내, 엄마, 학부모 등의 역할과 요리, 빨래 등의 집안일로 완전히 녹초가 된 상태였어요. 이 상태에서 또다른 일을 시작한다는 건 불가능하다고 생각했지요. 남편이 얼마 동안 그 일을 하면 곧 싫증을 낼 것이라고 생각했어요」

그러나 이 기회는 잠재되어 있던 론의 사업가 기질을 일깨워주었다. 이 사업으로 아내를 데니식당에서 집으로 불러들일 수 있을 것이라고 확신했던 것이다. 직장일을 하면서도 일주일에 하루 이틀 정도의 밤 시간을 쪼개어 새로운 사업을 하기로 마음을 굳혔다. 그리고 한 달에 400달러 정도의 여분의 돈을 벌 수 있어도 만족하겠다는 현실적인 목표를 세웠다. 「이 목표를 세우고 나는 아내에게 직장을 그만두고 같이 사업을 하자고 말했죠」라고 론은 그때를 회상한다. 조지아는 이렇게 말했다. 「나는 너무나 두려웠어요. 하루에 받는 팁의 액수가 얼마인데 그것을 못하게 했던 거죠. 하지만 남편은 아주 확신에 차 있었어요. 그래서 난 둘이 함께 일한다면 론의 수입이 한 달에 1,000달러나 2,000달러로 늘어날 것이라는 걸 생각했어요. 영업사원은 아니었지만 남편은 내게 몇몇 소매업자를 고객으로 만들어 달라고 부탁했고 나는 그 일을 해냈어요」「우리는 제1차 목표를 달성했습니다. 이제 우리는 신용카드와 할부금 빚을 갚아야 하는 두번째 문제를 해결해야 했습니다. 그래서 아내와 나는 사업 시작 이래 처음으로 빚을 모두 갚자는 목표를 함께 세웠습니다. 그 목표가 달성되자 가족 휴가를 생각했어요. 그리고 휴가를 다녀왔지요. 그 다음에는 저축을 생각했습니다. 하루만에 예금통장이 불어날 수는 없지만, 조금씩 돈을 모았습니다. 결국 통장에 돈이 모이기 시작했고 조그맣게 시작했던 사업이 번창할 조짐까지 보였습니다」론의 이 말에 조지아 리가 기억을 더듬으며 덧붙였다. 「우리는 캐딜락을 구입했어요. 이 무렵 론은 다니던 직장을 그만두었어요. 남편은 직장에서 상당히 좋은 평을 받고 있었지만 사장도 결국은 론의 결정에 따라주었지요」론이 이어서 말했다. 「나는 자유를 선택했던 것입니다. 안정된 직장을 버리고 내 발로 걸어나온다는 것이 쉬운 일은 아니었어요. 그러나 직장을 그만두었습니다. 두려움에 떨면서도 직장이 주는 안정된 생활을 버리고 우리의 꿈을 추구했습니다」

그렇게 만족스럽고 사람들로 하여금 기꺼이 위험을 감수하게 하는 의미 있는 일이란 도대체 어떤 것인가? 냉소주의자들은 단지 돈, 즉 물질적인 소유욕 때문일 것이라고 말하기도 한다. 그러나 그렇지 않다. 의미 있는 일이란 기본적인 인간의 욕구에 근거를 두고 있기 때문에 만족스러운 것이다. 미국 전역에 걸친 순회연설에서 나는 이런 네 가지 욕구에 대해 말하곤 했다. 바로 자유와 보상, 인정과 희망이 그것이다. 〈나는 자유를 선택했다〉는 론의 말을 기억하라. 론은 아내가 싫어하는 일에서 아내를 해방시켰다. 가족들을 빚의 부담에서 해방시켰다. 가계소득이 높아져 함께 자유로이 가족 휴가를 떠날 수도 있었고 장래를 대비하여 부담 없이 저축할 수도 있었다.

의미 있는 일은 자유를 가져다준다

론과 조지아 리가 낡은 공산주의체제하에 살았더라면 아마 그들 속에 잠재되어 있던 사업가 기질을 과시할 수 있는 자유를 맛볼 수 없었을 것이다. 공산주의 국가에 사는 사람들은 거의 권리를 가지고 있지 못하다. 자기 사업체를 소유할 수 있는 권리도 없다. 심지어 사업하는 데 필수적인 재산 소유권도 가질 수 없다. 사유 재산권은 자유의 기본이다. 그 권리를 박탈하면 경제는 실패할 수밖에 없다. 사람들에게서 그들이 원하는 존재가 되고 원하는 것을 가질 수 있는 자유를 빼앗으면 경제가 붕괴되는 것은 자명하다.

경제적 자유는 정치적 자유 그리고 사회적 자유와 분리될 수 없다. 공산 체제의 국가에서 산 사람들은 시장에서 향유할 수 있는 자유의 범위와, 생활의 다른 모든 분야에서 향유할 수 있는 자유의 범위가 연관성이 있다는 것을 잘 알고 있다. 여러분이 원하는 곳에서 일을 할 수 있는 자유는 다른 모든 종류의 자유와도 결부되어 있다. 의미 있는 일과 자유기업은 자유와 책임이라는 커다란 덩어리의 일부분이다. 자유에는 언론의 자유, 집회의 자유, 투표와 정치 활동의 자유, 종교의 자유, 간섭과 박해의 공포 없이 생활하고 사랑할 자유 등이 있다.

의미 있는 일은 권한이 널리 분산되어 있으며 모두에게 균등한 기회가 주어지는 곳에서 생겨난다. 옛 공산국가의 국민들은 사실상 생활의 모든 부분에서 자유라는 것을 전혀 가지지 못했다. 기업가가 된다는 것, 또는 우리 주위의 수많은 친구들이 그러하듯이 자기 집에서 자기 사업을 시작하는 것은 사실상 불가능했다. 공산국가 내에서는 우리가 당연시하는 모든 개인적인 경제적 선택권이 타인에 의해 행사된다. 자유기업제도는 포괄적이며 모든 사람에게 적용되어야 한다. 우리는 모두 인종, 국적, 피부색, 지역적 또는 민족적 특성, 종교, 연령, 신체적 질병이나 장애, 성별 등에 상관없이 일을 할 수 있는 권리를 가진다. 부당하거나 정당하지 못한 이유로 어느 개인의 자유가 침해당하는 곳에서는 자본주의가 번창할 수 없다. 우리는 의미 있는 일을 할 자유가 너무 자연스럽게 주어지기 때문에 별로 신중하게 생각하지 않는 경향이 있다. 그러나 그 자유를 가지지 못한 사람들은 언제나 그것을 생각하게 된다.

나는 학교에서 두 가지 종류의 자유에 대해 배웠다. 어른이 되자 나는 이 추상적인 원칙의 중요성을 깨닫게 되었다. 자유의 원칙은 교과서에 나열된 단어로만 설명될 수 있는 것이 아니었다. 나는 두 가지 자유 중 하나는 〈……로부터의 자유〉라고 배웠다. 이것은 권리 장전에 나오는 자유이다. 즉 모든 사람은 정부의 억압으로부터 자유로워야 한다는 사상이다. 정부는 우리에게 어떤 중요한 행동을 하라고 강압하거나 강제로 하지 못하게 할 수 있는 권리를 가지지 않는다.

또 하나는 〈……할 자유〉라고 배웠다. 진정한 자유는 우리가 우리의 목표와 꿈을 성취할 자유를 가질 때에만 존재한다. 〈……할 자유〉는 우리에게 계획을 실행하고 우리의 인생에 무엇인가를 할 수 있는 자유를 준다. 기업가가 될 수 있는 자유, 또는 자신의 직업을 선택할 수 있는 자유는 무한한 가치를 가진 자유이다.

진정한 자유 속에는 수많은 기회와 함께, 일하고 그 노동의 대가를 향유할 수 있는 능력이 포함되어 있다. 진정한 자유는 우리의 꿈을 실현하게 하는 수단을 제공한다. 꼭 성공할 것이라는 보장은 아니라 하더라도 우리의 노력이 헛되지 않을 것이라는 약속과 같은 것이다. 정부가 독점적으로 재화와 용역을 제공하는 국가에서는 국민들이 자신의 일이나 계획을 실행하는 데서 오는 혜택을 누릴 수 있는 기회가 거의 없다.

자유를 〈자발적 행동을 지속적으로 할 수 있는 능력〉이라고 말하는 사람도 있다. 더 간단히 말하면 우리는 진정으로 자유로울 때에만 우리의 꿈을 실현하기 위한 행동을 취할 수 있다는 말이다. 론과 조지아 리도 꿈을 가졌다. 그들은 자유로이 그들의 꿈을 추구할 수 있는 나라에서 살았고, 그 과정에서 개인적인 자유를 발견한 것이다. 당신도 당신의 꿈에 시간과 정열을 쏟아서 성취하고 싶지 않은가?

의미 있는 일에는 보상의 원칙이 평등하게 적용되어야 한다.

자본주의 역사에서도 탐욕스럽고 공정하게 이윤을 나누기를 거부하며, 노동자에게 노동의 대가를 지불하지 않는 자본가가 존재해 왔었다. 이 때문에 우리는 의미 있는 일의 첫번째 요소인 자유로 다시 돌아가게 된다.

자유기업제도하에서 노동자들은 필요하다면 노동조합을 결성할 권리가 있으며 불공평한 보수나 불공정한 노동조건에 대하여 저항할 권리가 있다.

작년에 제이와 나는 수백만 달러에 달하는 보너스를 직원들과 독립한 디스트리뷰터들에게 지급했다. 그것은 전혀 예기치 못한 보너스였다. 이는 현저한 업적의 성취에 대한 특별 보너스로서, 우리 회사의 다른 어떤 보상보다 많은 액수였다. 왜 제이와 나는 이 모든 여분의 이윤을 사업에 재투자하지 않았는가? 사업에 다시 투자를 한다는 것은 많은 이윤을 낼 수 있도록 도와준 모든 사람들에게 부당하다고 생각했기 때문이었다. 작년은 우리 회사로서는 참으로 특별한 한 해였다. 디스트리뷰터들은 우리의 상품을 열심히 팔아주었고 직원들도 열심히 생산하여 상품의 효율적 유통을 도왔다. 따라서 우리 디스트리뷰터나 직원들 모두 이런 성공에 대한 보상을 받을 만한 가치가 있었던 것이다. 생각지도 못한 보너스를 주어 직원들을 놀라게 하는 것 또한 얼마나 즐거운 일인가. 자본주의는 바로 이런 식으로 운영되어야 한다.

보상은 작업량과 질에 따라 결정된다. 의미 있는 일은 보상의 원칙에 따라 추진되지만 보상이 똑같이 일률적으로 제공되어서는 안 된다. 우리가 나누어준 올해의 특별보너스도 금액이 똑같지 않았다. 많이 받은 사람도 있었고 적게 받은 사람도 있었다.

보상은 당신이 태어났다는 사실만으로 받는 그런 것이 아니다. 보상이란 어떤 일을 성취했기 때문에 주어지는 것이다. 공산주의는 표면적으로는 모든 노동자들에게 동등한 보상을 준다고 한다. 말로는 그럴듯하지만 실제로는 있을 수 없는 일이다. 일하지 않으면 보상도 없어야 한다. 나는 이 기본적인 규칙에도 여러 가지 예외가 있다는 것을 알고 있다. 우리 사회에는 일할 수는 없지만 보살핌을 받아야 할 사람들도 있다. 그런 면에서 자유기업은 역사상 가장 동정적인 제도임이 분명하다. 그러나 너무나 많은 정상적인 신체와 정상적인 정신을 가진 사람들이 단순히 살아 있다는 이유만으로 보호받기를 원한다. 이것은 보상의 원칙과는 어긋나는 것이다.

나는 매일 자유기업제도가 나와 내 가족에게 제공해 주는 보상제도에 대해 감사하며 살아간다. 나는 열심히 일했고 내 노동의 대가를 향유해 왔다. 미국인들은 열심히 노력하면 혜택이 온다는 것을 추호도 의심치 않는다. 그것은 미국인들 정서의 일부이기도 하다. 그리고 미국인들은 대체로 노력에 비례하여 보상이 이루어진다고 믿고 있다. 그렇지만 여러분은 열심히 일하려고 하지만 주위의 모든 사람들이 〈일하지 말라〉고 말한다면 어떻게 할 것인가. 이것이 바로 공산주의하에서 일어난 현상이다. 여러분은 아주 열심히 일했지만 다른 사람들은 당신 때문에 자신들이 나쁜 사람이 되어버렸다고 화를 낸다. 열심히 일해도 아무런 보상을 받지 못한다면 왜 일을 하겠는가? 이런 상황은 단지 빈곤의 평등만을 조장할 뿐이다.

마리아 산도발과 남편인 엘리세오는 멕시코의 살티요 근처에 있는 산악지방의 조그만 마을에 살았다. 결혼 후 7년 동안 산도발 부부는 거의 빈곤상태로 살았다. 엘리세오는 대규모 국영공장에서 쥐꼬리만한 월급을 받고 일했다. 마리아는 가사를 돌보며 가족에게 필요한 것을 조달하기 위해 돈을 벌려고 애썼다. 그러나 침체되고 통제받는 경제체제하에서는 일자리를 구하기란 거의 불가능했고, 그들의 부모와 조부모들을 짓누른 가난의 고리를 끊고 탈출할 방법도 전혀 없었다. 바로 그때 살리나스 대통령이 자유기업의 문호를 개방했고 마리아와 엘리세오는 기꺼이 그 문안으로 걸어 들어갔다.

새로운 멕시코 디스트리뷰터들로 가득 찬 연회장을 바라보며「우리가 산도발 부부입니다」라고 마리아가 조용히 말했다. 엘리세오는 어떻게 그들 부부가 우리 회사의 멕시코 내 첫 디스트리뷰터가 되었는지를 아내가 설명하는 동안 만면에 웃음을 머금고 있었다. 불과 18개월 전에 이들은 몬트레이에 있는 친구의 권유로 디스트리뷰터가 되었다. 그 짧은 기간 동안 산도발 부부는 밤낮없이 일을 하여 고향 마을 사람들과 주위 산악지대에 흩어져 사는 농부들을 대상으로 판로를 구축했다. 마리아와 엘리세오가 그들의 짧고 감동적인 경험담을 끝내자 400명의 멕시코 디스트리뷰터들이 일제히 일어나 환호를 보내기 시작했다. 마리아의 눈에 눈물이 가득 고였다. 그녀는 남편의 손을 꼭 잡고서 함께 내 자리를 향해 걸어왔다. 마리아는「디보스 씨」라고 부르며 잠시 말문을 열지 못하고 내 손을 꼭 쥐고 흔들었다.

그 다음 그녀는 애써 준비한 서툰 영어로 내가 결코 잊지 못할 말을 했다.「이 옷은 제가 오늘을 위해서 처음으로 산 것입니다」마리아는 소박한 무명 드레스를 입고 샌들을 신고 있었다. 나는 웃으며 고개를 끄덕였다.「아주 아름답군요」라고 말하며 그녀와 악수를 하고 남편에게도 몸을 돌려 인사를 나누었다. 마리아는 무심한 내 눈을 보며 내가 자신의 말을 제대로 이해하지 못했다는 것을 알았다. 그녀는 내 통역에게 가서 스페인어로 몇 마디 말을 했다. 말을 끝내고서 그녀는 남편과 함께 통역의 말을 듣는 내 모습을 지켜보았다.「산도발 부인은 이 옷이 그녀가 생전 처음으로 산 옷이라는 것을 알아주었으면 합니다」라고 통역관이 설명했다.「그리고 고맙다는 말을 꼭 전해 달랍니다」마리아와 엘리세오는 여전히 손을 꼭 잡고 나를 보며 웃고 있었다. 비로소 나도 그녀의 말뜻을 이해했다.

수백만 명의 다른 멕시코 국민들과 마찬가지로 산도발 부부도 수십 년 동안 끝없는 빈곤과 궁핍에 시달려 왔다. 그런데 갑자기 자유기업이라는 존재가 그들의 인생에 등장한 것이다. 마침내 산도발 부부는 자기들의 노동에 대한 보상을 경험했다. 생전 처음으로 마리아는 가게에 들어가 자기가 번 돈으로 자기만을 위해 무엇인가 아름다운 것을 살 수 있을 만큼 충분한 돈을 가지게 되었다. 마리아는 새로이 경험한 자유의 화려한 상징이며 그것이 가져다준 보상인 밝은 노란색 옷을 입고 내 앞에 서 있었다. 아무말도 필요가 없었다. 나는 그냥 조용히 다가가서 그들 부부를 안았다.

의미 있는 일은 인정을 받는다

노력에 대한 보상과 밀접한 관계를 가진 것이 바로 인정을 받는다는 사실이다. 보상이 없다면 우수성을 인정받는다고 볼 수 없기 때문이다. 우리는 모두 사람들에게서 인정을 받을 필요가 있다. 심리학자들은 이것을 〈긍정적 강화〉라고 부르고 있다. 마리아 산도발의 지갑 속에 든 돈은 그녀에게 자부심을 주었고 독립적이고 자유롭게 해주었다. 그러나 400명의 동료들이 기립박수를 보낸 것도 결코 과소평가 되어서는 안 된다. 나는 그녀가 자기가 훌륭히 수행한 일에 대해 처음으로 다른 사람의 인정을 받아들이면서 하염없이 울고 있는 것을 보았다. 축하인사를 받으며 마리아가 사람들 사이로 걸어다닐 때 그녀의 미소 띤 얼굴을 보았다.

나는 보상과 인정은 서로 동반해서 나타난다고 믿고 있다. 둘 중의 하나가 빠진다면 의미가 없다. 론 퓨리어는 이렇게 말했다. 「이 회사가 성공을 거둔 핵심은 사람들이 보람과 자신감을 갖는데 있습니다. 우리는 기꺼이 다른 사람의 성공을 축하해 주는 그런 사람들이죠」 그는 웃으며 덧붙였다. 「우리의 칭찬은 가장이나 위선이 아닙니다. 우리는 동료들이 얼마나 열심히 일을 하는지 잘 알고 있거든요. 그리고 집에 앉아 TV나 보는 것이 훨씬 편한데도 불구하고 의지를 가지고 매일 밤 계속해서 밖에 나가서 일하는 것이 어떤지도 잘 압니다. 우리는 처음 일년 동안의 시간과 노력, 의지가 얼마나 중요한지도 알고 있습니다. 그래서 사람들이 목표를 성취했을 때 우리는 손바닥이 아파오고 목이 쉬도록 그들의 업적을 인정해 주는 것이 정당하다고 생각하지요」

론과 조지아 리는 사람들을 평가하고 인정하는 방법을 알았기 때문에 가장 높은 성취 수준에 도달했다. 우리가 일을 하는 제 일차적 이유가 재정적 보상일 수도 있지만 누군가가 가끔 우리를 칭찬해 주지 않으면 아무리 돈을 많이 벌어도 계속 일하기가 힘들 것이다. 우리 모두는 인정받을 필요가 있다.

몇 달 전 나는 축구경기장에서 열리는 디스트리뷰터 모임에 참석하기 위해 태국의 방콕을 방문했다. 그날 밤 그 모임은 새 디스트리뷰터들을 환영하고 보다 높은 수준의 판매 목표나 신규 디스트리뷰터들이 성취한 핀을 인정해 주기 위한 모임이었다. 그런데 랠리 시작 6시간 전에 방콕에 엄청난 폭우가 쏟아졌다. 이렇게 심한 폭우를 무릅쓰고 참석할 사람은 없겠다고 나는 생각했다. 그러나 태국 지사장은 웃으며 「걱정 마세요. 모두 올 겁니다」라고 말했다. 시작 1시간 전부터 나는 연단에 서서 수천 명의 사람들이 회의장 안으로 들어오는 것을 지켜보았다. 그들은 운동장이 진흙투성이인 것을 보고는 그들은 신발을 벗고 바지를 걷어올리고 들어왔다. 조금 있다가 참석자들의 이름이 호명될 때마다 친구나 이웃들이 환호를 보내는 것을 보고 나는 그들이 왜 물난리가 난 거리와 진흙투성이의 이 운동장을 마다않고 랠리에 참석하게 되었는지를 분명히 알게 되었다. 그들은 서로가 성취한 것을 인정해 주기 위해서, 서로 축하해 주고 축하받기 위해서 온 것이다. 아무리 거센 폭우라도 그들을 저지시킬 수 없었을 것이다.

나는 사람들이 성취한 것을 인정해 주는 힘을 믿는다. 오늘날 세계 어느 곳에서나 사람들은 누군가가 자신이 하고 있는 일을 알아보고 칭찬해 주기를 바란다. 그 이유를 이해하기란 어렵지 않다. 인정받음으로써 자기 성취감과 자신감을 얻을 수 있기 때문이다. 그것은 단순한 부추김이 아니다. 인정받기를 원하는 것은 인간 본성의 일부이다. 인정을 받지 못하면 성공할 확률도 극히 낮다. 우리는 상대방을 인정해 줄 때 〈당신은 중요하다, 당신은 뭔가 중요한 일을 하고 있다〉라고 말한다. 인정받지 못하면 사람들은 성공에 대한 흥미를 잃어버린다. 인정받지 못하면 사람들의 개성도 없어지고 존재가치도 잃는다.

최근 말레이시아의 한 고위 정부 관리와 가진 면담에서 나는 약 23주 내에 400명의 말레이시아 디스트리뷰터들이 회사경비로 태평양을 건너 디즈니랜드를 방문하게 될 것이라는 계획이 있음을 말하였다. 그는「왜 그런 일을 하십니까?」라고 물었다. 나는「우리 회사는 목표를 달성한 사람들을 인정해 주기 때문입니다. 이런 식으로 우리 회사가 발전되어 가는 거죠」라고 대답했다. 그는 잠시 나를 보더니 좀 의아해하는 표정을 짓더니 머리를 끄덕이고서는「배워야 할 것이 참 많군요」라고 말했다.

여러분이 고용주건 직원이건 그것은 별로 중요하지 않다. 우리 모두는 서로 성취자가 되도록 도와줄 필요가 있다. 간단한 감사 카드나 전화 한 통화가 가져올 수 있는 효과를 상상해 보라. 동료 직원이 이룬 일에 관심을 표명하고 그것을 칭찬해 주어라. 그러면 그들도 여러분이 필요로 하는 보상과 인정을 가져다 줄 것이다.

의미 있는 일은 희망을 가져온다

자유도 없고 보상도 없고 인정도 받지 못한다면 결국은 어떻게 될 것인가? 희망도 없어진다. 공산주의는 실패했고, 만일 사람들에게 꿈을 실현시킬 수 있는 능력을 제공하지 않는다면 자본주의도 비틀거릴 것이다. 여러분도 이룰 수 없는 꿈에 얼마나 오래 매달릴 수 있겠는가? 희망은 꿈을 실현시킬 방법이 없을 때 끝나 버린다. 그러나 희망이 있으면 어떤 일이든지 가능한 것이다.

희망만큼 좋은 약은 없다고들 말한다. 그렇게 강력하고 자극적인 약은 없을 것이다. 자유기업과 희망은 불가분의 관계에 있다. 여러분의 생활수준이 향상될 수 있다는 희망, 경제적 형편이 좀 나아질 것이라는 희망, 월급 인상이나 승진에 대한 희망, 자기 사업을 시작할 수 있다는 희망, 이런 것들이 자유기업의 본질이다.

만일 모든 사람이 계속 나아가고자 하는 아무런 현실적인 희망 없이 다만 컴퓨터 프린트물 안의 숫자처럼 취급된다면 어떤 일이 일어날까? 사람들은 반란을 일으킬 것이다. 우리가 근년에 보았듯이 실제로 사람들은 여러 곳에서 혁명을 일으켰다. 그러나 그것은 칼 마르크스가 예견했던 종류의 혁명이 아니라 반공산주의 혁명이었다. 사람들에게는 희망이 필요했으나 공산주의는 희망을 가져다주지 못했던 것이다.

사람들은 내일을 위한 희망을 가져야만 한다. 미래에 대한 희망이 있을 때는 불안하고 믿을 수 없는 현재도 극복해 나갈 수가 있을 것이다. 그러나 지금 이 순간이 불안하고 미래에 대한 희망도 없다면 남는 것은 절망뿐이다.

나는 중국의 북경으로부터 생중계된 TV 방송을 아직도 기억한다. 당시 중국의 젊은이들은 민주주의와 자유경제를 위한 항의시위를 하고 있었다. 나는 트럭의 화물적재칸에 타고 가던 10대의 어린 중국 청년을 결코 잊지 못할 것이다. 그 청년은 머리에 하얀 머리띠를 두르고 군중들을 향해 전단을 뿌리고 있었다. 한 미국인 기자가「왜 데모를 하죠?」라고 묻자 그 청년은「우리는 자유를 원해요」라고 소리쳤다. 갑자기 그 트럭은 천안문 광장을 향해 돌진했다. 청년은 나무 난간을 꼭 붙잡고 그 기자에게 몸을 내밀면서「우리도 미국인들처럼 살고 싶어요」라고 외쳤다. 그러고는 뿌연 먼지만을 남기고 사라져버렸다. 그 용감한 청년과 그의 친구들은 곧 탱크, 총알, 총검에 직면했을 것이다. 이어 벌어진 유혈 대학살에 그도 희생되었을까? 아니면 투옥되었을까? 아니면 홍콩으로 탈출하지는 않았을까? 극히 짧은 순간에 그 용감한 중국 청년은 모든 중국 국민을 위해서 자기의 희망을 표명했던 것이다.

우리는 희망이 꺼지지 않도록 해야 한다. 아직까지도 전제주의 정권하에 살고 있는 사람들의 가슴속뿐만 아니라, 꿈을 실현시키기 위해 노력하는 사람들의 마음속에도 희망은 살아 있어야 한다. 어디든지 빈곤과 무주택, 실업, 고통이 있는 곳이라면 현실적이고 실질적 생명을 주는 희망을 불어넣어 주어야 한다. 그렇지 않으면 자본주의 역시 실패할 것이다.

1세기에 살았던 폴리니라는 철학자는 〈희망은 세계를 떠받치는 기둥이며 모든 깨어 있는 사람들의 이상이다〉라고 말했다. 우리의 미래, 세계의 미래는 절망의 나락에서 헤매고 있는 사람들에게 얼마나 많은 희망을 불어넣어 줄 수 있는가에 달려 있다. 유럽, 아시아, 남북미, 호텔 연회장, 대규모 회의장, 운동경기장 등에서 나는 희망의 소식을 반기는 사람들의 환호를 들었다. 우리는 모두 자유, 보상, 인정, 그리고 특히 희망을 갈망한다. 이들 요소는 의미 있는 일들을 서로 단단히 연결시켜 주는 기둥이며, 더욱 강력한 자유기업제도를 만들어준다. 이런 초석 위에서 더불어 사는 자본주의는 횃불처럼 빛날 것이다.

약 25년 전 론과 조지아 리는 자신들의 인생 계획이 수포로 돌아간 것을 알았다. 두렵고 절망적인 마음에서 그들은 필사적으로 불빛을 향해 헤엄쳤다. 그 불빛은 암웨이도, 미국도 아니었다. 그것은 바로 민주주의와 자유경제체제였다. 더불어 사는 자본주의는 한 특정 국가에만 적용되는 것이 아니다. 마찬가지로 어떤 특정 국가의 국민이 갖고 있는 보물섬 지도도 아니다.

아마 여러분은 아직 자유로 가는 길을 발견하지 못했을지도 모른다. 그리고 열심히 노력한 만큼 보상을 받지 못했고, 자신의 창의력이 인정받지 못하고 있다고 느낄 수도 있다. 만일 자신의 미래에 별 희망이 없다고 느낀다면 론과 조지아 리 부부처럼 해보라. 여러분의 꿈은 무엇인가? 어떤 일을 해야 그 꿈을 실현시킬 수 있겠는가? 그런 일을 하기 위해 여러분의 삶이 어떻게 변해야 하는가? 그러한 변신을 꾀하는 데 필요한 용기를 얻기 위해 무엇이 필요한가? 오레곤 주의 포트랜드에서 대규모 집회가 끝난 후 조지아 리는 연단 가까이에 한 젊은 부부가 서 있는 것을 보았다. 집회가 열렸던 광장은 조용했다.

「무얼 도와드릴까요?」라고 말하며 조지아 리는 거기 서 있는 두 젊은이에게로 다가갔다. 잠시 그 젊은 부부는 서로 손을 꼭 잡고 애써 눈물을 감추려고 눈을 깜박거리며 서 있었다. 조지아 리는 그들의 손을 잡으며 「괜찮아요. 난 이해할 수 있어요」라고 부드럽게 말했다. 한참 동안 말이 없던 젊은이는 비로소 입을 열었다. 그는 우리에게 이미 익숙한 산산조각이 난 꿈과 엄습하는 공포에 대해 말했다. 비싼 등록금을 내며 대학 4년을 마쳤고, 대규모 엔지니어링 회사에 취직했으며, 집을 사고 가정을 꾸렸는데, 바로 그날 오후 우편함에서 해고통지서를 발견했다고 한다. 갑자기 그는 실망과 분노의 감정에 휩싸여버린 것 같았다. 그의 아내가 다가와 남편을 위로했다. 론도 사태를 짐작하고 가까이 왔다. 「이제 어떻게 해야 하지요?」라고 젊은이는 힘없이 말했다. 「어떻게 다시 시작해야 하나요?」론은 조지아 리를 보며 웃었다. 그들의 눈에도 역시 눈물이 고여 있었다. 하지만 그들의 눈물은 기쁨과 감사의 눈물이었다. 론은 젊은이의 어깨에 팔을 두르며 조용히 그리고 확신에 찬 목소리로 자신의 이야기를 다시 한번 들려주기 시작했다.

제6장 자본주의란 무엇이며 왜 자본주의가 일하는 데 가장 적절한 제도인가?

우리는 자본주의가 우리가 사는 세상의 경제부흥에 대해
희망을 제공하기 때문에 자본주의(자유기업)를 신봉한다.
따라서 만일 자본주의가 무엇인지, 어떻게 그 역할을
수행하는지를 모르고 있으면 분명히 알아야 할 필요가 있다.
우리 경제의 미래는 바로 자본주의에 달려 있으니까!

생활신조 6

켄과 도나 스튜어트 부부는 미주리 주 스프링필드에 있는 오자크 항공사 카운터에서 표를 사기 위해 길게 줄서 있는 여행자들 쪽으로 다가갔다. 그때 직원 하나가 켄에게 와서 환하게 웃으며 「아버님은 안녕하신가?」라고 물었다. 「이곳에 함께 있었던 일들이 기억나는군」 이라고 덧붙였다. 그는 탑승권을 끊고 스튜어트 부부의 짐을 검사하는 동안 켄과 도나 스튜어트 부부는 켄의 아버지에 대해서 그리고 지난 25년 간에 있었던 일들에 대해서 이야기했다.

「그 분은 아버지와 거의 같은 시기에 오자크 항공사에서 일했던 분이었어요」라고 켄이 기억을 더듬었다. 「내가 어렸을 때 두 분은 공항 카운터에서 함께 일했습니다. 두 분 다 아내와 가족을 부양하던 젊은 가장이었죠. 둘다 언젠가는 자기 사업을 운영하리라는 꿈을 가지고 있었던 것도 분명해요. 우리 아버지는 결국 자신의 꿈을 이루었지만 그 사람은 계속해서 탑승권을 팔고 짐을 검사하는 일로 일생을 보내고 있지요」

켄의 아버지는 오자크 항공사에서 몇 달 간 일한 후 그때까지 모은 돈을 전부 투자해서 근처에 있는 세탁소를 사들였다. 1년 후, 세탁소에서 모은 돈으로 길 건너편에 있는 빈터를 사들였다. 켄의 아버지는 「남는 시간을 쪼개서 우리 손으로 집을 짓는 게 어떻겠니?」라고 가족에게 물었다. 「우리 모두는 힘을 모아 조금씩 집을 짓기 시작했어요」 켄은 싱긋이 웃으며 회상했다. 「그때 나는 여섯 살이었어요. 그러나 아버지는 나까지도 그 일에 참여시켰지요」

그 집을 짓고는 또 한 채를 더 지었다. 켄의 아버지는 사업을 익히면서 천천히, 신중하게 일을 했다. 결국 별로 비싼 돈을 들이지 않고도 훌륭한 집이 완성되었고 금방 팔려나갔다. 1년 만에 켄의 아버지는 세탁소 근처의 데어리 퀸 가게를 살 수 있을 만큼 큰 수익을 올렸다. 그러면서 계속 집을 지어나갔다. 몇 년 후 켄의 아버지는 오자크 항공사를 그만두었다. 그때 이미 그는 동네 전역에 걸쳐 자그마한 가게와 주택들을 여러 채 소유한 건설업자로서 자기 사업체를 소유하고 있었다.

켄은 「공항에서 만난 그 분에게 아버지의 성공담을 이야기하자 그 분은 웃으면서 〈나도 자네 아버지 같은 용기를 가졌더라면 좋았을걸〉 하고 말했어요. 그러고는 나와 악수를 하고 가버렸지요」라고 말했다.

그 두 사람 모두 자기 자신과 가족을 위한 꿈을 가졌다. 그러나 그중 한 사람만이 꿈을 실현시키는 데 필요한 자본주의 역할을 충분히 이해했고 그것을 실행하는 용기를 가졌다. 아마 여러분도 지금 어느 길로 가야 할지 망설이며 기로에 서 있을지 모른다. 남은 인생을 좋아하지도 않는 직장에서 일을 하며 보내겠는가?

자본주의가 무엇이며 어떻게 작용하는지를 알아보는 한 가지 방법은 스스로 한번 시험해 보는 것이다. 켄의 아버지도 아마 제이와 나처럼 힘들게 그것을 배웠을 것이다. 우리는 경영학 석사 학위는커녕 고등학교에서 경제학도 배우지 않았다. 지금은 수십 개의 명예학위를 가지고 있지만 대학 공부를 끝마치지 않은 것을 아직도 후회하고 있다. 제이와 나는 젊었고 열의로 가득 차 있었다. 우리는 곧바로 한 길이 넘는 물 속으로 첨벙 뛰어들었던 것이다. 헤엄을 치지 않으면 빠져 죽을 수밖에 없었다. 경험이 우리의 스승이었다. 만일 내가 다시 그때로 되돌아 갈 수 있다면 자유기업의 역사와 그 역사를 이끌었던 용기 있는 사람들의 이야기를 읽는 데 좀더 많은 시간을 보내고 싶다.

아마도 여러분은 오늘 아침 자본주의가 무엇인지, 그리고 자본주의가 어떻게 운영되는지를 알 필요성을 별로 느끼지 못하고 일어났을 것이다. 톨스토이는 이렇게 말했다. 〈역사가들은 아무도 그들에게 묻지 않았던 질문에 계속 답하는 귀머거리 같은 사람들이다.〉 아마 여러분도 역사를 싫어하고 지겹게 생각할 것이다. 역사는 마치 전화번호부의 상호편 같은 것이다. 무엇인가를 급히 찾아야 할 필요가 있을 때까지는 재미없는 것 말이다.

현재 미국의 심각한 경제적 혼란을 보면 우리에게 어떤 지침서가 꼭 필요하다는 것을 느끼게 된다. 이 위대한 경제제도의 역사를 회고해 보는 것이 자본주의라는 게임의 규칙을 이해하는 데 도움이 되고, 또 그것을 이해하면 훨씬 수월하게 경기를 운영해 나갈 수 있게 될 것이다. 그러나 자본주의를 잘못 운영한다면 개인의 재정이 피폐해지고 국가는 파산 상태에 빠져 버린다. 우리는 자본주의의 운영체계를 무시했기 때문에 수백만 국민들의 경제적 꿈이 무산된 경우를 수없이 목격해 왔다. 자본주의란 말은 〈부〉를 의미하는 라틴어에서 유래한다. 자본주의는 자본이나 부의 자유로운 축적에 근거하는 경제제도이다. 켄의 아버지는 세탁소 인수에 필요한 2,000달러를 저축했다. 그 돈을 기반으로 커다란 성공을 이루게 된 것이다. 그러나 돈만이 유일한 자본은 아니다. 천연자원이나 다른 상품을 생산하는 데 사용되는 기계와 같은 공산품도 자본이다. 다른 자본재와 교환할 수 있고 투자할 수도 있는 현금, 주식, 채권 등도 자본이다. 그러나 이 것 말고도 또다른 자본이 있다. 그것은 교과서에 설명되어 있지는 않다. 바로 아이디어나 창의력과 같은 정신적 자본이 그것이다. 이 것은 물질적, 재정적 자본의 생산에 필요한 인적 요소인 것이다.

자본주의의 주요 특징은 자본의 사적 소유와 자유기업제도이다. 간단히 말해 자본주의는 첫째 부를 소유하는 자유이며, 둘째 부를 사용하는 자유이다. 켄의 아버지는 돈을 저축해서 약간의 토지를 사 는 데 사용했다. 만일 여러분이 자본, 즉 부를 창출하는 데 사용될 수 있는 어떤 것을 소유하고 있다면 여러분은 이미 반쯤은 자본주의 자가 되어 있는 셈이다. 집, 자동차, 약간의 돈, 컴퓨터, 망치, 전 화, 주식이나 채권, 바이올린, 축구공, 페인트붓, 삽, 공책과 펜 등 은 모두 부를 창출할 수 있는 잠재적 도구이다.

누구나 자본주의자가 될 수 있다는 것은 역사적으로 상당히 최근 에 생겨난 개념이었다. 몇 세기 전만 하더라도 소수의 특권층만이 그런 권리를 누렸다. 그때였다면 켄의 아버지도 땅을 산다거나 자신 과 가족을 위해 삶의 질을 향상시키는 데 돈을 투자하기는커녕, 자 기 노동의 대가도 제대로 얻지 못했을 것이고 돈을 저축할 수도 없 었을 것이다. 어떻게 평범한 사람들이 그런 값진 참여의 권리를 얻 게 되었는지를 좀더 잘 이해하기 위해 자본주의의 발전 과정을 살펴 보기로 하자.

과거에는 국가와 국민 모두 자유기업제도에 참여할 권리를 가지고 있지 못했다. 역사를 되돌아보면서 우리는 왜 다시는 그 권리를 빼 앗길 수 없는가 하는 것을 확실히 알게 된다. 넓은 의미로 해석한다 면 고대문명에서도 자본주의의 예를 찾아볼 수 있다. 이집트, 바빌 로니아, 그리스, 로마 등은 일종의 사유재산과 자유기업형태를 가지 고 있었다. 이런 자본주의의 초기 예들은 널리 보급되지는 않았으나 어쨌든 문명의 초기부터 존재해 온 것은 사실인 것처럼 보인다. 재 능, 인센티브, 자원, 기회 등은 어느 시대, 어느 사회를 막론하고 자본주의자를 탄생시킨다.

봉건제도

그러나 우리에게 익숙한 오늘날의 자본주의 형태가 발전하기 시작한 것은 중세 말기부터였다. 중세에는 세계의 거의 모든 곳이 봉건제도였다. 사람들은 전국 각지에 흩어져 있는 조그마한 공동체 안에 있었고 그 땅을 소유한 영주 밑에서 소작인으로 일했다. 이 공동체에 속한 사람들은 모든 것을 자급자족해야만 했다. 필요한 모든 것을 재배하고, 만들고, 이를 교환해야 했다.

봉건주의 말기에 사람들은 도시로 이동하기 시작했다. 또한 물물교환보다 돈에 기초한 경제가 발전하기 시작했다. 사람들이 도시로 이주하면서 일어난 여러 가지 일 중 하나는 직업이 전문화되기 시작했다는 것이다. 예를 들면 한 사람이 양을 키우고, 실을 잣고, 옷을 짜고, 재봉일을 하는 등 모든 일을 다하는 대신에 한 가지 일만 집중적으로 하기 시작했다. 그리하여 방직업자, 재단사, 양모 상인 등이 등장했다.

사람들이 흩어져 살고 중앙 정부가 없다는 의미로 봉건주의를 무질서한 상태라고 정의를 내린다면, 도시로의 이주는 조직화의 과정이었다. 도시가 스스로 조직화한 여러 방법중에 통치기관의 설립과 화폐의 발행이 있었다. 교역을 위한 화폐의 사용이 통화제도이며, 그것은 자본의 축적을 보다 용이하게 하여 자유로운 통상을 크게 촉진시켰다. 그 당시에는 세탁소나 데어리 퀸 가게 같은 것이 없었다. 가령 켄의 조상이 벨기에산 치즈를 전문으로 만드는 낙농업자라고 가정해 보자. 화폐제도하에서 낙농업자는 치즈를 만들어 상인에게 팔고, 상인은 다시 소비자에게 치즈를 판매한다. 그 상인은 더 이상 자기가 필요로 하는 특정 물건, 예를 들어 우유통 같은 것을 가진 사람이나 치즈를 원하는 사람을 찾아다닐 필요가 없었다. 동전만 있으면 원하는 것은 무엇이든 언제나 살 수 있었다. 이것은 과거의 물물교환과는 비교가 안 되는 커다란 이점이었다.

중상주의

도시 형성과 화폐제도의 영향으로 도시국가가 형성되고 나아가 국가의 형태로 발전함에 따라 중상주의라고 불려진 경제 시스템이 발달했다. 이 제도의 이름은 주로 치즈 상인, 의류 도매상, 곡물 중개상 등 소규모 사업을 하는 상인들 때문에 붙여진 것이다. 중상주의는 16-18세기 동안에 유럽의 경제체제를 지배하였다.

금과 은의 축적이 모든 중상주의자들, 특히 새로 탄생하는 국가의 통치자들의 목표였다. 군주들은 권력 유지의 수단으로 금과 은을 축적하기 시작했다. 권력은 무기와 직업 군인들을 얼마나 많이 보유하고 있는가에 달려 있었다. 이를 위해서는 많은 자본이 필요했다. 자본을 축적하는 방법은 무역의 균형을 유지하는 것이었다. 중상주의 체제하에서는 수입보다 수출이 많을 때는 그 차액을 금이나 은(동전이나 궤의 형태로)으로 계산했다. 그러면 수출국의 자본이 늘어나는 것이다. 따라서 통치자들은 국민들에게 수출상품을 더 많이 생산하도록 독려했고 수입을 억제하기 위해 높은 관세를 부과했다.

중상주의는 봉건제도보다는 나은 제도였다. 일반적으로 볼 때 중상주의가 생활수준을 향상시켰고, 더 많은 상품을 사용할 수 있도록 했으며, 중산층을 발전시켰다고 할 수 있다. 그러나 중상주의의 혜택은 거의 권력자들과 귀족계층에게로 돌아갔고 대다수 사람들은 여전히 빈곤한 생활을 했다. 우리 조상들은 여전히 수세기 동안 자유기업제도를 실행한다거나 삶의 질을 높이기 위한 자신의 권리를 가지지 못한 채 살았다.

그러나 중상주의가 더불어 사는 자본주의는 분명 아니었지만 적어도 그 방향으로 나아가고는 있었다. 그렇다고 해서 중상주의가 지속된 것은 아니다. 중상주의는 자체적인 문제점 외에도 많은 사회적, 역사적 변화 때문에 서서히 쇠퇴해 갔다. 가장 커다란 단점은 실질적인 부의 척도가 개인이나 공동체 생활의 향상이 아닌 돈의 축적이었다는 점이다. 금을 보유하는 것만이 중요했지, 그것을 가지고 어떤 유익한 일을 하든지(혹은 하지 않든지)는 전혀 문제가 되지 않았다.

배금사상은 그 역사가 매우 깊으며 성경에서도 이에 대한 경고를 한 바 있다. 극단적인 황금만능주의 신봉자들은 농산물은 국내에서만 소비되어 외화를 벌어들이지 못하기 때문에 담배 같은 수출작물만 재배해야 한다고 주장하기까지 했다. 그들은 만일 담배만 계속 재배한다면 뭘 먹고 살 것인가라는 생각조차 해보지 않은 사람들이었다. 진정한 부는 인간의 욕구가 충족될 때 달성된다. 인간의 행복이야말로 경제활동의 최종적인 목표이다. 인간의 기본적인 욕구가 충족되지 않는다면 많은 금을 보유하고 있는 것이 도대체 무슨 소용이겠는가!

근대 자본주의를 형성시킨 사람은 누구이며 그 사상은 무엇인가?

애덤 스미스──최초의 경제학자.

자유기업을 형성시키고, 켄의 아버지의 사업을 성공으로 인도한 자유기업의 사상은 애덤 스미스라는 스코틀랜드인에게서 나왔다. 그는 괴짜였고 위대한 사상가였다. 그에게는 외모에서부터 다른 모든 것에 이르기까지 평범한 구석이라고는 없었다. 커다란 코와 튀어나온 눈, 두드러진 아랫입술을 가지고 있었다. 카리스마적 기질도 없었고 발음도 분명치 않았다. 언어 장애도 있었다. 스미스 자신도 「나는 내가 쓴 책외에는 멋진 곳이라고는 전혀 없는 사람이다」라고 인정했다.

스미스는 1723년 에딘버러 근처의 커콜디라는 조그만 항구도시에서 태어났다. 열네 살에 글래스고대학에 입학하였고 나중에 옥스퍼드대학에서 장학금을 받으며 2년 간 더 공부했다. 옥스퍼드 졸업 후

글래스고대학의 교수로 임명되었다.

10때부터 스미스는 〈왜 어떤 나라는 다른 나라보다 부유한가. 그리고 부유한 나라들은 그렇지 않은 나라들보다 어떻게 해서 먹고, 입고, 사용할 수 있는 물건을 더 많이 생산할 수 있는가〉라는 의문을 곰곰이 생각하기 시작했다. 이런 의문에 대한 그의 해답이 세계가 자유기업체제로 발전하는 시초가 되었다.

스미스는 한 국가의 부는 화폐의 축적이 아니라 노동의 분업에 의해 증가된다고 말했다. 사람들은 이제 수백만 명의 사람들이 갖추고 있는 에너지, 사상, 기술 등이 금보다 훨씬 가치가 있다는 사실을 깨닫게 되었다. 스미스의 말을 다시 정리하면, 분업이 공공의 부를 증진시키는 주요인인데, 그 이유는 한 국가의 부는 금의 보유량이 아니라 각 개인의 창의력에 비례하기 때문이라는 것이다. 이는 정확하게 말해서 무엇을 의미하는가?

스미스의 사상은 지금껏 출판된 모든 저서들 중 가장 유명하고 영향력 있는 그의 경제학 저서인 『국부론 *Wealth of Nations*』에 잘 나타나 있다. 이 책의 서두에서 스미스는 구체적인 예를 들어 분업의 원리를 설명해 놓고 있다. 이 유명한 이야기의 주제는 핀이다. 대강의 줄거리는 다음과 같다. 핀 만드는 훈련을 전혀 받지 못한 사람이 열심히, 또 조심스럽게 일을 하면 아마도 하루에 핀 하나 정도는 만들 수 있을 것이다. 핀 만드는 일을 많이 해본 숙련된 사람도 기껏해야 하루에 20개 정도밖에 만들지 못한다. 그러나 스미스 시대에도 그렇게 작업을 하지는 않았다.

핀 제조업체는 보통 특수한 일을 전문으로 하는 노동자들로 이루어져 있다. 스미스의 설명에 따르면 첫번째 사람은 긴 철선을 만들고, 두번째 사람은 그것을 곧게 펴기만 하고, 세번째 사람은 길이를 맞추어 자르기만 하고, 네번째 사람은 한쪽 끝을 뾰족하게 다듬고, 다섯번째 사람은 머리 부분을 붙이는 사전 작업으로 다듬기만 한다는 것이다. 나머지 두세 명은 머리 부분을 만들고 붙이는 일을 한다. 핀 하나를 만들어내기 위하여 여러 노동자들이 각각 다른 일을 맡아 하는 것이다. 1700년대에는 10명의 직원을 거느린 조그만 핀 회사가 하루에 48,000개의 핀을 생산할 수 있었다고 한다. 한 사람이 4,800개를 생산한 셈이다. 그러나 만일 각각 핀을 따로 만들었다면 10개 내지 많아야 200개 정도밖에 생산할 수 없었을 것이다.

스미스의 이 이야기는 그가 주장하는 바를 분명히 나타내고 있다. 어떤 과업을 완수하거나 어떤 상품을 생산하는 데 필요한 노동이 구체적으로 구분되어 운영된다면 생산성은 크게 올라간다. 그럴 때 그 국가의 부 역시 증가한다. 그러나 그것만이 전부가 아니다. 노동자가 분업을 하면 그들의 문제 해결 능력이 향상되고 자신의 일의 생산성을 향상시키는 데 도움이 되는 기계를 고안할 가능성도 그 만큼 높아진다. 다시 말해 분업이 신기술개발의 핵심요인이라는 것이다.

이를 요약하면 〈중요한 것은 사람이다〉라고 말할 수 있다. 사람들은 생산공정에 도움이 되는 다양한 재능을 가지고 있다. 그들의 재능을 개발하고 활용해야 한다. 스미스의 통찰력은 사람들에게 이해하기 어려운 복잡한 시스템처럼 생각되었다. 그러나 그의 통찰력은 핀 공장에서 멈추지 않았다. 스미스는 사람들이 경제적인 결정을 어떤 식으로 내리는지 궁금해했다. 이 호기심은 사람들이 도덕적인 결정을 어떻게 내리는가에 대한 그의 의문에서 비롯된 것이다. 그 당시 진지했던 대부분의 사람들과 마찬가지로 스미스도 성직자의 공부를 하기 시작했다. 그는 경제학자가 되려는 계획은 없었다. 사실상 당시에는 경제학자라고는 있지도 않았다. 스미스가 배운 〈윤리학〉이 지금 같으면 경제학이나 심리학이라 부를 만한 것이었다.

애덤 스미스의 보이지 않는 손

그는 시장에서 일어나는 경제학과 심리학의 상호작용에 대한 이론을 가지고 있었다. 바로 〈보이지 않는 손〉의 이론이다. 스미스는 이기심과 자기 보호 같은 강력하고 상충되는 동기 앞에서 사람들이 어떻게 올바른 도덕적 결단을 내리는지에 대해 관심을 가졌다. 또한 그는 똑같은 상황에서 어떻게 올바른 경제적 결단을 내리는지에 대해서도 관심을 가졌다.

그는 대부분의 경우 사람들은 자신의 내부에 자신의 행동을 인정하거나 부인하는 〈공정한 관찰자〉 역할을 하는 〈내적 자아〉가 있기 때문에 올바른 결정을 내린다고 주장했다. 스미스는 이 공정한 관찰자가 마치 커다란 양심의 소리처럼 강력한 목소리를 가지고 있기 때문에 무시하기가 힘들다고 생각했다. 그는 사람들이 이성을 지닌 인간만의 독특한 동정심으로 순간적인 충동을 자제하는 것을 보았다. 더구나 자아를 추구하는 사람들은 종종 자신도 모르는 사이에 보이지 않는 손의 인도를 받아 사회의 이익을 증진시키는 일을 한다. 도덕 분야와는 달리 경제 분야에서 스미스는 경쟁이 공정한 관찰자의 역할을 하는 것으로 파악했다. 즉 자유시장에서 앞서가고자 하는 인간의 정열은 경쟁에 의해 통제된다는 것이다.

경쟁의 규칙

스미스는 경쟁 욕구는 인간 본성의 일부라고 간주했다. 그리고 경쟁욕구가 자유롭게 표현된다면 사회적으로 유익한 작용을 하기 때문에 결코 나쁘지 않다는 것이다. 그 이유는 무엇인가? 한 사람의 이기심이 다른 사람의 이기심과 상충될 때 보이지 않는 손이 작용하기 때문이다. 보이지 않는 손은 어떤 상품이 어떤 가격에 생산되어야 하는지에 영향을 미친다. 스미스는 보이지 않는 손은 원하는 상품을 지불할 수 있는 가격으로 구입할 수 있도록 보장해 주는 강력한 힘이라고 주장했다. 스미스는 사회가 사람들의 앞서가고자 하는 욕구를 충족시켜 주어야 한다고, 다시 말해서 경쟁이 자유로이 이루어지도록 해야 한다고 믿었다. 무엇보다도 정부가 국민의 이익 추구에 간섭해서는 안 된다는 것이다. 사람들은 만일 개인적인 혜택이 보장된다면 올바른 일을 하게 된다는 것이다. 그는 경제적인 인센티브를 굳게 믿었다.

자유시장의 필요성

스미스는 상당히 양심적인 사람이었고 착취적 사업 관행을 그냥 넘기지 않았다. 그는 우직하지도 않았고 당시의 몇몇 상인들과 제조업자들의 탐욕스러운 관행을 눈감아 주지도 않았다. 사실상 그는 같은 업종에 종사하는 사람들이 파티 같은 곳에서 함께 모였을 때 대화는 언제나 어떻게 일반 사람들을 속일 것인가로 변질된다고 말한 적이 있다. 그러나 그는 여전히 보이지 않는 손의 힘이 정직하지 못한 사업가들이 꾸민 〈악의적 협상〉보다 우위에 있다고 믿었다.

많은 이익을 내는 사업이 있을 때, 스미스는 정부가 어떤 종류의 법이나 규제를 이용하여 그 사업을 도와주는 역할을 하는지 살펴보았다. 스미스에 따르면 탐욕스런 사업가들은 종종 정부에게 자신들의 위치를 유지할 수 있도록 도움을 요청한다고 했다. 정부는 보이지 않는 손의 힘을 통제할 수 있는 능력이 있고, 무역 제한조치를 취할 수도 있고, 특정 산업의 독점을 인정하거나, 보호법을 제정하여 특정인에게 혜택을 줄 수도 있다. 스미스는 특권을 가지는 사람이 있어서는 안 된다고 믿었다. 만일 함께 공모하여 특혜를 받는 사업이 생긴다거나, 정부가 이들에게 법적 혜택을 제공하여 경쟁에 간섭을 하면 보이지 않는 손은 제대로 작용할 수 없게 된다. 보이지 않는 손은 〈침해받지 않는 자유〉라는 맥락에서 작용해야만 모든 사람에게 최상의 이익이 보장된다. 정부는 사업에 관여해서는 안 되고 사업도 정부의 눈치를 보아서는 안 된다. 이것이 우리가 다시 살펴볼 필요가 있는 애덤 스미스의 또다른 이론이다. 스미스는 특히 사업체와 정부간의 불미스러운 유착을 두려워했다. 정부가 국민의 지배자가 되어서는 안 되며, 만일 지배자의 입장에 있다고 하더라도 상인들과 제조업자들의 비열한 탐욕과 독점적 기질을 간과해서는 안 된다고 경고했다. 스미스는 인간의 본성을 현실적인 관점에서 이해했지만, 시장에서 반드시 양심에 따라 행동해야 한다는 점에서는 상당히 이상주의적이었다.

스미스와 자유방임주의

스미스는 말 그대로 〈하는 대로 내버려두는〉 자유방임정책을 옹호했다. 다시 말해 경제 문제는 혼자 내버려두어야 한다는 주장이었다. 그의 경제 철학은 내버려두어야만 보이지 않는 손이 공평하게 개인, 사업체 및 더 나아가 경제 전체를 인도해 줄 것이라는 가설에 근거하고 있다. 그러나 정부의 간섭이 없다면 어떻게 끝없는 탐욕을 막을 수 있겠는가?

가령 어떤 힘 있는 상인이 개발한 바나나맛 아이스캔디가 어느 고등학교에서 엄청난 인기를 모았다고 하자. 상인은 이 상품의 이름을 바나나스틱이라고 부르기로 했다. 학생들이 이 상품을 너무 좋아하게 되어 오후만 되면 물건이 동이 났다고 가정해 보자. 그러나 탐욕스러운 이 상인은 수요를 충당할 만큼의 충분한 아이스캔디를 생산하지 않기로 결심한다. 그래서 먼저 가격을 올리기 시작한다. 그 상인만이 유일한 공급자이기 때문에 원하는 만큼 가격을 올릴 수 있다. 이때 켄의 조상처럼 자유경쟁정신이 넘치는 가상의 인물이 등장한다. 그는 가난하고 힘도 없지만 이 욕심 많은 상인이 별로 만들기 어렵지도 않은 상품을 비싼 값에 팔아 돈을 버는 것을 알아차린다. 어떤 일이 일어나겠는가? 경쟁이 일어난다. 켄의 조상이 그 상인에게 도전장을 내는 것이다. 그는 첫번째 상인보다 더 비싸게 팔겠는가, 싸게 팔겠는가? 물론 싸게 판다. 새로운 경쟁자가 학생들을 상대로 한 아이스캔디 장사에 뛰어들었다. 결국 스미스가 말한 대로 자신의 탐욕을 억제하지 못하는 사람은 곧 경쟁자에게 밀려나버린다는 것을 알게 된다.

이제 자유방임주의의 문제를 생각해 보자. 만일 그 학교의 교장이 한 사람의 상인에게만 바나나맛 아이스캔디를 팔도록 허용했다면 어떤 일이 일어나는가? 바나나스틱이 이 고등학교의 공식 아이스캔디가 되고 다른 상인이 만든 아이스캔디는 판매 금지된다. 교장이 특정 상인의 제품만을 허용한 데는 여러 가지 이유가 있을 수 있다. 아마도 교장은 이 고등학교 앞의 인도가 상인들과 상품을 실은 수레로 너무 혼잡해져서 교문 출입에 불편을 주지나 않을까 우려했을 것이다. 아니면 그 욕심 많은 상인과 개인적으로 친한 친구일 수도 있다. 안전, 특혜, 이타심 등 그 동기가 무엇이든 결과는 비슷하다. 즉 제품의 가격이 상승하는 것이다. 보이지 않는 손에 대해서 기억해야 할 것이 바로 이 점이다.

좋은 이유에서든 나쁜 이유에서든 시장 간섭의 결과는 동일하다는 것이다. 스미스의 견해로 볼 때 보이지 않는 손은 도덕적 문제와는 무관하며 오히려 전혀 편견이 없는 규칙이다. 스미스는 사람들이 스스로 도덕적 선택을 해야 한다고 생각했다. 시장경제의 보이지 않는 경쟁을 입법화하려고 한다면 결국 실패하고 말 것이다. 자기 욕심이 너무 강하게 개입되기 때문이며, 그것을 통제할 수 있는 유일한 방법은 경쟁뿐이다.

자본주의의 역사는 사실상 『국부론』이 출판된 이후부터 시작되었다고 보아야 한다. 스미스가 기존의 개념을 바꾸는 합리적인 사상적 기반을 제공한 것이다. 이때까지 사람들은 언제나 자신을 개인으로서 어떤 행위를 할 수 있는 인간으로 생각하는 것이 아니었고 자유롭게 결정을 내릴수 있는 것으로 여기지도 않았다. 스스로를 어떤 공동체나 어떤 계급의 일원으로 생각했던 것이다. 과거에는 합의나 명령을 통해 결정을 내렸으며 개인의 의견은 별로 중요하지 않다고 여겼다. 누군가가 부자이거나 부자가 되면 그것은 신의 뜻이라고 믿었다. 사람들은 부를 축적하거나 획득하는 과정인 경제가 어떤 기능을 하는지 아직 잘 모르고 있었다. 그렇기 때문에 사람들은 성경과 전혀 무관한 날조된 종교적 설명을 쉽게 받아들이게 된 것이다. 가난한 사람들은 자기의 처지를 신의 뜻으로 받아들였다. 힘이 있는 사람들은 그들이 누리는 특권은 신이 부여한 권리라고 주장했다.

일은 목적을 위한 수단이지 목적 그 자체는 아니라는 생각은 비교적 새로운 개념이다. 사회와 교회는 이윤이라는 동기를 죄악시하고 나쁜 것으로 간주했다.

계몽주의에 의해 생각이 바뀌기 전에는 사람들은 노동을 팔 수 있거나 값을 매길 수 있는 것으로 생각하지 않았다. 사실상 사람에게 부여된 가치는 소나 상품에 매길 수 있는 것과 같은 종류의 것이다. 사람의 〈가치〉는 그 사람의 신분에 의해서만 결정된 적이 많았다. 예를 들어 어떤 사람이 살해되었다면 그 살인자는 처형당할 수도 있고 피해자의 〈몸값〉을 지불할 수도 있다. 이때 귀족의 몸값은 1,200실링, 농부(기술자도 마찬가지)는 200실링이었으며 노예의 경우는 아예 값을 매기지도 않았다. 사람들은 일터나 회사를 옮길 수 있는 자유로운 주체가 아니었다. 만일 노예라면 땅에 속박되어 일하는 것이 의무였다. 만일 예술가나 기능공이라면 아버지의 직업을 계속 이어나갈 것이다. 여자에게는 이런 기회조차 주어지지 않았다. 스미스는 개인적인 이해관계를 중심으로 한 아주 간단하고 강력한 개념을 발전시켰다. 그의 이론은 뉴턴의 만유인력의 이론처럼 정밀하고 명확했다. 스미스는 자유방임 주의의 제창자였고 도덕을 법으로 규제하는 정책에는 반대했지만, 도덕과 품행을 인간의 최고 규범이라고 주장했다. 그는 부패와 탐욕에 결코 관대하지 않았다. 자본주의 시스템을 악용하는 사람들은 합리화내지 변호하는 수단으로 스미스의 사고를 이용하는 것은 잘못일 것이다. 양심이야말로 그가 가장 관심을 가진 대상이었다. 사람들의 내부에는 올바른 일을 하고자 하는 충동, 즉 내적인 목소리가 있다고 그는 생각했다. 그리고 자본주의는 이 전제 위에 기초를 둔 것이다.

자본주의 비판

애덤 스미스가 살았던 시대부터 시작된 서방 세계의 변화는 상당히 흥미롭고 긍정적이었다. 불행하게도 오늘날과 마찬가지로 당시의 자본주의 역시 어두운 일면을 가지고 있었다. 자본주의는 사악한 것이며 따라서 없어져야 한다고 생각하는 사람들이 있을 정도였다. 칼 마르크스는 자본주의를 가장 강도 높게 비판한 사람들 중의 하나였다.

양심이 없는 자본주의자를 애덤 스미스 탓으로 돌릴 수는 없다. 그는 자유방임을 주장했지만 행동의 자유에 대한 권리와, 비양심적으로 사업을 한다거나 노동자를 착취하는 관행을 혼동하지는 않았다는 것을 우리는 알고 있다. 이런 그의 의도를 알지 못하는 자본주의자들도 있다. 비록 일부이기는 하지만 직원들이 어떤 환경에서 일하고 있는지를 전혀 고려하지 않는 사람들도 있다. 그들은 탐욕에 사로잡혀 있기 때문이다. 이것이 바로 우리가 경계해야 할 고통스런 유산이다. 그리고 우리가 관심을 기울여야 할 역사적 교훈 중의 하나이기도 하다. 칼 마르크스의 자본주의 견해에 대해 잠시 살펴보자.

도시의 위기

자본주의와 산업혁명의 출현과 더불어 인구의 폭발적 증가 현상이 발생하였다. 1750-1850년 사이에 유럽의 인구는 1억4천만에서 2억6천6백만으로 거의 2배나 증가했다. 보건 위생의 발전과 질병 통제로 전반적인 사망률이 줄었고 대부분의 도시에서 인구 증가 현상이 일어났다. 수백만 명의 사람들이 공장이 있는 신흥 공업단지로 이주해 왔고 또 그곳에서 태어났다. 이로 인해 지독한 악조건에서 살아가는 빈민가가 생겨났다.

도시는 일을 하러 오는 수많은 사람들을 무조건 다 수용할 수가 없었다. 도시 중심부에 주택가를 건설하기란 어려운 일이다. 따라서 주택 건설 기술은 공업 기술보다 뒤져 있었다. 사람들은 낡고 쓰러져 가는 건물이나 초라한 오두막집, 허술하게 지은 신흥주택 등으로 몰려들었다. 도시로 이주한다는 것 자체가 스트레스였다. 사실상 많은 사람들이 이전보다 잘 살게 되었지만 심리적, 정신적으로는 그렇지 않은 것 같았다. 떠나온 고향집이 더 편하고 안정감을 주었다. 거기에는 주로 교회나 예로부터 있던 사회단체(길드와 같은)가 있었고, 대가족생활을 하는 멀고 가까운 친척들이 있었다. 사람들은 익숙하지 않은 환경에서 낯선 사람들과 어울려 생활한다는 것에 불안함과 당혹감과 혼란을 느꼈다. 찰스 디킨스의 소설 속에는 그 당시의 사람들이 직면했던 지독한 어려움이 감동적으로 잘 묘사되어 있다.

과거에는 도시란 문명과 문화의 중심지라고 생각했다. 어떤 사람들은 시골 마을의 편협함에서 탈출하여 마음의 자유를 얻기 위해 도시로 이주하기도 했다. 그러나 산업혁명 기간 동안 사람들은 도시란 소외의 장소라고 생각하게 되었다. 수많은 도시 노동자 중에는 자신이 하찮은 개미와 같다고 느끼는 사람도 있었다. 도시는 점점 가치기준의 부재 속에서, 이름도 얼굴도 없는 존재들의 집합으로 변해갔다.

기술이 양적인 측면에서 사람들의 생활수준을 향상시키기는 했으나 질적인 측면에서는 오히려 생활수준을 악화시킨 것도 사실이다. 한 가지 예를 들면 도시는 사람들에게 자연, 공동체, 심지어 신과의 단절감도 느끼게 만들었다. 당시의 작가들은 공장이 어떻게 근로자의 인간성을 빼앗는지를 그렸다. 기계가 인간에게 새로운 종류의 전제군주와 같은 힘을 행사한다고 느끼는 사람도 있었다. 마치 기계가 사람들을 위해 봉사하는 것이 아니라 사람들이 기계를 섬기기 위해 존재하는 것 같았다. 알렉시스 드 토크빌은 직업의 전문화 현상은 폭군의 독재 정책보다도 근로자들을 더욱 비참하게 만든다고 생각했다. 애덤 스미스 역시 전문화 현상이 근로자의 품위를 낮추는 잠재요인이라고 보았다. 스미스는 도덕적 기준이 없을 때 노동자들이 착취당할 것이라는 사실을 염려했다. 그의 염려는 때로는 충분한 근거가 있었던 것이다.

미성년자 노동 착취

처음으로 많은 남녀들과 아이들이 일하러 나가게 되었다. 하루에 12시간, 14시간, 심지어는 16시간까지도 일을 했다. 주당 근로 시간은 거의 80여 시간으로, 등이 휘는 노동을 지루하게 버텨내야 했다. 가끔 가족 모두가 뿔뿔이 흩어져 열악한 기숙사 생활을 하며 지내기도 했다. 특히 몇몇 방직 공장들은 여성과 미성년자 노동 착취로 악명이 높았다.

열 살 미만의 어린아이들이 낯선 어른들의 감시하에 오랜 시간 일을 하는 것도 흔히 있는 일이었다. 아이들이 엄격한 회사 규율을 조금이라도 어기면 가차없이 매질을 당했다. 가끔 아이들의 졸음을 쫓기 위해 구타할 때도 있었다. 공장은 보통 지저분하고 조명이 희미했으며, 겨울에는 난방도 제대로 되지 않았다. 노동자의 안전을 보장해 주는 법규는 거의 없었고 사고는 수시로 일어났다.

노동자 소요

사람들이 도시, 공장, 빈민가 등에서 집단 생활을 함으로써 이전에 서로를 연결해 주던 유대가 무너졌다. 구역의 교회나 영주, 길드에 대한 충성심이 사라지고 비참한 작업 환경 속에서 함께 겪는 동병상련의 정서를 통해서만 유대감을 느끼게 되었다. 그런 사람들이 정치 활동을 참여하기 시작했다.

1800년대 초에 이들은 불만을 터뜨리고 폭동을 일으켰으며 노동조합을 결성하였다. 공장마다 폭도들이 침입했다. 이런 소요가 한창 벌어지고 있을 때, 장군이나 왕이 될것이라 지목된 〈네드 럿드〉라는 사람이 노동자 군중을 선도하고 있다는 소문이 영국의 노동자들 사이에 퍼져나가기 시작했다. 이것은 사실이 아니었지만 폭도들은 곧 〈러드 당(Luddites)〉이라고 불려지게 되었다. 그들은 자신들이 일하는 감옥처럼 생각되는 공장에 대한 증오심으로 뭉쳤다. 이런 와중에 일부 사람들은 분노를 가슴에 품고 신문 기사, 팜플렛, 책 등으로 쓰기 시작했다. 이들 중 가장 널리 알려진 사람이 바로 칼 마르크스였다.

칼 마르크스는 누구이며, 왜 그는 자본주의에 대하여 그처럼 분노를 느꼈는가?

칼 마르크스에 대해 논의하다 보면 자연히 많은 논란이 벌어진다. 어떤 사람은 그를 악의 화신이라고 하고, 또 어떤 사람은 그를 위대한 사회 비평가라고 한다. 오늘날 새로운 사회를 건설하려던 그의 이론은 결과적으로 헛된 꿈이 되었지만 자본주의에 대한 그의 비판은 여전히 진지하게 심사숙고해 볼 가치가 있다. 그렇다면 칼 마르크스는 어떤 사람인가?

그는 애덤 스미스처럼 산업혁명이 낳은 시대의 산물이었다. 칼 마르크스는 애덤 스미스가 죽은 지 28년 후 독일의 조그만 마을에서 태어났다. 성년이 될 때까지 마르크스는 종교를 압제의 도구로 간주했다. 조직화된 교회의 외관뒤에는 비양심적인 자본가들이 숨어 있었는데, 마르크스는 그들이 하는 행위와 성경의 교훈을 구분하지 않는 오류를 범했다.

애덤 스미스가 멍한 교수의 완벽한 본보기라면, 마르크스는 외곬수적인 지식인 혁명가의 완벽한 본보기이다. 그는 연구하고 생각하고 저술하기 위해 생활했다. 자신의 생활환경, 외모, 사회적 편의시설 등에 대해서는 조금도 개의치 않았다. 한 사복 경찰관이 런던의 보호구역에 있는 마르크스의 아파트를 이렇게 묘사한 적이 있었다. 〈그는 런던에서 가장 열악하고 값싼 지역에서 살고 있었습니다. 방이 두 개인데 두 곳 다 깨끗하거나 성한 가구는 하나도 없었어요. 모

두 망가지고 너덜거리고 찢겨져 있었고 먼지가 두껍게 앉아 있었죠. 집안 전체가 엉망진창이었습니다.〉

마르크스는 정돈이 전혀 안 된 아파트에서 살았으나 마음까지도 뒤죽박죽이었던 것은 아니었다. 그의 사상은 도전적이었고 우리가 무언가 행동을 취할 것을 촉구했다. 그리고 사실 그의 촉구는 많은 반응을 얻었다. 마르크스의 사상은 중간적 입장을 취하는 경우가 별로 없다. 먼저 그는 애덤 스미스의 경제사상을 정면으로 부인했다. 마르크스의 세계관은 변증법적 유물론이라고 불린다. 그는 형이상학적인 세계를 믿지 않았다. 오직 현실만을 믿었다. 마르크스는 신이나 창조, 또는 신성한 것들에 대한 이야기에는 관심이 없었다. 그는 〈사람에게는 사람이 최고의 존재〉라고 말했다. 마르크스는 변증법적 방법이라고 불리는 독일의 헤겔 논리학을 빌려왔다.

〈변증법〉이라는 단어는 그리스어에서 유래된 말로 〈논쟁하는 기술〉을 뜻한다. 헤겔은 이 세상은 지속적으로 발전과 변화의 과정을 거친다고 했다. 이것은 한 특정 견해가 다른 견해에 도전하면 새로운 아이디어가 생긴다는 아이디어끼리의 충돌로 생긴 결과이기도 하다. 예를 들어 공동체의 이익이 항상 개인보다 우선적인 가치를 가져야 한다는 생각(正)은 아마도 개인의 권리가 우선한다는 생각(反)과 충돌할 것이고 그 결과 공동체와 개인의 권리를 모두 중시하는 사회, 즉 「合」이 생기게 된다. 헤겔에게 있어 물질적인 것은 물질 자체를 의미하는 것은 아니었다. 그는 마음이나 생각이 우주의 본질이라고 믿었다. 그러나 마르크스의 물질 지향주의적 생각은 우리가 볼 수 있고 만질 수 있는 사실에만 초점을 맞추었다.

헤겔에게는 생각이 우선이었으나 마르크스에게는 행동이 우선이었다. 대학에서 헤겔의 변증법을 배워 사회에 나와 적용해 보았다. 기존 경제질서는 도전을 받아야만 하고 이러한 충돌로 새로운 질서가 탄생할 것이라고 생각했다. 마르크스는 혁명적 비평가의 눈으로 산업혁명과 자본주의를 보았다. 그리고 그것을 별로 좋아하지 않았다.

그는 일부를 조정하고 일부를 바꾸는 식으로, 자본주의에 약간의 수정만 가하면 된다는 생각은 하지 않았다. 그는 사유재산, 공장과 기계의 사적 소유권, 정치제도, 종교 등 모든 것이 함께 변해야 한다고 믿었다.

마르크스는 자본주의의 기본인 경쟁이 범죄, 불만, 불평등을 초래한다고 믿었다. 그는 공산주의가 자본주의를 대신하고 경쟁이 사라지면 사람들도 도덕적으로 개조될 것이라고 기대했다. 마르크스는 자신이 〈프롤레타리아의 절대권력〉이라고 명명한 강력한 중앙통제 제도가 자본주의의 〈보이지 않는 손〉을 저지해야 한다고 믿었다.

고대 로마에서는 가장 가난하고 비천한 사람들을 프롤레타리아라고 불렀다. 자기 소유의 땅을 가지지 못한 이 가난한 노동계급의 사람들은 아이들을 낳는 일 외에는 국가에 공헌할 것이 아무것도 없었다. 이들은 마치 번식능력을 가진 가축과 다름 없었다. 마르크스는 자기와 같은 시대에 살았던 일반 노동자들을 로마의 프롤레타리아와 동일시하고자 했다.

그는 사람들이 자기를 좋아하든 안하든 개의치 않았다. 상대방을 편하게 해주는 데에도 전혀 관심이 없었다. 자기 중심적이었으며 거만하기까지 했다. 그의 사상은 과거에도 그랬고 현재에도 역시 논쟁의 여지가 많다. 그러면 더불어 사는 자본주의자란 무엇이라 생각해야 하는가? 결국 이것은 여러분 스스로 대답해야 할 질문이다.

그러나 여러분은 마르크스로부터의 약간의 충고가 도움이 될 것이다. 한 신학 선생님이 1년에 한번씩 이교도에 대한 좋은 책을 한 권 읽어보라고 학생들에게 조언한 적이 있었다. 왜 그랬을까? 이교도는 가끔 우리의 믿음에 대한 회의와 오류를 해결할 수 있는 통찰력을 제공해 준다. 물론 그들의 해결책이나 분석법을 그대로 받아들일 필요는 없다. 그러나 그 속에 타당한 비판이 들어 있다면 그것마저 부정할 필요는 없을 것이다.

마르크스의 자본주의 비판은 너무나 공격적이어서 듣고 있기조차 힘이 들 지경이다. 또 종교에 대한 그의 견해가 너무 공격적이어서 그의 다른 의견조차 들으려 하지 않는 사람들도 있다. 마르크스를 싫어하기는 쉽다. 그의 가설의 대부분은 완전히 거짓임이 판명되었다. 그러나 그의 사상 중에는 아직도 생각해 볼 만한 가치가 있는 중요한 것들이 있다. 예를 들어 그는 경제학, 정치학, 종교 등 인생의 모든 것이 상호연관되어 있다고 믿었다. 우리들 중에는 사업상의 행동과 종교적 믿음 사이에 상호연관성이 있다는 사실을 잊었기 때문에 양심을 저버리는 사람들이 있다. 정치제도도 마찬가지이다. 우리는 자본주의가 마치 우리 생활의 다른 부분과는 동떨어진 것처럼 자본주의의 한 측면만 가지고 이야기해서는 안 된다.

진정한 자본주의라면 마르크스주의를 거부하면서도 이 분노한 이론가에게도 배울 만한 중요한 것이 있다는 사실을 인정해야 한다. 먼저, 마르크스는 헌신적인 학자였다. 그가 항상 옳지는 않았지만 폭넓은 독서와 철저한 연구, 신중한 합리적 논리로 자신의 견해를 피력했다. 우리도 이 같은 노력을 기울여야 할 필요가 있다. 둘째, 마르크스의 저술 동기가 된 당시의 사회상황은 끔찍한 것이었다. 비록 빈곤과 절망을 모두 탐욕스러운 자본주의자 탓으로 돌릴 수는 없다고 하더라도 그때나 지금이나 사람들의 생활을 향상시키고자 하는 욕구가 절대적으로 필요했다. 공산주의자가 되어야만이 이런 견해를 가지는 것은 아니다. 셋째, 마르크스는 당시의 시대에 변화를 가져오게 하겠다는 한 가지 목표에 전심전력한 사람이었다. 우리도 이 같은 단호한 결심이 필요하다.

요약

애덤 스미스의 이론에 따른 자본주의는 유래없는 번영을 가져다주었다. 물론 잘못도 있었다. 칼 마르크스도 이 점을 분명히 지적한 많은 자본주의 비평가 중의 하나였다. 우리 모두는 탐욕스러운 자본주의자, 미성년자 노동 착취자, 악덕 자본가 등에 대한 이야기를 잘 알고 있다. 그러나 자본주의는 파산지경에 빠진 사람들에게 용기를 주어 번영과 평화의 시대로 나아갈 수 있는 희망을 주는 유일한 경제제도로 남아 있다.

켄 스튜어트의 아버지가 25년 전 세탁소를 사들이고자 했을 때 그는 애덤 스미스에 대해 들어본 적이 없었을 것이다. 제이와 내가 암웨이를 시작할 때도 『국부론』을 읽어본 적도, 스미스의 〈보이지 않는 손〉에 대해 생각해 본 적도 없었다. 우리는 다만 한평생의 경험을 통해 자유기업과 자유기업이 가능하도록 해주는 원리를 이해했다. 그러나 우리가 그렇게 힘들여 배운 것들을 애덤 스미스는 이미 300년 전에 설명해 놓았다.

1 만일 사업에 성공하고 싶으면 다른 사람의 재능을 마음껏 발휘하도록 하라.

2 다른 사람이 필요로 하는 것을 제공해 주면 당신이 필요로 하는 것도 충족될 것이다.

3 즐거운 마음으로 경쟁을 하라. 그래야 자본주의 체제가 제대로 운영된다.

4 이윤이라는 동기는 좋은 것이다. 부의 축적은 적게는 사업의 성공과 크게는 국가의 번영에 꼭 필요하다.

5 각 개인이 가지고 있는 사리사욕과 양심 사이의 갈등을 이해하고 존중하라. 이 두 가지가 균형을 이루도록 당신 자신의 마음과 사업을 검토하고 또 검토하라.

6 정부는 삶, 자유, 행복의 추구라는 국민의 기본권리를 보장한 후에 정치가들에게 사업에 간섭을 하지 말라고 충고하라.

7 다른 나라와의 경쟁을 두려워하지 말라. 그들의 성공에서 교훈을 얻어라. 더욱 열심히 일하라. 특혜를 요구하지 말라. 정부가 세워주고

자 하는 보호막을 허물어버려라.

8 인종, 종교, 성별, 피부색에 관계없이 모든 사람에게 동등한 기회를 제공하라.

9 인류복지가 경제활동의 궁극적 목표라는 것을 기억하라. 인간의 욕구가 충족되지 않는다면 아무리 황금을 많이 쌓아놓는다 해도 소용이 없다.

애덤 스미스가 기술한 원칙들이 바로 켄의 아버지가 세탁소를 매입하여 주택 건설 사업으로 성공할 수 있도록 해준 것이다. 바로 이 원리가 우리 회사의 성공, 켄과 도나 스튜어트의 성공, 그들처럼 성공한 사업체를 소유한 수백만 명의 성공의 핵심도 마찬가지이다.

그러나 이것은 모두 과거의 일이다. 이제는 미래를 내다 보자. 애덤 스미스는 그렇게 오래되지 않은 과거에서 원칙들을 발전시켰다. 어떻게 이 원칙들이 다가올 장래에도 우리를 인도하는 데 도움이 되게 할 수 있을까? 그것들을 다시 한번 읽어보라. 만일 이 오래된 원칙들을 재발견하고 여러분 자신의 삶과 사업에 적용시킨다면 어떤 일이 일어날지 스스로에게 물어보라. 우리 모두가 이 원칙을 다시 발견하여 미래에 우리를 인도할 지침으로 삼는다면 파산직전에 놓인 세계 경제에 어떤 일이 일어날 것인가? 만일 그렇게 하지 않는다면 어떤 일이 벌어질까? 나는 종말론자가 아니라 미래를 믿는 사람이다. 지금은 역사상 가장 중요한 시기이다. 사업에 성공할 수 있고 경제적 꿈을 실현시키는 데 있어서 지금보다 더 좋은 기회는 없었다. 그러니 기회를 잡아라. 자본주의의 기본 원칙들은 과거에 우리를 이끌어준 믿을 만한 안내자였다. 이제 그 원칙들을 신뢰하여 미래에도 우리를 이끌도록 하자.

내 친구의 회사에 있었던 찰스와 라케타 프린스의 사례는 애덤 스미스의 자본주의의 힘이 사람들의 꿈을 실현시키는 데 얼마나 도움이 되는지, 그리고 동시에 그 과정에서 극복해야 할 장애가 어떤 것들인지를 잘 보여주고 있다. 찰스 프린스는 바르게 살아왔다. 고등학교에 진학하여 열심히 공부했으며, 성적도 좋았고, 우등으로 졸업했다. 그는 의사가 되려는 꿈을 가졌고 이 위대한 자유국가에서 당연히 그의 꿈이 실현되리라고 확신했다. 「그러나 나의 피부색이 문제였죠」라고 찰스가 털어놓았다. 「같은 반 백인 친구들이 동네 슈퍼마켓의 계산원으로 일할 때 나는 그들 임금의 반밖에 안 되는 식품포장 일만 해야 했습니다. 나도 계산대에서 일할 기회가 오자 내 백인 친구들은 관리직으로 승진했지요. 마침내 장애를 극복하고 겨우 사무직에 올랐지만 검은 얼굴색 때문에 백인 친구들 사이에서는 평등하게 이루어지는 승진과 월급 인상 등에서 언제나 한 발짝 뒤쳐지게 되었습니다」

찰스 프린스는 열심히 노력하여 의대 학위를 획득하는 포부를 가지고 있었다. 그러나 공부를 시작할 만큼 충분히 돈이 모여지자 또 다른 장애에 부딪혔다. 찰스는 전국에 있는 50개 이상의 의과대학에 지원했다. 그렇게 좋은 성적과 굳은 의지와 눈에 띄는 재능에도 불구하고 그의 입학원서는 모두 거절당했다. 찰스는 그때를 회상하며 이렇게 말했다. 「그렇게 되자 정말 화가 나더군요. 사람들이 일어서서 성조기에 예의를 표하는 야구경기나 시에서 주최하는 행사장에서 나는 일어서지 않았어요. 내 동료들이나 반 친구들이 국기에 대한 충성을 맹세할 때도 나는 조용히 앉아 있었지요. 바로 이 나라의 건국이념에 나오는 권리를 내가 누리지 못하고 있는데 어떻게 양심상 〈모두를 위한 자유와 정의를 가지고〉라는 말을 할 수 있겠어요?」

찰스의 어린 아내인 라케타 프린스는 심리학에서 미국 흑인 연구로 휴스턴대학에서 학위를 받았다. 라케타는 아동심리 치료사로 일하기 전까지는 편견과 불의에 직면한 적이 없었다. 환자들과의 상담을 통해서 라케타는 왜 그렇게 많은 가족들이 불안정한 상황에 빠지게 되며, 별거, 이혼, 폭력, 학대 등에 시달리는지를 깨닫기 시작했다.

라케타는 우리에게 이런 말을 했다. 「열심히 일했지만 여전히 생활에 여유가 없을 때 여러분은 절망과 분노를 느끼기 시작합니다. 그런 감정을 억제하려고는 하지만 결국은 분출되고 말아 여러분이 가장 사랑하는 사람에게 영향을 미치게 되지요. 아버지는 자신이 받는 차별 때문에 가족들을 부양할 충분한 돈을 벌지 못하면 굴욕감과 비참함을 느낍니다. 어머니는 살림에 조금이나마 보탬이 되려고 어린아이들을 탁아소에 맡겨야 할 때 슬픔과 절망을 느낍니다. 아이들은 스스로 커야하며 그 과정에서 종종 문제가 발생합니다. 그들의 꿈은 물론 가정도 함께 서서히, 고통스럽게 파괴되어 가는 거죠」

찰스는 덧붙여 이렇게 말했다. 「사람들에게는 앞으로 전진할 수 있는 기회가 필요합니다. 살림을 꾸려나갈 수 있을 만큼 충분히 돈을 벌 수 있거나, 소박한 자신의 꿈이 이루어지는 것을 볼 수 있을 때 절망과 분노는 희망과 자기 존중으로 바뀝니다」

찰스와 라케타 프린스는 결혼 초에 자유기업이 경제적 독립을 이룰 수 있는 유일한 길이라는 것을 깨달았다. 그래서 그들은 더불어 사는 자본주의에 토대를 둔 사업을 찾아야 했다. 이러한 사업이야말로 인종, 연령, 종교 때문에 차별당하지 않고, 능력에 의해서만 평가되며, 사람들이 벌 수 있는 돈의 양이나 도달할 수 있는 지위에 아무런 제한이 가해지지 않기 때문이다.

찰스는 또 이렇게 회상한다. 「우리가 이 사업의 잠재력을 알았을 때, 그리고 시작 비용이 100달러 미만이라는 것을 깨닫자 확신이 섰지요」 10년 간의 힘든 노력과 희생 끝에 찰스와 라케타 프린스는 순전히 그들의 재능만으로 암웨이 사업을 성공적으로 구축했다. 그 과정에서 그들은 다시 한번 인종차별주의자와 회의론자들에게 유색인종도 기회가 주어진다면 백인과 똑같이 어떤 어려움도 극복할 수 있다는 사실을 입증시켜 주었다.

나는 펜실베이니아 주의 세븐스프링즈에서 만난 이 디스트리뷰터 부부를 결코 잊지 못할 것이다. 내가 연설을 마치자마자 한 멋진 흑인 부부가 연단 위의 내게로 걸어왔던 것이다. 찰스 프린스는 내 손을 붙잡고 내 눈을 똑바로 쳐다보았다. 나는 그의 손이 약간 떨리고 있음을 알았다. 그는 또한 눈물을 감추려고 눈을 껌뻑이고 있었다. 모두 침묵했다. 프린스는 조용히 말을 꺼냈다. 「디보스 씨, 저는 처음 당신이 자유기업에 관해 이야기하는 것을 들었을 때 사실 한마디도 믿지 않았습니다. 자본주의는 대학을 졸업하고 아버지에게 물려받은 재산도 좀 있는 백인 중산층을 위한 것이라고 생각했으니까요. 나는 흑인이므로 내게는 해당되지 않는다고 생각했습니다」 그는 잠시 말을 멈추었다. 그의 아내는 남편을 향해 미소를 지었다. 그녀 역시 그 순간 깊은 감동을 받은 것처럼 보였다. 「나는 이 나라와 국기에 대해 충성을 맹세할 수가 없었어요. 〈모두를 위한 자유와 정의〉는 없다고 생각했기 때문이죠. 그러나 당신은 나의 피부 색깔에 개의치 않았고 이력서도 요구하지 않았습니다. 그냥 〈오세요. 우리와 함께 일합시다〉라고 했지요. 단 한 가지 요구한 것은 내가 생산적이어야 한다는 것이었고, 당신은 다른 사람들과 똑같은 원칙과 규칙으로 내 일에 대한 대가를 지불해 주었습니다」

갑자기 찰스와 라케타가 내 양쪽으로 오더니 나를 감싸안았다. 찰스는 군중을 향해 「이제 마침내 나도 〈모두를 위한 자유와 정의〉라고 말할 수 있습니다」라고 말했다. 가슴에 손을 얹고 눈물이 뺨을 타고 내리는 가운데 찰스는 국기 앞에서 충성을 맹세했다. 이 광경을 지켜보면서 나는 미국이나 세계 다른 나라의 젊은이들 중에서 애덤 스미스가 약속한 더불어 사는 자본주의 대신에 칼 마르크스가 비웃고 비판했던 더불어 살지 않는 자본주의를 경험한 사람이 과연 얼마나 될까? 우리는 남은 인생을 허비해서는 안 된다. 규칙은 공평해야만 한다. 그리고 모두에게 똑같은 기회가 제공되어야 한다. 더불어 사는 자본주의가 우세할 때, 그리고 인종, 종교, 피부색, 성별, 신체적 결함 등 방해가 될 수 있는 모든 것들이 장애가 되지 않도록 할 때 어떤 일이 일어나는가 하는 점이 증명되어야 한다.

찰스와 라케타는 현재 그들이 소속되어 있는 지역사회에서 인정받는 지도자가 되어 있다. 둘다 사업에 성공했고, 타고난 재능으로 상처받은 국가를 돕고 치유하는 데 봉사하고 있다. 그들은 또한 직장에서도 흑인, 백인 모두에게 더불어 사는 자본주의의 귀감이 되고 있다.

나는 수년 전 미국에서 손꼽히는 병원의 이사장이 찰스 프린스에게 전화를 했던 그 시절을 이야기해 주고 싶다. 「당신이 우리 병원의 이사직을 맡아주셨으면 합니다」 찰스는 잠시 생각해 본 후 이렇게 답변했다. 그 다음 활짝 미소 지으며 답했다. 「물론 원하신다면 기꺼이 도움이 되어 드리겠습니다」

찰스 프린스는 미국 전역의 거의 모든 유수한 의과대학으로부터 입학 거부를 받은 적이 있다. 그러나 4년 간 계속 그 권위 있는 병원의 이사직에 재직하다가 결국 그 병원의 이사장 자리에까지 올라가게 되었다. 이제는 경기장에 가서 군중들이 국기를 흔들며 함성을 지를 때 그도 함께 일어나 국기를 흔든다. 그는 종종 〈모두를 위한 자유와 정의〉라는 말을 한다. 그의 눈은 감사의 눈물로 범벅이 되어 있었다. 그것은 그가 겪었던 일들에 대한 감사와 앞으로 해야 할 일에 대한 각오에서 우러나온 눈물이었다.

제7장 더불어 사는 자본가란 무엇이며 왜 더불어 사는 자본가가 되어야 하는가?

우리는 더불어 사는 자본주의를
실천하는 것이 참다운 성공을 거두는 비결이라고 믿는다.
그러므로 우리는 우리 자신에게 다음과 같은 질문을
매일 자문할 필요가 있다.
<직장 동료나 상사 및 고용주, 혹은 종업원
고객 및 경쟁 상대자에게까지도 얼마나 동정적이었나,
그리고 동정을 베풀 경우 달라지는 것은 무엇인가?>
생활신조 7

동이 틀 무렵 63세의 이사벨 에스카밀라는 북부 멕시코 산악지대에 있는 짚과 찰흙으로 만든 자기 집의 육중한 나무 문을 닫고 나왔다. 이사벨은 낡은 타이어의 고무로 밑창을 댄 샌들을 신고 한주 동안의 필수품을 사러 2마일을 걸어 읍내로 들어갔다.

아침 햇빛속에서 좁고 구불구불한 길이 내려다보이고, 그 길 위로 이웃 사람들이 읍의 변두리에 있는 타일 공장으로 뿌옇게 먼지를 일으키며 일하러 가는 모습이 보였다. 여러 세대를 거치면서 그녀의 가족과 친구들은 붉은 진흙을 반죽하여 타일 모양을 만들어 물감을 칠하고 유약을 발라 가마에서 타일을 구워내는 일을 해왔다. 그 공장의 주인은 멕시코시티에 살고 있었다. 이사벨이 듣기로는 그는 가족과 함께 하늘을 찌를 듯한 빌딩 꼭대기에 있는 호화로운 집에 살고 있다고 했다. 이사벨은 50층이나 되는 빌딩 꼭대기로 엘리베이터를 타고 자러 가는 것을 상상하면서 혼자 웃음을 지었다. 오랫동안 일하면서 그녀가 사장을 본 것은 기다란 리무진의 행렬이 먼지를 일으키고 그녀 곁을 지나갈 때 단 한 번뿐이었다.

이사벨과 그녀의 가족들은 그 공장에서 손으로 생산하는 광택 타일에 매우 자부심을 가지고 있었다. 특히 수년 간의 가뭄으로 많은 사람이 실직했기 때문에 일할 수 있다는 것만으로도 기쁘게 여겼다. 그러나 이사벨은 종종 그녀 자신과 가족, 특히 귀여운 손자들이 더 나은 생활을 하는 것을 꿈꾸고는 했다. 그들도 자기와 마찬가지로 먼지가 뽀얗게 이는 길을 걸어 산 밑에 있는 타일 공장을 오가며 일생을 마치지나 않을까 하는 앞날에 대한 걱정으로 종종 짚으로 만든 침대 위에서 몸을 뒤척이며 잠을 못 이루었다.

이사벨은 겉으로 드러내고 싶어하지는 않았으나 사실 공장에서 받는 임금이 턱없이 적은 것이 불만이었다. 자녀들은 초등학교밖에 다니지 못했다. 어린이들은 가마에 불을 지피기 위해 만사니타 나뭇가지를 긁어모으고 진흙을 파서 운반하는 일을 했다. 어른들은 그들의 부모와 조부모가 그랬던 것처럼 산기슭에 있는 그 커다란 공장에서 젊은 시절을 다 보내는 것 말고는 다른 도리가 없었다. 멕시코 북부에 있는 이사벨의 마을에도 자본주의의 물결이 흘러 들어왔으나, 그녀와 그녀가 사랑하는 사람들의 생활은 자본주의의 혜택을 받지 못했다. 애덤 스미스나 산업혁명 시대를 회고하지 않고서도 이 위대한 경제제도에는 확실히 결함은 있다. 그러나 한편으론 전세계에서 더불어 사는 자본주의의 징후가 나타나고 있으며 바로 이 이야기를 나는 하고 싶은 것이다.

더불어 사는 자본주의란 무엇인가?

인간미가 있다는 것은 무엇을 말하는가? 더불어 사는 삶이란 단지 슈바이처나 테레사 수녀와 같은 사람에게만 해당되는 것인가? 더불어 산다는 것은 사업에 방해가 되며 우리에게 곤란을 야기시키지는 않는가? 이윤 추구의 개념과 더불어 사는 삶의 개념은 정반대의 개념이 아닌가? 아니다. 더불어 사는 자본주의란 모순되는 말이 아니다. 〈더불어 사는 것〉과 〈자본주의〉의 두 표현은 고용주와 근로자에게 있어 똑같이 적용되는 단어이다. 더불어 사는 것은 모든 사람들의 이익에 부합한다.

사전에서는 〈더불어 살기(compassion)〉를 〈타인의 고통이나 불행을 함께 나누고자 하는 감정, 그 고통을 완화시키고 원인을 제거하려는 욕구도 포함한다〉로 정의하고 있다. 더불어 살기의 반대는 무자비함이나 무관심이다. 사전의 정의로 미루어 더불어 살기는 감정과 행동을 포함한다는 것을 알 수 있다.

우리 사회에 대해 논하고자 할 때 내가 좋아하는 만화에 〈피넛〉이라는 것이 있는데, 특히 한 장면이 기억에 남는다. 스누피가 어느 깜깜하고 폭풍이 몰아치는 밤에 눈으로 뒤덮인 개집 안에 쭈그리고 있었다. 이때 루시가 창문을 내다보고 배 고프고 목 마르고 추위에 지친 개를 불쌍히 여긴다. 그녀는 개를 바라보며 「메리 크리스마스, 스누피! 기운을 내!」라고 외친다. 그러고는 이글거리는 난롯가로 다시 돌아와서 뜨거운 코코아를 홀짝 마시며 라이너스에게 「불쌍한 스누피!」라고 말한다. 한편 창문을 내다본 라이너스는 불쌍한 스누피를 보고 동정을 느껴 코트와 장갑을 끼고 따뜻한 칠면조 고기를 스누피에게 가져다준다. 루시와 라이너스 모두 동정을 느꼈지만 라이너스만 자발적으로 행동에 옮긴 것이다. 그의 자발적인 행동으로 찰리 브라운의 작은 얼룩강아지는 즐거워하며 눈속을 뛰어다닌다.

인간미 있는 행동은 동정심이 우러나와서 해야만 효과적이라는 것도 역시 맞는 말이다. 만일 라이너스가 「이 멍청한 개야, 자기 음식쯤은 챙겨먹을 수 없어? 개밥 주는 것도 이제 지긋지긋하다」라고 불쌍한 스누피에게 소리치며 밥그릇을 던졌다면, 비록 동정에서 우러나온 행동이지만 어떻게 받아들여졌을까 상상해 보라. 그렇게 쌀쌀

하고 무정한 행동을 본 스누피가 먹을 것을 못 본 척하고 더 심한 절망감에 사로잡혔다 해도 이상하지 않을 것이다. 누군가가 여러분을 도와주면서 마지못해 도와준다는 것을 역력히 드러낸다면 당신은 어떻게 느낄 것인가?

의무감을 느껴 어떤 행동을 한다는 것은 나쁜 것은 아니다. 이는 단지 동정심과는 같지 않을 따름이다. 〈진정한 동정〉에는 우리들의 진실된 모든 것이 포함된다. 이는 누군가 혹은 무엇인가에 대해 측은함을 느끼고 고통을 없애주고 고통의 원인까지도 완화시키려는 열정으로 행동하는 것을 뜻한다. 더불어 살려는 행동은 동정을 느끼는 감정으로부터 나온다. 더불어 살기란 감정과 행동을 동시에 포함하는 것이다.

이제 어려운 질문을 하나 해보자. 왜 남의 고통을 보고 측은함을 느끼지만 도우려고는 하지 않는 루시 같은 사람들이 이 세상에는 그렇게 많으며, 고통을 목격하고 이에 창조적으로 또한 용기 있게 대처하는 라이너스 같은 사람은 드문 것일까? 왜 어떤 사람들은 측은지심을 행동으로 옮길 만큼 타인의 고통에 관심을 가지는 반면 다른 사람들은 그렇지 않은가?

왜 동정은 그다지도 드문가?

유대 민족의 지도자였던 모세는 기원전 12세기에 그 문제를 명쾌히 묘사했다. 천지창조에 대한 그의 강력하고도 시적인 설명에 따르면, 창조주는 아담과 이브에게 신과 악마 중에서 선택할 자유를 주었다. 구약성서에 삶을 일종의 전쟁으로 보았는데, 실제 전쟁이 아니라 신이 요구하는 복종과 사탄이 요구하는 죄악 사이의 전투로 보았다. 성경은 자기 중심, 무관심, 증오, 탐욕, 욕망, 질투, 살인과 같은 죄악을 따르는 것이 얼마나 쉬운 일이며, 인간에게 동정을 베풀라고 하는 신의 목소리를 듣는 것이 얼마나 어려운 일인가를 보여주고 있다.

젊은 유대인 예언가이며 그의 생애와 가르침이 기독교의 모체가 된 예수는 그의 추종자들에게 복종과 동정심을 회복해야 한다고 설교했다. 〈하나님을 사랑하라, 이는 최고의 계명이다. 그리고 네 이웃을 네 몸같이 사랑하라〉고 말씀하셨다. 예수는 최후의 심판에 대해 언급하면서 정의로운 자들은, 굶주리고 목마르고 헐벗고 병든 이들과 나그네, 감옥에 있는 죄수에 대해 동정을 가지고 행동한 것에 대해 보상을 받을 것이라고 분명히 말했다. 「네가 이들 중 누구 하나에게 베풀었다면 이는 나에게 베푼 것이다」라고도 말했다.

인도의 철학자이자 불교의 창시자인 석가는 기원전 5세기에 살았다. 석가는 〈깨달음〉을 추구하기 위해 부귀영화를 내던져 버렸다. 깨달음의 과정에는 악마인 마라의 영향으로부터 자아를 자유롭게 하려는 고통스러운 투쟁이 있었다. 석가는 마라의 유혹을 숭고한 삶과 배고픔과 목마름에 대한 혐오감, 욕망, 나태, 두려움, 의심, 위선, 거짓 찬양, 오만과 타인 멸시 등으로 묘사했다. 예수와 마찬가지로 석가도 그의 추종자들에게 자비를 베풀라고 설교했다. 한 제자가 병들어 누워 있었으나 다른 사람들이 못 본 척하고 있을 때 그는 아픈 제자의 건강을 돌보며 〈병든 자를 돌보는 자는 나를 돌보는 것이다〉라고 말했다. 석가는 인도의 카스트 제도를 비난했던 사회 개혁가였다. 그는 또한 빈곤이 범죄의 원인이므로 빈곤과 아울러 범죄를 유발하는 불의와 불평등을 없애는 데 앞장서야 한다고 주장하며, 형벌을 줌으로써 범죄의 발생을 억누르려는 생각에 반대했었다.

역시 기원전 5세기에 살았던 중국의 철학자 공자는 제자들에게 〈남이 너에게 하지 않기를 바라는 것을 남에게 하지 말라〉를 삶의 기본 방향으로 삼으라고 가르쳤다. 유교의 최고 경전인 『논어』에서 이 사려 깊은 학자이자 스승인 공자는 동정을 다음과 같이 묘사하고 있다. 〈인(仁)자는 자신이 되고 싶은 것을 남에게도 되게 하고, 자신이

이루고자 하는 일을 남에게도 이루게 한다.〉

서기 7세기 아랍의 종교적 지도자이자 예언가인 마호메트도 삶을 선과 악의 투쟁으로 보았다. 고통을 경감시키고 빈곤한 자를 돕는 것은 마호메트의 가르침 가운데 가장 중요한 부분이었다. 그는 빈궁한 자들을 적극적으로 돕지 않고는 기도와 같은 종교적 행위는 가치 없는 위선적인 것이라고 생각했다.

여러분의 동정은 이들 위대한 종교적 철학적 전통 중 어떤 것에 유래하는가? 내게는 집안 대대로 믿어온 기독교 신앙이 동정의 근원이 된다. 그러나 한번 생각해 보자. 역사를 통해서 수백만의 사람들이 바로 이 기독교 신앙을 악용하고 잘못 이해함으써 굶주리고, 고문당하고, 살해되고, 노예 생활을 했다. 그러나 과거에 종교적 신앙을 남용했다는 점 때문에 동정에 대한 종교적 요구에 대해서 외면해서는 안 된다. 예수의 열두 제자 중 하나였던 바울은 여기에 대해 다음과 같이 말하고 있다. 〈나는 선을 행하려는 욕망은 있으나 행하지 못하고 있다. 나는 악을 행하고 싶지 않지만 계속해서 악을 행하고 있다.〉

유대 기독교 전통을 존중하는 우리들에게 신약, 구약은 동정을 베풀라고 가르친다. 그러나 아직도 우리는 동정을 베풀지 못하고 있다. 동정을 행하지 못할 때면 우리는 신에게 용서를 구하고 다시 기회를 달라고 갈구한다. 석가나, 공자, 마호메트를 믿으며 동정을 행하라고 가르침을 받은 사람들도 마찬가지로 선과 악 사이의 투쟁에서 실패한 경험이 있고, 용서받고 다시 시작하고 싶은 바램이 있다.

14세기의 기독교 주교이자 신학자인 어거스틴은 그의 고전인 『신의 도시』에서 신과 사탄 사이에서 갈등하고 있는 인간을 묘사하고 있다. 우리는 두 도시에 동시에 살고 있다고 그는 말하고 있다. 인간은 나무와 돌로 눈에 보이는 도시를 만들며 동시에 신은 인간의 마음속에 눈에 보이지 않는 도시를 만든다. 인간이 만든 도시는 권력과 부라는 거짓된 가치 위에 세워져 있기 때문에 멸망하고 말지만, 신이 만든 도시는 사랑 위에 기초를 두고 있기 때문에 영원히 존속할 것이다. 문제는 우리가 이 두 도시에 동시에 살고 있다는 것이며 사람들은 대부분 눈에 보이는(멸망하고 있는) 도시 때문에 눈에 보이지 않는(영원한) 도시를 보지 못한다는 것이다.

여러분이 무신론자이거나 신이 존재하는지 안 하는지에 대해 잘 모를지라도 여러분은 어거스틴이 말하는 두 도시에 동시에 살아야 한다는 중압감을 느껴왔을 것이다. 여러분은 아마도 직접 경험을 해보았기 때문에 여러분 내부의 투쟁에 대해서 알고 있을 것이며, 여러분이 그것을 무엇이라고 부르든 간에, 그 오래된 투쟁에 대해 직접적으로 경험하고 있는 것이다. 여러분은 새해를 맞아 결심을 하고 그 결심을 지키지 못한 적이 있지 않은가? 고통받고 있는 사람들을 불쌍하게 여기면서도 그 고통을 덜어주기 위하여 용기를 내거나 시간이나 돈을 기꺼이 희생한 적이 있는가? 따뜻하고 안락한 우리의 거실에서 스누피가 무사하기를 기원하는 것은 폭풍을 뚫고 먹을 것과 담요를 가져다주는 것보다 훨씬 쉬운 일이다.

나는 더불어 사는 마음가짐이야말로 엉망진창이 된 세계 경제를 재건할 수 있는 유일한 기초라고 믿고 있다. 만일 우리가 현재의 경제혼란에서 벗어날 방법을 모색해야 한다면, 우선 우리는 이 지구와 인간을 사랑하는 법을 배워야만 한다. 왜냐하면 우리는 이 지구와 인간을 사랑해 본 경험이 없기 때문이다. 더불어 산다는 것은 어떤 대가를 치르고서라도 인간과 지구에 대해 책임을 지는 것을 뜻한다.

더불어 살기의 역사

더불어 살기란 인류의 시초부터 모든 문화 속에서 찾아 볼 수 있다. 고대 유대인들은 종교적 신념을 지키기 위해서, 또한 불쌍한 사람을 돕기 위해서 추수 때마다 십일조를 떼어서 비축했다. 밭의 한 구석은 추수하지 않고 내버려두어 가난한 사람들이 남아 있는 이삭을 주워가게 했다.

유대인들의 자선에는 〈침묵의 방〉을 중심으로 한 또다른 현명한 방법이 있었다. 모든 회당에는 사람들이 혼자 살짝 들어와서 이웃을 위하여 무언가를 기부하면 그것을 필요로 하는 사람이 혼자 살짝 들어와서 가져갈 수 있는 방이 따로 하나 있었다. 그렇게 함으로써 기부한 사람은 칭송받지 않고, 가난한 사람은 자기의 행동에 대해 부끄러워하지 않았다.

석가는 극기와 가난한 사람들에 대한 박애의 원리를 불교의 근본으로 삼았다. 석가는 제자들에게 〈관대함, 예의, 자비〉로 남을 돌보며 자기 자신에게 하듯이 남에게 베풀고 언행일치를 하라고 가르쳤다.

예수와 그의 제자들의 가르침은 우리 자신을 사랑하듯 이웃을 사랑하라는 것에 중점을 두고 있다. 예수는 우리에게 친숙한 가르침인 〈굶주리고 헐벗은 자에게 먹을 것과 입을 것을 주고, 병든 자를 치료해 주고, 죽어가는 자에게 위안을 주라〉는 교훈을 몸소 실천했다. 예수의 죽음과 부활 직후에 초기 기독교인들은 자발적인 기부를 통하여 교회 기금을 모금하기 시작했으며, 이 교회 기금을 사용하여 과부나 고아, 빈궁한 사람들을 보살필 집사를 선출하였다. 후에 교회는 교구마다 설립되었고 각 교구에는 독자적인 병원, 기부금을 모으고 나눠주는 수혜기관, 고아원, 부모가 원하지 않는 아이나 너무 가난해서 키울 수 없는 아이들을 위한 아동보호기관 등이 있었다. 병원(hospital)의 어원은 불어의 〈신의 호텔(hotel Dieu)〉이다. 이는 여러분이 알고 있는 병원이 아니라 가난한 사람들을 위한 안식처와 나그네를 위해 자선을 베푸는 장소였다.

근대 병원은 초기 기독교의 자선활동에 그 뿌리를 두고 있다. 병들고 죽어가는 사람이 주교의 간호를 받을 수 있도록 주교 숙소에 마련한 방에서부터 병원은 출발했다.

미국에서의 더불어 살기

벤저민 러시는 미국 장로교 집안에서 성장했지만, 주변에는 퀘이커 교도, 침례교도들이 있었다. 열다섯 살의 어린 러시는 〈인류의 행복에 이바지하고 진력하기 위해〉를 개인적인 신조로 삼았는데, 이는 지금까지도 사회사업가의 역할에 대한 규정으로 통용된다.

러시는 그의 생애를 더불어 사는 삶을 영위하는 데 바쳤다. 의학 학위를 받은 후에 그는 담배, 음주, 노예제도에 반대하는 격문을 썼다. 1775년 그는 동료인 토머스 페인에게 미국 독립을 옹호하는 글을 쓸 것을 촉구했다. 이 글은 나중에 식민지를 자유롭게 한 독립혁명의 촉진제 구실을 했다. 독립전쟁에서 공을 세운 후에 그는 필라델피아에 미국 최초의 무료병원을 건립해 정신질환의 연구와 치료에 힘썼다.

또 러시는 사탕단풍나무의 재배(노예에 의해서 재배되는 서인도제도의 사탕수수에 대한 의존도를 줄이기 위해)를 주장했으며, 미국 전역에 무료 공립학교를 세울 것을 주장했다. 그는 또 필라델피아에서 무서운 전염병인 황열병의 퇴치에 앞장서다가 목숨을 잃을 뻔한 적도 있었다.

수백만의 사회사업가들이 벤저민 러시의 뒤를 이어 〈인류의 행복〉을 추구해 왔다. 그러나 미국의 자선사업은 또다른 종류의 자선 때문에 잘 알려져 왔다. 기업가들의 도움 없이는 사회사업가들은 돈을 구할 방도가 없다. 카네기, 댄포스, 켈로그, 포드, 록펠러 재단과 수천 명의 유명, 무명의 미국의 기업가들 덕분에 더불어 사는 자본주의는 미국과 전세계에서 200여 년의 역사를 가지게 되었다.

특히 앤드류 카네기는 더불어 사는 자본주의의 수호성인과도 같은 후원자였다. 처음 그를 성인이라고 부른 사람은 마크 트웨인이었다. 그는 〈성 앤드류에게〉로 시작하는 약간의 농담 반의 편지를 카네기에게 보냈다. 편지의 내용은 찬송가 책을 구입하기 위한 1.5불의 기부를 요청하는 것이었다. 카네기가 트웨인에게 그 돈을 보냈는지는 확인되지 않았지만 하여튼 그는 J. P. 모건에게 강철회사를 판 후 남은 생애 동안 그의 돈을 어려운 사람들에게 나누어주는 일을 했다. 그 자신의 어록은 오늘날의 더불어 사는 자본주의자들에게 직접적인 토론 주제는 아닐지 모르지만 매우 높은 가치 기준을 제공하고 있다.

「부자들의 의무는 다음과 같다. 겸손의 본보기가 되며 검소한 생활을 하며, 과시나 과소비를 하지 않으며, 가족에게는 생활해 나갈 수 있는 정도의 금액만 제공하고 그것을 초과한 여분의 수입은 사회로부터 그 집행을 신탁 받은 것으로 간주한다. 그러므로 부자들은 가난한 형제들을 위한 보관인이며 대리인에 불과하다」라고 카네기는 말하고 있다.

카네기는 자기가 말한 대로 1901년에 카네기 기술재단을 설립하여 부커 T. 워싱턴의 터스키지 연구소를 비롯하여 그의 조국 스코틀랜드와 미국 내 많은 연구기관과 교육기관에 지원을 아끼지 않았다. 또한 공공도서관은 카네기가 가장 심혈을 기울인 것으로, 1918년까지 그는 미국 전역의 크고 작은 도시에 2,500개 이상의 도서관을 건립했다.

존 하비 켈로그(사회사업가)와 윌 켈로그(사업가)는 가난한 목사의 아들로 태어났다. 그의 아버지는 생계 유지를 위해 빗자루를 만드는 작은 공장을 운영했는데 이로 인하여 그는 사회사업가인 동시에 경영자가 되었다.

장남인 켈로그 박사는 미시간 주의 배틀 크리크에 있는 교회 요양소의 주임 의사가 되었다. 차남인 윌 켈로그는 사무원이자 지배인 겸 일반 잡역부로 일했다. 엄격한 채식주의자였던 켈로그 박사는 기존의 채식 식단보다 사람들의 입맛에 더 맞는 음식을 개발하기 위한 실험을 여러 가지 곡물을 사용하여 시작하였다. 윌 켈로그는 오래지 않아 창의력이 풍부하며 정력적인 동업자가 되었다. 그들은 땅콩버터(별로 인기가 없을 것 같아서 판매는 하지 않았다)를 비롯하여 최초의 후레이크를 개발했다. 후에 윌 켈로그는 다양한 종류의 후레이크를 개발했다. 경영과 판매의 귀재였던 그는 얼마 지나지 않아 아침식사 대용 음식 사업의 재벌 총수가 되었다.

사업이 번창하기 시작할 무렵 윌 켈로그는 자기 친구에게 보낸 편지에서 「나의 바람은 내가 번 돈 전부가 인류의 복지를 위해 쓰일 수 있으면 하는 것이네」라고 자기의 신념을 피력했다.

그의 자선사업은 가까운 데에서부터 시작되었다. 그는 자신의 공장 근로자들의 복지를 위한 오락 및 사회적 활동을 지원했다. 대공황 초기에는 생산직 근로자들에게 하루 6시간의 근무시간 제도를 도입했으며, 1935년에는 그것을 관행으로 삼았다. 그는 부양가족 수에 근거하여 직원을 고용했으며 부양가족이 많은 사람에게 우선권을 주었다. 그는 1925년, 65세 되던 해에, 자선사업 목적으로 장학재단을 설립하고 많은 자금을 익명으로 기부했다. 켈로그는 우선 농업학교, 조류 보호구역, 실험 농장, 조림사업, 시민 강당, 탁아소, 보이스카우트 캠프에 자금을 지원했으며, 수백 명의 학생들에게 장학금을 지급했다. 1930년 그는 아동복지를 위한 두번째 재단을 설립했다. 오늘날 켈로그 재단은 60억 불에 이르는 자본금의 규모나 자선활동 범위 면에서 전세계에서 손꼽히는 재단이 되었다. 「자선가란 인간을 사랑하여 선행을 하는 사람이다. 내가 어린이를 위한 일을 좋아하는 것은 재미있기 때문이다. 그러므로 나는 이기적인 사람이지 자선가가 아니다」라고 켈로그는 쓰고 있다.

사회사업가

역사를 살펴보면 보든 장애에도 불구하고 빈곤에 처한 사람들을 그대로 지나치지 않고 용기와 동정으로 돌봐준 사람들이 너무나 많다. 이들은 경제적 이익을 위해서가 아니라 인간에 대한 봉사를 위해서 도전을 감수한 기업가들이다. 여러분은 기업가가 된다는 것은 단지 돈을 벌기 위함이라고 생각할 지 모른다. 물론 그럴 수도 있지만 항상 그런 것은 아니다. 기업가가 된다는 것은 자신의 내부에 잠재해 있는 창의력을 살리는 것이기도 하다. 현명한 기업가라면 그들이 하는 일이 그들의 삶뿐 아니라 자기 주변 사람들의 삶의 질을 개선시켜야 한다는 것을 알고 있다.

기업가가 된다는 것은 필요한 것이 무엇인가를 알고 그것을 충족시킨다는 것이다. 그 욕구는 비누에 대한 욕구(기업가)일 수도 있고 동정적인 봉사(사회사업가)에 대한 욕구일 수도 있다. 여기에는 같은 종류의 개념이 내포되어 있다. 실제로 기업가정신과 더불어 살기는 깊은 상관관계가 있으며, 또한 당연히 관계를 가져야 한다. 더불어 사는 자본주의자는 자기 자신을 기업가인 동시에 사회사업가로 간주한다. 경제적 이익을 위해 사업을 하지만 그 과정에서 그의 지침이 되는 것은 동정이다. 또한 일부 사회사업가들이 그들의 수완으로 일을 해나가지만 대부분은 더불어 사는 자본가들의 시간과 돈, 아이디어의 지원을 받아 일을 해나간다. 모든 직종을 망라해서 더불어 사는 자본가들의 예는 역사를 통해 무수하게 발견할 수 있다.

에드워드 제너는 19세기 영국의 의사였다. 그 당시 유럽 전역에는 천연두에 시달리고 있었다. 거의 모든 사람이 이 병에 걸려 1/3에 달하는 사람들이 죽거나 얼굴에 보기 흉한 흉터가 남았다. 제너는 젖을 짜는 여인들이 우두에 걸린 소를 만지면 천연두에 걸리지 않는다는 농부들의 믿음에 대해 조사해 보았다. 연구 결과 이는 사실임이 증명되었으며 제너는 백신을 개발할 수 있었다. 제너는 그의 백신을 전세계에 제공하였으며 그것으로 돈을 벌려는 생각은 없었다. 그는 문자 그대로 유럽을 일변시켰으며, 영국 의회는 감사의 뜻으로 그에게 금일봉을 전달하였다.

제너가 죽기 3년 전 또다른 위대한 사회사업가인 플로렌스 나이팅게일이 태어났다. 이탈리아 태생의 영국인인 그녀는 간호와 병원치료 발전의 신구자이다. 나이팅게일은 부유한 가정 출신으로 일할 필요가 없었음에도 신으로부터 남에게 동정을 베푸는 일을 하라는 부름을 받았다고 생각했다. 당시 진료소에서 환자들이 받는 형편없는 대우에 충격을 받은 그녀는 혼자 힘으로 환자 간호에 대한 전반적인 것을 개혁했다. 그녀는 높은 교육과 지성과 노력으로 여성의 역할에 대한 당시의 고정관념을 깨고 전 유럽과 영국의 존경을 한몸에 받은 인물이었다.

우리는 역사 속에서 용기와 동정을 보여준 남성만을 기억하는 경향이 있다. 그러나 〈성의 장벽〉이 상상력과 용기를 가진 사람들의 동정적 행동을 가로막지는 못했다. 미국의 역사를 살펴보면 1776년 이전에 이미 용기 있는 여성 사회사업가들이 있었으며 이는 오늘날까지도 계속되고 있다. 미국의 2대 대통령 존 애덤스의 부인이자 6대 존 퀸시 애덤스 대통령의 어머니였던 에비게일 애덤스는 뛰어난 문장 실력을 이용하여 (두 명의 미국 대통령에 대한 강력한 로비 활동도 포함하여) 여성의 권리 옹호에 앞장섰다.

제인 애덤스는 소외된 여성과 어린이들을 위한 그녀의 뛰어난 활동으로 노벨상을 수상했다. 그녀는 시카고에 헐 하우스를 세워 가난한 사람들을 도와주고 굶주린 자에게 먹을 것을 주고 어린이들을 교육시켰다. 기업과 예술에 종사하는 사람들이 헐 하우스에 들어와 살며 제인 애덤스의 동정적인 활동을 도와주었다.

수잔 B. 안소니는 여성 참정권을 위해 투쟁한 선구자였다. 정열적이고 많은 여론을 뒤끓게 한 활동은 1920년 여성 투표권을 인정하는 헌법 수정 제19조에의 길을 열게 했다.

인도주의자이며 동시에 미국의 적십자 창설자였던 클라라 바톤은 남북전쟁 당시의 활동으로 〈전쟁터의 천사〉로 활약한 것으로 유명하다.

『톰 아저씨의 오두막집』의 저자인 해리엇 비처 스토는 노예제도 종식을 위하여 저술과 강연, 로비 활동을 한 열렬한 노예 폐지론자였다. 링컨 대통령은 스토 부인을 만난 자리에서 「자그마한 부인인 당신이 바로 이 위대한 전쟁을 일으키게 한 책을 쓰신 분이군요」라고 말했다. 노예 해방으로 찬양을 한몸에 받았던 링컨까지도 이 사회사업가에게 노예 폐지에 앞장선 것에 대해 감사를 표했던 것이다.

『대지』와 중국을 배경으로 한 다른 많은 소설을 쓴 펄 벅은 1938년 노벨상을 수상했으며 전 재산을 펄벅 재단에 기부하여 중국에서 그녀의 자선 활동을 계속했다. 이 사업은 그녀가 죽은 후에도 계속되었다.

환경오염에 관한 저술로 유명한 생물학자인 러셀 카슨은 전미 도서상을 받은『우리의 바다』를 통해 세계의 바다에 대한 깊은 우려를 많은 사람에게 전했다.

내가 레이건 대통령의 에이즈 위원회에서 일하고 있을 당시 한 여성의 업적에 대해 우연히 알게 되었다. 샌프란시스코에 사는 루스 브링커 할머니는 66세 되던 해에 그녀가 할 수 있는 중요한 일을 발견하였다. 1984년 그녀의 젊은 친구 중 하나였던 건축가가 에이즈로 목숨을 잃었다. 그녀는 에이즈가 얼마나 빨리 사람을 죽음에 이르게 하는가를 보고 공포심을 느꼈다. 어느 날 오후 그녀는 자기 친구가 너무나 쇠약해진 나머지 식사준비도 할 수 없을 정도로 허약해 있음을 알았다. 환자는 냉장고로 기어가서 음식을 꺼내 전자레인지에 데울 힘조차 없었던 것이다.

그 해 루스는 〈오픈 핸드〉라는 조직을 설립했다. 처음에는 매일 아침 농산물시장에서 채소 찌꺼기를 찾아 다녔다. 그리고는 교회 지하실에서 음식을 만들어 에이즈에 걸린 사람들에게 집으로 음식을 가져다주었다. 그녀는 「그들 중 일부는 너무나 쇠약해서 초인종 있는 데까지도 기어나와야만 했습니다」라고 회상했다. 그녀는 자금이 바닥나자 이웃에게 기부를 요청하기 시작했다. 처음에 7명에게 음식을 제공하는 것으로 시작했던 〈오픈 핸드〉는 곧 하루에 8,000명 분의 식사를 마련하는 자선기관으로 발전했다. 내가 처음으로 루스의 자선 활동에 관해 들었을 때, 그녀는 자기 도시에서 굶주린 에이즈 환자에게 먹을 것을 주기 위해 1년에 백만 불 이상을 모금하느라 애쓰고 있었다.

《타임》지는 루스 브링커의 공적을 기리기 위한 특집에서 에이즈에 걸린 두 남자에 관한 이야기를 소개했다. 그들은 섣달 그믐날 울적한 마음으로 마지막이 될 새해를 맞을 힘이나 있었으면 하고 바라면서 좁은 아파트에 앉아 있었다. 그때 갑자기 벨이 울리며 오픈 핸드의 자원 봉사자가 오색테이프와 풍선으로 장식된 커다란 상자를 들고 문간에 서 있었다. 그 상자 안에는 기부받은 샴페인과 치즈, 초콜릿, 모자, 소리 나는 방울 등이 들어 있었다. 그 에이즈 환자들은 울음을 터뜨리고 말았다.

미국과 전세계에는 벤저민 러시, 앤드류 카네기, 켈로그 형제, 루스 브링커와 같은 사람들이 알게 모르게 활동하고 있다. 그들은 자신의 동정적인 면을 발견하여 용기를 잃고 좌절한 사람들을 도와주고 기운을 북돋아주었다. 이 책의 뒷부분에서는 더불어 사는 자본가의 실제 이야기와 그들이 나의 삶과 그들의 삶에 도움을 주었던 사람들의 삶에 어떤 영향을 끼쳤는지 살펴보도록 하겠다. 그들은 내게 더불어 사는 자본가가 무엇을 의미하는가를 실천을 통해 몸소 보여주었다. 그러나 진정한 질문은 더불어 사는 자본주의가 여러분에게 무엇을 의미하는가이다.

여러분이 알고 있는 진정한 의미의 더불어 사는 자본가는 누구인가? 그들은 또 여러분의 인생에 어떤 영향을 끼쳤는가? 어떻게 하면 그들과 비슷하게 될 것인가? 여러분이 여러분의 직장에서 사랑의 정신을 따르겠다고 갑자기 결심한다면 여러분은 어떻게 행동할 것인가? 여러분은 직장동료, 상사, 고용주나 종업원, 공급업자, 고객, 혹은 경쟁 상대에 이르기까지 인간미 있는 행동을 지금 베풀고 있는가? 어떻게 하면 더 잘할 수 있을 것인가? 나는 여러분 자신의 이야기를 듣고 싶으며 그 이야기를 통하여 영감과 정보를 얻고 싶다. 우선 앞에서 언급했던 멕시코 북부 작은 마을에 살고 있는 63세 된 이사벨 에스카밀라의 이야기로 돌아가자.

내가 그녀를 만났을 때 아내와 어머니, 할머니로서의 수십 년 간에 걸친 중노동으로 그녀의 등은 굽어 있었다. 최근까지 그녀의 삶은 찢어지는 가난과 깊어가는 절망의 끝없는 반복이었다. 이것은 사람들이 동정적이지 못해서가 아니었다. 오히려 지난 수년간 더불어 사는 자본가의 지원을 받은 자원 봉사자들이 어려운 일이 닥쳤을 때면 이사벨과 마을 사람들을 도우러 찾아왔으며, 또한 이 고립된 산악지방의 생활수준을 높이기 위해서도 여러 번 찾아왔다.

이사벨과 그녀의 가족들은 거의 해마다 여름이면 마을에 보건소를 설치해서 운영하는 네덜란드의 적십자 자원 봉사자들을 고마워한다. 그녀는 또한 1983년의 지진 후에 마을 교회를 재건하는 데 도움을 준 젊은 미국인들의 미소를 잊을 수가 없다. 이사벨은 작은 비행기로 축구장에 내린 평화 봉사단의 자원 의사들과, 어린이들에게 예방 접종을 해준 유니세프의 간호사들, 그리고 지난 수십 년 간 그 마을을 돕기 위해 돈과 식량과 기술을 보내준 전세계 사람들을 회상할 때면 아직도 눈물이 글썽거린다.

그녀는 그들 모두에게 감사를 느끼지만, 그들이 일이 끝나 작별인사를 하고 산 밑으로 내려갈 때면 전보다도 더한 무력감을 느꼈다. 사람들을 돕는다는 것과 사람들이 스스로 일어설 수 있도록 도와주는 것은 별개이다. 이사벨은 자신과 그녀가 사랑하는 이들의 생활을 개선하기 위해 무언가 할 수 있는 방법을 갈망했다.

그러던 중 어느 봄날 이사벨은 자니타 아바랄드를 만났다. 자니타는 우리 회사의 디스트리뷰터로, 얼마 되지 않은 수입에 몇 페소나마 보태서 약간의 금전적 안정을 갈망하는 이사벨과 같은 어머니와 할머니들로 구성된 판매 조직을 만들고 있었다. 이사벨은 젊은 여자들이 자니타의 이야기를 듣고 있을 때 그늘에 앉아 있었다. 늙은 이사벨은 그것을 해낼 수 있으리라고는 꿈에도 생각해 본 적이 없었지만, 카탈로그를 보고 그 계획에 대해 주의 깊게 들으면서 가슴속에 희망이 싹트기 시작했다.

자니타는 마지막으로 그 지역의 새 자동차 광택제 판매왕을 뽑는 이야기를 해주었다. 1등 상품에는 미국 여행, 일류 호텔 숙박, 암웨이 자동차가 달리는 자동차 경주대회의 특등석 관람권이 포함되어 있었다. 「그 상을 탈 거야, 미국에 가야겠어」라고 눈을 반짝이며 늙은 이사벨은 더듬거리는 영어로 말했다.

이사벨은 미국에 가본 적도, 비행기를 타본 적도, 호텔에 묵은 적도, 기사가 운전하는 리무진을 타본 적도 없었다. 그녀는 산악지방의 그 가난한 마을을 일생 동안 떠나본 적이 없었다. 어렸을 때부터 그녀는 먼 곳으로 여행을 하는 꿈을 꾸어 왔으나 한번도 그 꿈이 실현될 수 있는 기회를 가지지 못했다. 이사벨의 친구들과 이웃 사람들은 코웃음을 쳤다. 왜 백발 노인네가 멕시코 산악지방에서 자동차 광택제를 팔 생각을 하는가? 이사벨은 그들에게 「이 광택제는 매우 품질이 좋아요. 그래서 내가 팔려는 거지요. 값도 싸고 자동차 외관도 보호해 주며 당신네들의 낡은 자동차와 트럭을 새것처럼 보이게 해줄 거예요」라고 그들에게 말했다. 이웃 사람들은 처음에는 비웃었으나 오래지 않아 이사벨의 마을과 주변 마을의 고물 자동차들이 빛나는 희망처럼 반짝이기 시작했다.

나는 이사벨이 멕시코의 몬트레이에 있는 회의장 연단에서 수백명의 환호하는 멕시코인 디스트리뷰터들 앞에 서 있는 것을 보았다. 내가 그녀에게 미국 여행의 꿈이 이루어지는 1등 상의 증서를 건네주자 그녀는 울기 시작했다. 「꿈이 실현되었어요」라고 그녀는 중얼거렸다. 나는 왜 이 장 끝머리에 이사벨 에스카밀라에 관한 이야기를 했을까? 그 이유는 그녀의 삶이 더불어 사는 자본주의의 두 가지 면을 다 보여주고 있다고 확신하기 때문이다. 적십자, 유니세프, 평화봉사단 및 기타 자선단체의 자원봉사자들은 더불어 사는 자본주의가 성공적으로 남을 돕는 것을 보여주었다. 그러나 자니타 아바랄드 또한 더불어 사는 자본가이다. 왜냐하면 그녀는 이사벨에게 스스로를 도울 수 있는 방법을 제공해 주었기 때문이다.

　1991년 3월 기사가 운전하는 리무진이 이사벨 에스카밀라를 태우고 몬트레이 공항으로 갔다. 그녀의 미국 여행이 시작된 것이다. 그녀와 함께 여행했던 사람들의 말을 빌리면 그녀는 여행 도중 내내 놀라운 눈으로 시종 미소를 지으며 여행을 했었다고 한다. 백발이며 아름다운 이 더불어 사는 자본가는 자신의 꿈이 더 많이 실현되는 것을 목격하며, 그 과정에서 그녀의 자녀들과 손자들의 꿈이 실현되기를 도와주며 오늘도 멕시코 산악지방에서 열심히 일하고 있다.

제8장 **우리는 왜 자영업을 고려해야 하는가?**

우리는 수입을 보충하거나 대체하기 위하여
자신의 사업을 갖는 것이 개인의 자유와 가족의 경제적 미래를
보장해 줄 수 있는 최상의 방법이라고 믿는다.
그러므로 우리는 자신의 사업을 시작하는 것에 대해,
혹은 현재의 사업이나 직업에 있어 좀더
기업가다워지는 것에 대해 심각히 생각해야 한다.
생활신조 8

여덟 살 난 팀 폴리와 그의 열 살 난 형 마이크는 아버지의 손을 꼭 잡고 일리노이 주 스코키의 광활한 들판에 있는 〈펀 페어〉 유원지를 향해 걸어가고 있었다. 10시밖에 안 되었으나, 이들은 벌써 부모를 끌고 나와 공원이 개장하기를 기다리며 기대감에 들떠 있는 어린이들의 긴 행렬에 합류했다.

팀의 아버지는 매표소의 뒷문을 열고 오디오시스템을 작동시켜 음악을 들려주었다. 이내 유원지 거리에는 음악 소리로 가득 차기 시작했고, 새벽의 기상 나팔 소리에 깨어나는 군인들처럼 공원 내의 모든 오락기구들이 기지개를 켜고 일어났다.

팀은 유원지에서 가족들과 함께 보내는 일요일을 매우 좋아했다. 「그 바쁜 여름에 아버지와 함께 있고 싶으면 유원지로 가야만 했죠. 우리 아버지는 대단히 독립심이 강한 분이셨어요. 증조할아버지, 고조할아버지와 마찬가지로 아버지도 강한 기업가정신을 가지고 계셨

습니다. 아버지는 혼자 힘으로 일을 해야만 했었습니다. 이것이 아버지가 자라난 환경이었죠」라고 팀은 회상한다.

「아버지는 월요일부터 금요일까지 평일 낮 시간에는 부동산 매매를 하고, 저녁과 주말에는 형과 외삼촌이 운영하는 유원지와 골프 연습장에서 일을 도우셨죠. 그곳은 디즈니랜드는 아닐지라도 우리 가족에게 좋은 생활 수단을 제공해 주었으며, 나에게는 가족 기업에서 가족들이 같이 일하는 것을 볼 수 있는 기회를 주었죠」

〈그 아버지에 그 아들〉이라는 말이 있다. 팀은 여덟 살 때 이미 작은 기업가였다. 그는 일요일에 유원지에서 그냥 앉아 있지만은 않았다. 팀은 어린이들에게 풍선이나 바람개비, 소방수 모자 등을 판 것을 기억한다. 팀과 그의 형인 마이크는 누가 시켜서 물건을 판 것은 아니었다. 그들의 가족 속에 흐르는 기업가정신이 그들로 하여금 기회를 이용하도록 했던 것이다.

열두 살 되던 해 팀은 음료수 판매대에서 일 할 수 있었다. 거기에서 그는 밀크쉐이크, 스노우콘, 핫도그를 팔았고 솜사탕 만드는 기술까지도 배우게 되었다. 거기에서 유원지 일도 점차 익히게 되어 마침내 와일드 마우스를 책임지게 되었다. 와일드 마우스는 그의 아버지의 눈으로 보면 〈궁극적인 책임〉이 팀에게 있었다. 「왜냐하면 만일 내가 적시에 브레이크를 잡아당기지 않으면, 타고 있던 사람들이 주차장으로 나동그라질 테니까요」라고 팀은 씩 웃으며 이야기한다.

팀은 인격 형성기에 늘 아버지의 일하는 모습을 보았다. 「아버지는 사실상 유원지의 주인이셨어요. 그러나 아무리 바빠도 유원지를 운영하는 데 필요한 일은 어떤 일이든지 소홀히 하지 않으셨어요. 아버지는 고객들이 결코 실망하지 않기위해 아버지의 손은 항상 더러웠어요. 만일 무언가가 고장난다면 아버지가 고치셨고, 급히 페인트칠할 곳이 생기면 아버지가 손수 칠하셨어요. 아버지의 태도와 직업윤리는 자녀들뿐만이 아니라 공원에서 일하는 모든 젊은 종업원에게 귀감이 되었죠」

팀 폴리는 후에 퍼듀대학의 미식축구 선수가 되었다. 그의 아버지의 〈최선을 다하는〉 태도를 실천에 옮긴 결과, 그는 운동선수이자 학생으로서 전 미국 대표선수가 되었다. 1970년 내셔널 미식축구리그 선발전에서 팀은 마이애미 돌핀스의 선수로 뽑혀 던 슐라 코치 밑에서 선수 생활을 했다. 팀은 11년 간 마이애미에서 발군의 실력을 보여주었다. 여기에는 1973년 슈퍼볼에서 절정을 이룬 1972년의 전승이 포함돼 있다. 그 해 별로 우승 가망이 없었던 돌핀스는 워싱턴 레드스킨즈를 물리치고 우승했다. 그의 내셔널리그 열번째 시즌에서 팀은 프로볼 수상자로 뽑혔다. 은퇴 후 그는 터너 방송국에서 대학 미식축구 텔레비전 중계 해설자로 일했다. 최근에는 전국적으로 방영되는 미식축구 중계방송에서 그를 볼 수 있다.

「인기가 일시적이라는 것을 깨닫는 데는 천재가 필요없다」라고 그는 경고한다. 「나는 내가 65세까지 돌핀스에서 뛸 수 없음을 알고 있었죠. 그래서 한창 활약하고 있을 때에도 가족의 경제적 앞날을 보장해 줄 수 있는 내 자신의 사업을 찾기 시작했죠. 그 열한 시즌 동안 나는 부동산 투자를 했고 상당히 손해를 보았죠. 주식에도 손을 댔고 거기서도 돈을 좀 잃었죠. 금과 보석에 투자했다가 또 손해를 조금 보았죠. 마지막으로 나는 헬스클럽과 라켓코트에 투자를 했는데 한동안 사업이 번창했었죠. 그런데 금리가 21%까지 치솟자 새 회원이 줄어들다가 결국 아주 끊기고 말았습니다」

팀과 코니 폴리 부부는 현재 50개 주에서 성공적으로 암웨이 사업을 하고 있으며, 전세계에 걸쳐 많은 친구와 교제를 하고 있다. 팀과 코니의 꿈은 실현되었다. 폴리 가족의 미래는 경제적으로 보장되어 있다. 그리고 이 모든 것은 일리노이 주 스코키에 있는 유원지에서 시작된 것이다. 어린 팀 폴리의 인생과 가치관은 부지런하고 스스로 결정하고 가치를 추구하는 아버지가 자신의 꿈을 실현시키기 위해 아무리 힘든 일이라도 하는 것을 보고 자라면서 결정되었던 것이다.

유원지에서 팀 폴리를 움직였던 바로 그 기업가정신이 여러분 내부에서도 살아 움직일 수 있다. 여러분은 그 같은 정신을 삶 속에서 느낀 적이 있는가? 여러분은 자신을 자본가, 아니면 적어도 잠재적인 자본가로 간주하는가? 아니면 거기에 저항하는가? 모든 자본가들이 전형적인 재벌들은 아니다. 즉, 시가를 입에 물고, 멋진 양복을 입고, 리무진을 타고 다니는 냉혈적인 거물들은 아니다. 이 지구상에서 가장 관대하고, 사랑이 풍부하고, 따뜻한 마음을 가지고 있는 사람들만이 진정한 의미의 자본가라는 명칭을 부여받는 것이다. 그리고 만일 여러분이 자신을 자본가로 생각하는 것에 불편을 느낀다면, 자신을 기업가나, 자유기업가 혹은 동정적인 자본가라고 불러도 괜찮을 것이다.

우리는 모두 어떤 형태이든 이 거대한 자유기업체제에 참여하고 있다. 우리는 이 체제의 장점으로부터 혜택을 받을 수도 있고, 혹은 우리의 기회를 영원히 잃어버릴 수도 있다. 그러나 우리가 잊지 말아야 할 것은 록펠러나 듀퐁, 카네기의 혈관 속에 흐르던 자유기업의 정신과 약속이 우리의 혈관 속에도 흐른다는 것이다. 기업가정신은 먹고 마시고, 사랑하고 사랑받고, 배우고 자라고 성취하고자 하는 우리들의 욕구와 더불어 우리들 마음속에서 생겨나는 것이다.

기업가란 무엇인가?

기업가(entrepreneur)란 단어 자체는 불어이다. 단어 자체로만 보면 〈도전을 감수하는 사람〉을 뜻한다. 프랑스에서는 작고한 빌 그레이엄처럼 (그 규모는 약간 작지만) 음악회를 조직하는 사람들을 가리켰다. 그러나 지금은 사업의 모험을 감행하는 사람을 뜻하게 되었다. 기업가들은 폐쇄된 협회의 회원이 아니다. 누구든 기업가가 될 수 있다. 연령에 제한은 없다. 학교 연극을 기획하고, 신문 배달을 하고, 록 밴드를 이끌고, 이웃집 아기를 돌봐주는 젊은이들도 기업가이다. 대학생들과 노인들을 포함하여 연령에 제한 없이 누구든지 기업가가 될 수 있다. 성의 제한도 없다. 남자와 여자는 모두 똑같이 기업가정신을 부여받았다. 기업가정신에 관한 한 우리 스스로 우리에게 만들어놓은 장애를 제외하고는 극복하지 못할 장애란 없다.

기업가정신

여러분은 〈기업가정신〉에 눈뜨기 시작한 것은 언제였는가? 팀 폴리처럼 여덟 살이었는가? 레모네이드 한 잔에 5센트라고 써 붙이고 찬 음료수를 보도에서 팔도록 당신을 움직인 것이 자유기업가정신이 아니었을까? 혹은 호두나 솔방울 등을 자루에 넣어 앞마당에서 판 적이 있는가? 아마도 여러분은 눈을 치우고 잔디를 깎고 잡초를 뽑고 접시를 닦고 이웃의 개를 목욕시켜 주고 용돈을 받은 적이 있을 것이다. 아니면 신문 배달을 하거나 자동차 세차를 했을 것이다. 이런 것들이 내 어린 시절의 기억이다.

나는 대공황 시기에 어린 시절을 보냈다. 나의 아버지는 주식시장이 붕괴될 무렵 수입이 한 푼도 없었다. 나의 부모님은 미시간 주의 그랜드 래피즈에 6,000불을 대출받아 아늑한 작은 집을 지었다. 지금은 하찮은 액수로 보이지만 그 어려웠던 시절에 나의 부모는 그 은행 융자를 갚을 수가 없었다. 부모님들은 할 수 없이 한 달에 25불을 받고 우리의 꿈의 집을 세놓았다. 우리 가족은 할아버지댁의 다락으로 거처를 옮겼다. 나의 아버지는 주식시장 붕괴 이후 식료품 가게의 뒷방에서 자루에 밀가루를 넣는 일을 하고, 토요일이면 신사용품 가게에서 양말이나 내의를 팔았다. 그 이후로 아버지의 충고는 분명하고도 간단했다. 「너 자신의 사업을 해라. 그래야만 자유로워질 수 있다」

나의 기업가정신이 발휘된 것은 불과 10살 때였다. 내가 첫번째의 조그마한 사업을 시작한 것이라고 기억된다. 가계에 보탬이 되기 위한 돈을 벌려는 욕구는 아직도 사람들이 사업을 시작하려는 주된 이유이다. 그러나 사업을 한다는 것은 단지 생활비를 버는 이상의 무엇이 있다. 고객들이 나에게 돈을 줄 때의 흥분, 자부심, 자신감 등을 나는 아직도 잊을 수 없다. 나는 바람개비를 팔거나 풍선을 불지는 않았지만, 아마도 어린이들이 팀 폴리의 손에 동전 몇 닢을 올려놓았을 때 폴리가 느꼈을 똑같은 기쁨을 경험했다고 생각한다.

나는 중학교 시절 자전거를 사기 위해 잡초를 뽑고 잔디를 깎고 세차를 하고 주유소에서 일을 했다. 나는 까만 자전거를 가지고 있었기 때문에 지방 신문사에서 신문 배달 구역을 받을 수 있었다. 하루치의 신문을 받으러 자전거를 타고 볼트 씨의 옷감 가게 뒤뜰로 올라갔던 기억이 아직도 생생하다. 새 자전거 앞뒤로 신문을 가득 싣고 자전거를 타는 일은 쉽지 않았다. 처음에 사람들은 내가 길을 따라 비틀거리며 올라오는 모습을 보면 걱정스런 표정을 드러냈다. 그러나 토요일 아침에 볼트 씨의 책상 앞에 다른 신문 배달 소년들과 함께 줄을 서서 주급으로 주는 35센트를 바라볼 때면 흥분을 감출 수 없었다.

고등학교 때는 야구 코치 선생님이 내가 왼손잡이인 것을 발견하고는 1루를 맡고 왼손으로 번트하기를 원하셨다. 지금과 마찬가지로 그때도 야구를 좋아했지만 못 하겠다고 거절할 수밖에 없었다. 방과 후 야구 연습을 하면 가계에 보탬이 되는 돈을 벌 수 있는 방도가 없기 때문이었다. 나는 월요일부터 금요일까지 방과 후에 남자 옷가게에서 일을 했다. 주말에는 우리집 근처의 커다란 주유소에서 차를 닦았다. 세차 가격은 1달러였으며 내게는 50센트가 돌아왔다. 차를 많이 닦을수록 나는 더 많은 돈을 벌 수 있었다. 나는 일손이 빨랐다. 문짝과 창문을 닦고 대부분의 사람들이 지나쳐 버리는 문짝 옆과 계기판 밑의 먼지를 털어냈다. 고객들은 그것을 보고는 나에게 팁을 주었다.

일은 힘들었으나 내가 상상했던 이상의 돈을 벌 수 있었고 재미도 있었다. 내가 알고 있는 기업가들은 일에 대해 긍정적인 태도를 가지고 있다. 일은 일일뿐이지만 그들은 일을 즐기고 있었다.

일은 끔찍할 수도 있지만 꼭 끔찍하기만 한 것은 아니다. 여러분은 엄청나게 지루한 시간을 보내면서 싫어하는 일을 해야만 하는 일의 노예가 되어버릴 수도 있다. 그렇지 않으면 현재는 자영업을 하거나 남 밑에서 일하든 간에, 언젠가 기업가가 되면 일하는 시간을 자신의 성장과 발견, 금전적 보상, 자선의 기회로 삼아야겠다고 오늘 당장 결심할 수도 있는 것이다.

과거의 기업가들

각고의 노력과 기업가정신이 얼마나 위대한 것을 성취할 수 있는지 알아보기 위해서, 그것을 달성시키기 위해 힘쓴 과거의 기업가들에 대한 지식을 우선 갖는 것이 도움이 될 것이다. 과거를 돌이켜 볼 때 상황이 극히 안 좋거나 기회가 극히 적었음에도 불구하고 용기와 인내, 천재성을 지닌 기업가들에 의해 고무되지 않을 수 없다.

이들 중 일부는 아득히 먼 옛날 사람들로서, 기업가라는 호칭으로 불릴 만한 자격이 충분히 있다. 왜냐하면 어떤 중요한 의미에서 그들은 근대 기업가의 먼 친척이자 〈정신적인 어버이〉이기 때문이다. 각고의 노력을 기울인 제품 혁신가들은 이 세계에 막대한 기여를 해왔고, 다음 세대에게 기회를 제공해 주었다. 그렇다면 이들 〈기업가〉들은 누구인가?

최초의 기업가 중 한 사람인 채륜은 기원전 105년에 종이를 발명한 중국의 관리이다. 그전까지 거의 모든 글은 대나무 위에 쓰여졌다. 그래서 책은 무겁고 투박했다. 중국 학자들은 책 몇 권을 운반하기 위해 수레를 필요로 했다. 채륜의 발명은 그 가치가 즉시 인정되었다. 그는 황제에게서 곧 그 공을 인정받아 귀족이 되어 많은 돈을 벌었다. 이 발명은 중국을 극적으로 변화시켰다. 책은 손쉽게 구할 수 있게 되었고 그 결과 학문은 전국 방방곡곡에 전파될 수 있었다.

1400년경, 마인즈 시에서는 한 혁신적인 독일의 금세공인인 요하네스 구텐베르크가 현대의 인쇄를 가능케 한 일련의 발명을 완성했다. 구텐베르크는 이동 가능한 활자를 만들어 사용하는 실용적인 방법을 발명했다. 이로 인하여 다양한 종류의 책을 빠르고 정확하게 인쇄할 수 있게 되었다.

채륜과 구텐베르크 사이에도 많은 주목할 만한 일이 일어났지만 구텐베르크의 발명이 있은 뒤에 세계의 발전 속도는 급속히 빨라졌다. 인쇄술의 발전은 근대세계의 확립에 가장 중요한 계기 중의 하나였다.

어떤 의미에서 인쇄술은 많은 기업가정신을 가능하게 했다고 볼 수 있다. 왜냐하면 정보가 쉽게 전달될 수 있었기 때문이다. 실용 기술을 가르치는 책들이 우선 인쇄되었고, 야금술에서 의학, 건축 기술에서 예의범절에 이르기까지의 모든 주제가 다루어졌다. 사람들은 책을 통하여 기술을 배웠으며, 더 중요하게는 그들의 아이디어와 다른 사람의 아이디어를 결합함으로써 개혁자가 된 것이 보다 중요한 사실일 것이다.

다른 사람의 아이디어를 결합해서 커다란 욕구를 충족시킨 사람 중 한 사람은 제임스 와트였다. 영국인인 그는 세계 최초의 실용적인 증기 기관을 고안하여 1769년에 특허를 받았다. 그 당시의 조잡한 증기 펌프 기관을 개량하여 중요한 변형을 가하고 전혀 새로운 특징을 첨가시켜, 실용성이 없는 이상한 물건을 가치 있는 도구로 변모시켰다. 이것이 얼마나 위대한 발명이었는지 현재의 우리가 상상해 보기는 어렵다. 와트의 시대에는 전력도 없었고 전기 기관도 발명되지 않았다. 가솔린 기관도 없었다. 제분기나 방적기를 돌리는 힘든 일을 할 때면 수력을 사용해야만 했다. 말할 것도 없이 이는 매우 불편했으며 따라서 많은 양의 일을 할 수 없었다.

와트의 발명은 산업혁명이 일어나는 데 절대적인 역할을 했다. 실용적으로 동력을 만들어내는 기관 덕분에 모든 것을 할 수 있었다. 오래지 않아 모든 직종의 기업가들은 이 새로운 동력기관을 이용하여 일을 하고자 했다.

토머스 에디슨은 발명의 세계 제1인자로서 정식 교육은 불과 석 달밖에 받지 못했으며 그의 선생님은 그의 지능이 뒤떨어진다고 생각했다. 그러나 그는 죽을 때까지 천여 개가 넘는 특허와 함께 엄청난 부를 지니고 있었다. 에디슨은 1877년의 최초의 축음기에서 1879년의 실용적인 백열전구에 이르기까지 많은 것을 완성해 특허를 출원했다. 그는 최초로 전기공급 회사를 설립하고, 영화 촬영 카메라와 영사기의 개발에 많은 공헌을 했으며, 전화, 전보, 타자기를 개량했다.

백열전구는 미국 초기 역사에 기업가정신이 생생히 살아 있는 좋은 예이다. 아마 여러분은 에디슨이 불현듯 착상이 떠올라 하루아침에 백열전구를 발명했을 거라고 생각했을 것이다. 그러나 당시에 가스등의 경우라면 혹 이 말이 들어맞을지도 모른다. 실제로 에디슨은 직관이 섬광처럼 떠올라 백열전등을 발명한 것이 아니라, 오랜 기간 동안 매우 체계적인 방법을 통하여 발명한 것이다. 그의 발명법은 오늘날의 소위 〈R & D〉의 전신이다.

에디슨은 발명의 6가지 원칙을 가지고 있었다. 여러분이 세계를 변화시킨 백열전구 같은 것을 발명할 수는 없다고 생각할지라도, 아래에 나오는 그의 원칙은 실현하고 싶은 꿈을 가지고 있는 우리 모두에게 도움을 줄 것이다.

1 목표를 세워 꾸준히 노력한다.
2 발명의 완성을 위해서 거쳐야만 하는 단계를 알아내어 그 단계들을 차례로 밟는다.
3 진행사항에 관해 상세히 기록한다.

4 동료들과 실험결과를 교환한다.

5 프로젝트에 참가하는 사람들 모두가 자기 책임을 확실히 알고 있게
한다.

6 차후의 분석을 위하여 결과를 기록한다.

문제 해결에 대한 이 같은 체계적인 접근법은 에디슨 이전에도 오
랫동안 과학자들에 의해 이용되었으나, 에디슨은 이를 시장성 있는
물건을 발명하는 데 적용했다. 그는 발명가였으며 동시에 기업가였
다. 그는 팔리지 않는 물건을 만드는 데는 관심이 없었다. 그는 사람
들이 사고자 하는 것이 무엇인지 알고 싶어했다. 그 결과 그는 판매
에도 매우 열심이었으며 또한 아주 성공적이었다. 에디슨의 조수들
은 세계 최초의 연구소를 만든 셈이었다. 이는 당시의 아주 독특한
미국적인 기관이었다. 그 연구소는 훗날 벨 연구소와 함께 연구소의
효시가 되었다.

에디슨이 축음기의 특허를 내기 수년 전, 두 형제가 인디애나 주
와 오하이오 주에서 태어났다. 그들은 자전거 사업에 같이 뛰어들어
성공을 거두었으나 그들이 유명하게 된 것은 그들의 취미 때문이었
다. 그들은 윌버와 오빌 라이트 형제로 취미는 항공술이었다. 항공
술에 관한 책을 수년 간에 걸쳐 독파한 끝에 1899년 라이트 형제는
자기들 스스로 문제점을 해결하기로 결심했다. 1903년 그들의 노력은
최초의 유인 비행으로 결실을 맺었다. 수많은 행글라이더를 만든
후, 라이트 형제는 천여 번의 성공적인 비행 횟수를 가진 세계에서
가장 경험을 많이 쌓은 비행사가 되었다.

이 경험을 바탕으로 라이트 형제는 비행의 최대 난제인 제어에 관
해 이해하게 되었다. 그들은 공중에서 비행기를 조작할 수 있는 방
법을 고안한 후, 자신들이 설계한 가벼운 엔진을 장착하여 역사에
길이 남을 일을 하게 되었다. 그들은 1906년에 비행기에 관한 첫번째
특허를 받았다. 그들의 총 투자액수는 약 1,000달러였다.

1847년 스코틀랜드에서 태어난 미국인인 알렉산더 그레이엄 벨은 19세기 후반에 자본주의가 얼마나 빨리 새로운 상품을 개발하고 발명을 가능케 했는지를 보여주는 또다른 좋은 예이다. 벨은 1876년 전화에 대한 특허를 얻고 그 해 필라델피아에서 열린 독립 100주년 기념 박람회에서 그의 발명품을 선보였다. 그것은 대단한 히트였다. 그 당시 미국의 가장 큰 통신회사는 웨스턴 유니언 전보회사였다. 벨은 그의 새로운 발명품을 웨스턴 유니언에 십만 불에 팔겠다고 제의했다. 그 제의는 즉시 거절당했다.

그 다음해 벨은 자신의 회사를 설립하였으며 이는 곧 커다란 성공을 거두었다. 이 회사는 후에 AT & T 회사가 되었다. 1879년 3월부터 11월까지 벨 회사의 주식은 주당 65달러에서 1,000달러가 되었다. (이때 웨스턴 유니언은 땅을 치고 있었다.) 1892년에는 뉴욕과 시카고를 잇는 전화가 개통되었다. 벨이 세상을 떠난 1922년에는 미국 전역에서 전화가 일반화되었다.

그 시기 동안 에디슨은 그의 새로운 발명품인 백열전구에 전력을 공급하는 방법을 개발하느라고 열을 올렸다. 백열전구에 불을 켤 전력이 공급 안 되는데 어떻게 전구를 팔 것인가? 그래서 그는 1882년 작은 전력 공급 시스템을 뉴욕에 건설하였다. 그것은 성공적이었으나, 초기에는 문제점도 있었다. 그 문제점의 증거는 여러분이 사용하는 거의 모든 가전 제품에서 찾아볼 수 있다. 여러분은 〈110볼트에서만 사용하시오〉라는 문구를 본 적이 있을 것이다.

왜 꼭 110볼트여야만 되는가? 에디슨의 첫번째 발전 시스템은 충분한 전력을 일정하게 유지할 수 없었다. 발전소 근처에서는 백열전구의 불빛이 밝았으나 멀어지면 불빛이 흐려졌다. 에디슨은 사람들의 불평을 들었다. 다른 훌륭한 기업가들처럼 에디슨도 백열전구를 많이 팔고 싶었으므로 전력을 100볼트에서 110볼트까지 승압시키기로 했다. 이 새로운 기준은 전력 공급 시스템이 발전되어 초기의 문제점이 없어진 지금까지도 계속되고 있다.

하나의 발명에 불과한 전기가 몰고온 변화를 생각해 보자. 많은 분야 즉, 전화와 백열전구뿐만 아니라 텔레비전, 컴퓨터, 그 밖의 수천 개의 제품들이 기업가와 고객에게 소개된 것이다.

우리의 일상 생활에 막대한 영향을 끼친 기업가들은 대부분 19세기에 살았다. 그들 중 한 사람이 잘 알려져 있지 않은 〈자동차 문화〉의 창시자인 니콜라우스 오토라는 독일의 발명가이다. 오토는 1876년에 최초의 실용적인 자동차 엔진을 발명하였다.

그에게는 고트리트 다임러라는 종업원이 있었는데, 그는 후에 친구 칼 벤츠와 동업을 시작했다. 그들은 오토가 디자인한 엔진을 사용하여 차를 만들기 시작하였다. 차의 이름은 그들의 차를 팔아주는 딜러의 딸인 메르세데스의 이름을 땄다.

전기모터와 마찬가지로 오토의 내연기관은 모든 종류의 작은 공장과 가게에서 쓰이게 되었다. 얼마 되지 않아 이 발명품은 파워펌프, 재봉틀, 인쇄기, 톱 등 모든 종류의 제품에 사용되기 시작했다. 오늘날의 기준으로 본다면 크고 둔하지만, 증기 기관에 비하면 매우 큰 발전이었다.

오토는 수천 파운드의 무게와 40마력을 지닌 경주용 특별 엔진을 1901년에 제작했다. 1960년대에 많이 볼 수 있었던 폭스바겐의 〈버그〉 엔진은 40마력으로 남자 두 명이 들 수 있는 무게였다. 그만한 힘을 낼 수 있는 오늘날의 모터사이클 엔진은 한 사람이 들 수 있는 무게이다. 기업가들의 경쟁으로 이러한 급속한 발전이 이루어질 수 있었다.

1908년 헨리 포드는 오토의 내연기관에 생산 라인 조립방법, 교체 가능한 부품들, 전깃불, 과학적 경영 등을 결합하여 T형 포드를 생산했다. 불과 5년 후 미국의 자동차 등록대수는 125만 8천 대에 달했다. 포드는 자동차를 일반인도 구입할 수 있게 했으며, 사람들은 엄청난 대수의 차를 샀다. 그로부터 25년 후에 미국 고속도로에는 3천6백만 대의 차가 다니게 되었다.

자동차는 미국을 변화시켰으며, 미국 전체 경제에서 가장 중요한 제품으로 자리 잡았다. 자동차는 수백만의 미국인들에게 취업 기회를 제공했다. 자동차를 생산하기 위해서는 많은 원자재와 인원이 필요했다. 원자재에는 철, 유리, 크롬, 고무, 전선, 페인트, 시트용 천 등 모든 종류의 자재들이 포함되었다. 또한 자동차가 다닐 수 있는 도로와 다리, 터널이 필요했다. 자동차 수리를 위해 정비공이 필요했고, 자동차에 급유할 주유소가 필요했으며, 자동차 보험을 처리해 주는 보험 회사가 필요했다. 그 외에도 필요한 것은 끝이 없었다. 사람들이 차를 타고 자유로이 이동할 수 있음으로 해서 새로운 산업이 발달하기 시작했다. 모텔과 유원지, 노천 카페, 트레일러 공원 등이 그것이었다.

자동차는 미국에 새로운 문화를 가져다주었다. 우리가 살펴보았듯이 우리가 오늘날 당연히 여기는 대부분의 소비제품은 근대에 발명된 것이다. 기업가정신은 우리들 가운데 살아 있고 그 힘을 발휘하고 있는 것이다. 또한 혁신과 변화의 속도는 20세기에 들어 가속화되었다. 우리의 자본가들이 극히 효율적으로 만든 그런 수천 개에 달하는 제품들은 과거 100여 년 사이에 일어났던 일들의 결과이다.

오늘날의 기업가들

위대한 기업가의 시대가 끝났다고 생각하지 말라. 자유로운 기업 정신이 사람들 속에 살아 있다는 것이 사실이라면, 지금이야말로 여러분 자신 속의 기업가정신을 발휘할 수 있는 시기이다. 성공적인 자본가가 될 수 있는 기회가 지금보다 더 많을 때는 없었다.

최근 10년 간 우리의 생활를 바꾸고 이용된 새로운 아이디어는 그 이전에 이루어졌던 것보다 그 수가 더 많다. 실제로 기업가정신은 미국 전역으로 연령에 구애받지 않고 모든 사람에게 퍼져나갔다. 미국의 가장 성공적인 기업가들 중 일부는 젊었을 때 사업을 시작했다. 너무나 어려서, 가난해서, 경험이 부족해서 좋은 아이디어를 생각해 내지 못하라는 법은 없다. 다음은 내가 책에서 읽은 성공적인 기업가들의 젊었을 적 이야기들이다.

한 성공적인 기업은 먹는 것을 아주 좋아하는 두 고교생에 의해 시작되었다. 처음에 그들은 롤빵을 만들어 팔려고 하였으나, 설비 비용이 너무 비쌌다. 그래서 차선책으로 아이스크림을 만들기로 하고, 아이스크림 만드는 법을 가르치는 통신 강좌에 5달러를 내고 등록했다. 아이스크림 만드는 법을 배운 그들은 저금통장을 털고 친척으로부터 돈을 빌려서 버려진 주유소를 싼 가격에 임대해 난생처음 가게를 열었다. 수년 만에 〈벤 앤 제리 아이스크림〉은 2천7백만 달러가 넘는 매출을 올리게 되었다.

여러분은 차고에서 회로기판을 만든 캘리포니아의 두 학생 이야기를 들은 적이 있는가? 그들은 처음에 1,300불에 달하는 자금을 구하기 위하여 폭스바겐 자동차와 계산기를 처분했다. 사업 초기에 그들의 희망은 백여 대의 회로기판을 파는 것이었다. 그러나 컴퓨터 가게를 하고 있는 친구에게 회로기판을 가져갔을 때 그 친구는 회로기판에는 별로 관심이 없고 완전 조립한 컴퓨터라면 50대 정도 사겠다고 말했다. 그 당시만 해도 퍼스널 컴퓨터가 상당히 귀했던 시절이었다. 그래서 그들은 컴퓨터 몇 대를 만들었다.

매상은 초기에는 별로 신통하지 않아서 동업자중 한 사람은 너무나 낙심한 나머지 수도원에 들어갈 생각까지 했었다. 그러나 그들은 사업을 그만두지 않았고 매출은 드디어 치솟았다. 그 회사가 바로 애플 컴퓨터로, 1년 매출액이 10억 불이 넘는다. 그 두 학생은 스티브 잡스와 스티브 워즈니악이었다.

이와 같은 성공 이야기는 당신을 두렵게 하는가? 매출액이 10억 불이라고? 내가 이 같은 성공을 할 확률은 얼마나 될까? 그런 확률 때문에 낙담해서는 안 된다. 여러분이 최선의 노력을 기울인다면 생각지도 못했던 방법으로 성공할 수가 있는 것이다. 또 하나 기억해둘 것은 여러분이 10억 불짜리 회사를 세워 성공적으로 이끌 필요는 없다는 것이다. 그보다 훨씬 적은 규모로 성공한 기업인이 수만 명은 될 것이다. 그런 소규모의 기업 중 하나가 몇 년 전에 색다른 방법으로 시작되었다. 여러분도 아마 신문이나 텔레비전에서 보았을 것이다. 그 이야기는 중세의 연금술사를 생각나게 했다. 그 이야기는 퇴비에서 돈을 만드는데 성공한 어린이들의 이야기였다.

이 어린이들은 그 지역 사람들이 잔디밭과 정원에 쓸 비료가 필요하다는 것에 착안했다. 하지만 퇴비를 사오는 일이 번거로웠기 때문에 사람들은 비료를 좀처럼 구하지 못하고 있었다. 이 간단하지만 중요한 통찰로 한 아이디어가 떠올랐다. 퇴비를 만들어서 바로 이웃 사람들에게 팔면 어떨까?

부모들의 조언을 받아 그 어린이들은 쇠똥을 퇴비로 만드는 데 필요한 것을 알게 되었다. 그러고 나서 어린이들은 그 지역 낙농업자를 찾아갔다. 그들은 기꺼이 아이들이 소우리를 치우는 대신 〈가공안 된〉 비료(쇠똥)를 가져가도록 허락했다. 그리하여 아이들은 쇠똥을 집으로 가져가 퇴비로 만들어 자루에 담아 이웃 사람들에게 팔았다. 열심히 일한 덕택으로 그 사업은 번창하기 시작했고 곧 퇴비는 〈금〉으로 변하기 시작했다. 마침내 그들은 돈을 많이 벌어 회사까지 차리게 되었고 회사 이름을 키드코라고 지었다. 아이들은 도움을 받아 부동산에 투자했고 많은 재산을 모으게 되었다.

몇 년 전 로저 코너라는 아이가 한 꽃가게에 들러 돈을 안 받고 일하는 대신 꽃가게에 대한 것을 배울 수 있겠느냐고 물었다. 당시 로저는 열두 살이었다. 주인의 허락으로 로저는 방과 후 몇 시간과 토요일마다 일할 수 있게 되었다. 2년 후 로저는 주인에게 약간의 임금을 요구했으나 로저가 아직 돈 받기에는 충분하다고 생각하지 않은 주인은 이를 거절했다. 로저는 다른 가게로 자리를 옮겼으나 얼마 안 되어 해고되었다. 그래서 그는 자기 가게를 가져야겠다고 결심했다.

열다섯 살 되던 해 로저는 65달러를 투자하여 자기 자신의 꽃가게를 가지게 되었다. 그는 중고 냉장고를 헐값에 사서 꽃을 보관하는 쿨러로 사용했다. 자기 집에서 가게를 시작한 그는 최상의 품질과 서비스로 곧 명성을 얻게 되었다. 오래지 않아 사업이 번창하여 로저는 자기가 처음 일했던 꽃가게를 살 수 있었다. 그 가게를 수리하고 잘 경영한 결과 그가 두번째로 일했던 꽃가게마저 사게 되었다!

성공한 기업가인 폴 허킨은 좋은 아이디어는 처음에는 좋아 보이지 않고 두번째까지도 좋아 보이지 않을 때가 많다고 한다. 그는 젊은 기업가에게 사업상의 아이디어가 이상하고 미친 것 같고 애매모호하게 보여도 걱정하지 말라고 충고한다.

이 모든 나이 어린 기업가가 나타내 주고 있는 기업가정신의 중요한 단면은 상상력의 가치이다. 기업은 대기업이든 소기업이든, 자금 부족이 아니라 상상력의 부족으로 일을 못하는 것이다. 〈벤 앤드 제리〉와 〈키드코〉가 자금 부족으로 위축되지 않고 성공할 수 있었던 이유는 그들이 허세 부리지 않고 소비자와 가까웠기 때문이다.

그들의 가장 커다란 자산은 정직하고 겸손하게 사업을 시작했다는 것이다. 이로 인하여 사람들은 그들을 신뢰했다. 결국 그들은 보통 사람과 다름없었던 것이다. 그들의 아이디어는 이러한 사실 후에 명백한 장점을 가지게 되었다. 여러분은 왜 나는 그런 생각을 하지 못했을까 하는 생각이 드는가? 물론 여러분도 마음을 쏟으면 생각해 낼 수 있을 것이다.

창의성을 주제로 이야기할 때 한 가지 분명히 해둘 것이 있다. 기업가정신은 사리사욕에 눈이 먼 공격적인 적극성이 아니라는 것이다. 상상력과 창의력이 훨씬 더 중요하다. 여러분은 죽을 때까지 일할 수도, 남을 쓰러뜨릴 수도 있다. 그러나 만일 좋은 아이디어가 없다면 실패하고 말 것이다. 좋은 아이디어란 사회가 필요로 하고 원하는 것이 무엇인지 깨닫는 것에서부터 출발한다.

일을 하는 데 필요한 기업가정신

우리는 어린 시절부터 나이가 들 때까지 언제나 마음속에 간직한 의문이 있다. 에디슨, 벨, 포드 같은 과거의 위대했던 기업가들도 그와 똑같은 의문을 가졌으며 해답을 구해 왔다. 스티브 잡스와 스티브 워즈니악은 대부분의 사람들이 계속 몽상만 하고 있을 때 자신의 사업을 감히 시작했던 벤과 제리, 빌 게이츠 같은 젊은 억만장자들과 마찬가지로 의문들이 있었다. 그것은 예컨대 다음과 같은 의문들이다.

1 어떻게 하면 내가 돈을 더 벌어 보다 많은 안정감을 느낄 수 있을까?
2 나에게 알맞은 일이란 어떤 것인가?
3 내가 항상 꿈꿔 왔던 것은 무엇이며 왜 현실로 옮기지 못하는가?
4 자영 사업을 시작하면 이런 문제가 해결되겠는가?
5 만일 그렇다면 나는 어떤 종류의 사업을 시작하고 키워갈 것인가?

이러한 질문에 대해 정직하고 용기 있게 스스로 대답함으로써 보람있는 일을 시작한 사람들이 많다. 그들은 자신과 자신이 사랑하는 사람들을 위하여 경제적 안정을 원했다. 그들은 자신과 자신이 불만과 꿈을 자세히 검토하고 자신의 생활을 자신이 다스리기를 원했다. 그들은 창조력을 발휘하여 자신의 재능을 발전시키고 생활의 권태에 종지부를 찍기를 원했다. 이 사업에 종사하는 우리 친구들뿐만 아니라 동일한 상황에 처해 있는 수천만의 사람들에게 해줄 수 있는 대답은 바로 자신의 사업을 시작하라는 것이다.

크리스 체레스트는 번창한 소매업을 하고 있었다. 그의 부인 쥬디는 교사였다. 그녀는 주말과 휴일에는 근무를 안 했으나 크리스에게 있어 주말과 휴일은 1주일 중 매상이 가장 많은 때였다. 「우리는 얼굴을 마주한 적이 없었어요. 우리들의 삶은 각각 다른 방향으로 가기 시작했어요. 우리의 꿈은 함께 일할 수 있는 사업을 하는 것이었죠. 우리 두 사람에게 각자의 직업을 그만둔다는 것은 용기를 필요로 한 일이었죠. 하지만 우리는 우리 자신과 자녀들을 위하여 계획을 세웠죠. 우리들의 분리된 생활은 우리의 인생 계획을 위협했고, 우리들의 관계를 소원하게 했습니다. 그래서 결단을 내렸지요. 지금 생각하니 함께 일했던 지난 수년 간은 우리 생애 최고의 날들이었습니다」

밥과 제키 제인더 부부는 나를 만나기 전에는 매릴랜드 주 실버스프링에서 우아하고 품위 있는 레스토랑을 경영하고 있었다. 레스토랑은 대성공이었으며 식도락가들에게서 많은 찬사를 받았고 단아한 취향을 지닌 단골들도 많았다. 그들은 요식업계가 제정한 다섯 개의 골든컵을 수상했으며, 동료들은 밥의 재능을 인정해 그를 워싱턴 레스토랑협회의 역대 가장 젊은 회장으로 선출하였다.

밥 제인더는 행복했어야만 했는데도 항상 비참하고 피곤했다. 그가 밤낮을 가리지 않고 일했던 것은 이상한 일이 아니다. 그는 휴가는커녕 단 몇 시간의 휴식도 가지지 못했다. 매일 메뉴를 작성하고 싱싱한 생선을 구하고 품질 좋은 음식을 생각해 내고 새 종업원을 뽑아 훈련시키고 실내장식을 하고 다시 실내장식을 바꿔야 하는 등 도처에서 스트레스를 받았다. 「나는 나의 삶을 되찾을 수 있는 직업을 찾아야만 했었죠. 성공은 했지만 희생이 너무 컸지요. 다른 일을 시작하는 것은 쉬운 일은 아니었지만 꼭 필요했습니다」

요즈음 밥과 제키 제인더 부부는 암웨이 디스트리뷰터로서 사업을 성공적으로 운영하고 있다. 그러나 그들의 성공은 금전만으로 측정할 수 있는 것은 아니다. 그들은 마침내 함께 지낼 수 있는 시간을 가지게 되었고 두 자녀 로키와 줄리와도 시간을 보낼 수 있게 되었다. 또한 이들 부부는 자신의 생활 계획을 세울 수 있기 때문에 그들의 열정과 재능을 자유로이 사용해 미국 전역에서 더불어 살기 운동에 앞장설 수 있는 것이다.

알 해밀튼은 25년 전 연봉 2만 달러를 받는 숙련된 공구 제작 기술자였다. 「돈을 아주 많이 버는 직업은 아니었지만 당시에는 어려운 사람이 많았기 때문에 비록 저축은 할 수 없었으나 기쁘게 일했죠. 한번은 아내 프란과 함께 앉아서 돈이 어디로 지출되는지 알아보았습니다. 우선 기본으로 들어가는 탁아비, 차량 유지비, 주차비용, 점심, 택시비 등을 계산해 보니 아무리 열심히 오래 일한다 해도 별 소용이 없다는 것을 깨달았죠. 우리는 결코 저축을 할 수 없었던 거예요」라고 그는 회상한다. 「우리가 많은 돈을 벌고 싶어했던 것은 아니에요. 처음에는 내가 아이들과 함께 집에 있을 정도의 돈을 원했습니다. 그리고 곧 우리의 작은 사업은 번창하기 시작했죠. 우리는 곧 남편의 수입을 능가할 정도의 돈을 벌게 되었습니다. 사업을 시작하는 데는 용기가 필요했으나 작은 용기와 노력의 결과로 우리는 경제적인 안정을 찾을 수 있게 되었고, 더 좋은 것은 우리의 자유를 찾을 수 있었다는 거예요」라고 프란은 덧붙인다.

E. H. 에릭은 한창 유명세를 떨치던 연예인이었을 때부터 좀더 나은 직업이 없을까 하고 생각했다. 그는 다른 사람의 기준으로 보면 성공했으나 그 자신은 만족스럽지 못했다. 「연기를 하면 돈을 받았으나 연기를 하지 않으면 돈을 받지 못하죠. 나는 아플 수도 없었고, 유급 휴가는커녕 연기하는 일을 쉴 수도 없었죠. 연기를 하지 않더라도 품위 있는 생활을 할 다른 방법을 항상 원했죠」라고 그는 회상한다.

부유하고 권위 있는 일본 가문 태생인 미도리 이토도 자기 직업에서 매우 성공한 사람이다. 「하지만 나의 수입은 모두 커미션에 달려 있었어요. 내가 휴가를 얻기 위해서 일을 늦추면 내 커미션도 따라서 줄어들었습니다」

에릭과 미도리는 높은 수입을 보장하는 직업을 그만두고 자신의 사업을 시작했다. 처음에는 아무도 그들을 이해하지 못했지만, 지금은 이야기가 달라졌다. E. H. 에릭과 미도리 이토의 암웨이 사업은 일본에서 놀라운 성공담이 되었다. 그들은 지금 부자이며 인간미도 있고, 또한 자유롭다.

막스 슈바르츠는 독일의 뮌헨에서 90킬로미터 떨어진 랑겐문센이라는 마을의 농장에서 부모와 함께 살고 있었다. 막스가 무엇보다 원했던 것은 자신의 사업을 하는 전기 기술자가 되는 것이었다. 그가 면허를 따기 위한 공부를 마치고 시험을 보려고 할 때쯤 그의 사랑하는 누이동생이 죽는 비극이 그의 가족에게 닥쳤다. 장례식이 끝나고 마음이 좀 안정되었을 때 막스의 부모가 그에게 와서 단호하게 다음과 같이 말했다. 「너는 전기 기술자 자격 시험을 볼 필요가 없다. 너는 우리의 외아들이고 네 누이가 죽었으니 네가 이 농장을 맡아야 하겠다」 수십 년이 지난 오늘까지도 막스는 〈자신의 꿈이 사라져버렸던〉 때의 비탄을 기억하고 있다.

자기 사업을 하고 싶었던 그 독일 젊은이가 쟁기를 들고 농장에서 돼지를 키우는 모습을 상상해 보라. 막스와 그의 아내 마리안 슈바르츠는 실망 속에서도 그들의 꿈을 포기하지 않았다. 그들은 작은 감자 농장에서 거위 천 마리, 토끼 2천 마리와 돼지 사료가 되는 곡물도 재배했다. 그러나 잘되지 않아 집을 지어 팔았다. 수년 간 그들의 꿈은 실현되지 않았고 그들의 목표는 손에 닿을 듯하다가 멀어져 갔다. 그러나 그들은 포기하지 않았고, 새로운 사업을 할 때마다 얻은 경험으로 많은 것을 배웠다. 지금 막스 부부는 국제적인 유통회사를 소유하게 되었으며 우리 사업에서 최고의 위치에 올라갔다. 감자와 곡식을 재배하는 농장 대신 그들이 꿈꾸었던 말 사육 목장도 소유하고 있다. 그들 최초의 우승마인 크라운 앰버서더는 이미 아홉 번이나 우승했다.

흑인인 마샬 존슨은 텍사스 주의 잭슨빌에서 자라났다. 그가 어렸을 때 그의 아버지는 가족을 버리고 집을 나갔다. 마샬의 어머니는 다섯 아이들과 하반신 불구의 병든 시어머니를 먹여 살리기 위해 1주일에 7불씩 받고 남의 집 청소를 해주었다. 단지 충분한 생활비를 벌고 싶었고 그녀 자신과 자식들의 좀더 나은 생활을 꿈꾸었던 마샬의 어머니는 공장의 조립 라인에서 위험하고 힘든 일을 하게 되었다.

「어머니는 한 번도 화내거나 슬픈 표정을 짓지 않았습니다. 그러나 어린 나로서도 어머니가 우리를 키우기 위해 얼마나 열심히 일하시는지를 알 수 있었죠. 어머니는 아침 일찍 집을 나가 한밤중에 들어오시는 일도 많았으며, 몸과 마음이 지쳐 있으셨죠. 한번은 어머니가 다루던 기계가 고장을 일으켜 어머니의 양 손가락이 하나씩 잘라졌던 적도 있었죠」라고 마샬은 회상한다. 이런 모든 것에도 불구하고 마샬의 어머니는 가족에게 먹을 것을 줄 수 있었고 물려 입은 옷은 기워 입었지만 깨끗했다. 식사 시간에는 식탁에 음식이 놓일 수 있었다. 일요일에 교회에서 돌아와 온 가족이 모일 때면 어머니는 마샬에게 너는 꼭 대학에 갈 수 있을 거라며 확신을 불어넣어 주셨다. 그날 마샬은 그의 어머니가 세상에서 가장 자랑스런 어머니가 될 것이라는 꿈을 갖게 되었다. 「나의 어머니는 나에 대한 꿈이 실현되는 것을 보셨죠. 나는 체육 장학금으로 휴스턴대학교를 다녔습니다. 4년 간 미식 축구를 하고 2년 간 야구를 했고, 한 시즌 동안 육상 종목을 했습니다. 교육학으로 학위를 받은 후 볼티모어 콜즈의 선수로 선발되었죠. 4학년 때 물리학을 전공한 텍사스 출신의 아름다운 셰런다를 만나 결혼도 했죠. 그녀는 집 없는 사람과 동물을 집으로 데려와 먹을 것을 주고 돌봐주기를 즐겨하는 아름다운 마음씨의 소유자였죠. 그 당시 나는 교육과 체육이 셰런다와 나의 자식들뿐만 아니라 우리 가족 모두에게 좀더 나은 생활을 보장해 줄 것이라는 오래된 통념에 대한 믿음을 간직하고 있었죠」

마샬은 그의 형제들 중 누구보다도 많은 돈을 벌게 되었다. 하지만 그는 벽에 써 있는 낙서 하나를 보게 되었다. 언젠가는 콜즈를 그만두게 되며 영원히 직업 선수일 수는 없을 거라는 내용이었다. 그들 부부는 둘이 교사로 일한들 가족의 늘어나는 생활비를 댈 방법이 없었다. 「게다가 나는 나의 이웃에게 모범을 보여주고 싶었습니다.

어린 흑인 소년 소녀에게 우리도 사업으로 성공할 수 있다는 것을 보여주고 싶었습니다」

마샬과 셰런다는 1978년 유통업에 뛰어들었다. 그들의 사업은 번창했고 이로 인한 경제적 여유로 마샬 존슨 가족의 꿈은 실현되고 있다. 그들은 지금 미국 내 흑인뿐만 아니라 우리 모두에게 모범이 되고 있다. 이와 같은 사례는 이밖에도 헤아릴 수 없을 만큼 많다.

경기가 좋을 때나 나쁠 때나 수백만의 사람들은 언젠가는 자영 사업체를 갖기를 꿈꾸고, 그중 수천 명이 자신의 꿈이 실현되는 것을 경험하게 된다. 만일 자유기업정신이 당신의 마음속에서 꿈틀거린다면, 만일 당신이 경제적 안정을 희구한다면, 만일 당신이 지금 하고 있는 일을 싫어한다면, 바로 지금이야말로 변화를 시도할 때다. 물론 여기서 암웨이 사업을 권장하는 것은 아니다. 내 친구들 중에는 우리 제품을 쓰지 않는 사람도 있다. 여러 증거들을 보라. 자본주의는 북미와 전세계를 통하여 위력을 발휘하고 있다. 자신의 꿈이 실현되는 것을 보고 싶어하는 기업가들에게 기회는 최근의 어려운 경제 속에도 많이 있다.

여러분의 기업가정신을 추구하라

어떤 사람들은 평생 동안 몸담았던 직장에서 실직당했기 때문에 사업을 시작한 사람도 있다. 몇 번을 실직하게 되면 자영업을 하는 것이 처음에는 위험하고 어려워도 결국은 경제적으로 안정된 방법임을 알게 된다. 어떤 사람들은 단지 피곤하고 지루하든지 아니면 단지 회사 생활이 싫어져서 직장을 그만두고 자영사업을 시작한 사람도 있다. 대학을 갓 졸업한 젊은이들도 자신의 사업을 시작하고 있다.

최근의 여론조사에서 100개 대학의 1,200명의 학생 중 38%가 〈개인 사업을 한다는 것은 성공적인 인생을 가져다주는 최고의 기회를 의미한다〉고 대답했다. 〈그들은 자율을 원하고 더 큰 만족과 독립을 원한다. 그들은 자신의 에너지를 자기가 원하는 방향으로 쏟고 싶어 하며, 자기들 마음대로 일하고 싶어한다. 그들은 그들이 속한 사회 에서 욕구를 발견해 그것을 충족시킬 수 있는 사업을 하려고 한다. 한마디로 그들은 자유를 원하는 것이다〉라고 《월스트리트 저널》은 쓰고 있다. 그러나 오해가 있어서는 안된다.

모든 사람들이 전부 성공하는 것이 아니기 때문이다. 1990년에는 60,400개의 회사가 도산했으며 이 숫자는 1989년보다 20%가 증가한 것이다. 그러므로 사업을 시작하려는 사람들에게 다음과 같은 사항 을 지키도록 충고한다.

1 만일 직업을 가지고 있다면 자신의 사업을 시작한 후 얼마 동안은 그 직업을 그만두지 말라. (여러분은 현재의 고용주로부터 따로 시 간을 얻어 내지 않아도, 얼마나 많은 시간과 에너지를 새로운 사업에 이용할 수 있는가 하는 사실에 놀라움을 느낄 것이다.)

2 앞으로 당분간 직장 없이도 버틸 수 있는 충분한 돈을 확보하라.

3 창업자금이 가능한 한 적게 드는 사업을 찾거나 만들어 낼 것. (일시 적 기분에 의해서 빚을 얻지 말라. 사업은 초기에 멋있는 사무실, 비 싼 기기, 많은 종업원들이 필요하지 않다. 작고 검소하게 시작할 것.)

4 당신이 만들거나 제공하는 제품과 서비스가 최상의 질이 되도록 하 라. (고객을 기만하지 말라. 이는 실패의 원인이 된다.)

5 당신이 지금 하고자 하는 일에 대해 정확히 알고 새 사업에 관한 것 은 어떤 정보든 읽어두어라. 은행가, 변호사 및 당신이 신뢰하는 한 두 명의 친구들에게 자문을 구하라. 시행착오를 통하여 많은 것을 배우게 되겠지만 시작하기 전에 가능한 모든 자료를 확보하라.

사업 시작을 두려워 말라. 불경기인 1990년에도 중소기업의 수입 이 6.5% 증가하였다는 것과 미국뿐 아니라 전세계에서 새로운 기업이 우후죽순처럼 생기고 있다는 사실을 유념하라.

다음 장에서는 자신의 사업을 시작하는 데 필요한 실용적이며 단계적인 제안을 하겠다. 특히 처음에는 쉽지 않다. 앤 랜더스가 〈기회는 대개 힘든 일인 것처럼 가장한다. 그래서 대부분의 사람들은 기회를 깨닫지 못한다〉라고 한 말은 옳은 말이다. 그러나 힘든 노력을 통하여 여러분이 꿈꿔왔던 대로 생활 수준이 높아지면서 성취감과 안정감을 얻을 수 있다.

반복해서 강조하고 싶은 것은 암웨이를 포함하여 어떤 직업이나 사업의 시작을 생각하기 전에 진지하게 먼저 검토해 보라는 것이다. 즉, 원하는 사업과 동종 사업에 종사하는 사람들이 성실한가를 확인하라. 예를 들어 제리와 체리 메도우 부부는 국제적 암웨이 사업을 성공적으로 이끌고 있지만 그들은 처음에는 우리가 약속을 지킬 수 있을지에 대해 의문을 가지고 있었다.

졸업을 하고 결혼을 한 후 메도우 부부는 노스캐롤라이나 주로 이주해 케미컬 엔지니어링 분야에서 직업을 구했다. 체리는 가정 선생으로 일했다. 그녀는 옷 디자인과 건축에 관해 텔레비전에서 강의하는 일도 했다. 아들 그레그가 겨우 6개월 되었을 때 메도우 부부는 암웨이의 마케팅과 유통 플랜에 대한 설명을 듣게 되었다. 「나는 그날 밤 들은 말을 이해는 했으나 믿지는 않았어요. 체리는 믿었지만 그 계획이 어떻게 실행될 것인가에 대해서는 이해하지 못했죠. 그래서 우리는 우리가 해야 할 일을 했어요. 그것은 하나하나 조사해 보는 것이었죠」라고 제리는 회고한다. 「남편은 내게 모든 사람에게 전화를 걸어 암웨이에 대해 알아보라고 시켰어요. 거기에는 주 검찰총장도 포함되어 있었죠. 거기서 일하는 한 여자는 〈전 검찰총장이 암웨이 사업을 시작했어요〉라고 내게 말했어요. 우리는 그 말을 듣고 더 이상 암웨이에 대한 조사를 할 필요가 없다고 결정하고 암웨이와 암웨이의 독자적인 디스트리뷰터들이 약속을 지킬 것이라고 믿기로 했습니다다」라고 체리는 씩 웃으며 회상한다.

사내기업가정신

  아마도 여러분은 사업체를 소유하고 싶지는 않으나, 기업가정신이 당신의 마음 속에서 꿈틀거리는 것을 느낄 때가 있을 것이다. 그것은 좋은 일이다. 너무나 많은 사람들이 자신의 사업을 소유해야만 하고, 그들이 다른 사람 밑에서 일할 때면 그 기업가정신은 사라지거나 위축 된다고 생각하고 있다. 그것은 옳지 않은 생각이다. 실제로 대단한 창의력과 재능을 가진 사람 중에 남의 회사에서 일하는 것은 좋아하는 사람이 있다. 그들은 자신의 사업을 할 때의 책임감에 불편함을 느끼며 자신의 사업을 하는 데 따르는 위험 부담을 떠안는 것보다는 월급받기를 선호한다. 혼자 있기보다 다수의 동료들 속에 있고 싶어하는 사람이다.

  같은 사원이라도 출근부에 도장 찍는 것 이상의 일을 하는 사람들은, 〈사내기업가〉로 불러야만 할 것이다. 점점 더 많은 기업체와 직장에서 사내기업가정신으로 일하는 이러한 고용자들의 기여도가 눈에 띄게 나타나고 있다.

  우선 〈사내기업가〉가 되고자 하는 사람은 우선 자신에게 다음과 같은 질문을 해보아야 할 것이다.

> 1 현재의 직업이나 사업에서 어떻게 하면 성장할 수 있고 어떻게 하면 좀더 창조적으로 재능을 발휘할 수 있으며 매일 하는 일에 대해 좀더 만족감을 느낄 수 있을 것인가?
> 2 어떻게 하면 이 사업체를 좀더 강하고 성공적으로 만들 수 있을까?
> 3 어떻게 하면 이 일을 좀더 효율적으로 해내며 시간과 비용이 적게 들게 할 수 있을 것인가?
> 4 어떻게 하면 직장을 개선하고 나와 동료에게 보다 안전하고 보다 편안하게 만들 수 있을까?
> 5 우리가 잘못 하는 일은 무엇이며 어떻게 하면 개선할 수 있을 것인가?

우리는 단지 직장에서 시간을 때우며 세월을 보낼 수도 있으나, 기업가나 사내기업가들은 매일매일을 성장과 창조, 발견, 낡은 생각에 대한 도전, 새롭고 좀더 나은 아이디어 구상의 기회로 삼는다.

우리 동료들은 두 부류로 구성되어 있다. 즉 자신이 사업체를 소유하는 디스트리뷰터들과 세계 각지에 있는 사무실과 공장에서 일하는 직원들로 이루어져 있다. 여태까지는 기업가에 관한 이야기만 해왔다. 이제 사내기업가들에 관해 생각해 보자. 이들의 헌신적 노력과 창의력 없이는 우리 회사가 살아 남지 못했을 것이다.

밥 커크스트라는 25년 이상을 암웨이 회사에 몸담고 있는 창의적이며 헌신적인 직원이다. 그는 독자적인 유통업을 경영할 만한 기술과 재능을 가지고 있다. 그럼에도 불구하고 밥과 그의 비슷한 다른 수천의 직원들이 그들의 재능을 우리와 함께 나누기로 한 것에 대해 항상 감사함을 느낀다. 그들은 더불어 사는 사본주의에 관해 독특한 견해를 가지고 있다. 그들과 대화를 할 때나 토론할 때, 우리는 그들로부터 배우는 점도 많다.

「내가 처음 이 회사에 입사했을 때는 종업원이 500명 정도밖에는 되지 않았습니다. 그러나 지금은 281에이커에 자리잡은 45만 평방 피트의 사무실과 공장과 연구소, 창고 등이 있죠. 그럼에도 리치와 제이는 우리들 하나 하나에 말을 걸어주고 이 미로 같은 길을 거침 없이 누비고 다녔답니다」

입사한 지 일주일도 안 된 종업원들에게 작업장에서 인사를 나누는 것에 대하여 제이와 내가 어떤 공식적인 정책을 결정한 기억은 없다. 그러나 신입 사원으로서 자기가 처음부터 인정받는다는 것이 얼마나 중요한가는 그들의 눈빛과 목소리에 잘 나타나 있었다. 우리는 매일 종업원들에게 인사하기 위해 짧은 시간을 할애했지만, 이 일이 회사에 대한 충성심과 생산성에 장기적인 이점을 가져다주는 것을 보면 나는 아직까지도 놀라곤 한다.

「암웨이에 입사한지 2년쯤 되어 나는 중요한 자리에 있는 감독 한 사람과 대립하게 되었습니다. 더 이상 참을 수 없게 되자 나는 회사를 그만두었죠. 사전에 아무 이야기 없이 금요일 오후 늦게 벌어진 일이었죠. 리치는 그때 회합이 있어 회사에 없었습니다. 그러나 월요일 아침 내가 회사를 그만둔 것을 알고서는 전화를 걸어 오해에 대해서 사과를 하고 사직에 대해서는 재고해 보라고 강력히 요구했습니다. 나는 즉시 회사로 돌아가지는 않았으나, 회사의 소유주가 깊은 관심을 가지고 나에게 직접 전화를 걸어 사과하려는 사실과 그 사건에 대해 그가 그렇게도 빨리 알게 된 것에 대해 경이감을 느꼈던 것을 아직도 기억하고 있습니다」

때때로 우리는 사람들을 단지 숫자로 생각한다. 몇 명이 고용되었나? 몇 명이 해고되었나? 생산 라인에는 아직 몇 명이 남아 있는가? 그러나 제이와 나는 창립 초기부터 우리 회사를 떠나는 사람들을 그들이 회사에 들어올 때와 마찬가지로 인격을 존중하고 자기 자신과 같은 마음으로 대해 주는 것이 중요하다는 사실을 잊지 않도록 노력해 왔다. 우리는 지금 만여 명의 종업원과 3백만 명이 넘는 디스트리뷰터가 있다. 그들 모두를 개인적으로 알기란 불가능하지만, 그래도 그렇게 하려고 노력은 하고 있다.

밥은 다음과 같이 말한다. 「오늘날까지도 리치와 제이는 우리가 말하는 〈직장순회〉를 하고 있습니다. 그들이 언제 어디서 모습을 나타낼지 아무도 모릅니다. 그처럼 갑작스럽고 예기치 못한 방문은 비록 우리의 행동을 조심스럽게 해야 한다는 점은 있지만 염탐과는 다른 것이었습니다. 그것은 오히려 훨씬 유쾌한 것이었습니다 〈어이 잘 있었어?〉 그들은 공장을 천천히 걸어다니면서 생산 라인 너머로 소리칩니다. 그러고는 질문을 하고 우리의 의견을 경청합니다. 〈이 일을 좀더 원활하게 할 수는 없을까?〉라고 리치와 제이는 컨베이어 벨트 기사나 연구 기술자 옆에서 질문을 던지곤 하죠. 그리고 어떤 제안이나 비평을 말하면 제이와 리치가 그것을 귀담아 듣고 틀림없이 조치를 취해 줍니다」

밥이 이렇게 말해 준데 대해 고맙게 생각하지만 제이와 내가 종업원들이나 그들의 요구에 대해 귀담아 듣지 못한 적이 많지나 않았는지 생각된다. 그런데도 역시 더불어 사는 자본주의를 실천하려면 이렇게 노력을 기울여야 합니다. 동정은 쌍방간에 작용하는 법이다. 우리가 우리의 종업원에게 다가가면 그들도 우리에게 다가온다. 그들의 충성심이나 창조적인 아이디어, 노력 없이는 회사는 성공할 수 없다. 회사가 커지면 커질수록 점점 더 사람을 당연시 여기게 되고 접촉하기가 어렵게 된다. 예를 들어 지금은 미국과 세계 전역에 있는 생산 공장과 대리점에 들르는 것은 고사하고 미로와도 같은 우리 공장 건물 중 하나를 처음부터 끝가지 걷는 것도 불가능하다. 그러므로 우리는 더불어 사는 자본주의를 이해하는 감독을 그렇게도 열심히 찾으려고 애쓰며, 그들에게 그 임무를 맡기고자 하는 것이다.

밥은 계속 말했다. 「회사가 커나가자 리치와 제이는 회사 각 부처의 종업원들을 불러 자기 동료들을 대표해서 무엇이나 말할 수 있는 자유토론을 시작 했습니다. 아직도 회사 전체의 서로 다른 분야의 종업원들이 식당이나 강당에 모여 일주일에 한 번씩 비공식적으로 모여 서로 의견을 나눕니다. 어떠한 질문도 허용되며 모든 대답은 주의 깊게, 때로는 비판적으로 받아들여집니다. 수년 간 리치나 제이, 아니면 두사람이 함께 그 자리에 있었습니다」

그런 회합 때면 종업원들은 회사의 전통으로 자리잡은 아이디어 교환 활동을 갖는다. 우리 종업원의 잡지(한때 《앰빗》으로 불렸고 지금은 《프렌즈》라는 이름을 쓴다)도 그런 아이디어 중의 하나였다. 지금은 미국 각 기업체에서 직원용 잡지를 흔히 볼 수 있지만 처음 그 아이디어가 제안되었을 때는 생소했었다. 매달 발행되는 이 잡지는 작업중이거나 휴식중인 종업원들의 사진과 이야기를 싣고 있었다. 우리는 그런 잡지 기사를 통해 알게 된 개인적인 성취 또는 직업상의 성취에 대해, 포스터나 사무실의 전시물을 통해서 또는 연회, 위로의 자리나 행사를 빌어 감사를 표하게 되었다.

최상의 아이디어는 가끔 종업원들끼리 우정 어린 대립을 보일 때 나온다. 에이다에 있는 우리 종업원들은 제이와 나에게, 우리가 지배인들이 제시간에 출근해서 하루 종일 일할 거라고 신뢰하는 만큼 종업원들도 마찬가지로 신뢰를 받아야 한다고 제의했다. 그래서 우리가 출근 기록계를 다 치워버린 후에도 작업 수행이나 출근 시간은 단 하루도 늦어지지 않았다.

더불어 산다는 것은 좋은 일이다. 여러분이 자신의 사업을 가지고 있는 고용주건, 다른 사람의 사업을 위해 창의력을 발휘하고 헌신적으로 일하건 여러분의 기업가정신이 자유로이 발휘될 수 있도록 하라. 더불어 사는 삶을 길잡이로 삼으면 우리가 성취 못할 일이 없다.

50여 년 전에 캐나다의 앨버타 주 스리힐스의 큰 길을 여섯 살 된 한 어린이가 달려 내려오고 있었다. 그 어린아이는 사탕가게의 무거운 유리문을 밀고 들어가 싸게 파는 과자가 들어 있는 통으로 재빨리 갔다. 통에는 〈조브레이커 사탕 25개에 25센트〉라고 씌어져 있다. 그 소년은 호주머니에 손을 넣어 25센트짜리 캐나다 주화를 꺼내 그 사탕을 샀다. 그러고는 마을 중심에 있는 어린이 공원이자 운동장으로 곧장 달려갔다. 그 아이는 많은 어린이들이 자기들 부모와 함께 새 그네와 미끄럼틀 주위에 있는 것을 보고 거기로 달려가서는 사탕 봉지를 소리 나게 열어 그중 가장 커다란 사탕 껍질을 천천히 벗기기 시작했다.

사탕을 소리 내며 먹는 소리에 아이들이 하나씩 초록색 사탕 봉지 주위에 모여들었다. 「하나 먹고 싶니?」하고 그 아이는 물었다. 그러자 아이들은 그 아이 앞으로 작은 손들을 흔들어 댔다. 「한 개에 2센트밖에 안 해」하며 봉지에서 한 움큼의 빨강, 초록, 노랑, 까망의 사탕을 꺼냈다. 눈 깜짝할 사이에 아이들은 자기 호주머니에서 동전을 꺼내거나 아니면 부모에게 달려가 동전을 달라고 했다. 몇 분 만에 남아 있던 사탕 24개가 모두 팔렸으며 그 아이는 얼굴에 미소를 머금고 집으로 터벅터벅 걸어갔다. 그의 청바지에는 그날 번 48센트가 들어 있었다.

세월이 흐른 후 그 어린아이 짐 잰즈는 그의 부인 샤론과 함께 캐나다와 미국에서 성공적으로 사업을 하고 있다. 일생 동안 기업가정신을 성공적으로 추구한 후 지금 그는 그 어린 시절의 추억을 유쾌하게 이야기한다. 사탕을 손에 쥐고 그날 공원에 서 있던 짐 잰즈는 자본주의자였으며 그때는 그런 사실조차 몰랐다.

만일 어떤 어른이 그 작은 어린아이 속에 있던 기업가정신을 짓밟아 버렸다면 어떻게 되었을까? 「당시의 어른들은 나의 자유분방한 기질을 희생시키려 했죠」라고 50여 년이 지난 지금 짐은 회상한다.

나도 역시 내 생애를 통하여 〈자본주의〉란 단어를 경멸하는 소리를 많이 들어왔다. 내가 자유기업이라는 말을 사용하는 것은 이 위대한 경제 시스템에 대해 보다 저항감을 적게 가지게 하기 때문이다. 여러분이 이 세상의 어린이들 속에 있는 기업가의 싹을 무엇이라고 부르든지 간에, 그들이 지닌 그 불꽃을 계속 태우게 하는데 전력을 쏟아야 할 것이다. 그 어린 소년이 사탕 하나를 1센트에 사서 거리에서 이익을 남기고 팔았을 때 그는 칭찬받아야 했으며 그의 창의력과 노력은 격려를 받았어야 한다.

짐과 샤론은 그들의 소명에 진실했다. 그들은 그들의 기업가정신을 따랐으며 그 결과 자본가로 성공했다. 그들은 수천 명에게 성공할 기회를 주었으며 그들의 부를 이용하여 자선을 베풀어 세상으로 하여금 위대하고 영원히 지속되는 선을 행하도록 영향을 주었다.

빨간 사탕물이 얼굴로 흘러내렸던 그 아이는 나중에 트리니티대학교의 재단 이사장과 캐나다 국제 성경 재단 이사장, 로버트 슐러 선교회의 이사장이 되었다. 그는 다른 사람들이 그에게 바라는 꿈을 따르지 않고, 신이 그의 가슴속에 심어준 꿈을 따랐다. 그 결과 자신의 꿈과 다른 사람이 그에게 가졌던 꿈을 동시에 실현시켰다.

더글러스 맥아더 장군은 〈삶에 있어서 안정은 없다. 단지 기회가 있을 뿐이다〉라고 말했다. 당신은 여생 동안 무엇을 하고 싶은가? 지금 당장 하라! 오늘 첫걸음을 내딛으면 다른 모든 것은 따라올 것이다.

여러분의 마음속에 그 자유기업의 정신을 다시 한번 느껴보기 바란다. 시도하는 것을 두려워 말라. 앞으로 나아가라. 여행은 바로 첫번째 발걸음으로부터 시작된다. 여러분의 꿈이 실현될 수 있도록 도와줄 수 있는 친구들을 찾으라. 더불어 사는 자본주의의 참된 기쁨은 여러분 자신의 개인적 성취와 재정적 안정뿐만이 아니다. 참된 기쁨은 다른 사람을 도와 그들이 개인적인 성취와 경제적 안정을 찾을 수 있도록 도와주는 것이다.

더불어

사는

자본주의

3부 - 출발!

제 9장

성공하기 위해서는 어떠한 마음가짐이 필요하며, 어떻게 하면 이러한 마음가짐을 개발할 수 있는가?

우리는 긍정적이며 희망에 찬 마음가짐을 갖는 것이
우리의 목표 도달에 필수적이라는 사실을 믿는다.
그러므로 우리는 스승의 도움을 받아, 우리들의 삶과 삶의
잠재성에 대해 긍정적이고 도움을 주며 생산적인 마음가짐을
개발할 수 있도록 하는 프로그램을 설계해야 한다.

생활신조 9

한 젊은 외판원이 맥주 회사인 웨스트 앤 브루어리 사의 트럭을 몰고 49번 국도를 따라 뉴욕 주의 유티카에서 로움을 향해 차를 몰고 가고 있었다. 그가 모허크 강의 이스트 도미니크 다리를 건너고 있을 때 갑자기 하늘이 시커멓게 변하고 번개가 멀리 지평선 위에서 번쩍였다. 그는 늦여름의 폭우를 피하기 위해 액셀을 힘껏 밟아 제임스 스트리트로 꺾어 들어와서는 튜린 로드에 있는 〈질레트〉 식품점 앞에 끽 소리를 내며 차를 멈췄다.

그가 판지로 된 포스터를 들고 주차장에서 뛰어나올 때 빗방울이 차창을 때리기 시작하였다. 그는 회색 바지와 회색 셔츠를 입고 있었다. 셔츠에는 웨스트 앤 브루어리 상표가 그려져 있었고 호주머니 위에는 그의 이름인 덱스터 예거가 선명하게 박혀 있었다.

덱스터가 맥주를 광고하는 판지로 된 포스터를 조립하기 시작하자 슈퍼마켓의 새 지배인이 「이봐, 여기에 붙이면 안 돼」라고 퉁명스럽

게 말했다. 「여기서 당장 나가라구. 우리는 이 따위 물건을 놓아둘 데가 없어. 여기는 식품을 취급하는 곳이야. 알겠어?」

덱스터는 억지로 미소를 지으며 포스터를 주워 담고 출구 쪽으로 나갔다. 그는 분노와 당혹감을 느꼈다. 머리 위로는 비바람이 기승을 부리고 있었다. 잠시 출구 쪽에 서서, 트럭으로 달려갈 때까지 만이라도 폭우가 멈췄으면 하고 생각했다. 그는 지배인의 통명스러운 거절과 늦여름의 폭우 사이에서 어쩔 줄 모르고 서 있었다.

그해 1964년 여름 내내 그는 덫에 걸려 있는 듯한 기분이었다. 그는 맥주를 팔고 웨스터 앤 브루어리 사의 포스터를 설치하는 대가로 주당 95달러를 받고 있었다. 그는 열심히 일했으나 결코 성공할 수 있을 것 같지는 않았다. 덱스터와 그의 아내 버디는 아직도 1955년형 포드의 스테이션 왜건을 몰며 일곱 명의 자녀와 함께 뒷골목에 있는 오래된 연립 주택에서 살고 있었다. 「우리집은 바로 길가에 있었죠. 푸른 잔디밭은커녕 애들이 놀 장소도, 평화도, 조용함도 없었죠」라고 버디는 회상한다. 또 그는 「나에게는 내 자신과 내 가족을 위한 커다란 꿈이 있었는데, 무언가가 나와 그 꿈 사이를 가로막고 있다는 느낌이 들었어요. 나는 무엇이 잘못되었으며 무엇을 바꾸어야 하는가를 찾아내는 대신에, 변명의 구실을 만들어놓고 이를 이용하여 나의 실패를 합리화하기에 바빴죠」라고 과거를 회상한다.

「나는 대학 교육을 받지 못했죠」 그는 계속해서 말한다. 「처음에는 이것이 문제라고 생각했어요. 좀더 나은 직장을 위해 이력서를 낼 때마다 회색 양복에 줄무늬 넥타이를 맨 점잖은 양반들은 이 점을 문제 삼았죠. 그들은 〈대학은 다녔나?〉라고 중얼거리며 내 이력서를 들여다보고는 혀를 차더군요. 나는 어색한 기분으로 고개를 끄덕일 수밖에 없었죠. 그들은 내 이력서를 대충 훑어보고는 웃는 얼굴로 되돌려주며 가보라고 했습니다. 그들은 마치 〈그럼 학위를 딴 후에 다시 이야기합시다〉라고 중얼거리는 듯했습니다」

「나는 어휘력도 풍부하지 않았습니다」라며 그는 말을 잇는다. 「오랫동안 그것이 나의 앞길을 가로막고 있다고 생각했습니다. 나는 누군가가 나의 부족한 어휘력을 꼬집어 말했던 그날을 결코 잊지 못할 겁니다. 그는 내게 〈성공한 사람은 아무도 너와 친하고 싶어하지 않을 것이다. 그러므로 네가 아무리 성공한들 넌 그들처럼 될 수 없어〉라고 경고했습니다」

「또한 나는 자라날 때 환경이 별로 좋지 못했어요」라며 그가 옛날에 즐겨 사용했던 세번째 변명을 회상하며 덧붙인다. 「나는 로움이라는 뉴욕 북부의 작은 마을에서 자라났어요. 그곳 사람들은 주로 가톨릭 신자였는데 나는 신교도였죠. 또 나는 순수 이탈리아계 사람들 속에서 독일과 스코틀랜드의 〈혼혈인〉이었습니다. 나는 배관공의 아들이었으며 의사, 변호사, 정치가의 아이들은 나를 거들떠보지도 않았죠」

「그러나 이러한 이유들이 나의 실패에 대한 이유의 전부는 결코 아닙니다」라고 그는 설명한다. 「그것들은 내가 내 자신과 나의 꿈 사이에 벽을 세워놓기 위해 사용하였던 변명에 불과했습니다. 바로 내 자신에 대한 내 마음가짐이 잘못된 것이었죠. 아니 누군가가 바뀌어야만 했습니다. 내가 바뀌어야만 했던 것입니다. 그러나 나는 당시에 그것을 깨닫지 못했죠. 나는 그날 폭우 속을 뚫고 맥주 트럭을 몰면서 나의 꿈이 이 빗물과 함께 흘러내려 우드 천을 통해 모허크 강으로 흘러갔다가 망망대해 속으로 영원히 사라져 버리지나 않을까 생각했죠」

성공적인 기업가가 되는 길은 당신 자신을 믿는 것이다

여러분들 중에는 어떻게 하면 기업가가 될 수 있을까 하고 궁금해하는 사람들이 있을 것이다. 덱스터 예거 및 그와 비슷한 수백만의 남녀에게 있어 성공이란 마음가짐의 변화에서 비롯된다.

거만과 자신감은 다르다. 내가 말하려는 것은 〈나는 할 수 있다!〉라는 자신에 대한 긍정적 마음가짐이다. 덱스터 예거가 자기 자신에게 필요한 것은 자신의 마음가짐을 바꾸는 것이라고 결정을 내린 순간, 그는 우리 회사 역사상 가장 커다란 성공사례 중 하나를 향해 힘찬 발걸음을 내디딘 것이다.

그런데도 자신감이 없단 말인가? 누군가 여러분에게 〈당신은 성공한 기업가가 될 수 있어요〉라고 말한다면 여러분은 본능적으로 우선 〈그럴 리가 없어요〉라고 생각한다. 여러분만 그런 것은 아니다. 덱스터와 버디 예거 부부도 처음에는 그렇게 생각했다. 우리들 대부분은, 적어도 처음에는, 알맞은 자질을 갖추지 못했다고 생각한다. 그러나 이것은 틀린 생각이다. 알맞은 자질은 쓰레기더미 밑에 묻혀져 있는 경우가 많다. 일생 동안 우리는 어떤 때는 완곡하게, 어떤 때는 단도직입적으로 우리가 쓸모 없고, 단점 투성이며, 결코 성공하지 못하리라는 말을 듣는다. 그런 말은 넌지시 우리에게 비춰지기도 하고 때로는 뚜렷이 표명되기도 한다. 그러나 컴퓨터 전문가들의 말을 빌리면, 쓰레기(부정확한 정보)를 입력하면 쓰레기가 나오는 법이다.

〈출세하려면 대학 교육이 필요하다〉라는 말이 그런 거짓말 중의 하나이다. 나는 교육의 힘을 믿는다. 나는 여러 대학 이사회에 참여도 해왔고 십여 개의 명예 학위도 받았다. 또한 나의 자녀들은 모두 대학을 졸업했다. 그러나 나는 대학을 다니지 않았다. 덱스터 예거도 대학을 다니지 않았다. 《포춘》이 선정한 500대 기업 중 그 기업의 창업자나 사장이 대학을 나오지 않은 기업이 상당히 많아 인상적이다. 금세기의 가장 위대한 신학자 중 한 사람인 칼 바아트는 신학교도 다니지 않았으나 그의 저술은 전세계 모든 신학교의 교재로 쓰이고 있다.

대학 학위가 중요하지 않다고 말하는 것은 아니지만, 학위가 없으면 성공할 수 없다는 생각을 잠깐이라도 해서는 안된다. 덱스터 예거가 존경했던 사람 중의 한 분은 그의 삼촌이었다. 그는 「나는 존 아저씨가 접시닦이였던 시절을 알고 있어요」라고 말하며 추억에 잠긴다. 「아저씨는 중학교 2학년 때 학교를 그만두셨죠. 아저씨는 아주 적은 임금을 받고 일하면서 숙련 목수를 따라 다녔어요. 이렇게 해서 아저씨는 기술을 배웠어요. 아저씨가 일했던 건설회사가 망하자 아저씨는 조그맣게 건축업을 시작했어요. 융자를 받아 땅을 사 건설업자가 된 거죠. 여기서 번 돈으로 자기가 가장 좋아하는 레스토랑을 샀어요. 아저씨는 항상 무언가를 시작하고 있었어요. 1960년대에 이르러 아저씨는 10여 개의 사업체를 가지게 되었고 자신의 꿈을 훨씬 능가하는 성공을 거두었죠. 나도 아저씨처럼 되고 싶었어요」

「그러나 〈너는 먼저 대학에 진학해야 한다〉라고 아저씨는 나를 타이르셨어요. 아버지도 〈대학 학위를 따라〉고 맞장구를 치셨죠. 〈하지만 난 아버지나 아저씨처럼 되고 싶어요〉라고 두 분께 말씀드렸어요. 삼촌처럼 아버지도 중학교 2학년까지만 다니셨죠. 그렇지만 계속 배우고, 성장하고, 자신을 변화시켰어요. 나는 대학교, 대학원 졸업장을 가지고 있는 사람들을 많이 알고 있지만 내가 가장 존경하는 사람은 아버지와 삼촌입니다. 왜냐하면 그 분들은 많은 것을 성취하셨고 이를 위하여 많은 노력을 하셨기 때문입니다. 그래도 이 분들은 아직도 내게 〈대학을 다니지 않으면 성공할 수 없다〉라고 말씀하세요」

우리가 존경하는 사람들조차 우리를 잘못 인도할 수 있다. 덱스터는 이를 일찍 깨달았다. 「맥주 회사 차를 몰고 뉴욕 주의 로움을 지나갈 때 대학 졸업장 없이는 결코 성공할 수 없다고 믿었죠. 그러나 당시 나는 나이가 너무 많아 대학에 갈 수 없었죠. 나는 처자가 있었고 돈 들어가는 곳이 너무 많았죠. 설혹 입학 시험에 붙는다 할지라도 대학에 진학할 수는 없었어요」

다음으로 우리가 알아야 할 것은 나쁜 충고는 그대로 예언처럼 되어서 우리 머릿속에서 메아리치고 우리의 꿈을 흐리게 한다. 「대학 학위 없이는 결코 성공할 수 없다」, 「어휘력이 부족하면 아무도 너에게 기회를 주지 않는다」, 「신교도나 가톨릭 신자, 유대인, 스페인계나 흑인, 대머리나 살찐 여자에게는 높은 자리가 주어지지 않는다」 등 이런 말은 수도 없이 많아 이 말에 따르면 성공할 사람은 아무도 없다. 이러한 나쁜 충고를 우리는 어렸을 때부터 듣는다. 처음에는 농담이나 속삭임으로 시작되다가, 조용한 귓속말이나 〈우정 어린〉 충고로 점점 발전한다. 마지막에 가서는 우리의 잠재력을 파괴하고 우리의 꿈을 무참히 짓밟고 만다. 그런 거짓말에 속아 당신의 장래에 위협을 느껴서는 안된다. 대신 당신의 재능을 나열해 보라. 당신 자신에 대해 당신이 스스로 인정하는 긍정적인 자질을 찾아내어 이를 도구로 삼아 당신 내부에 있는 모든 잠재능력을 찾도록 하라. 바로 오늘부터 새롭게 긍정적으로 삶을 사는 자세를 개발해야 한다.

얼마 전에 나는 전형적인 심장 발작 증세를 보여 미시건 주의 그랜드 래피즈 시에 있는 버터워스 병원으로 실려갔다. 의사는 내 심장에 피를 공급하고 있는 혈관 내부의 장애를 제거하기 위해 우회 시술을 했다. 장기간 입원하고 있는 동안 점점 분명해진 것은 내가 두 가지 중 한 가지 선택을 해야만 한다는 사실이었다. 하나는 전과 똑같은 생활방식으로 살다가 가족 묘지까지는 아닐지라도 또다시 수술대 위로 올라가는 것이며, 다른 하나는 진지하게 내 생활방식을 바꾸어서 천수를 다하는 것이었다.

나는 나의 생명을 유지해 주는 장치들이 침대 주위에서 깜박이고 소리를 내는 동안 의사의 충고에 대해 진지하게 검토해 보았다. 의사는 내게 심장 동맥이 막히게 된 세 가지 원인 즉 유전, 나쁜 식생활, 운동 부족에 대해 이야기해 줬는데, 이들 세 가지 원인은 나의 생명을 구할 수 있는 방법을 제시해 주고 있었다. 이 방법은 또한 실패를 야기시켰던 마음가짐으로부터 성공을 가져다주는 마음가짐으로 변화시키는 데도 적용된다.

이렇게 한번 생각해 보자. 덱스터는 꽉 막힌 듯한 느낌이었다. 그에게는 꿈이 있었으나 무언가가 그의 꿈을 가로막고 있었다. 그는 이것이 바로 자기 자신에 대해 가지고 있는 부정적 마음가짐이라는 것을 발견하였다. 할 수 없다는 마음가짐이 혈관을 막고 있는 장애물이다. 이와 동일한 논리로 유전, 나쁜 식생활, 운동 부족 또한 장애물이 아닌가? 새로운 사고 습관은 상황을 변화시키지 않을까? 운동을 통해서 신체를 단련시키듯 우리 마음을 단련시켜 부정적인 조건들을 타개하고 기업가적 정신을 다시 한번 자유로이 흐르게 할 수 있는 방법이 없을까?

유전

나의 아버지 사이몬 C. 디보스는 59세의 이른 나이로 세상을 떠나기 전까지 몇 번의 심장 발작을 일으켰다. 내게 성공을 가져다준 마음가짐 중 많은 부분을 나는 아버지에게서 물려받았다. 그리고 나는 이에 대해 깊은 감사를 느낀다. 그렇지만 동시에 내가 물려받은 신체적 기질에는 위험한 결점도 있었다. 유전에 대해 심각하게 생각은 안 했지만 나는 병실에 누워 아버지처럼 일찍 죽게 되지 않나 하고 생각해 보았다.

우리들의 결점에 대해 누군가를 원망하고자 하는 것은 아니다. 할 수 없다는 마음가짐은, 누구로부터든 어디로부터든 간에, 〈물려받을 수 있다〉라는 것을 명심하라. 꼭 유전적으로가 아니라 한 세대가 다음 세대에게 특성을 물려줄 수 있다는 점에서 그렇다.

만일 여러분의 부모가 자기 자신을 패배자로 간주했다면, 다시 말해서 성공에 대한 확신이나 욕구가 없었다면, 어떤 종류의 마음가짐을 여러분에게 물려주었겠는가? 아마도 여러분은 여러분 자신을 스스로 패배자라고 생각하도록 가르침을 받았을 것이다. 이것은 반드시 부모들의 잘못이라고는 할 수 없다. 그들은 나름대로 대항해 싸워야 하는 자신의 〈유전적 특성〉을 가졌을 수 있기 때문이다. 좋든 나쁘든 우리들은 부모들의 장점이나 단점을 물려받았다. 그렇다고 해서 여러분이 바뀔 수 없다는 것은 아니다. 당신이 물려받은 나쁜 특성을 이해하고 좋은 특성을 붙잡도록 하라.

「제 어머니는 매우 의지가 굳은 분이셨어요」라고 덱스터는 회상한다. 「일생 동안 어머니는 허리가 약하고 아파서 많은 고통을 겪으셨어요. 의사는 어머니에게 아이를 낳을 수 없다고 말했죠. 하지만 어머니는 5남매나 낳으셨어요. 의사들은 어머니에게 아이를 들거나 안지 말라고 경고했어요. 어머니는 그 말을 무시하고 우리를 자주, 그것도 오래 안아주셨어요. 우리가 어렸을 때 의사들은 어머니가 고혈압이라는 것을 발견하고는 어머니가 일찍 돌아가실지도 모르니 가족들에게 대비하라고 했죠. 그래도 어머니는 미소를 지으셨고 자신과 자신의 약한 몸을 계속 믿으셨죠. 어머니는 의사들의 말을 별로 귀담아 들으시지 않았으며 결국 그들보다 오래 살다 여든 살의 나이로 돌아가셨죠. 80세 생신 직후에 어머니는 뇌졸중을 일으켜 오른쪽이 마비되었죠. 간호사들은 〈어머니는 다시는 걸으실 수 없어요〉라고 말했어요. 하지만 그것은 나의 어머니를 모르고 한 말이었죠. 어머니는 치료받기 시작한 첫 주에 〈지팡이가 필요해. 나는 다시 걸을 거야〉라고 말씀하셨어요. 얼마 있다가 어머니를 찾아뵌 나는 어머니가 휠체어에서 힘들게 일어나시는 모습을 보고 놀라움을 금할 수 없었죠. 〈잘 있었니? 이리 와서 나 좀 안아주렴〉 하고 말씀하시더군요. 그러고 나서는 얼굴에 웃음을 띠고 내게로 걸어오시기 시작했죠. 그때 어머니는 자기 자신을 믿으시고 자신의 꿈에 역행하는 모든 것과 모든 사람을 극복할 수 있다는 굳은 의지를 갖고 계신 것이 분명했어요」

「제 아버지는 키가 겨우 5피트 6인치셨어요」라고 그는 계속 말한다. 「그러나 아버지는 강하셨어요. 나는 어렸을 때 로움에서 살았는데 우리집은 날림으로 지은 집들이 있는 구역에 있었죠. 어느 토요일 한 젊은 펑크족 두 명이 아버지에게 먼저 싸움을 걸어왔어요. 아버지는 싸움을 피하려고 하셨지만 한 대 얻어맞고 난 후에는 맹수처럼 달려들었어요. 우리가 보니 그들은 죽을 힘을 다해 줄행랑을 치고 있었어요」

「오랫동안 내 책상 위에는 〈중요한 것은 싸우는 사람의 체격이 아니라 그 사람 속에 있는 투지가 문제다〉라는 문구가 적혀 있었죠. 나는 그 글귀를 볼 때마다 아버지를 떠올렸고 아버지가 내게 물려주신 투지를 생각했습니다」

덱스터와 마찬가지로 우리 모두는 가족이나 친구들로부터 좋은 점이나 나쁜 점을 물려받는다. 그러나 우리는 우리가 받은 것에 대해 만족해서는 안 된다. 그것을 바탕으로 발전하라. 만일 여러분이 자신의 잠재력을 과소평가하는 것을 물려받았다면 싸워서 극복하라. 나는 패배자가 아니며 성공할 수 있다라고 자신에게 말하라. 나의 부모님과 조부모님에게 걸림돌이 되었던 것이 나의 앞길을 막을 수는 없다. 아무도 말해 주지 않았던 것을 누군가가 말해 준다는 사실에 감사하라. 그 말은 바로 〈너는 할 수 있다!〉라는 말이다.

식생활

우리는 건강하고 유연한 신체로 태어났다. 그러나 만일 우리가 계속해서 프랜치 프라이와 치즈버거, 초콜릿 케이크와 맥주를 먹는다면 어떤 일이 일어나게 될지는 여러분이 잘 알 것이다. 특별히 운이 좋지 않는 한 결국 동맥이 막히게 되며, 혈관 내부는 오래된 녹슨 파이프 처럼 될 것이다. 그러나 만일 우리가 균형 잡힌 저지방음식을 먹는다면(사실 이러한 음식이 그렇게 맛없는 것도 아니다) 동맥은 좋은 상태를 유지하게 될 것이다.

이는 우리 마음에도 적용된다. 우리가 계속해서 정신에 해가 되는 생각을 받아들인다면 무슨 일이 일어날 것인가? 우리는 우리 자신에 관해 불건전한 마음가짐을 발전시키게 될 것이다.

만일 여러분이 지속적으로 부정적이며 할 수 없다라는 생각을 계속 받아들인다면 여러분은 틀림없이 실패하고 말 것이다. 덱스터와 버디 예거 부부와 대담 도중, 덱스터는 갑자기 허리를 굽히더니 유리잔 한 개를 집었다. 「이 유리잔을 보십시오. 지금 이 유리잔에는 콜라와 얼음이 가득 차 있습니다. 내가 다 마셔버리면 이 잔에는 공기로 가득 차게 될 것입니다. 빈 잔 같은 것은 없습니다. 마찬가지로 빈 마음과도 같은 것은 없습니다」라고 덱스터는 말을 이었다. 「우리들의 마음은 부정적 생각이나 긍정적 생각, 혹은 이 둘이 합쳐진 생각들로 가득 차 있습니다. 우리들 마음속에는 행복한 추억과 불행한 추억이 흐르고 있습니다. 희망의 감정이나 절망의 감정이 나란히 재빨리 움직이고 있습니다. 우리의 마음은 이 잔과 마찬가지로 비어 있지 않습니다. 우리는 변기를 물로 씻어 내리는 것처럼 마음속에 있는 독소와 쓰레기를 씻어 내리는 법을 배워야 합니다. 그러고 나서 우리는 우리의 마음을 선하고 긍정적이며 낙관적이고 도움이 되며 용기를 북돋을 수 있는 생각으로 다시 채우는 법을 배워야 합니다」

덱스터와 버디 예거 부부가 1960년대에 전혀 생소한 사업에 금전적 위험을 무릅쓰고 뛰어들었던 것을 상상해 보라. 그들은 그때까지도 1955년형 스테이션 왜건을 타고 연립주택에 살고 있었다. 그러나 덱스터는 잠들기 전 항상 도미니크 거리를 걸어서 로움 시에 있는 유일한 캐딜락 대리점 및 차고로 갔다. 「나는 깜깜한 어둠 속에서 번쩍번쩍 빛나는 캐딜락을 진열장 너머로 바라보고 있었어요. 호화로운 가죽 시트의 연한 청색 드비에 모델을 눈여겨보았죠. 그 당시 나는 은행에 저축한 돈이 단 10센트도 없었지만 어둠 속에 서서 내 자신에게 얼마 지나지 않아 저 차는 내 것이 될 것이다라고 수없이 말했죠」

「덱스터만이 꿈을 가지고 있었던 것은 아니었습니다」라고 버디는 우리에게 일깨워 주었다. 「남편이 포드 차를 캐딜락 드비에로 바꾸려는 꿈을 가지고 있을 때, 나는 로움 시의 교외에 집을 가지려는 꿈을 가지고 있었습니다. 나는 아이들이 뒷마당에는 잔디밭이 있고 길에는 평화스럽고 안전한 작은 샘물이 흐르는 곳에서 살게 되기를 꿈꿨죠. 내가 남편에게 나의 꿈을 얘기하자 그는 즉시 차로 15분을 달려 나의 꿈속의 집 앞에 낡은 포드 차를 세워놓고는 그 집이 나와 우리 가족을 위한 집이라고 선언했습니다. 남편이 그 집 앞에 서서 그 집을 쳐다보며 저것이 나의 집이라고 떠들고 다녀도 이상하게도 이웃 사람들은 경찰을 부르지 않더군요」

「나는 내가 원하는 것에 집중하는 법을 배웠어요」라고 그는 설명하기 시작한다. 「이것이야말로 다른 사람들이 나에게 원하거나 혹은 원하지 않는 부질없는 것들을 씻어버릴 수 있는 유일한 방법이었습니다. 별볼일없는 사람들로부터 나는 나의 삶을 되찾아야만 했습니다. 밤낮을 가리지 않고 나는 미래에 대한 꿈에 의지하며 살았습니다」

덱스터와 버디 예거 부부는 요즈음 노스캐롤라이나의 샬로테에서 그들이 꿈꾸었던, 벽난로가 여섯군데나 있는 광대한 저택에 살고 있다. 그 오래된 연립주택은 단지 추억이 되었으며 녹슨 포드의 스테이션 왜건 대신 값비싼 골동품 차를 여러대 수집하고 있다. 그들은 기독교단체와 자선단체들을 도와주고 있다. 그 외에도 어린이들에게 자유기업체제를 가르치고 자유기업체제로 성공할 수 있는지를 보여주기 위한 캠프를 준비하고 있다. 예거 부부는 모든 사람들이 〈나는 할 수 없다〉로부터 〈나는 노력하면 할 수 있다〉로 마음가짐을 바꾸는 것을 돕고 있다. 그러나 그러기 위해서는 자신들을 바꾸는 것을 먼저 해야만 했다.

여러분의 〈습관〉을 개선할 수 있는 중요한 한 가지 방법은 테이프를 듣고 책을 읽는 것이다. 어렸을 때부터 우리들의 머리는 마이크로폰이 내장되어 있는 녹음기의 역할을 한다. 우리가 듣는 목소리는 어떤 학자들에 의하면 자궁 속에서부터 양쪽 귀 어딘가에 숨겨져 있는 신비로운 창고에 영원히 저장된다고 한다. 어떤 목소리는 우리에게 좋은 충고를 주며 어떤 목소리는 우리에게 나쁜 충고를 준다. 그

러나 모든 목소리는 저장되며 우리가 원하든 원하지 않든 오래된 테
잎은 특히 나쁜 충고는 우리 머릿속에서 계속 돌아간다.

「이 못난아!」

「이 바보야!」

「계집애가 뭘 안다고 까불어!」

「아이구, 이 사고뭉치야!」

「떡잎부터 알아본다니까!」

이렇게 테잎은 계속 돌아간다. 낡은 테잎의 그 소리를 우리가 더
이상 믿지는 않지만 멈추게는 할 수 없다. 잠시 여러분 자신에게 물
어보라. 여러분의 자존심을 손상시키고 여러분의 잠재력을 과소평가
하게 만드는 테잎은 어떤 것들인가? 덱스터에게는 대학 학위, 어휘
력 부족, 이질감을 느끼게 하는 동네에서 자라난 것 등이다. 당신을
의기소침하게 만드는 테잎 소리는 무엇이며 반면에 당신을 고무시키
기 위해서는 어떤 테잎을 들어야 하는가?

수년 전 나의 특별하고도 막역한 친구인 가스펠 영화사의 빌리 제
올리 사장(나에게 이 책을 쓰도록 촉구한 분)은 오스트리아의 인스브
루크에 있는 올림픽 스타디움에서 연설을 하였다. 자유기업과 그 혜
택에 대해서 막 알기 시작한 수천의 유럽인들이 모인 자리에서 빌은
윈스턴 처칠이 죽기 바로 직전 잘 알려진 한 영국 대학의 졸업생들
에게 행한 연설에 대해 이야기했다.

처칠은 그 행사에 약간 늦었다. 그는 중절모를 쓰고 두꺼운 코트
를 입은 채로 넓은 강당으로 걸어 들어왔다. 학생들의 환호를 받으
며 전직 수상은 천천히 그의 모자와 코트를 벗어서 자기 옆에 있는
스탠드에 걸어놓았다. 그는 연로하고 지쳐 보였으나 당당하고 꼿꼿
하게 학생들 앞에 섰다.

청중들은 잠잠해졌다. 그들은 이번이 그의 마지막 연설이 될지도
모른다는 것을 알고 있었다. 기대감에 약간 상기된 얼굴을 하고 있
는 천여 명의 얼굴들이 나치의 위협으로부터 영국을 구출하기 위해

용감하게 전쟁을 이끌었던 바로 그 사람의 얼굴을 직시했다. 정치가, 시인, 예술가, 작가, 전쟁 특파원, 남편, 아버지로서의 그의 풍부하고도 충만한 삶은 거의 끝나가고 있었다. 그가 어떤 충고를 할 것인가? 그가 어떻게 그 많은 경험을 6분의 짧은 연설로 대신할 것인가? 처칠은 청중들을 1분 동안 그윽하게 바라보고는 이 세 마디의 말을 했다. 〈절대로 포기하지 마세요!〉 학생들은 이 노정치가가 무슨 말을 더 할 것인지 기다리며 그를 바라보았다. 적어도 30초에서 45초 동안 처칠은 단지 쳐다보기만 했다. 그의 눈은 반짝거리고 그의 얼굴에서는 광채가 났다. 그리고 그는 다시 말했다. 이번에는 좀더 큰 소리로 우렁차게 외쳤다. 〈절대로 포기하지 마세요!〉 마지막에 잠시 처칠은 숨을 가다듬었다. 교수들의 눈은 눈물로 젖어 있었다. 나치가 런던을 공습하고 학교, 집, 성당 등을 폭격하던 그때가 생각났던 것이다. 그들은 처칠이 시가를 왼손에 움켜쥐고, 오른손으로 승리의 사인을 그리며 만신창이가 된 그들의 꿈을 뚫고 그들에게 걸어왔던 모습을 기억했다. 그날 그 끝없는 침묵 속에서 가장 나이 어린 학생까지도 감격으로 눈물을 흘렸다. 마지막으로 그 노정치가는 말했다. 〈절대로 포기하지 마세요!〉 이번에는 고함을 쳤다. 그의 세 단어로 된 졸업식사는 강당을 메아리쳤다. 처음에 청중들은 놀라서 침묵을 유지하면서 그 다음 말을 기다렸다. 아무도 미동조차 하지 않았다. 차츰 그들은 더 이상의 말이 필요없다는 것을 깨달았다. 처칠은 모든 것을 이야기했던 것이다. 그는 위기를 겪으면서 결코 포기하지 않았다. 그리고 세계는 그가 있음으로 해서 영원토록 변하게 되었던 것이다.

처칠은 천천히 그의 모자와 코트를 다시 집어들었다. 청중들이 그의 연설이 끝났다고 깨닫기 전에 그는 몸을 돌려 무대에서 퇴장하기 시작했다. 그러자 그 순간 박수갈채가 시작되었으며 그 박수갈채는 노정치가가 사라지고 나서도 한참 동안이나 계속되었다.

빌리 제올리는 녹화되고 있던 그의 연설 마지막에 이 이야기를 했다. 수천 명의 청중들이 그 녹화 테이프를 요구했으며 그중에는 젊은 독일인 볼프강 박크하우스가 있었다. 박크하우스는 자기 처와 함께 독일에서 새로운 사업을 시작하고 있는 중이었다. 그는 이 테이프를 독일로 가져갔다. 「나와 내 처가 얼마나 많이 그 테이프를 들었는지 모릅니다」라고 그는 우리에게 이야기한다. 「베를린 장벽이 무너지자 우리는 지금이야말로 우리의 생산품과 사업 계획을 동독에서 펼쳐보일 때라고 생각했었죠. 그러나 쉽지는 않았어요. 우리는 모험을 했어요. 우리는 프리젠테이션에 사람들을 초청했어요. 자유 기업의 효력에 대해 이해하고 있는 사람은 거의 없었어요. 모험을 하려는 사람도 거의 없었죠. 하지만 우리는 그만두고 싶을 때마다 빌리의 연설 테이프를 틀어 처칠이 한 말인 〈절대로 포기하지 마세요〉를 듣고 또 들었죠」

오늘날 박크하우스는 유럽 전역에 걸친 판매 조직을 가지고 있다. 그들은 처칠의 그 유명한 말인 〈절대로 포기하지 말라〉로 그들 마음속에 있었던 〈너는 할 수 없어〉라는 테이프의 소리가 들리지 않게 했던 것이다.

콜츠 팀 소속이었던 전 미식 축구 스타 브라이언 헤로시언과 그의 아내 디더는 그들의 사업 초기에 그들에게 영감을 주고 무언가를 알려주는 테이프를 듣는 것이 그들의 마음가짐을 변화시키는 데 열쇠가 될 것이라는 결론을 내렸다. 「우리는 영감을 불러일으키는 테이프를 하루에 한 개씩 들어요」라고 브라이언은 말한다. 「우리는 차와 거실, 침실에 녹음기를 비치해 놓았죠. 휴일에도 이 테이프를 계속 듣고 아침에 걸을 때나 체육관에서 운동할 때도 듣죠」

브라이언과 디더 부부는 자신들에게 도움이 되는 테이프를 듣고 동기를 유발시키는 책이나 팜플렛 등을 읽는 습관을 가지고 있다. 「우리는 매일 매일 긍정적인 것을 읽거나 듣죠」라고 브라이언은 우리에게 말한다. 「우리는 어려운 시기를 극복한 사람들의 증언을 좋아합니다. 그들의 증언은 우리가 직면하고 있는 어려운 시기에 우리가 좀더 자신감을 가질 수 있도록 도와주죠」

덱스터와 버디 예거 부부도 여기에 동의한다. 「나의 어머니는 독서를 좋아하셨어요」라고 덱스터는 회상한다. 「거의 매일 저녁 어머니는 성경을 읽으셨어요. 어머니에게 왜 그렇게 열심히 성경을 읽으시냐고 여쭤보면, 어머니는 단숨에 다음과 같이 말씀하셨어요. 〈어떤 사람들은 매일밤 앉아서 텔레비전만 본단다. 하지만 텔레비전은 내 자신과 이 세계에 대해 좀더 긍정적인 생각을 가지도록 해주지는 않는단다. 그래서 나는 하나님 말씀을 읽는단다.〉」

덱스터의 어머니는 자녀와 손주들에게 비단 성경뿐만이 아니라 모든 종류의 책에 대한 독서열을 물려주셨다. 덱스터는 대학에 진학은 하지 않았으나 어머니로부터 감화받아 지난 30여 년 간 모든 책을 닥치는 대로 탐독했다. 이보다 더 좋은 교육을 어디서 받을 수 있겠는가? 평생의 독서를 통해서 뒷받침되지 않는다면 학위가 무슨 소용이 있겠는가?

「우리는 1주일에 적어도 책 한 권씩은 읽으려고 해요. 자기 개발에 관한 책, 영감을 주는 책, 영적인 책, 기술 개발에 관한 책, 성공과 조직의 원칙에 관한 책 등을 읽습니다. 성공적인 사업 운영에 관한 책도 해롭지는 않지요」라고 덱스터는 씩 웃으며 말한다. 「결국 우리는 사업을 하는 거니까요. 사업에서 성공을 거두어야지요. 의사는 의학 연구에 뒤져서는 안 됩니다. 변호사는 새로 일어나는 모든 판례에 대해 알고 있어야 합니다. 성직자는 죽는 날까지 성경과 신학에 관한 책을 읽어야 합니다. 더불어 사는 자본가는 그렇게 하지 않아도 된다는 말입니까?」

우리는 지금까지 우리의 내면을 풍요롭게 하고 이로 인하여 우리 자신과 잠재력에 관해 좀더 긍정적 태도를 가지게 되는 것에 대해 이야기했다. 이제부터는 친구의 힘에 대해 생각해 보자. 우리 주위에 있는 친구는 우리가 상상하는 것 이상으로 우리의 마음가짐에 영향을 미친다.

우리 회사의 성공의 비결은 공통된 꿈에 의하여 함께 움직이는 예거, 헤로시언, 박크하우스와 같은 사람들이다. 이들은 세미나나 랠리, 부엌 식탁이나 벽난로 주변에 둘러앉아 함께 의견을 나누고 꿈꾼다.

불행히도 우리에게는 삶을 북돋아주고 새로운 마음가짐을 갖고자 하는 데 아무런 도움을 주지 못하는 친구들이 너무나 많이 있다. 그들은 우리의 기를 꺾어버린다. 한 정치가가 드골 대통령에게 친구들이 자기를 무기력하게 만든다고 불평하자 드골은 「친구를 갈아치워라」라고 말했다. 그보다 100여 년 전 또다른 프랑스인인 쟈크 드리에는 우리 모두가 진지하게 생각해 볼 필요가 있는 말을 했다. 「친척은 운명에 의해 정해지지만 친구를 선택하는 것은 당신 자신이다」

여러분 주위에는 헐뜯는 사람, 불길한 일이 닥칠 것이라고 말하는 사람, 흠잡는 사람, 우울한 이야기만 해대는 사람들로 가득 차 있지 않은가? 아니면 같이 있으면 자신에 대해 좀더 자신감을 갖게 되고 여러분의 미래에 대해 더욱 도움이 될 만한 친구들이 점점 늘어가는가? 쓰레기를 넣으면 쓰레기가 나올 뿐이다. 이 점을 명심하라.

운동

건강을 유지하기 위해서는 꾸준히 운동을 해야만 한다. 다음과 같은 말을 하는 사람처럼은 되지 말라. 〈운동 하고 싶은 생각이 날 때면, 나는 그 생각이 사라질 때까지 드러누워 있다.〉 만일 여러분이 기업가가 되고자 한다면 여러분은 체력을 단련해야 한다. 세파에 뛰어들어 직접 부딪쳐야 하기 때문이다. 윈스턴 처칠은 「성공은 열정적으로 실패를 거듭하는 데서 나온다」라고 말했다. 또한 토머스 에디슨은 「성공은 90%의 땀과 10%의 영감으로 이루어진다」라고 덧붙였다. 처칠과 에디슨은 성공의 가능성을 가지려면 경쟁에 뛰어들어야만 한다는 것을 알고 있었다.

여러분은 모든 경기에서 다 이길 수는 없다. 실제로 여러분은 실패를 거듭할지도 모른다. 그렇지만 세파에 뛰어들어 단련함으로써 여러분의 자질을 기를 수 있다. 대부분의 사람들은 무언가를 성취하기 위해 노력도 하지 않으며, 성공하는 데 필요한 기업가적 〈단련〉을 개발하려고도 하지 않는다.

자신이 물려받은 부정적 사고를 극복하기 위해 노력하라. 긍정적이며 용기를 북돋아주며 희망에 찬 사고를 바탕으로 행동하라. 오늘 당장 여러분의 기업가적인 행동을 하라. 아이디어가 있다고? 그럼 한번 시도를 해보아라. 자신이 얼마나 성공적으로 될 수 있는가에 대해 여러분은 놀랄 것이다.

나는 이를 입증해 주는 사람들을 개인적으로 많이 알고 있다. 빌과 호나 차일더스 부부는 정확히 말하면 가난하게 자라지는 않았다. 「단지 파산했을 뿐」이라고 호나는 설명한다. 그녀의 아버지는 수리공으로 자신의 자동차 정비공장을 가지고 있었다. 빌의 아버지는 작은 섬유공장을 가지고 있었다. 빌은 아버지가 병들자 아버지를 돌보기 위하여 대학을 중퇴했다. 그리고 아버지가 돌아가시자 여러 비용을 충당하기 위해서 공장을 팔아야만 했다. 저축도, 보험도, 유산도 아무것도 없었다. 수년 후 호나의 아버지도 두 어린 자식과 미망인을 남겨놓고 돌아가셨다.

그 당시 차일더스 가족은 자신들의 처지에 낙담했을 법하다. 그들은 책임이 무거웠으며 수입은 별로 없었다. 군복무를 마치고 빌은 노스캐롤라이나 주의 샬로테에 있는 철재 포장 회사에서 일했으며 호나는 폴라로이드 도우미로 시간제 근무를 했다. 호나는 쇼핑센터에서 카메라 선전을 했으며 샬로테 근처의 콘도미니엄 일반 공개 때 안내를 맡았다. 그들은 일류 대학 학위도 없었고 저축도 없었으며 부자 친척도 없었다. 그러나 그들은 자신들을 믿었다. 그들의 이런 마음가짐은 옳았다. 그들은 경제적 안정을 가져다주는 어떤 기회가 올 것이라는 것을 마음속으로 믿었으며, 1973년 드디어 사업을 시작할 수 있는 기회가 왔을 때 그들은 어떤 대가를 치르고서라도 모험을 하겠다고 결심했다.

오늘날 차일더스 가족은 아름다운 저택에서 살고 있다. 박제실 한쪽에는 그가 잡은 500파운드나 되는 청새치가 전시되어 있으며 또다른 한쪽 벽에는 그가 콜로라도에서 잡은 무려 천 파운드나 되는 엘크 사슴이 걸려 있다. 무엇보다도 좋은 것은 그들의 미래와 자녀들의 경제적 미래가 보장되어 있다는 점이다. 또한 그들의 어머니들도 사랑으로 보살핌을 받고 계신다. 생활에 대한 걱정이 없는 빌과 호나 부부는 그들이 깊이 관심을 가지고 있는 더불어 사는 일에 시간과 돈과 지도력을 마음껏 할애하고 있다. 차일더스 부부는 재난을 당한 사람들에게 희망과 도움을 주고자 발벗고 나섰다. 그들 부부는 커다란 꿈과 적은 자본, 긍정적 마음가짐을 가지고 사업을 시작했다. 이 긍정적 마음가짐이야말로 그들을 성공으로 이끈 것이었다.

우리에게는 현재가 가장 중요한 시기이다. 우리는 현재에 살고 있다는 사실을 기뻐해야 한다. 물론 여러 가지 문제들도 있기는 하지만, 과거에 이미 우리가 극복한 문제들을 한번 보라. 우리 모두는 인류 종말에 대해 예언하는 사람들과 인류 문명이 곧 멸망할 것이라는 몸서리처지고 비관적인 목소리에 지쳐 있다. 〈천연자원이 고갈되고 있다!〉, 〈금융제도가 곧 붕괴될 것이다!〉, 〈닥쳐올 대공황은 우리가 알고 있듯이 인간의 삶을 파괴할 것이다!〉, 〈종말이 가까웠다!〉

일부 종말론자들은 거짓 경고로 많은 돈을 벌었다. 그들은 상황을 개선시키기보다는 우리의 영혼을 불구로 만들고 우리를 절망의 길로 이끈다. 우리들은 끊임없이 부정적인 말만 하는 사람들에게 귀를 기울여서는 안 된다.

내 아들 더글라스가 열세 살이었을 때 나는 아들과 미시건 호수로 보트를 타러 갔다. 모터는 윙윙거리고 바람은 우리가 물살을 가르고 갈 때마다 물보라를 우리에게 튀겼다. 「너는 언젠가는 이 보트보다 훨씬 빠른 보트를 가지게 될 거야」라고 내가 소리쳤다. 그러자 내 아들은 「그럴 수 없을 것 같아요」 하고 대답했다. 「내가 보트를 가지게 되기 전에 벌써 원유가 고갈될걸요」 나는 엔진을 껐다. 잠시 우리는 침묵 속에서 표류했다. 「더글라스야, 네게 해줄 이야기가 있단다」 나는 힘주어 말했다. 「네가 보트를 살 때쯤이면 너는 가솔린에 대해 걱정할 필요가 없게 된단다. 왜냐하면 계속 연료를 공급하는 장치가 내장되기 때문이지」 「아버지가 어떻게 아세요? 그건 알 수 없지요」라고 아들은 회의적으로 말했다. 「몇 년 전만 해도 나는 워싱턴에서 파리까지 비행기로 단 세 시간이면 갈 수 있으리라고는 생각지도 못했다. 또 세계 곳곳으로 수초 안에 편지를 팩스로 보내고 받을 수 있게 될지도 몰랐다. 그러나 그러한 일들은 실제로 일어났다. 어제의 극복할 수 없는 문제들이 오늘은 쉬워 보이지. 또한 우리는 오늘 극복할 수 없는 문제들이 내일이면 쉽게 해결될 수 있으리라는 믿음을 계속 가지고 있어야 한다」

나는 못 말리는 낙관론자이다. 나는 신이 우리에게 휘발유 고갈과 기아를 해결하기 위해 우리에게 부여해 주신 창조적 천재성을 믿는다. 만일 우리가 우리의 신념과 비전을 계속 지니고 있다면, 우리는 이 세상의 심각한 문제점들에 대한 해결책을 계속 찾을 수 있을 것이다. 여러분의 마음가짐과 자세는 인간으로서 또한 기업가로서의 우리들의 성공에 중요한 역할을 할 것이다.

6년 전, 덱스터와 버디 예거는 최초에 꿈꾸었던 것보다 훨씬 더 성공을 거두었다. 이들 부부는 수만 명의 사람들을 모아 밝은 미래에 대한 희망을 갖도록 훈련시켰다. 그들은 부자였고 유력자였다. 다섯 명의 역대 미국 대통령이 전 맥주회사 외판원이었던 그와 그의 부인을 백악관으로 초청했다. 예거 부부는 구름 위에 뜬 기분이었다. 그러나 그들은 또다른 시련이 그들 앞에 놓여 있는 것에 대해 알지 못했다.

1986년 10월, 덱스터는 그의 왼손과 왼팔에 이상한 기분을 느꼈다. 「마치 신경을 찌르는 것 같았어요」라고 그는 회상한다. 「나는 이런 문제로 남들을 괴롭히고 싶지 않았기 때문에 통증이 없어질 때까

지 무시하기로 했어요. 하지만 그 통증은 없어지지 않았어요」 3일 후
덱스터는 걸을 수 없게 되었다. 그의 오른쪽이 완전히 마비되었다.
그는 응급실로 실려 갔다. 의사들이 모이고 검사가 시작되었다. 그
의 혈압이 치솟았다. 「의사들은 내게 만일 덱스터가 살아난다 해도
결코 걸을 수는 없을 거라고 이야기해 주었어요. 가족들이 모두 그
의 머리맡에 모였죠. 우리는 이 자존심 세고 원기왕성한 사람이 죽
을 때까지 반신불수가 되어 무력하게 침대에 드러누워 있어야만 한
다는 사실이 두려웠어요. 의사들은 우리가 가질 수 있는 최상의 희
망은 덱스터를 평생 동안 휠체어에서 내리고 태우는 일이 될 것이라
고 했어요」

「내가 의사의 말을 받아 들이고 실감을 하는데는 약간의 시간이
걸렸죠. 나는 지난 20년 간 내가 사랑하는 사람들을 돌보기 위하여
분주히 뛰어다녔어요. 이제 그들이 나를 돌봐야 될 때가 온 거죠. 의
사는 내가 불구라고 선언했어요. 내가 다시는 걸을 수 없다고 했죠」

덱스터가 의사들을 믿고, 그들의 진단을 받아들이는 것이 얼마나
수월한 일이었을까? 그러나 침대 위에서 며칠 드러누워 있는 다음
스스로 미래에 대한 결단을 내렸다. 웨스트 앤 브루어리의 트럭을
몰고 폭우를 만난 이래 덱스터와 버디 부부는 신의 가장 커다란 선
물인 긍정적인 마음가짐의 힘을 발견했다. 그때부터 6개월 동안 두
사람은 종전 어느 때보다 더 강력히 이 힘을 작동시켰다.

「나는 매일 죽은 수족을 소생시키기 위해 처절한 노력을 했어요.
내 오른쪽이 마비되었죠. 그래서 대신 왼쪽을 사용하는 법을 배웠
죠. 아내와 아이들이 내 몸을 안마하고 주물러주었으며, 간호사들과
물리치료사들이 계속 물리치료를 해주었죠. 의사들은 처방을 내리고
진단서를 썼죠. 친구들이 수많은 카드와 꽃을 보내왔어요. 전화가
쇄도했으며 친구들은 나를 위해 기도를 해주었어요. 조금씩 나는 푸
른색 매트 위에서 내 몸을 움직일 수 있었어요. 나는 나의 비틀어진
팔과 쓸모 없는 다리를 희망에 차서 내려다보았어요. 그런 동안 줄

곧 내 마음속에서는 이런 소리가 있었습니다. 〈너는 할 수 있어. 너는 다시 걸을 수 있어. 부정적인 말에 귀기울이지 마!〉

1988년 말 어느 날, 덱스터 부부의 친구들과 동료들이 노스캐롤라이나의 한 경기장을 가득 메웠다. 그날의 행사 계획은 간단했다. 버디가 덱스터를 휠체어에 태워서 무대 위로 올라오는 것이었다. 그러면 그는 그의 건강한 팔을 흔들고 몇 마디 격려의 말을 하고 다시 무대에서 휠체어에 실려 내려오려는 것이었다. 하지만 덱스터는 더 좋은 생각이 떠올랐다.

그날 밤 관중들은 유쾌한 분위기는 아니었다. 그들의 친구이자 스승인 그가 반신불구가 된 것이다. 그들은 그의 비참한 모습을 보고 좋았던 과거를 회상하리라고 기대했었다. 그러자 덱스터가 나타났는데 그는 휠체어를 타고 있지 않았다. 그는 걷고 있었다. 그것은 단지 한 걸음을 갔다가는 질질 끌고 또 한 걸음을 가는 것 그 이상이었다. 그는 걷고 있었다. 그러자 우울했던 분위기는 커튼처럼 걷혔고 사람들의 눈에는 슬픔의 눈물이 아닌 기쁨과 감사의 눈물로 가득 찼다. 덱스터는 걷고 있었다. 비록 한쪽 팔이 그의 옆구리에 힘없이 매달려 있고 오른발을 힘들게 끌고 있었지만 그것은 전혀 문제가 되지 않았다. 중요한 것은 덱스터가 신과 가족, 친구들의 도움으로 극복해 냈다는 것이다. 그는 모든 의사들의 암울한 예견에도 불구하고 걷고 있었다. 덱스터는 자기 자신을 믿었던 것이다.

과거에 어떤 좌절감을 맛보았는지 당신을 패자로 느끼게 했던 것들이 무엇이라 할지라도, 당신이 당신의 개인적인 꿈이나 당신의 사업에 관해 어떤 두려움을 갖고 있다 할지라도, 당신 마음속에서 다음과 같이 말하는 목소리에 귀기울여라.

〈당신은 할 수 있다. 당신은 다시 걸을 수 있다. 부정적인 말에 귀기울이지 말라.〉

제10장 스승이란 무엇이며, 왜 우리는 스승이 필요한가?

> 우리가 더불어 사는 자본가로 성공하려면 우리를
> 이끌어 줄 경험이 풍부한 스승이 있어야만 한다고 믿는다.
> 그러므로, 우리는 우리가 성취하고자 하는 것을
> 이미 성취한 사람 중에서 존경할 수 있는 사람을 찾아내어,
> 그들에게 도움을 요청해야 한다.
> 생활신조 10

　1950년 11월 9일, 유엔군은 한국에서 중공군과 전면전에 돌입할 위기에 처했다. 중공군 2개 사단이 선전포고도 없이 국경선을 넘어 물밀 듯이 밀려들어 왔다. 유엔군은 혀를 찔려 전면 퇴각을 해야 했다. 또다른 중공군 5개 사단 30만 명이 전투태세를 갖추고 만주에 집결하여 압록강을 건널 준비를 하고 있었다. 트루먼 대통령은 사태의 급진전에 놀라 미국 전역에 긴급사태를 선포하고 모든 미국인에게 〈공산제국주의〉와의 전투에 참가해 줄 것을 촉구했다.

　간부 후보생 학교를 갓 졸업한 빌 브리트 소위는 38도선 부근의 미군 기지에서 그의 부하들 앞에 서 있었다. 「모든 군대는 경계태세였죠」라고 빌은 회고한다. 「그런데 그 긴장된 순간에 한국에 막 배치되어 내 부대에 새로 온 부하 하나가 실수를 했죠. 그가 무엇을 잘못했는지는 기억이 안 나지만 하여튼 나는 그를 부하들이 정렬하고 있는 데서 몹시 꾸짖었어요. 그는 나와 다른 장병들 앞에서 차려 자세

를 취하고 서 있었죠. 나는 그가 너무 당황한 나머지 눈물을 흘리며 눈을 깜빡거리는 것을 보았어요」

그러고 나서 빌 브리트 소위가 명령을 내리자 부하장병들은 구보로 각자의 임무를 향해서 달려갔다. 그가 자기 막사로 급히 돌아가려고 하는데 산전수전 다 겪은 듯한 한 중사가 그의 앞을 점잖게 가로막았다. 「소위님」 그는 정중하게 빌을 불렀다. 「소위님 막사에서 잠시 말씀 좀 드려도 될까요?」 빌은 막사로 들어와 책상으로 갔다. 그러고는 그 중사에게 몸을 돌렸다. 「나는 상관뿐만 아니라 부하장병들과도 매우 좋은 관계를 유지하고 있었습니다. 내가 그들을 존경했으므로 그들도 나를 존경했죠. 그러나 그 하사관은 나를 못마땅하게 여기고 있다는 눈치가 분명했지요」

「소위님」 하고 그는 단도직입적으로 빌에게 말을 했다. 「소위님은 바로 여기에 있는 의자에서 호령하셔야 합니다. 다음번에 소위님께서 부대원이 못마땅하실 때면 저를 불러주십시오. 제가 그 부대원을 여기로 직접 데려오겠습니다. 제가 나가면 소위님은 그 부대원을 마음껏 야단 치십시오」

빌은 자기가 도전받고 있다는 사실에 놀랐다. 그는 소위였다. 그러나 그 중사는 빌보다 나이가 많았을 뿐만 아니라 더 현명하고 경험도 훨씬 풍부하다는 것이 곧 드러났다. 「소위님은 어디에서나 벌주실 권리가 있습니다」라고 그 중사는 말을 맺었다. 「하지만 제가 말씀드린 것은 저의 권고입니다. 다른 사람들 앞에서 야단치시지 말고 바로 여기서 야단치십시오. 그러면 부하들은 소위님을 더욱 존경할 것입니다」

상관의 정면에서 이런 말을 하는 데는 용기가 필요했다. 그러나 빌은 그 중사가 말을 시작하자마자 곧 그가 옳다는 것을 알았고 자기가 잘못했다는 것을 깨달았다.

「중사!」 하고 부르며 빌은 책상을 돌아서 나와 그에게 악수를 청했다. 「중사 말이 맞네. 내가 미처 몰랐어. 충고 명심하겠네」 그들은 악수를 했다. 그 중사는 동료들에게 돌아가기 위해 서둘러 밖으로 나갔다. 「지뢰를 제거하고 다리를 놓고 하던 그 힘든 시절에 포화의 세례를 받으며 나는 그의 실질적인 충고에 많이 의지하게 되었죠. 내가 다른 공병부대로 전출되었을 때 나는 그 중사와 함께 가게 해 달라고 특별히 요청했죠. 지금 그의 이름마저도 생각이 안 나 몹시 안타깝지만 내 생애의 매우 어려웠던 시절, 그는 나의 스승이자 친구였습니다」

스승이란 무엇이며, 왜 우리는 사업뿐만 아니라 인생에서 성공하기 위해 스승을 필요로 하는가?

기원전 8세기 희랍의 작가 호머는 오디세이가 트로이전쟁 후 귀국 하기까지 10년 간에 걸친 모험을 그린 서사시를 썼다. 오디세이는 집 을 떠나면서 그의 사랑스런 아들 텔레마커스의 양육과 교육을 자신 이 신뢰하는 친구인 멘터에게 맡겼다.

3,000여 년이 지난 지금 그 이름 멘터는 현명하고 신뢰할 수 있는 조언자를 뜻하게 되었다. 오랫동안 〈멘터〉는 존경하는 스승, 현명한 주인, 직관력 있는 친구, 경험이 풍부한 교육자, 노련한 안내자를 나타내는 말로 사용되어 왔다.

만일 우리가 운이 좋으면 우리의 생애 동안, 이 스승(멘터)이 나타 나서 우리를 도와준다. 한국전쟁시 전선에 갓 배치된 빌 브리트 소 위에게 스승은 용기와 지혜로 그에게 충고를 했던 그 중사였다. 여 러분의 생애를 돌이켜볼 때, 여러분 앞에 나타나서 여러분의 생애에 도움을 주고 일생의 친구가 되거나 아니면 그냥 사라져버린 스승에 대해 여러분은 어떤 기억들을 가지고 있는가?

나는 고교시절 제이 밴 엔델을 만났다. 나는 그를 처음 만난 순간 부터 좋았다. 그는 총명하고 착실했으며 항상 긍정적이었다. 우리는 둘다 자신들의 사업을 시작할 꿈을 가지고 있었다. 태양이 작렬하던 여름, 내게서는 브루클린의 소화전에서 쏟아져 나오는 물처럼 아이디어가 쏟아져 나왔다. 제이는 이를 통제할 줄 알았으며, 의문을 제기하고, 암시를 던지고 우리들의 에너지를 한 방향으로 집중시키는 것을 알고 있었다. 우리는 동업자이자 가장 절친한 친구가 되었다. 거의 50년 간에 걸친 우리들의 성공(혹은 실패)에 대해 제이는 내게 똑같이 공을 돌리겠지만, 그는 현명하고 신뢰할 수 있는 조언자이며 친구이며 스승이었다. 나는 우리의 우정에 대해 앞으로도 항상 기뻐하며 감사하게 여길 것이다.

스승은 중요한 전통과 삶을 이루는 이야기들을 지키는 파수꾼이다.
앞으로 할 이야기들은 우리의 개인적 성장뿐 아니라 우리의 목표 달성에 꼭 필요한 이야기들이다.

빌 브리트의 할머니는 여러 재능이 많았으며 특히 빌 브리트가 일곱 살이 되던 해 그의 스승이 되었다. 「나의 아버지는 알코올 중독자였습니다」라고 그는 말을 시작한다. 「아버지는 술이 안 취했을 때는 참 선량한 분이셨으나 일단 술이 들어가면 모든 것이 변했죠. 아버지는 가족을 엉망진창으로 만들었어요. 우리는 다음에는 또 무슨 일이 일어날지 몰랐어요. 어느 일요일, 할머니는 모자와 장갑을 끼고 우리집에 오셨어요. 할머니는 내 손을 잡고 나를 감리교 주일 학교에 데려가셨어요. 〈네가 하나님을 영접하게 되면 좋겠구나〉하고 할머니는 말씀하셨죠. 나는 그날 처음으로 나의 또다른 아버지인 영원한 나의 스승이자 친구가 되실 하늘에 계신 아버지에 대해 처음으로 알게 되었습니다」

때로는 우리들의 부모가 가장 훌륭한 스승이 될 수도 있으나 어떤 때는 그렇지 못할 때도 있다. 누군가가 레너드 번스타인의 아버지에게 왜 당신은 아들이 어렸을 때 좀더 많은 용기를 북돋아주지 못했느냐고 힐난하자 그는 「내가 어떻게 내 아들이 자라서 레너드 번스

타인이 될 줄 알았겠어?」 하고 변명했다. 만일 빌 브리트의 아버지가 살아 있다면 그는 아마도 「내가 미리 알기만 했더라면……」이라고 말했을 것이다. 그는 아들에게 스승이 되지 못했다. 그는 비통과 슬픔만을 남겨주었으며 빌은 이를 극복하기 위해 노력을 기울여야만 했다. 다행히 그의 할머니가 개입해서 그의 어린 손자를 위대한 기독교 신앙으로 인도했다.

스승은 우리에게 우리 스스로는 배우기 어려운 지식을 전달한다.
　스승이 없다면 우리는 시대가 바뀔때마다 인생의 수레바퀴를 처음부터 다시 굴려야 한다. 「우리는 스스로 행함으로써 필요한 것을 배우게 된다」라고 아리스토텔레스는 말했다. 우리가 무언가를 하는 도중에 배우게 된다는 것은 사실이다. 그러나 스승은 그가 했던 똑같은 실수를 우리가 되풀이하지 않도록 할 수 있다. 스승은 자신의 지식으로 우리를 다른 사람들보다 앞서게 할 수 있으며, 우리가 경쟁에서 우위를 유지하게 해주며, 우리의 지식을 확장시켜 준다.
　훗날 로마 카톨릭 추기경이 된 프란시스 스펠만은 여덟 살 때 아버지의 식료품 가게에서 일을 거들었다. 아버지가 어린 스펠만에게 해주었던 충고는 영원히 그의 마음속에 자리잡게 되었다. 「항상 너보다 현명한 사람들과 친하게 지내거라」라고 그의 아버지는 아들에게 말하였다. 그리고 나서 그는 (씩 웃거나 윙크를 하면서 말했을 것이다) 「너는 그런 사람들을 어렵지 않게 찾을 수 있을 것이다」라고 했다.
　「나는 고등학교 때 성적이 형편없었죠」라고 빌 브리트는 회상한다. 「아버지는 알코올 중독 때문에 한 가지 직업을 오래 가질 수 없었기에 우리 가족은 항상 이사를 다녀야 했죠. 고등학교 3학년 때 우리는 플로리다 주의 데이토나 비치에서 살았어요. 나는 매일 생활비를 벌기 위해 중심가에 있는 싱클레어 주유소에서 밤까지 일했죠. 아버지는 술을 마시고 취기가 돌면 주유소의 금전 등록기에서 돈을 꺼내가려고 했어요. 그래서 나는 그곳을 밤낮으로 지켰어요. 나는 운동할 시간이나 음악회나 댄스 파티 같은 학교 행사에 참가할 시간이 없었어요. 친구를 사귈 시간도 없었으며, 더욱 안타까웠던 것은 공부할 시간이 없었다는 것이었어요. 책을 집에 가져온 적이 없고 겨우 졸업장만 받을 수 있을 만큼만 공부했죠」

「그래서 군에 있을 때 리더십 트레이닝 훈련에서 1등으로 뽑혀 간부 후보생 학교에 선발되었을 때 나는 너무나 놀랐어요. 나는 잘하고 싶었으나 논문을 쓰는 방법은 고사하고 어떻게 시험 공부를 해야 하는지도 몰랐어요. 나는 첫번째 시험에 낙제했으며 그래서 쫓겨날 것이 분명하다고 생각했어요. 어느 날 오후 한국전에서 부상당한 유대인 장교인 슈바르츠 대위의 호출을 받았죠. 당시에 그는 간부 후보생학교 고문을 맡고 있었어요. 그는 나를 〈브리트 생도〉라고 불렀죠. 나는 그 소리로 미 육군의 장교가 되고 싶은 나의 꿈이 무너졌다는 것을 알았어요. 〈자네는 확실히 장교감이네.〉 나는 내 귀를 의심했어요. 〈자네는 신체적으로 건강해〉라고 그는 말했어요. 〈자네는 다른 사람들의 존경을 받고 있네. 그리고 명석하고 훈련도 빨리 습득하네. 자네는 머리가 좋아. 한데 단지 공부하는 법을 모르고 있을 뿐이야.〉 너무나 흥분한 나머지 심장이 두근거리는 소리가 들릴 정도였어요. 그는 내게 또 한 번의 기회를 주려고 하는 것이었어요. 그는 학생으로서 내가 어떠한가를 보지 않고 내가 무엇이 될 수 있나를 본 거죠. 그는 일부러 시간을 내어 나의 장점을 인정해 주었고 아마도 나를 실패로 이끌었을지도 모르는 단점을 내가 극복할 수 있도록 도와주고자 했어요. 〈여기 앉게〉 하고 자신의 철제 책상 옆에 있는 의자를 가리키며 말했어요. 〈공부 습관에 대해 몇 가지 비결을 알려주겠네. 첫째, 다른 사람들이 잘 때 자지 말고 밑줄을 치며 책을 읽게. 둘째, 모든 과목에서 그 과목을 잘하는 학생을 찾아 도움을 구하게. 셋째, 모든 과목마다 요점을 적어놓게. 자기가 읽은 책의 요점도 적어놓고 강의 시간마다 요점을 좀더 첨가하게. 교수가 어떤 책을 인용하면 그 책을 도서관에 가서 찾아 한 번 훑어보게. 그러고는 요점 정리 노트에 덧붙여 놓게.〉슈바르츠 대위는 15분 내지 20분을 할애해서 공부하는 법을 가르쳐주셨죠. 학교 다닐 때는 어떤 선생님도 나를 그렇게 가까이 쳐다보면서 나의 머리가 좋다는 점을 일깨워주고, 내가 머리 쓰는 법을 모를 뿐이라고 말해 주지 않았어요. 내 점수는 100점 만점에 18점에서 20점 정도였는데 갑자기 90점에서 95점 정도로 치솟았어요. 나는 간부 후보생 학교를 우등으로 졸업했는데, 이것은 공부하는 습관에 대해 나보다 많이 알고 있던 사람이 시간을 내서 일부러 내게 그의 비결을 전수해 준 덕분이었죠」

스승은 우리에게 성공적인 삶을 위해서 우리가 알아야 할 것을 가르쳐준다.

소크라테스는 그 자신을 〈마음으로부터 지식과 지혜가 탄생하도록 도와주는 산파〉로 묘사했다. 마음속에 꿈을 품고 있는 자신을 한번 그려보라. 스승은 당신 옆에 지키고 서서 당신의 꿈을 끔찍한 산고를 겪는 동안 당신 옆에 서서 당신을 편안하게 해주고 호흡하는 것을 도와준다. 스승은 그 꿈이 산실 밖으로 나와 햇빛을 볼 수 있게끔 도와준다. 또 스승은 마치 산파가 갓 태어난 아기에게 하듯 당신의 꿈을 거꾸로 들어 올려 엉덩이를 두들겨 생명을 부여한다. 그리고 나서는 갓 태어난 꿈을 당신 팔 위에 놓고 미소 지으며 또다른 진통을 겪고 있는 사람들에게로 간다.

기원전 4세기 희랍의 의사이자 근대 의학의 아버지인 히포크라테스는 「학생들은 토양과 같고, 교사는 씨를 뿌리는 사람이다. 적시에 씨를 뿌리는 것은 교사의 임무이고 부지런한 학생들은 그 밭을 가꾸는 것이다」

한국전이 끝나자 빌 브리트는 고향인 노스캐롤라이나로 돌아와 전역 군인 원호법의 혜택을 받아 공학을 전공하고자 노스캐롤라이나 주립대학에 입학했다. 그는 거기서 페기 가너를 만나 사랑에 **빠져**

결혼을 했다. 졸업 후 빌이 가진 첫번째 직업은 노스캐롤라이나 주 랄레이 시의 시정 보좌관이었다.

「나의 상사는 빌 카퍼였어요. 그는 남부의 가장 커다란 도시 중 하나인 랄레이 시의 시정을 맡아보고 있었죠. 그는 거의 매일 나를 자기 사무실로 불러서 그의 커다란 책상 뒤에 기대앉아 내 눈을 쳐다보며 큰소리로 〈빌, 오늘은 무엇을 배웠나?〉 하고 물었어요. 오래 전에 나는 내 자신에게 그와 같은 질문을 던진 적이 있었죠. 〈내가 이 위원회에서는 무엇을 배우며 이 계획서에서는 무엇을 배우나? 복도에서 마주친 동료로부터는 어떤 새로운 정보를 얻고 저 예산안에서는 어떤 새로운 정보를 얻고 있나?〉 빌 카퍼는 내가 시정 담당관으로 성공할 수 있게 되길 바랬어요. 그는 나의 스승이었어요. 그는 바쁜 일정 속에서도 하루에 몇 분씩 할애하여 내가 사고하고 분석하고 지적으로 성장하며 신이 내게 주신 재능을 개발하도록 자극을 주었죠」

스승은 가장 사랑하는 사람에게 가장 많이 가르쳐 준다.

어거스틴은 가르침이야말로 사랑의 가장 위대한 행위이며 사랑은 교육을 위한 최대의 도구라고 단언했다. 누가 다음과 같은 말을 첨가했는지는 모르지만 이 말들은 나에게 항상 영감이 되었다. 「가장 사랑하는 사람이 가장 잘 가르친다」 내 친구들은 이러한 고전적 사상을 달리 표현한 말 중 다음을 가장 좋아한다. 「그들은 네가 얼마나 관심을 가지고 있나를 알기 전에는 네가 얼마나 알고 있는지에는 관심이 없다」

여러분의 생애에서 여러분을 가장 사랑했던 사람을 생각해 보라. 그들이 당신을 가장 많이 가르친 바로 그 사람들이 아닌가?

페기 브리트의 아버지는 빌과 페기 부부가 신혼 초였을 당시 그들의 스승이었다. 「우리 아버지는 가정을 미래에 대한 불안과 근심에 가득 차게 했었어요」라고 빌은 고백한다. 「그러나 페기의 집에서 나는 아버지의 사랑을 배웠어요. 장인은 랄레이 시에서 냉장고 및 냉동고 서비스 센터를 하고 계셨어요. 장인이 길거리를 걸어가는 것을 보면 그에게 입을 만한 옷이 한 벌이라도 있는지 의심스러울 정도였지요. 자기 자신에게 돈을 쓰는 일 없이 항상 가족에게 돈을 썼어요. 처가에서는 누구나 할 일이 있어 바빴지만 장인의 부드러운 미소와 집안에 들어서는 누구에게나 스며드는 사랑이 가득한 분위기가 있었습니다. 장인의 사무실은 집안에 있었어요. 밤낮없이 식당이나 식품점에서 냉장고가 고장났다는 전화가 걸려왔어요. 장인은 장비를 조그만 트럭에 싣고 다녔는데 마치 24시간 왕진하러 다니는 의사와 같았죠. 장인은 낮에는 정육 보관 창고나 아이스크림 냉동고를 수리하러 혼자 달려갔죠. 그러나 한밤중에 긴급 수리 전화가 걸려올 때면 전 가족이 장인의 트럭에 올라타 그와 함께 갔었죠」

「우리 아버지는 가능하면 저녁에는 가족이 함께 있어야 된다고 믿고 계셨죠」라고 페기는 회상한다. 「가족이 한자리에 모여 있을 때 전화벨이 울리면 아버지와 함께 트럭에 올라타서 아버지에게 연장을 건네드리고 아버지가 일하실 때 찬 음료수를 가져다 드리는 것을 당연한 것으로 생각했죠. 아버지의 일이 끝나서 집에 돌아올 때는 그 댓가로 아이스크림 가게에 들리곤 했었어요」

「장인과 장모는 모두 훌륭한 분이셨죠. 두 분은 그들의 사랑을 우리 부부에게 전해 주셨어요. 지금 우리는 그와 같은 사랑을 우리 사업에 새로 합류한 수천 명의 사람들에게 전해 주려고 합니다」

스승은 반박할 용기를 가지고 있다.

어거스틴이 교육은 사랑에 의해서 원활히 이루어질 수 있다고 한 말은 옳지만, 때로는 우리를 좋아하지 않는 사람들로부터 통찰력이 나올 수도 있다. 결국 반박도 때로는 일종의 사랑이다. 만일 사람들이 당신에게 전혀 관심이 없다면, 구태여 〈당신은 이런 점이 잘못되었으니 이렇게 시정하라〉는 등의 말을 해서 분란을 일으킬 이유가 있겠는가?

우리 회사의 한 젊은이가 내게 그 점을 일깨워줬다. 수년 전, 나는 리오에서 열린 한 모임에서 우리 회사의 가장 성공적인 디스트리뷰터들이 한 방 가득히 모여 있는 앞에 서 있었다. 그 당시 나는 패튼 장군처럼 거칠게 방을 왔다갔다했었다. 나는 열정적인 연설을 마치고 질문이 있으면 하라고 했다. 그러자 모인 사람들은 놀랄 정도로 조용해졌다. 아무도 이야기하는 사람이 없었다. 그들은 예의 바르게 박수를 보내고는 밑을 내려다보거나 딴 데를 쳐다보았다.「정말 질문 없습니까?」하고 나는 물었다. 내 눈은 방안을 이리저리 살피며 누군가가 질의 응답 시간을 이끌어갈 수 있도록 첫 질문을 던졌으면 하고 바랬다. 아무도 입을 열지 않았다. 마침내 어색한 침묵이 한동안 흐른 후에 한 젊은이가 부드럽게 말했다.「감히 회장님께 질문을 할 수가 없습니다」그는 잠시 멈추더니 침을 꿀꺽 삼키고 용기를 내어 다음 말을 계속했다.「제가 말을 다 마치면 저의 바지를 끌어내리고 저를 벌거숭이로 세워 놓을실 것 같으니까요」

미처 깨닫지도 못했고, 또한 일부러 한 것도 아니었지만 나는 사람들을 업신여기는 듯한 태도를 보였었던 것이다. 나는 정보를 서로 교환하기보다는 정보를 일방적으로 전달했을 뿐이었던 것이다. 사람들은 내게 말하는 것을 두려워했다. 그러나 나는 내가 그들에게 휘두르는 무지막지한 힘을 느끼지 못했었다. 본의 아니게 나는 더 이상 사람들이 내게 솔직해지고 싶은 마음이 생기지 않을 지경까지 그들을 몰고간 것이었다. 이것은 20년 전의 일이었는데 아직도 누가 내게 질문을 할 때마다 그 장면이 생각이 난다. 그 젊은이가 용기를 내어 내게 대들었기 때문에 내 인생은 바뀌었다. 그날 이후 나는 누가 나에게 질문을 하든 그의 기분을 상하지 않게 하려고 노력해 왔다. 나는 그가 어떤 사람인가를 느낌으로 터득하려고 하고 나의 답변을 이해와 사랑의 정신으로 감싸려고 한다.

스승들은 언제나 자신들이 필요한 때에 필요한 자리에 모습을 보인다.

우리의 성공적인 디스트리뷰터 중 하나인 그레그 던컨이 이 책을 위해서 인터뷰할 때 그는 나를 감동시키는 이야기를 했다. 여러분은 내가 왜 이 이야기를 꺼내려고 하는지 이유를 알게 되길 바란다. 그레그의 이야기는 내게 희망을 주었으며 나는 그 희망을 키워왔다.

그레그는 「우리는 하와이의 해변가에 있었어요」라고 우리의 〈더불어 사는 자본주〉의 비디오 시리즈물의 감독인 빌리 제올리에게 말했다. 「나는 그 전에는 리치 디보스와 단둘이 있어본 적이 없었어요. 아내 로리와 나는 이 사업에 뛰어든 지 얼마 안 되는 신출내기였어요. 나는 이 바쁜 사람과 면담 약속을 하기가 좀 민망스러웠어요. 그런데 나는 그가 매일 아침 해변가를 혼자 산책한다는 말을 들었어요. 그래서 하와이에 도착한 첫날 아침, 나는 7시에 일어나 호텔 계단을 뛰어 내려가 리치를 만나고 싶은 마음에 백사장을 따라서 조깅을 했죠. 하지만 그를 만날 순 없었어요. 다음날은 6시에 일어났지만 역시 그를 놓쳐버렸어요. 마침내 나는 포기하고 호텔 식당으로 가 아침 뷔페에서 바나나 팬케이크와 코코넛 시럽을 가져다가 바다가 내려다보이는 테이블에서 혼자 먹으려고 자리를 잡았죠. 그런데 갑자기 거기에 리치가 나타난 거예요. 그는 한 손에 과일 접시를 들고 나를 내려다보고 있었어요. 〈안녕하십니까, 그레그 씨〉 하며 그가 말하더군요. 그는 내 이름을 기억하고 내 눈을 똑바로 쳐다보고 있었어요. 〈합석해도 되겠습니까?〉 나는 그때 스물여덟 살이었으며 로리와 나는 이 사업에 신출내기였죠. 리치가 나를 기억할 아무런 이유도 없었으나 그는 나를 기억해 줬어요. 나는 사업에 대해서 많은 질문을 했어요. 나는 리치 디보스가 대답하기를 미처 기다릴 틈이 없었죠. 대신 그는 내가 말을 하도록 했어요. 우리는 45분 간 식사를 했으며 그는 거의 말을 하지 않았어요. 그는 단지 질문만 좀 했어요.

그는 내가 스스로 문제를 해결할 때까지 질문만 조금씩 했을 뿐이었어요. 그는 내게 지도자는 남의 말을 들어야 한다는 것을 가르쳐주었으며, 가장 훌륭한 스승은 답을 잘 하는 것이 아니라 묻기를 잘한다는 것을 가르쳐 주었어요. 리치는 그날 나와 헤어지기 전에 결코 잊을 수 없는 충고를 내게 해줬어요. 〈그렇게 젊은 나이에 성공하게 되면 자칫하면 자기 만족에 빠져 현실에 영원히 안주하기 쉽습니다〉라고 경고했어요. 그러고는 내 마음속에 영원히 영향을 주는 꿈을 심어주었죠. 수년 후 리치 말이 사실이라는 것을 깨닫게 되었어요. 그는 내게 다음과 같은 조언을 했어요. 〈꿈이 실현되면 항상 그 꿈을 좀더 큰 꿈으로 대체하세요. 그러면 그 커다란 꿈으로 인해 당신은 일생 동안 생동감 있고 흥미진진한 기분으로 살아갈 수 있을 겁니다.〉」

브리트는 한국전에서 만난 스승에게서 배운 덕분에 우리 회사 역사상 가장 위대한 스승 중 하나가 되었다. 브리트의 판매망은 노스캐롤라이나 주 더햄에 있는 브리트 플라자로부터 미국 각 주뿐만 아니라 전세계의 10여 개 국에 흩어져 있다. 그와 페기 브리트는 불과 30달러의 샘플용 공구를 가지고 사업을 시작했다. 그들은 스승이 될 수 있었던 자질을 발전시켜 수백, 수천, 수백만의 사람들을 이 사업에 끌어들였다. 빌 브리트는 자신의 스승 역할을 〈아버지의 힘〉이라고 부른다. 「이 사업에서 우리는 그것을 아버지와 어머니의 힘이라고 부를 수 있을 겁니다. 우리와 같은 상부구조의 〈아빠, 엄마〉는 하부구조인 〈아들, 딸〉의 부모 역할을 배워야만 합니다. 우리는 좋은 부모들처럼 우리의 아들딸이 자라서 동료가 되고 더 나아가서는 우리를 넘어서기를 바랍니다. 우리는 기억해야만 합니다. 부모의 영향력과 마찬가지로 우리들의 영향력도 세대를 통해서 계속됩니다. 구약의 출애굽기에서 모세는, 우리는 우리의 자식들뿐만 아니라 4대 손자에게까지도 우리의 사랑을 보여줄 수 있다고 상기시킵니다. 우리가 우리의 〈아들딸〉을 사랑하고 그들을 우리의 사랑이 가득한 본보기를 통하여 가르칠 때 그들 또한 그들의 〈아들딸〉을 사랑하게 될 겁니다. 이 사업에서 우리의 〈손자들〉과 〈증손자〉들은 마치 우리가 그들 부모를 사랑했던 것처럼 사랑을 베풀고 우리들의 커다란 꿈을 넘어서 사업에서 성공을 하게 될 것입니다. 그러면 우리는 편히 기대앉아 경이로운 눈으로 이들을 쳐다보게 될 것입니다」

우리들에게는 대부분 부모가 첫번째 스승이다. 부모가 우리에게 물려주신 것을 우리는 자녀들에게 물려주고 그들은 또 우리의 손자들에게 물려주며 계속해서 후세에까지 물려주게 된다.

스탠 에반스의 아버지는 농부였다. 스탠은 자신이 이 사업에서 성공하도록 이끌어준 아버지를 스승으로 평가한다. 「농부들은 장비를 서로 바꿔 씁니다. 우리의 이웃들은 농사가 시작될 때면 아버지의 파종기를 빌려갔고 우리는 추수 때면 이웃의 수확기를 빌려왔죠. 때로는 아버지의 농기구가 녹슬고, 부서지고, 연료가 다 떨어져서 되돌아올 때도 있었죠. 하지만 우리는 농기구를 다 쓰고 되돌려줄 때 항상 처음보다 더 좋은 상태로 만들어서 되돌려주었습니다」

「〈사리에 맞는 일만을 하지는 말아라. 관대한 일을 해라. 그러면 너의 이웃은 그 점을 결코 잊지 않을 것이다〉라고 아버지는 말씀하셨어요」

「빌려준 농기구가 파손되어 되돌아오면 아버지가 고치셨어요. 기계 상태가 나쁘면 아버지는 기계를 분해해서 수리했어요. 벨트가 낡았으면 교체했고, 타이어가 펑크 났으면 새것으로 갈아 끼우셨죠. 물론 관대하기 위해서는 아버지의 돈을 써야 했었죠. 그러나 결국에 아버지의 관대함은 아버지에게 경제적 이득을 가져다주었어요」

「〈내가 이웃 사람들에게 그들에게 빌려쓰는 농기구의 사용료를 내겠다고 하면 그들은 항상 괜찮다고 했다. 그래서 나는 농기구를 되돌려주기 전에 수리하고, 연료를 넣고, 기어를 깨끗하게 하는 것이 감사를 표시하는 방법이라고 깨닫게 되었지. 보통 사람들 같으면 기름을 치거나 진흙을 물로 닦는 정도였을 게다〉라고 아버지는 설명하셨어요」

스탠은 감사하는 마음을 가지고 회상한다. 「아버지는 솔선수범을 보임으로써 다른 사람의 기분에 관해 생각하는 것이 어떤 것인가를 가르쳐주셨죠. 그것은 상대방이 내게 해줬으면 하고 바라는 것을 상대방에게 해주는 것입니다. 나는 그 규칙을 내 가족과 이 사업에 몸담은 사람들에게까지 물려주려고 했습니다. 결과는 우리 모두에게 이익이었습니다」

버니스 한센은 1950년 이래 〈어머니 힘〉을 제이와 내게 보여주고 있다. 그때 나와 버니스의 스폰서인 월터 바스는 버니스와 그녀의 남편인 프레드에게 뉴트리라이트 제품을 파는 것을 상의하기 위해 오하이오 주 쿠야호가 폴즈에 있는 그녀의 집으로 차를 몰고 가고 있었다. 그 당시는 트루먼 대통령이 집권하던 때였으며 시간당 최저 임금은 75센트에 불과했다.

남편이 죽은 후, 버니스 한센은 미국 전역과 전세계 52개 국에 우리의 가장 크고 성공적인 판매망을 설립하였다. 제이와 나는 버니스에게는 항상 〈아들들〉에 불과했다. 그녀의 기분 좋은 미소와 강하고 사랑이 가득 찬 모습은 수십 년 간 우리에게 매우 큰 힘이 되었다. 항상 열정과 정열로 삶을 살아가는 버니스는 1987년 은퇴한 안과 의사인 랠프 길버트 박사와 재혼했다. 과거 40여 년 간 버니스 한센 길버트 여사의 충고와 조언이 제이와 내게 얼마나 자주 신선한 직관과 방향을 제시해 줬는지 모른다. 그리고 우리는 버니스와 그녀와 같은 사람들이 우리에게 전해 준 것을 수천 명의 다른 사람들에게 전해 주고자 최선을 다해 왔다.

조와 헬렌 빅터 부부는 그들의 가정뿐 아니라 이 사업 전반에서 부모의 힘을 보여주었다. 조는 오하이오 주의 작은 도시인 쿠야호가 폴즈에 사는 젖 짜는 사람이었다. 그 당시 프레드와 버니스 한센 부부가 꿈을 가지고 그 마을로 이사를 왔다. 그들의 꿈은 제이와 내가 꿈꾸었던 것처럼 자신의 사업을 소유하고 있는 독자적인 판매망을 통하여 암웨이를 설립하는 것이었다. 이발사였던 프레드 한센은 월터 바스로부터 그 꿈에 관해 듣게 되었다. 월터 바스가 미시건 주 에이다 시에 있는 한 이발소에서 프레드의 손님이 되어 그 꿈을 이야기했던 것이다. 프레드는 그 꿈을 쿠야호가 폴즈의 조와 헬린 빅터 부부에게 전해 주었다. 그리고 빅터 부부는 또다시 아들 내외인 조디와 캐시 빅터 및 론과 데브라 빅터에게 전해 주었다.

「저는 아직도 당신이 처음으로 쿠야호가 폴즈에 있는 우리집으로 트럭에 가득 실은 후리스크를 배달했던 날이 기억나요」라고 조디는 최근에 내게 말했다. 「저는 그때 열한 살이었어요. 회장님은 저한테 첫번째 암웨이 제품에다 상표를 붙이는 일을 1톤에 5센트씩 주고 시키셨지요. 밤에 자리에 누워서 저는 회장님이 저의 부모님과 한센 부부, 더츠 부부와 함께 첫번째 계획 추진에 관해 이야기하는 것을 들었어요. 저는 단지 어린애였지만 그 꿈은 항상 저를 사로잡았어요」 초기에 우리의 작은 제조업 공장은 미시건 주 에이다에 있었으며 우리의 독자적 디스트리뷰터들은 오하이오 주 쿠야호가 폴즈에 있었다. 사업이 커짐에 따라 헬린 빅터는 식탁을 반으로 잘라 두 개의 책상을 만들어 조와 그녀 자신이 썼다. 오늘날 빅터 부부는 20여 년 전에 거실을 사무실로 썼던 그 자리를 사무실과 회의실로 꾸며놓았다. 빅터 부부는 우리의 판매 계획에 서명을 해서, 그 계획을 이루고 있는 꿈을 그들의 자녀들에게 물려준 선구자적인 사람들 중의 하나였다. 확실히 그들은 자녀교육을 잘했다. 오늘날 조디와 캐시, 폰과 데브라는 미국 전역과 세계 곳곳에 사업체를 가지고 있다.

부모, 형제 자매 및 아들딸의 권리 등. 우리는 각자 우리 주의의 모든 사람에게 영향을 주어 그 결과로 세계를 변화시키는 데 도움을 줄 수 있는 영향력을 가지고 있다.

빌 브리트는 이렇게 말한다. 「당신이 결혼해서 아이를 갖게 될 때, 당신은 단지 아이들에게만 영향을 미치는 것이 아니라 그들의 아이들과 그 아이의 아이들에게까지도 영향을 미치게 되는 것입니다. 여러분이 무엇을 가르치든, 악한 것이든 선한 것이든, 그것은 세대에서 세대로 계속 이어질 것입니다. 여러분이 여러분의 아이들을 현명하고 성실하게 가르칠 때, 여러분은 여러분의 손자에게 심오하고 지속적인 영향을 주게 되는 것입니다. 이것이 바로 예수님께서 말씀하신 것입니다」 빌은 씩 웃으며 결론을 내렸다. 「그분은 오로지 12명의 사도를 가르치셨지만 훌륭한 가르침을 주셨고, 이제는 그의 품 속에서 15억의 제자들이 그의 가르침을 배우고 있는 것입니다」

훌륭한 스승이신 예수

〈티처〉에 대한 언급이 신약성서에 58회나 나와 있고, 이 언급 중 절반 이상이 예수에 대한 것이다. 〈티처〉의 그리스 어원을 찾아보면 이 단어가 〈가르치다, 설명하다, 알리다, 증명하다, 보이다〉 등 폭넓은 의미로 쓰임을 알 수 있다.

예수는 이 모든 분야에 능숙한 스승으로 그의 사도들이나 적들에게서까지도 존경을 받았다. 예수는 여러 사람을 대상으로, 또는 일대 일로 만나면서 가르침을 주었고, 가르침을 받았던 사람들이 궁극적으로는 그들이 배운 것을 다른 사람에게 전해 주기를 바랐다.

〈간음죄〉로 잡힌 젊은 여자에 대한 신약성서 속의 이야기를 읽어보았는가? 분노한 군중들이 그녀를 예수님의 발아래 내동댕이쳤을 때 그들은 여자의 도덕성에 관심이 있었던 것이 아니다. 그들은 예수를 시험해 보고 싶었던 것이다. 구약성서의 계율은 간음을 저지른 사람에게 돌을 던져 쳐죽이라는 것이었다. 이때 예수는 구약성서의 계율에 대한 복종과 가련한 젊은 여인의 생명 중 하나를 택해야만 했다.

경청하는 스승을 찾아라.

그를 함정에 빠뜨리려고 하는 시끄러운 무리들에 둘러싸인 예수는 처음에는 아무 말도 하지 않았다. 이러한 행동은 훌륭한 지도자에게 배울 수 있는 첫번째 교훈이다. 조언을 성급하게 하지 않는 사람이 가장 믿을 만한 스승이다. 들어주기 위하여 오랫동안 진지하게 기다릴 줄 아는 사람이 가장 좋은 조언을 해줄 수 있는 사람이다.

어떠한 조치를 취하는 대신에 예수는 모래 위에 무릎을 꿇고 앉아 손으로 어떤 글자를 썼다. 그때 어떠한 글자를 썼는지는 오늘날까지도 알려지고 있지 않다. 확실히 우리가 아는 것은 그가 행동하기 전에 듣고, 생각하고, 기도하고, 감정을 평온히 하고, 자신의 태도를 침착하게 하기 위해 잠시 멈췄다는 것이다.

귀를 기울이는 스승을 찾아라.

상당히 오랜 시간이 흐른 후 그는 고개를 들어 금방이라도 돌로 쳐죽일 기세로 군중들의 손에 돌이 꽉 쥐어져 있다는 것을 알았다.

그들의 질문을 무시한 채 예수는 오히려 자신의 질문 하나를 던졌다. 「너희 중에 죄를 짓지 않은 자가 먼저 돌을 던져라」 이것은 정말 훌륭한 질문이었다. 예수가 의미한 바는 「저 여자가 유죄일지도 모르지만, 너희들 중 누가 죄인이 아니냐?」 하는 내용이었다. 이 질문으로 그는 사람들로 하여금 할말을 잃게 하였다.

이는 훌륭한 스승이 갖추어야 할 또 하나의 훌륭한 자질이다. 무엇을 언제 질문해야 할지를 아는 사람은 성급히 질문하는 사람보다 훨씬 더 많은 도움을 줄 수 있는 사람이다. 사람들은 차례로 돌을 그들의 손에서 힘없이 내려놓고 사라져, 그 장소에는 예수와 그의 제자와 함께 그 여자만이 남게 되었다. 예수는 그의 발밑에서 공포에 떨고 있는 젊은 여인에게 다시 한번 질문을 하였다. 「누가 너를 비난하느냐?」 그는 그녀에게 조용히 물어보았다. 그녀는 주저앉은 바닥에서 천천히 올려다보았다. 그녀는 자신의 눈을 의심하였다. 그녀를 괴롭히던 사람들이 다 사라지고 없었던 것이다. 그녀는 두번째 삶의 기회를 맞은 것이다. 「아무도 없어요」 그녀는 대답하였다. 「나도 너를 책망하지 않는다」라고 그는 부드럽게 대답하였다. 그러고 나서 비난이나 판결이 아닌 어조로, 그는 이러한 희망의 말을 덧붙였다. 「가라, 그리고 더 이상 죄를 짓지 말라」

좋은 조언을 해주는 훌륭한 스승을 찾아라.

마지막에 이 훌륭한 스승이 한 말은 지혜로운 다섯 단어의 짤막한 말을 내던졌다. 당신은 예수가 그의 발 아래에서 떨고 있는 그 가엾은 여인에게 무엇을 말하려고 했다고 생각하는가? 예수는 그녀를 책망하지 않는다고 이미 말했다. 예수는 그녀에게 다시는 죄를 짓지 말라고 충고하고 있으나 그 여인이 이미 스스로 그러한 결론에 도달했다고 생각되지 않는가? 자신을 비난하는 사람들에게 둘러싸인 그녀는 아마도 「하느님. 만일 제가 이 자리를 모면할 수만 있다면 다시는 나쁜 짓을 하지 않겠습니다」라고 생각했을 것으로 상상되지 않는가? 예수의 말은 희망의 말이다. 예수는 그녀가 이제까지 살아왔던 삶을 청산하기가 얼마나 어려운 일인가를 알고 있었다. 그러므로 예수가 「가라, 그리고 더 이상 죄를 짓지 말라」라고 말했을 때 예수는 그녀가 마음속으로 이미 다짐했던 것을 꼭 성취할 것이라는 희망을 그녀에게 심어준 것이다.

사랑에서 우러나오는 충고를 하는 스승을 찾아라.

예수의 말은 그녀가 하는 질문에 대한 답이었다. 「내가 바뀔 수 있을까요? 이 악몽이 끝날 수 있을까요? 나에게 정말 희망이 있을까요?」 예수의 대답은 「물론이지, 너는 할 수 있다」라는 의미를 내포하고 있다. 예수가 말한 「가서 더 이상 죄를 짓지 말라」는 처음에는 비난의 소리처럼 들렸을지도 모른다. 그러나 다시 되새겨 보라. 그녀가 그 말을 들었던 때의 심정으로 그 말을 다시 들어보라.

그분은 명성이 널리 알려진 현명하고 사랑이 충만한 스승이다. 「나도 너를 책망하지 않는다」라는 말로 그의 회답을 시작했고, 「가라, 그리고 더 이상 죄 짓지 말라」라는 말로 끝맺었다. 나는 그녀가 그날 예수의 이 말을 희망과 약속의 말로 받아들였을 것이라고 확신한다. 그녀는 용서받았고 그녀는 다시 일어설 수 있을 것이다. 이제 그녀는 예수의 축복을 받았고 새로운 삶을 시작할 수 있을 것이다. 그날 그녀가 예수에게서 느꼈던 그 사랑은 그녀의 생을 영원히 바꿔 놓았을 것이다. 사랑은 훌륭한 스승이 갖추어야 할 최상의 덕목이다.

데이비드 테일러가 그의 사업을 시작할 때 그는 아직도 볼티모어의 콜츠 팀에서 왼쪽 태클을 맡고 있었다. 「많은 사람들이 비웃었으며 나 혼자 힘으로 사업에서 성공할 수 있을까 하는 회의를 나타냈죠」라고 데이비드는 회고한다. 「내 첫번째 계획을 다른 사람들에게 알리려는 내 시도는 낙담스러웠습니다. 포기하고 싶다고 느낀 적이 한두 번이 아니었죠. 그래서 나는 그룹 미팅에 참석했는데 거기서 내 스승인 렉스 랜프로와 빌 브리트를 만나게 되었죠. 그들은 나를 사랑한다고 말했어요. 그들은 나를 믿고 나를 자랑스럽게 여긴다고 말했어요」

「나는 수년 간 미식 축구 선수였어요. 미식 축구 선수들은 나를 넘어뜨리고 내가 일어서는 것을 도와주지도 않으며 나를 무시하면서 〈여봐, 사랑해〉라고 나를 놀렸죠. 내게 침을 뱉고 가버리는 것과 다름없었죠. 그러나 이 사업에서 만난 나의 스승들은 서로 사랑했으며 그 사랑을 나에게까지 전해 주었죠. 그들의 충고는 조용했어요. 그러나 그 어려웠던 처음 몇 개월을 내가 무사히 넘길 수 있었던 것은 그들의 사랑 때문이었습니다」

엉터리 스승을 조심하라

짐 존스라는 이름을 기억하는가? 1978년 10월 가이아나의 존스타운에서 타전된 뉴스는 세계를 경악과 슬픔에 잠기게 했다. 아직도 풀리지 않은 수수께끼 같은 이유로 짐 존스 목사와 천여 명에 달하는 그의 추종자들이 인민사원에서 죽음의 의식을 거행하며 독약이 든 쿨에이드(알코올 음료)를 마셨다(혹은 강제로 마셨는지도 모른다). 사진 속의 정글 바닥에 널린 부풀어오른 시신들은 내 뇌리 속에 영원히 남아 있을 것이다. 짐 존스와 그의 죄 없는 추종자들의 이야기는 영원히 거짓 스승에 대한 경고가 될 것이며 거짓 스승을 믿는 사람들의 말로를 보여주는 소름 끼치는 예가 될 것이다.

훌륭한 스승은 여러분의 시간을 함부로 쓰지 않는다.

짐 존스는 그의 추종자들을 기진맥진한 상태로 만들었다. 인민사원이 존스타운으로 옮겨가기 전에는 샌프란시스코의 텐덜로인 지역에 있었다. 존스와 그의 추종자들은 밤낮을 가리지 않고 가난하고 의지할 데 없는 사람들, 실직자, 마약 중독자, 전과자, 노약자와 정박아들을 도와주기 위해 일했다. 그들은 그 지역 사회의 굶주린 사람들에게 1주일에 수천 명분의 식사를 무료 제공했다.

그러나 그들은 일을 오래 열심히 할수록 점점 더 기진맥진해졌다. 그 당시에는 그 사실을 아무도 몰랐으나, 이러한 상태는 존스가 자기 추종자들에 대해서 노렸던 것 중의 하나이다. 사람들은 좋은 일을 하고 있을 때조차도 너무 지쳐서 녹초가 되면 생각할 능력을 상실하게 되고 현명한 판단을 못 하게 되며 자신과 사랑하는 사람들을 보호할 수 없게 된다. 만일 스승이 여러분의 능력의 한계를 넘어선 과다한 것을 강요한다면 여러분은 점점 더 기진맥진한 기분이 들게 될 것이다. 그러니 조심하라! 훌륭한 스승은 여러분을 신체적으로나 정신적으로 편안하게 해줄 것이다. 그는 여러분에게 열심히 노력한 것에 대해 칭찬하면서도 여러분이 지나칠 때는 경고를 해주며, 여러분이 자기의 페이스를 되찾을 수 있도록 도와준다.

훌륭한 스승은 여러분의 돈을 함부로 쓰지 않는다.

존스는 바쁜 사람들은 많은 사람들이 가계를 말끔하게 정리하고 수지 계산을 맞춰 볼 시간도 없다는 것을 알고 있었다. 그는 얼마나 많은 사람들이 자기의 수표책을 들여다보지 않는지 알고 있었다. 그래서 그는 수표를 떼거나 예금하는 것을 교회의 명의로 하도록 권유했다. 〈그들 자신을 위하여〉 그는 추종자들의 신용카드와 저당 문서, 주식과 채권까지도 자기 명의로 해놓았다. 필연적으로 그는 추종자들의 돈과 생명까지도 좌지우지할 수 있게 되었다.

만일 스승이 여러분의 돈을 통제하고 싶어하거나 당신을 속이려고 하거나 당신에게 빚진 것을 일시적이나마 감추려고 하려는 것을 알게 되면 경계하라! 정당한 스승은 당신이 자신의 재산을 잘 관리하도록 돕고 돈에 대한 결정은 당신 자신이 내리도록 할 것이다. 그는 당신의 재정 독립을 위해 힘쓸 것이고 결코 그 자신의 이익을 추구하거나 당신의 돈을 악용하지는 않을 것이다.

훌륭한 스승은 징벌을 남용하지 않는다.

너무나 많은 사람들이 스스로 결정하는 것을 두려워한다. 그들은 자신있는 사람이 자기들을 대신해서 결정해 주기를 원한다. 존스는 사람들의 이러한 약점을 이용하였다. 그는 그들에게 옳고 그른 것을 말할 뿐 아니라 개인적으로 그리고 공개석상에서도 욕설이나 신체적인 학대를 포함하여 잘못한 것에 대해 체벌을 가하였다. 그는 사람들에게 고함을 질렀고, 모욕을 주었다. 사람들의 엉덩이를 때렸으며, 서로 엉덩이를 때리도록 하였다. 엉덩이 때리기는 구타로 발전하였다. 사람들은 항상 두려움 속에서 살게 되었다.

만약 훌륭한 스승이 공개석상에서 당신을 모욕하고, 그가 여러 방법으로 당신에게 욕설이나 신체적인 학대 등 잘못된 대우를 한다면 경계하라! 훌륭한 스승은 결코 당신에게 말이나 행동으로 모욕감을 주지 않는다. 그가 당신에게 잘못을 했거나 당신을 당황하게 하였다면 곧바로 사죄의 말을 할 것이다. 훌륭한 스승은 당신의 인격 형성에 도움을 줄지언정 당신에게 해를 끼치는 일은 하지 않을 것이다. 그는 당신이 스스로 결정을 하도록 도울 것이다. 그는 당신이 당신 자신에게 의존하기를 원하지 그에게 의존하는 것을 원하지는 않는다.

훌륭한 스승은 여러분에게 성적인 모욕을 주지 않는다.

존스는 자신의 성적 매력을 교묘하게 이용함으로써 신도들을 유인하였다. 그는 남편이 부인을 잘못 대우한다는 것에 동정을 표시하고, 여성들이 필요로 하는 안락함과 관심을 부여하려고 했다. 여성들의 신임이 더욱 증가함에 따라, 존스는 그러한 신뢰를 성적으로 이용하였다.

스승이 자신의 권력을 이용하여 성적인 접근을 해오면, 경계하라! 훌륭한 스승은 결코 당신을 성적으로 유혹하거나 모욕을 주지 않을 것이다. 그는 당신이 상처받기 쉽다는 것을 알고 당신의 상처받기 쉬운 취약점을 이용하지 않을 만큼 전문가답게 행동할 것이다.

훌륭한 스승은 친분을 악용하지 않는다.

짐 존스는 숙련된 사기꾼이었다. 그는 그의 추종자들 하나하나의 신임을 얻었다. 모든 사람의 이름을 알고 있었으며, 그들 모두와 단 둘이서 시간을 보내기도 했다. 그는 소문, 과장, 거짓말 등을 동원해서 친구 사이를 이간질하고 그들의 관계를 파괴하기를 즐겼다. 그는 사람들이 자신만을 신임하기를 원했다. 그래서 그는 사람들을 인민사원 외부에 있는 그들의 친구와 가족으로부터 격리시켰다. 그 다음에는 그들 서로 서로를 고립시키기 위한 공작을 꾸몄다.

지도자가 당신과 외부의 관계를 파괴하려고 한다면, 그리고 그가 당신이 그 자신만을 신임하기를 원한다면, 경계하라! 훌륭한 지도자는 당신과 당신의 아내, 남편, 아이들 및 친구들과의 관계를 소중히 여기고 증진시켜 줄 것이다. 그들과의 관계에서 성공을 거두는 것이 많은 돈을 버는 것보다 훨씬 더 중요하다는 것을 당신에게 끊임없이 상기시켜 줄 것이다.

훌륭한 스승은 권위를 남용하지 않는다.

존스는 처음부터 추종자들의 삶에서 낡은 권위에 대한 신자들의 신뢰를 파괴하려 들었다. 그는 그들의 부모가 얼마나 믿을 만한 가치가 없는지를 역설하면서 그들이 가족에게 전화를 하거나 편지를 쓰지 않도록 하였다. 그는 추종자들이 이전에 지녔던 종교적 믿음과 어린 시절부터 인도해 왔던 중요한 사상에 대하여 조소를 하곤 했다. 그는 책과 도서관에 대해서도 냉소를 하였다(자신이 추천한 책은 제외하고). 또한 추종자들이 서로 조언을 하지 못하도록 경고를 하였다(자신의 말을 인용하는 것을 제외하고). 그리고 자신의 권위에 대하여 의심을 갖는 것을 용납하지 않았으며, 추종자들의 질문에 정직하게 대답하지 않았다.

스승이 당신의 질문에 대답하기를 거절한다면, 그리고 외부의 정보로부터 당신을 단절시키려 든다면, 경계하라! 훌륭한 지도자는 당신의 어떤 질문도 항상 경청한다. 그는 당신의 질문에 위협을 느끼지 않을 것이며 최선을 다해 정직하고, 직접적이며 완전하게 그 질문에 답변을 해줄 것이다. 당신이 신임할 수 있는 지도자는 당신의 가치 체계, 정신적 믿음 및 전통을 존경할 것이다. 그들은 당신과 자신의 경험을 공유할 수 있고 당신은 대응할 방법을 결정할 수 있다. 그러나 그들은 결코 당신 또는 당신의 신념을 격하시키거나 비하시키지 않을 것이다.

훌륭한 지도자는 항상 성장한다

1972년에 찰스 메이요는 「환자에게 가장 안전한 것은 의학교육을 받은 사람의 보살핌을 받는 경우이다. 의학을 가르치는 사람이 되려면 의사는 항상 학생이 되어야 한다」라고 말했다.

인생에서, 그리고 사업에서 성공한 사람들은 발전하는 것을 결코 멈추지 않는다. 그들이 위대한 스승인 까닭은 항상 다른 사람들을 자기의 스승으로 보고 있기 때문이다. 그들은 각각 재능과 경험이 다르지만 그들은 다음과 같은 황금률에 의하여 하나가 된다. 「자기 자신처럼 신과 이웃을 사랑하라」

사랑은 발전을 낳는다. 이것이 성공적인 스승의 비결이다. 이는 또한 더불어 사는 자본주의가 언제 어디서 실천되건 간에 그 바탕이 되는 비결이기도 하다.

빌 브리트는 알코올 중독자인 아버지로부터 그런 종류의 사랑을 받지 못했을 것이다. 그러나 빌 브리트의 할아버지는 사람을 변화시킬 수 있는 사랑의 힘을 어린 그에게 보여주었다. 그는 아직도 할아버지가 그의 팔을 붙잡고 눈물을 닦아주며 언젠가는 어떻게든 모든 것이 다시 잘되리라는 희망을 심어주던 날을 아직도 기억한다. 「우리 할아버지의 농장은 노스캐롤라이나 주의 긴스턴 바로 외곽에 있었어요. 나는 아직도 작은 벽돌집과 왕관처럼 버티고 있었던 할아버지의 흔들의자가 눈에 선합니다. 거기 앉아서 할아버지는 채소밭과 멀리 있는 담배밭의 담배 말리는 모습과 시냇물이 졸졸 흐르는 푸른 초원에서 소떼가 풀 뜯어먹는 것을 바라볼 수 있었죠. 내가 예닐곱 살 때쯤 아버지의 주벽은 우리 가정을 파괴할 지경에 이르렀어요. 우리 가족은 아버지의 화가 언제 폭발할지 몰라 공포에 떨고 있었죠. 어느 날 오후 할아버지는 우리 아버지가 얼마나 난폭하게 변했나 두 눈으로 보게 되었죠. 〈애는 내가 데려가겠다〉라고 아주 오랜만에 우리집에 들르신 할아버지는 가시는 길에 단호히 말씀하셨죠. 〈1년 아니면 그 이상 우리집에 있게 될 것이다.〉 그래서 어머니가 내 옷가방을 싸고 나는 할아버지와 차를 타고 넓은 들판을 지나 농장으로 향했죠. 차를 타고 한참 가서 할아버지댁에 도착한 우리는 늦은 일요일 아침을 먹기 위해 식탁에 앉았어요. 나는 아직도 집에서 만든 버터와 딸기쨈을 듬뿍 바른, 할머니가 손수 만드신 신선한 오트밀 비스킷의 맛을 기억합니다. 아침 식사가 끝나자 할머니는 부엌으로 급히 다시 들어가셨고, 할아버지는 집앞 현관에 있는 흔들의자에 가서 앉으셨어요. 나는 그때 겨우 일곱 살이었어요. 주위는 조용했죠. 나는 복도에 서서 짙푸른 여름 하늘에 떠 있는 흰 구름을 바라보았어요. 갑자기 슬퍼져서 울컥 목이 메었죠. 왜 그랬는지 이유는 정확히 모르겠지만, 내 눈에는 눈물이 맺히기 시작했으며 아무리 참으려 해도 눈물을 멈출 수가 없었어요. 그때 할아버지가 나를 팔로 감싸 주셨어요. 그러고는 나를 살짝 안아 복도를 가로질러 그 낡은 흔들의자로 데려가 무릎에 앉히셨어요. 나는 아직도 할아버지가 농사일로 거칠어진 손으로 내 머리를 부드럽게 쓰다듬어 주셨던 그때의 느낌을 기억합니다. 나는 아직도 할아버지가 〈곧 괜찮아질 게다. 모든 게 잘되는 것을 곧 보게 될 거다〉라고 내게 속삭이시던 할아버지의 목소리가 기억에 생생합니다」

「잠시 동안 내 몸이 뻣뻣해져 할아버지는 나를 주물러 주셨어요. 아버지는 한번도 나를 팔로 감싸주신 적이 없었어요. 나는 한번도 아버지 가슴에 머리를 파묻거나 아버지 앞에서 울어본 적이 없었습니다. 차츰 울음이 그쳤고, 나는 할아버지의 모직 조끼에 기대여 앉아 있었어요. 그리고 전에는 한 번도 들어보지 못한 소리를 들었습니다. 그것은 나에게 마치 마술과 같은 것이었어요. 그 소리는 바로 할아버지의 심장박동 소리였죠. 그것은 사랑으로 충만한 할아버지의 넓은 가슴에서 나는 소리였어요. 나는 그 순간 처음으로 내가 사랑을 받고 있고 할아버지의 크나큰 사랑으로 모든 것이 잘되리라는 것을 느꼈습니다」

성공을 위해서는 목표가 왜 중요하며 그것을 어떻게 설정할 것인가?

제11장

성공은 목표를 세우고 그 목표를 달성하고자
열심히 노력하는 사람들에게만 돌아간다고 우리는 믿는다.
그러므로 우리는 스승의 도움으로
단기간 및 장기간의 목표를 세워야만 하고
그 목표를 기록하여 매 단계마다 진척 상황을
점검하고 목표 달성을 축하하며 달성하지 못한 것으로부터는
새로운 것을 배울 용의가 있어야 한다.
생활신조 11

    렉스 렌프로는 링컨 기념관의 계단에 홀로 서 있었다. 국회의사당 뒤쪽에서 태양이 서서히 떠오르고 있었다. 어두운 겨울 하늘을 꿰뚫는 찬란한 황금색의 햇살이 보였다. 예전에는 거대한 대리석으로 만든 링컨 대통령의 동상 밑을 새벽에 홀로 거니는 것을 좋아했었다. 그러나 오늘은 대리석 기념관 벽에 새겨져 있는, 링컨이 자유에 대해 했던 말이 그를 괴롭히고 화나게 하고 있다. 렉스는 과거를 회상한다. 「내가 연방정부를 위해 일하고 있었던 시절에는 자유롭다고 생각했어요. 만일 내가 한곳에서 열심히 오랫동안 일하면 기술을 연마하고, 성실히 지시에 따른다면 작은 사업을 시작할 수 있을 만한 밑천을 벌 수 있을 것이라고 상상했었죠. 불현듯 내 나이 40이 되고 나는 내 꿈이 실현되어야 할 그 장소에 서 있는데 나의 꿈들은 내 발 밑에서 산산조각 나 있었죠」

    렉스는 군에서 4년 간 복무한 후 연방정부를 위해서 일하기 시작

했다. 그는 GS-3 사무원 직급을 자랑스럽게 여겼다. 사실 그것은 정부 조직의 가장 말단이었으나 렉스는 대학 교육을 받지 못했기 때문에 그 직위에 감사하고 있었다. 그는 정말 열심히 노력한다면 농무성에서 국가 공무원 수준의 지위까지 올라갈 수 있을 것이라고 생각했다. 그때가 되면 충분히 저축을 해 사업을 시작할 수 있을 것이라고 믿었다. 그 지위에 오르기 위해서는 무엇이나 할 용의가 있었다.

한동안 그의 아내인 베티 조 렌프로는 생활비를 벌고자 직장에 다녔다. 그러나 그들 부부가 드루와 멜린다 조를 그린스보로에 있는 고아원에서 입양하고 난 후에 베티 조는 애들과 함께 있기 위해서 직장을 그만두었다.

「우리는 애들이 어릴 때는 둘 중 하나가 늘 아이들과 함께 있어야 된다고 결정을 했죠. 그것은 시대에 뒤떨어진 생각이었는지도 모르죠. 하지만 우리는 과자 굽는 냄새가 진동하고 아이들의 웃음소리, 부모와 자식간의 대화로 가득 찬 가정을 원했어요. 우리는 드루나 멜린다가 무릎을 다쳤을 때나 친구들과 다투거나 할 때 옆에 있어주고 싶어했어요. 아무리 보모나 유아원 선생님이 훌륭하다 할지라도 우리는 애들이 우리로부터 사랑한다는 것은 무엇을 의미하며 책임감 있는 사람이란 무엇을 뜻하는지를 배우게 되길 바랐죠. 부수입이 없어진 렉스는 수입을 메우기 위해 야간과 주말에 주유소에서 휘발유를 넣고 오일을 갈아주고 유리창 닦는 일을 했죠. 아무리 일을 해도 힘든 줄 몰랐어요」

렉스는 자기 사업을 소유할 꿈을 가지고 있었으며 이를 위하여 무엇이든 가리지 않고 하려고 했다. 그는 정부가 보내는 대로 노스캐롤라이나에서 뉴멕시코로, 사우스다코타로, 마지막에는 워싱턴 D.C.의 농무성 본부로 온 가족을 데리고 전근을 다녔다. 워싱턴 D.C.에서는 5시 30분에 출근해 저녁 6시 30분에 집으로 돌아오는 경우가 많았다. 어떤 날은 책상에 15시간이나 계속 앉아 있을 때도 있었다.

렉스는 이렇게 회상한다. 「1주일에 단 몇 달러를 벌기 위하여 노예처럼 일한 26년 6개월이 지난 후 마침내 나는 GS-14 등급에 올라가게 되었죠. 그 동안 나는 GS-14 등급이 되면 내 자신의 사업을 시작할 돈을 보장해 줄 거라고 생각했죠. 그것이 바로 내 목표였으며, 목표를 향한 계단을 한 계단 한 계단 올라가는 것은 목표에 조금씩 접근하는 거라고 생각했거든요」

그날 아침 태양이 수도의 하늘 위로 떠오를 때, 태양은 렉스 렌프로에게 따스함도 설레임도 주지 않았다. 그는 단지 슬펐고 실망스러웠다. 그는 관료체제의 계단을 계속 올라왔으나 처음 공무원으로 발을 디뎠을 때보다 경제적으로 더 안정이 되지도 않았다. 인플레 때문에 월급이 올라도 별 소용이 없었다. 그들 부부는 은행 저축도 없었다. 어떻게 저축을 할 수 있겠는가? 월말이 되면 저축할 돈이 남아 있지 않았다. 바로 그 전날, 렉스는 그의 상관에게 언제쯤 다시 승진에 도전할 수 있느냐고 물어보자 그는 유감스러운 듯한 표정으로 다음과 같이 말했다. 「렉스, 대학 졸업장 없이는 이 이상은 올라갈 수 없어」

「나는 꿈이 하나 있었죠. 그것은 내 사업을 하는 거예요. 하지만 반평생 동안 노력한 후에야 비로소 나는 내 꿈이 실현될 수 없다고 느끼기 시작했어요. 대학 졸업장이 없는 사람들은 아무리 열심히 노력하고, 아무리 일을 잘해도 더 이상 승진할 수 없다는 것을 내 상관이 말해 주었을 때 나는 정신없이 한 방 맞은 기분이었어요」

자신의 사업을 갖는다는 것은 커다란 꿈이다. 렉스 렌프로가 그 꿈이 실현될 수 없다는 것을 알았을 때 그는 무척이나 실망이 컸을 것이다. 그는 노스캐롤라이나의 자기 집 담배 농장에서 일했던 10대 이후 그 꿈을 줄곧 키우고 있었다.

여러분도 그와 같은 꿈이 있는가? 그 꿈을 추구하는 사람들 중에는 오래지 않아 성공을 맛보는 사람들도 있다. 그러나 렉스와 같은 사람들에게는 그 꿈을 실현하기란 길고도 어려운 여행과도 같다. 나는 암웨이에 관한 이야기 중 마치 제이 밴 앤델과 내가 우리의 사업을 아침에 제이의 지하실에서 시작해서 저녁에 백만장자가 된 것처럼 들리게 하는 이야기를 읽은 적이 있다. 비록 우리 자신의 성공 속도를 되돌아볼 때 감사와 경이를 느낀다 할지라도, 우리의 꿈이 실현되기까지는 거의 반평생이 걸렸다. 우리도 역시 처음으로 돌아간 적이 있었고 도중에는 한두 번의 재앙까지도 있었다.

고등학교 시절부터 제이와 나는 사업을 같이 하겠다는 꿈을 가지기 시작했다. 우리는 방과 후 서로 만나 계획을 세웠다. 제이가 고3 때 제이의 아버지는 우리를 고용해 주셨는데 그것으로 우리는 우리의 첫번째 사업에 발을 내딛게 되었다. 제이의 아버지는 자동차 정비공장과 중고차 매장을 소유하고 계셨다. 몬타나에 있는 고객에게 두 대의 중고 픽업 트럭을 가져다주기 위해 우리는 그 흥미진진한 3주 간에 걸친 4,000마일의 여정에 올랐다. 우리는 드디어 사업에 뛰어들어 우리를 위한 일을 하기 시작한 것이다. 타이어가 펑크 나거나 길이 험해도 우리는 그 여행의 매 순간 순간이 즐거웠다.

2차 대전으로 우리의 사업을 소유하겠다는 목표가 처음으로 지연되었다. 우리는 육군 항공대에 입대했으며 휴가차 집에 들렀을 때 실질적으로 우리들 최초의 사업 계획을 구상했다. 그것은 그랜드 래피즈에 있는 우리들 집 근처의 콤스틱 공원에 비행학교를 세우고 전세 비행기 서비스를 운영하는 일이었다. 처음에 나와 제이는 비행기술이 없었다. 그래서 우리는 군복무를 마친 후에 저축을 털고 융자를 받아 비행사를 고용하고 중고 파이퍼컵 비행기를 한 대 구입해서 〈월버라인 에어 서비스〉라는 커다란 간판을 내걸었다. 그 지역의 유일한 활주로는 진흙밭이었다. 그래서 우리는 우리의 작은 비행기에 수상비행기의 플로트를 붙여서 근처의 강을 활주로 대용으로 썼다. 말할 것도 없이 우리의 최초의 사업은 대단한 성공은 아니었다.

시간이 좀 남자, 우리는 두번째 계획을 세웠고 그것은 세계 최초의 드라이브 인 레스토랑 중 하나였다. 우리는 임시 활주로 끝에 조립식 건물을 세워놓았다. 나는 주로 햄버거를 굽고 제이는 차를 불러 들였고 홀수 날에는 서로 자리를 바꾸었다. 돈을 많이 벌지는 못했으나 우리는 우리의 꿈을 추구하고 있었다. 우리는 우리의 사업을 가지고 우리 자신들을 위해서 일하고 있었던 것이다.

1945년 제이와 나는 〈엘리자베스 호〉를 샀다. 그것은 38피트의 범선이었다. 우리는 다른 사업들은 그만두고 대서양 해안을 따라 항해하다 카리브해 연안 섬들을 돌아 남미까지 항해할 계획을 세웠다. 그것은 일종의 항해 휴가계획이었다. 우리는 배와 항해에 대해서 배우고 배 전세와 여행 사업에 대해서도 배우려고 했다. 물론 우리에게 항해 경력은 없었다. 그래서 한 손에는 항해에 관한 책을 들고 다른 한 손에는 키의 손잡이를 쥐고 여행을 떠났다. 뉴저지 앞바다의 안개 속에서 우리는 그만 길을 잃고 바다에서 너무나 멀리 떨어진 늪지로 배가 들어가 버려 해안경비대까지도 우리를 발견하고는 놀라워했으며 로프를 사용해서 우리 배를 대서양으로 다시 끌어다 주었다. 항해술에 관해 겨우 배우게 되었을 때 이번에는 〈엘리자베스 호〉에서 기름이 심각하게 유출되었다.

1949년 3월 어두운 밤, 하바나를 출발해 타이티로 가고 있을 때 우리의 초라한 낡은 범선에 물이 차기 시작했다. 우리는 열심히 물을 퍼냈으나 우리의 범선은 쿠바 북부 해안에서 10마일 떨어진 곳에서 1,500피트의 물 밑으로 가라앉아 버렸다. 우리는 3일 후 화물선에 의해 구조되어 푸에르토리코의 산후안 항구에 내려졌다.

그러나 렉스 렌프로나 그와 비슷한 수많은 사람처럼 우리는 그때까지도 우리 사업을 운영할 마음이었고, 우리의 꿈의 종착점이 어딘지 몰랐지만, 우리는 그 꿈을 추구하기로 한 것이다.

불운했던 항해에서 돌아온 직후인 1949년 8월, 네덜란드에서 이민 온 제이의 먼 친척이었던 네일 마스칸트가 우리에게 건강식품 회사의 일종인 뉴트리라이트 제품의 독립 디스트리뷰터가 될 수 있는 기회를 주었다. 「건강하게 사는 방법」이라고 작은 선전용 책자에 씌어 있었다. 고객을 직접 만나 판매하는 마케팅 시스템이 우리의 세번째 사업이 되었다.

몇 년 안 있어 우리는 뉴트리라이트의 실적이 좋은 독립적 디스트리뷰터들로 훌륭한 팀을 만들었다. 장시간 동안 열심히 노력한 덕분에 우리의 사업은 번창했다. 1957년 뉴트리라이트의 창업주인 칼렌보그가 제이에게 사장이 되어 달라고 요청했다. 심사숙고한 끝에 제이는 그 제안을 거절했다. 다시 한번 우리의 꿈은 우리를 뭉치게 해줬다. 무슨 일이 있어도, 아무리 많은 봉급과 호화로운 사무실을 준다해도 우리는 자신의 사업을 할 작정이었다.

1958년 우리는 우리에게 속한 뉴트리라이트의 디스트리뷰터들에게 새로운 상품을 함께 취급한다고 선언했다. 이리하여 1959년 암웨이가 탄생했다. 정확히 40여년이 지난 지금, 80여 국가 및 지역에 3백만이 넘는 독자적 암웨이 디스트리뷰터들이 60억 불에 달하는 판매 실적을 올리고 있다. 제이와 나는 암웨이를 설립하기까지 여러 가지 사업계획을 세우면서 20년을 보냈다. 지난날을 되돌아볼 때, 우리는 우리의 성공을 수십억 불이라는 금전으로 평가하지는 않는다. 우리는 우리의 꿈에 충실했다는 것으로 우리의 성공을 평가한다. 우리는 줄곧 우리의 사업을 갖고 싶어했으며 그 꿈을 이루었던 것이다.

당신의 꿈은 무엇인가?

당신은 어쩌면 자기 사업을 하지 않는 대신 대기업이나 아니면 고향에 있는 작지만 건실한 회사에서 일하고 싶어할지도 모른다. 아니면 책을 쓰거나, 목사가 되어 설교하거나, 정치에 관한 일을 하고 싶어할지도 모른다. 또는 직업군인이나 경찰 혹은 소방관이 되려고 이미 결심했을 수도 있다. 자신의 사업을 시작하든, 운동선수나 예술가가 되든, 나라를 위해서나 개인 기업체에서 일하든 당신은 더불어 사는 자본가 혹은 기업가로서의 당신의 능력을 발휘할 기회를 가지고 있다. 더불어 사는 자본가란 생애 중 가장 커다란 도전에 기꺼이 응하려는 훌륭한 기업가들을 말한다. 또한 여러분의 꿈이 무엇이든 간에 앞서 말한 것은 어디에나 통용된다.

우선 자신을 믿는 게 필요하다. 우리가 앞에서 긍정적 마음가짐의 중요성에 관해 이야기한 이유가 바로 여기에 있다. 둘째로, 목표를 향해 가는 동안 이끌어줄 스승(멘터)이 필요하다. 그리고 나서 올바른 마음가짐과 약간의 친구 도움이 있으면 준비가 된 것이다. 이제 여정이 진지하게 시작되는 것이다. 당신 자신의 꿈을 가져라! 그 꿈을 성취할 계획을 추진하며 그 계획을 완성하도록 열심히 노력하라! 그리고 무엇을 하든, 당신 밖에서 들리는 혹은 당신 안에서 들리는 부정적 목소리인 「너는 결코 아무것도 될 수 없어」 혹은 「아무리 노력해도 이런 어려운 시절에는 성공할 수 없어」 등에 무릎 꿇지 말라.

자신의 꿈을 추구하라.

젊은 폴 콜린즈가 미시건 주 에이다에 있는 내 사무실의 의자에 걸터앉았다. 그는 꿈이 있었다. 「나는 화가가 되고 싶어요. 이것이 내 작품이에요」 하며 폴은 떨리는 손으로 자기 그림 몇 점을 내 회의실에 내려놓았다. 밝고 대담한 색상의 캔버스 안에서 생기발랄하고 활기 찬 얼굴들이 나를 쳐다보고 있었다. 「아주 훌륭한데」라고 나는 말했다. 「고맙습니다」 폴은 조용히 대답했다. 그리고는 미소를 억누를 수 없는 표정으로 말했다. 「정말 좋은 그림이지요!」

폴 콜린즈는 올바른 마음가짐을 가지고 있었다. 모든 난관에 맞서 그는 자기 자신을 믿었다. 폴은 흑인으로 그랜드 래피즈의 하류 가정에서 태어났다. 그는 돈도 없었고, 학교 선생님들이 그의 재능을 인정하기는 했지만, 그들은 폴에게 「우선은 돈을 벌 수 있는 직업을 가지고 그림은 취미로 그려라」라고 조언했다. 폴은 그런 말을 듣지 않았다. 선생님들은 폴을 믿지 않았지만 폴은 자신을 믿었다. 그는 꿈을 가지고 있었고 그 꿈을 추구하기 위해 무엇이든 기꺼이 감수했다.

선생님들은 폴에 대한 확신이 부족했다. 「그림을 팔아서는 생활에 필요한 돈을 충분히 벌 수 없단다」라고 말했다. 그러나 폴은 또다시 그들의 말을 무시했으며 열여덟 살이 되었을 때 드디어 자신의 첫 그림을 팔았다. 이 작은 승리감을 맛본 그는 재능을 살려 직업 화가의 길을 택하기로 결심을 굳혔다. 그날 나는 내 사무실에서 캔버스 위의 빛나는 얼굴들과 그 그림을 그린 화가의 반짝이며 결의에 찬 눈을 보면서 꼭 미술비평가가 아니더라도 누구든 폴 콜린즈의 꿈이 실현될 것을 알 수 있을 것 같았다.

폴과 달리 렉스 렌프로는 사업에서 발휘할 만한 특별한 재능이 없었다. 그는 단지 자영사업을 하고 싶어한다는 사실만을 깨닫고 있었을 뿐이었다. 아무래도 상관없다. 실제로 렉스는 자기 꿈의 실현을 위해 돈 버는 데에만 너무 많은 시간을 소비했던 것이다. 그 결과 중요한 선택을 할 시간은 물론, 그 꿈을 실험해 볼 시간도, 자기 자신의 재능을 살려볼 시간도, 자기 선택에 관해 생각해 볼 시간도 가지지 못했다.

그러던 중 어느 날 밤, 사업을 하겠다는 자신의 꿈이 영원히 무산되고 말았다는 생각이 들었을 때, 렉스는 우리 회사의 독립 판매 방식에 대해서 듣게 되었다. 그래서 자신의 사업을 시작하였으며 생각지도 못한 성공을 거두게 되었다. 암웨이는 자신의 사업을 시작하는 데 필요한 수많은 아이디어들 중의 단 하나에 불과하다. 그러나 렉스 렌프로에게 암웨이는 어둡고 긴 밤이 끝난 후 떠오르는 아침의 태양과도 같았다.

당신은 자신의 사업을 하겠다는 꿈을 가질 수 있으나 당신의 꿈은 좀더 구체적이어야 한다. 즉 어떤 종류의 사업을 원하는지, 당신의 일생을 어떻게 보내고 싶은지, 어떤 종류의 일을 원하는지 등을 생각해 봐야 한다.

나는 10대였을 때 폴 콜린즈와 같은 재능을 지니고 있지 못했다. (또한 내가 가지지 못한 재능을 보충하기 위해 열심히 노력하지도 않았다) 사람들이 「커서 무엇이 될래?」와 같은 끔찍한 질문을 할 때면 나는 할말이 없었다. 그러나 나의 아버지는 개인적인 어려움을 겪으신 후 일에 대해 가지고 있는 일종의 꿈을 나에게 물려주셨다. 「네 사업을 시작하거라」 아버지는 그렇게 조언을 하셨다. 「다른 사람이 아닌 너 자신을 위해서 일해라」

아버지는 19년 간 제너럴 일렉트릭 회사에 몸담고 계셨다. 내가 고등학교에 다닐 때, 제너럴 일렉트릭은 아버지에게 디트로이트로 전근하는 조건으로 승진과 봉급 인상을 제의했다. 아버지는 그랜드 래피즈를 사랑하셨고, 그의 뿌리는 거기에 있었다. 아버지는 가족들에게 새 도시로 이사 가 새 학교로 전학하고 새 교회를 찾고 새 친구들을 사귀라고 강요하고 싶지 않으셨다. 그래서 아버지는 출세할 수 있는 좋은 기회를 거절해 버리셨다. 몇 가지 이유로 아버지는 그랜드 래피즈에 있는 상관의 눈에 안 들어 해고를 당하셨다. 아버지가 수년 간 열심히 근무한 것은 고려되지 않았다. 정년 퇴직을 1년 앞두고 아버지는 직장과 수당과 연금을 잃으셨다. 그 순간부터 한 가지 생각만이 아버지를 사로잡았다. 「네 자신을 위해 일해라. 네 자신의 사업을 시작해라」

결국 나에 대한 아버지의 꿈이 바로 나의 꿈이 되었다. 그러나 그 꿈만 가지고는 충분하지 않았다. 제이와 나는 그 꿈을 지탱시키기 위해 계획을 세워야 했다. 우리는 사업을 시작해야 했고, 우리 자신에게, 우리는 지금 꿈을 갖고 어디로 가고 있나, 거기에 도달하기 위해 어떻게 해야 하나 등과 같은 질문을 던져야만 했다.

폴 콜린즈는 화가가 되고 싶은 꿈을 가지고 있었다. 제이와 나는 항공 서비스, 다음에는 드라이브인 레스토랑, 다음에는 뉴트리라이트 판매업을 시작하려는 꿈을 가지고 있었다. 렉스 렌프로는 자신이 자랑스럽게 여기고 평생 소득원이 될 자신의 사업을 원했다. 당신의 꿈은 무엇인가? 어떤 종류의 사업을 하고 싶은지 정확히 알지 못한다 해도 걱정할 필요는 없다. 만일 꿈이 있다면, 그것이 비록 대강의 윤곽만 잡혀 있더라도 그것을 쫓아라. 그리고 그 꿈에 충실하라!

만일 아직도 꿈이 없거나 꿈이 실현될 것인가에 대해 확신을 못하고 있다면 다음의 몇 가지 질문들은 당신이 결정을 내리는 데 도움을 줄 것이다.

그 꿈이 진정으로 당신의 꿈인가?

만일 당신이 어떤 직업을 선택할 수 있다면 어떤 것이 좋을까? 다른 모든 사람들이 당신에게 바라는 것은 잠시 동안 잊어버리자. 당신의 가족, 친구, 아니면 배우자들은 모두 당신에게 바라고 있는 일이 있을 것이다. 그러나 당신이 진정으로 원하는 당신의 모습은 무엇인가? 당신의 감정에 충실하라. 그 꿈을 계속 살찌워라. 당신을 흥분시키고 당신에게 희망을 주는 미래에 대한 단편적인 꿈일지라도 이를 계속 발전시켜라.

당신의 잠재력을 제한하는 당신 내부의 목소리에 귀기울이지 말라. 당신의 감정이 말을 하게 하라. 당신에 대해 원대한 꿈을 가지고 있는 사람들의 목소리에 귀기울여라. 그리고 나서, 그 꿈을 대담하게 추구하라. 나의 아버지나 렉스의 아버지가 그들의 꿈을 물려준 것만으로는 충분하지 않았다. 우리는 그들의 꿈이 진정으로 우리의 꿈인지 확신을 가져야만 했다. 제이와 나는 우리의 배가 침몰하고 있을 때조차도 우리들의 사업을 갖고, 우리들의 계획을 세우고 자유롭고 싶다는 것을 알고 있었다.

당신의 꿈은 당신의 재능에 적합한가?

꿈을 실현할 수 있는 〈알맞은 자질〉이 있는 것과 꿈을 갖는다는 것은 별도의 문제이다. 헬렌 켈러도 운전을 하고 싶었을 것이다. 그러나 그녀가 고속도로에 차를 몰고 나갔다면 큰 재앙을 불러 일으켰을 것이다. 그녀는 장님이었기 때문에 선택의 폭이 좁았다. 그러나 어쨌든 그녀는 원대한 꿈을 가지고 있었다. 그녀는 「만일 이 세상에 즐거움만 있다면 우리는 용기와 인내심에 대해 결코 배울 수 없을 것입니다」라고 썼다.

당신의 한계에 대해 무서워하지 말라. 아무것도 할 수 없다고 생각하지도 말라. 만일 당신이 수학의 기본 실력이 부족하다면 분자물리학자가 될 수는 없을 것이다. 또 당신이 5피트 5인치나 6피트 5인치라면 직업 농구선수로 성공하지 못할 것이다. 피만 보아도 기절한다면 유명한 외과의사, 정육점 주인, 직업 권투선수가 되고자 하는 꿈에 대해서는 재고해 보아야 할 것이다. 그러나 만일 하나의 꿈을 포기했다면, 다른 꿈을 가져라.

당신이 특히 잘하는 것과 좋아하는 것에 대해 생각해 보라. 「나는 아무것도 잘하는 게 없어」라고 당신은 말할지 모른다. 모든 사람이 모짜르트 같은 천재성을 가질 수는 없다. 또한 스티븐 킹과 같은 베스트셀러 소설을 쓸 가능성도 매우 희박하다. 그러나 우리 모두에게는 하느님이 주신 재능이 있다.

성공을 한 사람들은 대부분 자신을 천재로 생각하지는 않는다. 그렇다고 해서 신이 각자에게 능력과 인내와 노력할 수 있는 역량을 주시지 않은 것은 아니다. 다른 사람으로 하여금 당신이 재능이 없다고 말하지 못하게 하라. 당신은 재능이 있다.

때때로 사람들은 천재와 노력을 혼동한다. 천재들이 노력을 들이지 않고 위대한 일을 이룩하는 경우가, 극히 드물기는 하지만, 있는 것은 사실이다. 만일 모든 음악가와 작곡가가 모짜르트와 자신을 비교한다면, 그들은 절망을 느낄 것이다. 그러나 우리는 위대한 음악가, 운동선수, 작가, 화가, 더불어 사는 자본가들이 피나는 노력을 통하여 그들의 천재성을 개발했다는 사실을 간과하는 경우가 너무나 많다.

당신이 하고 싶은 것, 당신에게 쉬운 것(노력이 필요하지 않아서 쉬운 게 아니라, 당신이 그것을 즐기기 때문에 쉬운 것), 다른 사람들이 당신에게 잘한다고 이야기하는 것 등에 대해 생각해 보라. 이것은 당신의 재능을 알아내는 데 도움이 될 것이다. 기업가가 되겠다는 당신의 목표를 추구하는 데 이 재능을 발휘하면 성공의 가능성은 놀랄 만큼 높아질 것이다.

렉스와 베티 조 렌프로 부부는 워싱턴 D.C.에 있는 친지와 이웃들에게 우리 회사의 제품과 마케팅 계획을 알리기 시작했다. 렉스는 계속 농무성에 근무했으나 저녁 시간과 주말에는 전화를 걸고, 사람들을 불러 모아서 제품 설명을 하고 그 후에는 몇 번이고 확인 전화를 했다. 26년이 지난 후, 마침내 그는 그의 사업을 시작하게 되었다. 그것은 매우 힘든 일이었다. 심야 텔레비전 프로에 나오는 사람들의 말을 믿지 말라. 경제적 안정이나 경제적 성공을 이루는 데는 빠르거나 쉬운 방법은 없다. 지지부진하고 어려웠던 사업 초기에도 렉스와 베티 부부는 그들의 노력이 멀지 않은 미래에 그들에게 경제적 보상을 가져다줄 것이라는 것을 알고 있었다. 「나의 노력이 무모한 것은 아니었습니다. 나는 마침내 나와 내 가족을 위한 것이며, 또 영원히 우리의 것이 될 무언가를 시작하게 되었죠. 예전에 나는 내 삶을 다른 사람들의 꿈에 바치고 있었죠. 그러다가 비로소 내 시간과 에너지를 내 꿈을 실현시키기 위하여 쓰게 된 것이죠」 렉스는 이렇게 회상한다.

당신의 꿈을 실현시킬 수 있는 재원이 있는가, 아니면 재원을 조달할 방법이 있는가?

렉스 렌프로가 우리 사업에 관해 그렇게도 흥미를 느꼈던 이유 중 하나는 사업에 뛰어드는 데 비용이 적게 든다는 것이었다. 「사업 착수에 필요한 비용이 28불이었으며 그것도 환불을 보장해 주는 조건이었죠」라고 렉스는 회고한다. 「나는 그만한 돈은 마련할 수 있다고 생각했죠. 우리가 잃을 게 무엇일까 하고 자문해 보았죠」

사업 착수에 비용이 적게 드는 업종은 우리 사업 이외에도 많이 있으며 여기에 비해 비용이 더 드는 업종들도 있다. 햄버거 체인점과 피자 체인점의 개업 경비를 각각 비교해 보라. 일반적으로 개업

경비는 사무실 임대료와 사무실이나 매장, 혹은 스튜디오의 내부 시설비 등을 말한다. 사무실 기기, 컴퓨터 하드웨어와 소프트웨어 경비 등도 가산하라. 전화와 팩스, 문구류, 500여 장의 명함 인쇄 등에도 경비가 소요된다. 이만한 경비를 조달할 수 있는가? 이 경비를 당신의 돈으로 할 것인가, 아니면 남에게서 빌릴 것인가? 만일 당신 돈이 아니라면, 얼마나 있으면 그 돈을 변제할 수 있을 것인가?

「이 사업을 시작하는 데 든 비용은 결혼기념일 저녁식사 비용보다 적었습니다」라고 렉스는 기억한다. 베티 조도 씩 웃으며 덧붙인다. 「그리고 결혼기념일에 갔던 별 4개짜리 호텔의 레스토랑은 환불제도가 없었지요」

어떤 사업을 선택하든, 사업 초기 수입이 적을 경우에 대비하여 견딜 만한 금전적 재원을 확보하자. 어떤 일을 시작하기 전에 비용을 계산해 보라는 말씀을 기억하라.

그 꿈이 당신이 추구하는 가치관과 일치하는가?

꿈은 때로는 위험하기도 하다. 꿈은 우리가 옳다고 믿는 것과 정면 충돌할 가능성을 내포하고 있다. 꿈은 우리를 파멸의 길로 인도할 수도 있다. 그 길이 우리를 어디로 이끌 것인가에 대해 초기에 판단을 내려라. 만일 당신이 목표에 도달한다면, 만일 당신의 꿈이 실현된다면, 당신과 당신이 사랑하는 사람들에게 기쁨을 갖다 줄까? 혹은 부끄러움을 갖다 줄까? 그런 것을 미리 생각해 보자.

미국의 대도시에서는 젊은이들이 마약사업에 손대기 시작하고 있다. 마리화나, 코카인, 헤로인 등을 팔아서 훨씬 큰 돈을 만질 수 있는데, 왜 구태여 햄버거나 신문, 자동차, 부동산, 비누를 팔려고 하겠는가? 그렇지만 그 젊은이들은 만일 총에 맞아 죽지 않고 살아 있다면 언젠가는 과거를 되돌아보며 자신들의 선택을 후회하게 될 것이다.

렉스와 베티 조 렌프로 부부는 우리 모두가 해야 할 같은 질문을 스스로에게 던져야만 했다. 제품이 고객에게 만족을 주는가? 나라면 이것을 쓰겠는가? 아니면 과대선전과 거짓말로 포장되지는 않았는가? 사업 계획이 타당성이 있는가? 회사 사람들은 정직하고, 공정하고, 개방적인가? 그 회사에 내 일생을 투자하는 게 흥미진진할까? 나와 아내와, 내 아이들에게는 어떤 영향을 미칠 것인가?

렉스는 과거를 회상한다. 「과거를 돌이켜보니 내 꿈이 인간적인 면이 있다는 것을 깨닫게 되었습니다. 나는 내 자신의 사업을 원했으나 그보다는 내가 다른 사람들을 도울 수 있게 해주는 사업을 원했죠. 이 사업이 사람을 돕는 사업이라는 것을 알았을 때 우리는 얼마나 기뻤는지 모릅니다」라며 또다시 덧붙인다. 「회사가 추구하는 가치와 내가 추구하는 가치가 손을 잡은 것이나 다름없었죠」

당신의 꿈은 당신이 도전할 만큼 원대한 것인가?

목표는 너무 작아도 너무 안전해도 안된다. 당신의 현재 위치를 훨씬 넘어선 커다란 꿈을 가지도록 하라. 누구든 길을 안전하게 건너는 목표는 세울 수 있다. 크게 한 발자국을 내디디고 세계를 보자. 진정으로 멋진 무엇인가를 성취할 수 있으면서도 하찮은 목표에 만족하지는 않는가? 당신 자신을 믿어라! 당신의 꿈을 추구하라. 그러면 당신은 진정으로 커다란 발걸음을 내디딘 것이다. 그 밖의 다른 것은 그대로 따라오게 될 것이다.

우리 사업에 뛰어든 대부분의 사람들은 처음에는 작은 꿈을 가지고 시작한다. 거기에 잘못된 점은 없다. 우리가 취급하는 품목 중 3,000개 이상 제품의 할인 혜택을 받기 위해 서명하는 경우도 있다. 아니면 생활비를 충당하거나 만일에 대비한 저금을 하기 위해 한 달에 4-500달러의 부수입이 필요한 경우도 있을 수 있다.

나카지마 카오루는 아주 재미있는 일본 설화를 우리에게 이야기해 주었다. 한 늙은 농부와 개가 숲속을 거닐고 있었다. 그들은 10여 년간 숲속을 헤매며 주인 잃은 보물을 찾고 있었다. 갑자기 개가 어떤 나무 밑에 멈춰 서더니 잠시 뿌리 근처를 냄새 맡았다. 그러고는 짖어대기 시작했다. 그 개가 잘 짖는다는 걸 알고 있는 노인은 괜히 그러는 것이라 생각하고 개가 그냥 따라오겠지 생각하며 앞으로 계속 걸어갔다. 그러나 개는 계속 짖기만 했다. 마침내 노인은 개에게 막대기를 집어 던지며 이제는 이 고집 센 개가 그만 짖고 따라오겠지 생각했다. 그래도 개가 말을 안 듣자 노인은 나무로 다시 돌아가 가방에서 삽을 꺼내 땅을 파기 시작했다. 30분쯤 파내려 갔을 때 노인은 값비싼 보물을 발견했다. 나까지마씨는 설명했다. 「누군가 나에게 〈아니오!〉라고 거절하면 나는 그것을 우리들 관계의 마지막이 아니라 시작으로 간주합니다. 그 개와 마찬가지로 나는 계속 고객에게 짖어댄 거죠. 1, 2주일이 지난 뒤에 나는 다시 전화를 합니다. 그러면 나의 잠재고객은 새로운 질문을 내게 합니다. 고객은 저마다 나에게 대답할 기회를 새로 주는 것이죠. 오래지 않아, 만일 내가 포기하지만 않는다면, 내 고객은 땅을 파기 시작합니다. 다음 단계는 고객이 보물을 발견하는 것이죠. 대부분의 사람에게 〈아니오〉라는 대답은 끝을 의미합니다. 그러나 내게는 〈아니오〉라는 대답은 〈예〉란 대답으로 가기 위한 첫번째 단계일 뿐입니다」

계획을 세우고 열심히 노력하자!
여러분은 꿈을 가지고 있다. 그렇다면 이제는 계획이 필요하다. 계획은 여러분이 가고 싶은 방향을 잡아준다. 계획은 진전 사항을 점검하고 방향감각을 제공해 주며 정확한 목표를 제시해 준다.
어떤 사람들은 꿈을 가지고는 있으나 그 꿈을 실현시키기 위한 목표나 전략을 갖추어 계획을 발전시키려고는 하지 않는다. 계획 없이는 우리는 제자리에서 맴돌거나 허송세월만 하게 된다. 또다른 사람들은 계획이 있기는 하지만 그 계획이 때로는 부적당한 것들이다. 그들은 자본주의의 메커니즘을 잘못 이해하여 결국 실패하고 만다.
렉스 렌프로는 자기의 꿈은 자기 사업을 가지는 것이라고 생각했다. 그러나 그것은 결코 그의 꿈이 아니었다. 그의 진정한 꿈은 그를 자유롭게 해주는 일정한 수입을 갖는 것이었다. 「나는 사람들이 나에게 부여한 제약에 대해 진저리가 났습니다」라고 그는 시인한다. 「나는 너무나 창의적이며 원기왕성하여 내 능력을 제한하는게 싫었습니다. 나는 미래에 관해서 자유롭게 내 나름의 결정을 내리고 싶었으며, 그러기 위해서는 돈이 필요했습니다」 마침내, 렉스는 우리 모두가 원하는 경제적 안정의 수단을 원하게 되었다. 진정으로 자유롭기 위해서는 돈이 필요하다. 꼭 몇 백만 달러일 필요까지는 없으며, 생활비를 충분히 충당하고 만약을 대비하여 약간의 저축을 할 수 있을 정도의 돈은 있어야 한다.

우리는 물질적 행복에 관한 우리의 욕구를 결코 부끄러워해서는 안 된다. 우리는 정직하게 번 돈 한 푼 한 푼을 자랑스럽게 여기고 감사히 생각해야 한다. 여러분이 번 돈은 여러분 자신과 가족의 삶의 질을 높여주며, 동시에 (만일 당신이 동정적이라면) 여러분 주위나 세계 도처에서 고통을 겪고 있는 사람들을 위해서 기아, 빈곤, 무주택, 질병을 없애는 데 기여할 수도 있다. 〈이윤 추구〉는 사업의 좋은 목표라는 걸 결코 잊지 말라. 여러분의 목표는 무엇이며, 여러분은 그 목표를 충족시키기 위해 어떻게 계획을 세울 것인가?

목표란 무엇인가?

목표를 마음속에 분명히 해두는 것은 꿈을 현실로 만들며, 꿈을 실행할 수 있게 만들며, 꿈을 실현 가능하게 만드는 것이다. 그리고 비즈니스에 있어 가장 중요한 목표는 이윤이다.

경제적 안정은 장기적인 목표에 도달하기 위해서 수많은 단기적인 목표를 설정하고 그것을 추구하는 것이다. 렉스 렌프로는 우리 사업을 시작할 때 한 달에 3, 4백 불 가량의 수입을 보태기 위한 희망에서 저녁과 주말에 일했다. 그 단기간의 목표가 달성되자 렉스와 베티 조 부부는 한 달에 1,000불의 수입을 더 보태기 위한 더 커다란 목표를 세웠다.

그 단기 목표가 또 달성되자 렉스는 농무성을 그만두었다. 그때까지 그들의 사업은 번창해 경제적으로 안정되었다고 느낄 만큼 충분한 수입을 올릴 수가 있었다. 렉스와 베티 조 부부는 그들의 꿈이 실현되는 것을 목격했다.

잭 스펜서는 고등학교 교사이자 체육 코치였다. 그는 석사학위를 받기 위해 밤늦게까지 공부를 했다. 「나는 17시간씩 일하는 날이 많았습니다. 왜냐하면 열심히 일하고 공부를 더 하는 것이 성공의 비결이라고 생각했기 때문이었죠」 그러나 잭이 그의 석사과정을 끝냈을 때, 그의 노력에 대한 대가가 겨우 실 수령액 25달러 인상이라는 것을 알고는 낙담했다. 잭과 마기 스펜서는 그들의 시간과 에너지 투자에 대해 더 많은 보상이 돌아오길 바랐다. 그래서 그들은 수입에 제한이 없으며 도중에 막다른 골목이 없는 사업을 시작함으로써 그들의 목적을 이룰 수 있었다.

데이브와 마지 루이스는 미시건 주 허시 마을을 떠나지 않고 성공적인 사업을 시작하고 싶었다. 「사람들은 작은 마을에서는 성공할 수 없다고 말하더군요」라고 데이브는 미소를 머금으며 말을 잇는다. 「사람들은 우리가 원하는 분야의 정상에 올라가기 위해서는 대도시로 가야 된다고 조언해 줬습니다. 그러나 우리는 허시를 좋아했고, 허시를 떠나고 싶지 않았습니다」라고 마지가 덧붙인다. 「또한 우리는 우리 애들이 비록 작지만 안정되고 질서가 잡힌 지역사회에서 혜택을 누리며 자라길 바랐습니다」 데이브와 마지는 대도시든 소도시든 상관없이 어디에서나 번창할 수 있는 사업을 시작함으로써 그들의 목적을 이루었다.

모든 성공적인 사업은 단 하나의 목표로 시작되며, 그 목표는 곧 여러 개의 단기적 목표들과 장기적 목표들로 나눠진다. 그런 다음에는 그 목표들을 달성하기 위해서는 전술이라는 일련의 행동이 뒷받침되어야 한다.

전술이란 무엇인가?

전술은 우리의 목표 달성을 위해 우리가 취하는 하루하루의 실제적인 단계를 말한다. ⟨MW = NR + HE ×T⟩라는 공식을 기억하라. 만일 물질적 행복(MW)이 우리의 장기적 목표라면, 천연자원(NR), 인간의 에너지(HE)와 도구(T)는 목표 달성을 위해 우리가 취하는 전술이다.

천연자원

대부분의 상품과 용역들은 지구의 천연자원을 창조적으로 사용하여 생산된 것이다. 폴 콜린즈 같은 화가가 필요로 하는 천연물질은 꽤 단순하다. 그림 물감과 캔버스만 있으면 된다. 앞서 다루었던 젊은 성공적인 기업가들은 성공을 위하여 다양한 천연자원을 활용했다. 즉 장미, 카네이션, 달걀, 설탕, 크림, 천연향, 조립되지 않은 컴퓨터 부품, 쇠똥 등.

우리 회사를 포함한 수천 개의 다양한 기업들은 지구상의 풍부한 자원을 이용해 수많은 신기한 상품들을 개발했다. 오늘날까지도 많은 사람들은 삶의 질을 높여줄 수 있는 신상품을 가지고 미시건 주에이다에 있는 우리 사무실을 매일 방문한다. 도전에 응해보라. 발명하고 창조하라! 새롭게 변형시켜라! 꿈을 가지고 상상력을 발휘하라! 모험을 하고 시도해 보라! 이 세상에는 아직도 창의력으로 변형시킬 수 있는 천연자원이 풍부하게 남아있다.

인간의 에너지

「휴식시간을 좀 달라」라고 혼자 생각하지는 않는가? 로저 코너나 벤과 제리 부부와 같은 사람들은 정말 운이 좋았다. 그들은 우연히 적시에 적소에 있었다. 그들에게는 놀랄 만큼 행운이 뒤따랐으며 나에게는 그런 행운은 없었다.

행운은 한몫을 한다. 그러나 내 경험에 비추어 보면 성공을 가져다주는 것은 노력이지 행운은 아니다. 스티븐 리코크는 이에 대하여 다음과 같이 말했다.「나는 행운을 상당히 믿는 사람이다. 그런데 내가 열심히 일하면 일할수록 행운은 더욱 내 편이 된다는 것 또한 알고 있다」

신은 지구의 자원을 다른 물건으로 변형시키는 데 사용할 에너지를 우리에게 주셨다. 다른 자원과 마찬가지로 당신의 에너지는 한정되어 있다. 에너지를 낭비하지 말라! 과소평가하지도 말라! 자신의 꿈을 실현시키기 위한 계획을 세우고 계획을 성공적으로 수행하기 위하여 자기에게 부여된 모든 힘과 에너지를 사용하라.

우리 사업에서는 인간 에너지가 만사를 다 해결한다. 일단 천연자원이 우리가 취급하는 3,000개 이상의 상품으로 변형된 다음에는, 상상을 초월할 정도의 이익을 올리는 큰 사업을 구축하는 데 필요한 것은 사람들의 에너지만이 필요할 뿐이다.

도구

우리의 일을 좀더 쉽고, 효율적이며, 좀더 경제적으로 하도록 도움을 주는 온갖 종류의 도구가 있다. 폴 콜린즈는 여러 종류의 붓과 이젤, 캔버스를 고정하는 알루미늄 틀을 사용했다. 제트 비행기와 전화와 팩스 기계 등도 그의 사업에 도움을 주는 도구들이다.

성공적인 기업가들이 자신들의 계획을 성공시키기 위해 사용했던 도구들을 상상해 보라. 로저 코너는 꽃을 신선하게 보관하기 위해 오래된 냉장고를 사용했다. 벤과 제리는 아이스크림을 빨리 효율적으로 만들기 위해 큰 알루미늄 통과 반죽 기계를 사용했다. 잡스와 워즈니악은 첫번째 컴퓨터를 조립하기 위해 간단한 도구들과 납땜용 분무기가 필요했다. 키드코의 아이들은 비료 사업을 시작하기 위해 삽과 외바퀴 손수레와 건조용 판이 필요했다.

그런데 만일 당신의 계획이 (상품 판매가 아니라) 서비스를 제공하는 것이라면 이미 가지고 있는 (아니면 빌릴 수 있는) 도구들을 계획에 포함시켜서 당신의 삶이 좀더 편안하고 당신의 서비스가 좀더 효율적이 되게 하라.

기업가는 특히 절약정신과 창의력이 풍부해야 한다. 그들은 낡은 차를 이용하여 피자나 약을 배달했다. 자전거를 이용하여 신문 배달을 하고, 전화를 이용하여 설문 조사를 하고, 펜, 타이프, 컴퓨터를 이용하여 희곡이나 시를 쓰며, 작곡을 하고, 혹은 광고지나 다른 광고물을 인쇄하기도 한다. 아니면 그들은 그들의 잔디 깎는 기계를 이용하여 정원 사업을 시작하기도 한다. 세탁기나 건조기를 사용하여 받아온 빨랫감을 세탁하기도 하며 다리미판을 이용하여 셔츠를 다리기도 한다.

우리 사업에서 필요한 것은 전화이다. 주문받는 종이, 상품이나 물건을 쌓아놓을 수 있는 곳, 시내를 다니기 위한 (아니면 전세계를 다니기 위한) 교통 수단뿐이다. 어떤 사업을 시작하고 싶은가? 사용할 수 있는 도구들은 어떤 것들인가? 당신의 창의성을 가지고 생각해 보라.

재검토하자.

당신이 자신을 믿으며 꿈을 가지고 있다 하더라도, 성공을 위해서는 계획이 필요하다. 대부분 그런 계획들은 천연자원, 인간의 에너지, 도구들을 창조적으로 사용하는 것을 포함한다. 그러한 계획들이 어떻게 발전되어 가는지 좀더 자세히 살펴보자.

폴 콜린즈는 20여 년 전 내 사무실에 왔을 당시에 꿈을 가지고 있었다. 「나는 아프리카인의 인물화를 그리고 싶습니다」라고 말했을때 그의 열정은 옆 사람에게 옮겨질 정도로 강했다. 「그러니 내 여행경비를 대주시기 바랍니다」 이미 폴은 자신과 자신의 꿈을 믿고 있었으므로 화가로서 생계를 유지하기 위해서는 타당성 있는 사업 계획을 개발해야만 했다. 「내가 여행경비를 대겠소」 하고 내가 말했다. 「그러나 그림의 50%는 내가 가지겠소」 잠시 폴은 나를 무뚝뚝하게 쳐다보았다. 「50%나요?」 하고 그는 물었다. 「50%!」 나는 대답했다. 「하지만 일은 제가 다 하잖아요?」 그는 이의를 제기했다. 「내가 모든 경비를 대잖아?」 하고 나는 대답했다. 갑자기 그는 웃으며 손을 내밀었다. 「동업잔가요?」 그는 물었다. 「동업자지!」 나는 동의했다.

폴은 아프리카로 갔고 돌아올 때는 찬란하게 빛나고 감동적인 아프리카인들의 인물화를 한아름 안고 왔다. 그는 첫번째 작품 전시회로 일약 미국의 뛰어난 인물화가로서의 계열에 들어섰다. 그러나 그는 또한 비즈니스의 수완도 있다는 것을 보여주었다. 폴의 계획은 간단하다. 「나는 내 자신의 주권을 파는 것입니다」라고 말했다. 「그 돈으로 여행하고, 스튜디오를 열고, 생활비를 대고, 그림을 그리지요. 그림이 팔리면 내 생활은 윤택해지고 투자가들은 이윤이 많이 남게 되지요」

빌 스웨츠는 「이것이 바로 내 사업 계획입니다」라고 말하면서 내게 흰 종이를 건네주었다. 「세분화된 예산 계획을 포함해서 이것이 내가 시작하는 데 필요한 전부입니다」 빌은 대학 1학년생이었다. 수주일 전 그는 내게 자신의 사업을 시작하는 데 필요한 충고를 요청했었다. 「너희 집 뒷마당을 들여다보거라」라고 나는 그에게 말했다. 「우리집 뒷마당에는 고물만 쌓여 있는데요」 우리 둘은 웃었다. 그러나 빌의 눈이 빛나기 시작했다.

며칠 후 그는 계획을 가지고 내게 다시 왔다. 「우리집 뒷마당은 보물로 가득 차 있어요」 하고 그는 환호성을 질렀다. 「낡은 의자, 테이블, 소파, 침대, 매트리스, 옷장, 램프, 카펫 등이 있어요」 하면서 그는 활짝 웃으며 말했다. 「가구는 내구성이 가장 강한 제품이지요. 그러나 사람들은 중고가구를 사고 싶어하지 않지요. 왜냐하면 중고가구들은 대개 지저분한 곳에서 팔기 때문이지요. 나는 중고가구를 깨끗하고 안전하고 부유층이 사는 곳에서 팔겠습니다. 이것이 바로 사업을 시작하는 데 필요한 목록입니다」 나는 빌의 사업 계획서를 보았다. 대부분의 계획은 누가, 어디서, 무엇을, 왜, 어떻게, 언제, 얼마나 돈이 소요되는가 등의 기본적 질문에 대한 답변이다.

- 내가 원하는 것은 무엇인가?
  제품을 판매하는 것인가?
  서비스를 제공하는 것인가?
  예술가적 재능이나 운동가적 재능을 향상시키는 것인가?
- 그것을 어떻게 할 것인가?
  어떤 단계들이 나를 내 목표로 이끌어줄 것인가?
- 그것을 이루는 데 누가 나를 도와줄 수 있을 것인가?
  도중에 나를 도와줄 수 있는 사람들은 누구인가?
- 그것을 이루는 데 내게 필요한 것은 무엇인가?
  어떤 자원이 필요한가?
  어떤 도구가 필요한가?
- 어디서 하는 것이 가장 좋을까?
  이미 내게 사용 가능한 곳에서?
  아니면 앞으로 개발해야 될 곳에서?
- 비용은 얼마나 들까?
  착수부터 완료까지 필요한 돈은 얼마인가?
- 어디서 돈을 구할 것인가?
  나의 돈은 충분한가?
  돈을 빌려야 하나?
  내 아이디어에 투자할 동업자가 필요한가?
- 투자비용을 회수하려면 얼마나 시간이 필요한가?
  내가 투자비용을 회수하기 위해서는 물건값을 얼마로 정할 것인가?
  내가 계획하는 수입은 얼마인가?

아무리 계획이 좋더라도 추측으로 밖에는 해답을 내릴 수 없는 점이 있다. 기업가가 되는 것은 위험이 따른다. 완전하고 신뢰할 수 있는 계획을 세우도록 최선을 다하라. 목표를 정하라. 이러한 목표를 충족시키기 위한 계획을 나타내 주는 뚜렷한 전략을 일목요연하게 적어라. 각 전략 옆에 그 전략을 위한 경비를 적어놓고 그 전략이 성공적으로 달성될 수 있다고 희망하는 날짜를 미리 정하라. 그 다음에는 완성된 계획을 당신의 스승에게 보여서 그들의 반응을 보라.

나는 빌 스웨츠의 계획을 한번 빨리 훑어보았다. 싱글 스페이스로 타이프 쳐서 4, 5페이지에 달하는 종이 위에는 위의 모든 질문에 대한 대답이 적혀 있었다. 대부분의 사업가(특히 은행가)들과 마찬가지로 나는 실제적인 경비, 즉 빌이 생각하는 그 계획의 소요 경비에 관심이 많았다.「5만 달러? 큰돈이군」나는 약간 놀라서 그를 쳐다보며 중얼거렸다.「저도 알아요」하고 그는 대답했다.「제가 대출을 신청했던 두 은행도 그와 같은 말을 하고서는 웃으면서 저를 쫓아냈어요」

빌은 내가 그 은행원들에게 전화를 걸어 그의 융자에 대한 보증을 서줬으면 하고 바랬다고 훗날 고백했다. 나는 그에게 질문을 하기 시작했다.「새 매장에 카펫이 왜 필요한가? 시멘트 바닥이면 안 될 이유라도 있나? 칸막이 벽은 왜 필요하지? 탁 트인 전시장이면 어떨까? 세 대의 계산기와 두 대의 현금 출납기가 정말 필요한가? 한 대면 충분하지 않은가?」

나와 이야기가 끝날 때에는 빌의 사업 계획에 들어갈 비용은 5,000불로 줄어들었다. 내가 전화를 안 했어도, 빌이 거래하는 은행의 직원은 위험을 같이 부담하겠다고 쾌히 승낙했다. 수년이 지난 지금 빌 스웨츠는 4개 주에 20개의 새로운 가구 임대 전시장을 가지고 있다. 그는 단순한 계획을 가지고 있었으며 그 계획을 약간 손질한 후 놀랄 만한 성공을 이룰 수 있었다.

당신의 꿈은 무엇인가? 그 꿈의 실현을 도와주는 계획은 있는가? 당신의 목표는 무엇이며 목표 달성을 위해 당신이 사용하고 있는 전략들은 무엇인가? 20년 전 렉스 렌프로는 암웨이의 사업 계획에 대해 듣게 되었고 암웨이 사업 성공에 인생을 걸었다. 오늘날, 그와 베티 조는 미국뿐만 아니라 세계 각지에 퍼져 있는 판매 사업을 펼치고 있다. 그들은 더불어 사는 것이 그들을 성공으로 이끌어준다는 사실을 일찍부터 깨달았다. 「이 사업은 사람을 우선적으로 중시하고 이윤은 그 다음입니다」라고 렉스는 우리에게 이야기한다. 「처음부터 우리들의 스승은 다른 사람들의 욕구를 충족시켜 줌으로써 우리들의 욕구를 충족시킬 수 있다는 걸 보여주고 있었습니다」

마크 스테파노와 그의 아내 린은 워싱턴 D.C.의 메릴랜드 교외에 조그마한 피자가게를 가지고 있다. 마크는 피자를 만들고 1주일에 96시간 동안 손님을 기다렸다. 그의 사업은 지지부진했다. 그의 결혼 생활도 역시 마찬가지였다. 린은 다가올 별거와 이혼에 대비하여 석사학위를 받고자 공부하고 있었다. 그들의 자녀들은 부모를 거의 보지 못했으며 간혹 보더라도 부모가 싸우는 장면만 주로 보게 되었다.

렉스와 베티 조가 우리 회사의 사업 계획을 스테파노 부부에게 알려주자 마크는 비웃었다. 「우리는 비누 팔 시간이 없어요. 우리는 지금 겨우 살아가고 있어요」 렉스는 그가 연방정부에서 일했던 경험에 비추어 마크의 문제를 이해했다. 그러나 린 스테파노는 그 계획에서 희미한 희망을 발견하고는 자기 남편에게 한 번 해보라고 설득했다.

「마크는 문제아였죠」라고 렉스는 기억한다. 「그는 학교도 거의 다니지 않았고 사업에 관해 감각도 없었습니다. 어렸을 때 그의 아버지는 그를 쓸모 없는 멍청이 같은 놈이라고 불렀습니다. 무엇보다 나빴던 것은 마크가 자신을 믿지 않는다는 것이었습니다. 그러나 어쨌든 나와 내 처는 그를 믿었죠. 그는 영리하고 열심히 일했습니다. 그는 성공할 수 있는 진정한 잠재력을 가지고 있었습니다. 그래서 우리는 그에게 당신은 현명하며, 그것을 해낼 수 있다고 계속해서 이야기했습니다」

「밤마다 우리 부부는 그 작은 피자가게로 가서 마크가 우리의 책자를 보고 이해할 수 있도록 옆에서 도와주었습니다. 또한 그가 친구들에게 제품 설명회에 와보라고 전화할 때도, 직접 제품 설명을 할 때도 도움을 주었습니다. 우리는 워싱턴에서 메릴랜드까지 왔다 갔다하며 스테파노 부부가 사업을 시작하는 걸 옆에서 도와주었습니다. 우리는 매일 마크의 눈을 쳐다보고는 미소 지으며 그를 껴안았습니다. 우리는 마크가 자기 자신이 뛰어나다는 사실을 깨닫게 되기까지 계속 그를 칭찬해 주었죠」

「몇 년이 걸렸는지 모릅니다」라고 베티 조는 회상한다. 「그러나 우리는 마크와 린 스테파노 부부가 생산적이냐 아니냐를 떠나서 그들을 힘 닿는 데까지 사랑했습니다. 그들의 사업은 성장했고 결혼의 위기도 극복했죠. 가족이 다시 서로를 사랑하게 되었죠」

드디어 그들은 사업에서 성공을 거두었다. 이 사업에 종사하는 사람들이 우뢰와 같은 박수를 치는 가운데 그들은 단상으로 올라갔다. 무대 뒤에서 마크는 울음을 터뜨렸다.

「작년 크리스마스에 신문을 주우려고 현관문을 열었더니 크고 아름다운 포인세티아 화분이 현관 한가운데 놓여 있었습니다. 화분에 꽂혀 있는 쪽지를 보니 거기에는 결코 잊을 수 없는 다음과 같은 말이 씌어 있었습니다. 〈제게 새 남편을 주셔서 고맙습니다, 린 스테파노.〉」 렉스는 이렇게 회상했다.

「마크와 린 부부가 성공을 거두리라는 보장은 없었어요」라고 렉스는 상기시켜 준다. 「그러나 우리들의 경험에 비추어보면 동정은 항상 보답을 합니다. 스테파노 부부를 다시 합치게 하고, 그들의 꿈이 실현되길 도와줌으로써 우리에겐 이윤과 함께 우리 내외의 장기적 꿈도 실현되었습니다」

그러나 거기서 이야기가 끝난 것은 아니다. 1991년 3월 11일 렉스와 베티 조에게 어려운 비극이 닥쳤다. 그들의 양딸인 멜린다가 간질병 발작 도중 죽은 것이다. 미국 전역에서 몇 분 내에 전화가 쇄도했다. 수백 여 통의 카드, 편지, 꽃 등이 바로 그 다음날 쏟아져 들어왔다. 이 사업을 하면서 사귀게 된 렉스와 베티 조 부부의 친구들이 버지니아 페어팩스로 차를 타고, 비행기를 타고 달려와 슬픔을 함께 나누었다. 천여 명이 넘는 친구들이 메린다의 장례식 날 교회를 가득 메웠다.

「우리는 이 사업에 종사하는 모든 사람들을 사랑했습니다」라고 렉스는 회고한다. 「그러나 그 보답으로 우리에게 돌아온 사랑에 대해서는 너무나 놀라웠습니다. 내 처와 나는 멜린다가 묻혀 있는 무덤 옆에 서 있었죠. 그때 마크 스테파노는 장미 한 송이를 손에 들고 우리에게 걸어왔습니다. 그의 눈에서는 눈물이 흘러내리고 있었죠. 잠시 동안 그는 무슨 말을 하려고 했으나 그냥 나의 아내에게 들고 있던 꽃을 주더니 나를 어색하게 껴안고는 다시 린과 자기 아이들이 서 있는 곳으로 돌아갔습니다」

렉스는 생각에 잠겨 덧붙인다. 「만일 이 사업이 우리에게 이윤을 가져다주는 것이라면, 그날 내 딸 무덤 옆에 서 있던 나는 세계에서 가장 부유한 사람이었을 겁니다」

제12장 어떤 마음가짐, 어떤 행동, 어떤 각오가 우리를 성공으로 이끄는가? (성공의 기본 원칙)

우리는 우리의 목표 달성에 도움이 될 수 있는
특별한 마음가짐과 행동, 각오가 필요하다고 믿는다.
그러므로 우리는 스승의 도움을 받아 우리를 성공으로 이끄는
그러한 기본 원칙에 관해 즉시 배우기 시작해야 한다.
생활신조 12

1971년 어느 날 밤, 노스캐롤라이나 주립대학교의 기숙사는 유별나게 떠들썩했다. 3학년 학생들 몇 명이 빌과 페기 브리트 부부의 집에서 열리는 암웨이 미팅에 참석하기로 결정한 것이었다. 「가기 전에 맥주나 마시자」라고 폴 밀러는 레크레이션 룸에서 맞은편에 있는 축구팀 동료선수에게 소리쳤다. 잠시 후, 맥주병을 따는 소리와 맥주 따르는 소리가 들렸다.

그들이 자축하는 것은 이상한 일이 아니다. 폴 밀러와 타아힐 팀 동료선수들에게 1970년은 가장 신나는 한 해였다. 폴은 척추수술 후 부상을 극복하고 선발팀에 복귀하게 되었다. 의사들은 그에게 다시는 축구를 못하게 될 것이라고 말했다. 폴은 의사들의 생각이 틀렸다고 혼자 생각했다. 그리고 퇴원한 지 이틀 만에, 거추장스런 복대를 그대로 두르고 건강을 되찾기 위해 보행연습을 시작했다.

그는 그해 노스캐롤라이나팀의 동료들을 이끌고 애틀랜틱 코스트

챔피언십인 피치볼에 참가했다. 대학 4학년 때 다시 그는 팀을 이끌고 1971년 개이터블 대회에 참가했으며, 텍사스 주 라 복크에서 열린 코치즈 올 아메리칸 게임에서는 베어 브라이언트와 보우 쉼베클러 코치 밑에서 출전선수로 선발되었다.

「나는 프로축구 스카우터들이 나를 뽑기 위해 줄을 서 있을 거라고 생각했어요」라며 폴은 회상을 시작한다. 「그러나 전화벨은 울리지 않았고 편지함은 텅 비어 있었습니다. 비로소 나는 직업선수가 되기는 틀렸고 이제는 일을 해야만 할 때라고 생각했죠. 불행히도, 내 친구들과 마찬가지로 나는 인생의 목표가 없었죠. 나는 비즈니스나 변호사와 같은 일들도 생각해 보았습니다. (나는 채플 힐에서 법학 학위를 받고 변호사 시험에 합격하여 16개월 동안 그 지긋지긋한 연수를 받기까지 했었습니다.) 그러나 내 사업을 가지겠다는 생각을 하기 전까지는 어떤 것에도 흥미를 느끼지 못했습니다. 그것이 바로 이 회사에 대해 호기심을 느꼈던 까닭이었죠. 첫 미팅에 가기 전에 얼마나 술을 마셨는지 기억조차 나지 않아요. 그러나 도착했을 때 이미 술에 취해 있었던 것은 생각납니다. 우리는 뒷줄에 앉아서 팔꿈치로 서로를 쿡쿡 찌르고 정신 나간 사람들처럼 낄낄 웃었죠. 그러나 마지막에 나는 27불을 주고 샘플용 키트를 샀습니다. 그러고는 그것을 가지고 무엇을 해야 하는지도 모른 채 기숙사로 돌아왔습니다. 내 자신의 사업에서 성공하기 위해서는 무엇을 해야 하는지는 더군다나 몰랐죠」

공교롭게도 바로 그 다음날 폴은 의심이라고는 아예 모르는 어느 순진한 고객으로부터 빨래세제 한 상자의 주문을 받았다. 불행히도 그는 우리 회사는 호별 방문 판매업체가 아니라는 사실조차 모르고 있었다. 그래서 그는 첫번째 판매를 그런 식으로 한셈이지만, 그는 주문서를 본사에 발송하지도 않았고 물건을 배달하지도 않았다.

몇 년 후 폴은 데비를 만나 결혼했고 마침내 그는 사업에 대해 진지해졌다. 「나는 페기 브리트의 대리점에서 창고 직원으로 일했습니다」라고 폴은 회상한다. 「짐을 풀고, 물건 상자들을 쌓고, 주문을 받고 배달을 해주곤 했지요. 나는 브리트 부부나 이 사업에서 성공한 다른 사람들을 유심히 살펴보았죠. 데비와 나는 미팅에 참석해서 머릿속이 꽉 찰 때까지 테이프를 듣고 책을 읽었습니다. 어느 날 드디어 데비와 나는 머뭇거리는 것을 그만두고 사업에 착수해서 기본적인 사항만 되풀이 하니까 사업도 호전되고 드디어는 우리의 꿈이 실현되게 되었습니다」

20여 년이 채 안 된 지금, 밀러 부부는 우리 회사 역사상 가장 커다란 독자적 판매망을 형성했다. 어떻게 해서 성공할 수 있었느냐고 질문을 받을 때면 그들은 주저하지 않고 다음과 같이 대답한다. 「우리는 그저 기본적인 것들을 했을 뿐입니다」

나의 아들 댄은 10대 초반이던 무렵에 나에게 테니스를 가르쳐 달라고 했다. 누구든 내가 테니스 시합을 하는 걸 본 사람들은 윔블던에는 결코 출전할 수 없으리라는 것을 알겠지만 나는 기본기를 습득했고 그것을 기꺼이 그에게 가르쳐주었다. 나는 서브를 잘하기 위해서는 어떻게 공을 위로 던져야 하며, 어떻게 라켓을 쥐고, 공을 되받아 칠 때는 어떤 위치에서 하고, 네트 대시는 어떻게 하는지 등에 대해서 머릿속으로는 정확히 알고 있었다. 나는 기본기를 머리로 알고 있었다. 댄은 나보다 한 걸음 나아가서 서브를 연습했고 상대방의 공을 되받아 쳐야 되는 장소를 습득했다. 그는 기본기를 계속해서 반복함으로써 속도와 기술과 스태미너도 늘었다. 마침내 어느 날 아들은 나를 무참히 꺾었다. 나는 섭섭함과 동시에 놀라움을 느꼈다.

여러분이 시작하고 있는 사업이 무엇이든, 기본적인 것은 거의 다 비슷하다. 그러나 기본기를 아는 것만으로는 부족하다는 것을 명심하라. 다음에 나오는 성공의 기본 원칙에서, 나는 기본적인 것에 대해 배우고 경험한 대로 서술했다. 여기서는 26가지의 마음가짐, 행동, 헌신 등에 대해 보여주고 있는데 이것들은 제이와 나와 우리 친구들이 사업을 통하여 알게 된 것들이다. 존 웨들리의 다음 말을 기억하라. 「책에 적힌 것을 그냥 집어 삼키지는 마라. 1온스의 사랑은 1파운드의 지식과 같은 가치를 지니기 때문이다」내가 깨달은 게 있다면, 우리들이 어떠한 기술도 쓸모가 없다고 생각될 때도 노력(기본원칙의 준수)과 동정심만 있으면 이를 극복하게 해준다는 것이다.

Adversity : 역경은 당신의 친구가 될 수 있다

로리 던칸은 겨우 열여섯 살이었을 때 자동차 충돌 사고로 자동차의 앞 유리를 뚫고 차 밖으로 튕겨져 나갔다. 깨진 유리 조각 때문에 로리 얼굴에는 깊은 상처가 생겼다. 의식불명에서 겨우 깨어났지만, 수년 간에 걸친 성형수술을 해야만 했다. 10대 소녀가 얼굴에 깊은 상처가 났다는 사실에 얼마나 괴로워했을까 한 번 상상해 보라. 「처음에는 차라리 사고로 죽었으면 좋았겠다고 생각했습니다」라고 로리는 고백한다.

「병원에 있었던 동안은 정말 끔찍했습니다. 퇴원해서 학교에 다시 다니기 시작했을 때 선생님과 친구들은 동정어린 눈으로 나를 쳐다봤어요. 내가 좋아했던 남자 애들은 나를 보고 싶어하지 않았죠. 성형수술은 할 때마다 너무 아파서 악몽 같았고, 보기 흉한 상처가 새로 생겨났어요. 아무리 노력해도 나는 그 비극에서 벗어날 수가 없었어요. 나는 매일 아침 저녁으로 거울 속에서 그 비극을 보아야 했죠」

누구든지 한두번은 역경에 직면한다. 인간관계나 사업에서의 실패, 불치병, 부상이나 죽음, 희망이나 꿈이 무너져 고통과 절망, 근심과 슬픔을 느끼게 된다.

「이제 저는 그때 비극을 되돌아볼 수 있게 되었습니다」라고 로리는 감사하는 마음으로 이야기한다. 「또한 그 비극이 내게 두 가지 중요한 교훈을 주었다는 걸 깨닫게 되었습니다. 우선 나는 내 얼굴이 변할 수가 없다는 사실을 받아들이게 되었으며, 또 하나는 내가 상황을 바꿀 수 있다는 것입니다」

9년 후 로리는 그레그 던칸과 화목한 가정을 꾸미고 성공적인 사업을 쌓아 올렸다. 그레그는 다음과 같이 시인한다. 「성공의 대부분은 만사가 순조로울 때뿐만 아니라 역경이 닥쳐올 때도 찬스로 포착하는 데서 옵니다. 로리가 그것을 나에게 가르쳐주었죠. 불운도 우리들의 친구나 스승으로 생각하면 별로 나빠 보이지 않죠」

제프 무어는 육해공 전군 권투 대표선수였으며 올림픽 대표팀에 선발되는 것이 확실했다. 그런데 그때 그에게 베트남전에 참전하라는 명령이 떨어졌다. 제프는 전투중 타고 있던 차량이 지뢰 위를 지나가 고막이 찢어졌다. 그가 귀향해서 알게 된 사실은 더 이상 권투선수를 할 수 없다는 것이었다. 6개월에 걸친 수술도 귀의 부상을 완치시키지 못했다.

그 후 제프와 안드리아 무어 부부는 알래스카로 가서 가게를 열었다. 그들은 오두막집을 하나 사서 24시간 식료품과 사냥 및 낚시용품을 팔기 시작했다. 그런데 이미 늘어가는 빚에 허덕이고 있었던 그들은 실패하고 말았다.

그 무렵 제프와 안드리아 부부는 암웨이 사업을 시작했다. 그들은 절망과 두려움에 무릎을 꿇지 않았다. 그들이 직면했던 역경으로부터 불행이 닥쳐도 살아남을 수 있다는 중요한 교훈을 얻을 수 있다. 제프는 집달관이 도중에 그를 제지하고 나설까 봐 두려웠을 때에도 프리젠테이션을 끝까지 할 수 있었다. 오늘날 제프와 안드리아는 빚을 다 청산했다. 그들의 사업은 번창하고 있으며, 또 그들이 이주해 간 알래스카와 미국 전역에 있는 사람들에게 여러 방법으로 동정을 베풀 여유도 가지게 되었다.

제프는 이렇게 말한다. 「무엇이 우리에게 닥치든 우리는 멈춰서는 안 되었습니다. 1987년에 우리의 갓난아기가 죽었죠. 하지만 비극이 여러분 앞에 닥친다고 해서 삶이 멈추는 것은 아닙니다. 이 사업에서 내가 얻게 된 교훈은 비극에도 불구하고, 난관에도 불구하고, 결연히 일어나서 맡은 바 최선을 다하고 환경에 대해 더 이상 한탄하지 말아야 한다는 것입니다」

만일 여러분이 역경에 직면했다면, 그 역경으로부터 배우고 다시 시작하라. 만일 여러분이 대학 학위가 없다거나, 고등학교 교육마저 제대로 못 받았다면, 당신이 가지고 있는 것을 최대한 이용하라. 만일 여러분이 오늘 세일즈를 한 건도 못하면 내일은 하도록 하면 된다. 내가 이 역경에서 내가 배울 수 있는 것은 무엇인가 하고 자신에게 물어보라. 역경이 여러분의 친구와 스승이 되게 하라.

Basics : 기본적인 것은 영원하다.
기본적인 것을 중단하지 말고 계속 실행하라!

한 젊은이가 루이지애나 주립대학교 캠퍼스 내에 방음장치가 된 언어 교정실에 앉아 있었다. 댄 윌리엄스는 일생 동안 말더듬는 버릇으로 고통을 겪었다. 루이지애나 주립대학교의 한 언어교정사가 댄에게 그의 말더듬을 극복하도록 해주는 일련의 훈련을 시키고 있었던 것이다.

오늘날 댄은 이렇게 말한다. 「나는 평생 동안 그 훈련을 계속했습니다. 대부분의 사람들은 내가 말더듬는 버릇이 있다는 걸 눈치조차 못 채죠. 실제로 빌리 제올리가 나와 내 사업 동료들을 포드 대통령에게 소개해 주었을 때, 그 흥분된 시간에도 나는 한번도 말을 더듬지 않았습니다. 내가 말더듬는 버릇을 극복할 수 있었던 것은 기본적인 훈련을 익힌 다음 한시도 멈추지 않았기 때문이죠」

반농담조로 댄은, 초창기의 그의 성공을 말더듬는 버릇 덕분이라고 말한다. 「내가 말더듬이였을 때, 내가 사업 계획에 대해 말하는 걸 들은 사람들은 실제로 똑같은 말을 10번은 들어야 했을 거에요」

나는 댄이 전국 각지에서 모여든 청중의 관심과 주목을 받기 위해

이와 같은 유머를 사용하는 것을 들은 적이 있다. 과거에는 아무도 그의 능란한 이야기 솜씨를 알지 못했다. 그는 처음에는 우스갯소리를 잘 기억해 내지 못했다. 그래서 수년 동안 유머를 공책에 적어놓고 사용했다. 댄과 버니 윌리엄스 부부는 기본적인 것들을 습득해서 기술적으로 일관성 있게 실행함으로써 그들의 사무실이 있는 텍사스 주 오스틴에서 유통업으로 대단한 성공을 거두고 있다.

빌과 샌디 호킨스는 미네소타의 가장 성공적인 디스트리뷰터에 속한다. 그들은 사업의 성공으로 모든 더불어 사는 자본가가 어느 정도는 가지고 있는 꿈을 실현하게 되었다. 빌은 말한다. 「일단 어느 지점에 이른 후에는 돈은 점점 덜 중요하게 됩니다. 돈을 남에게 줄 수 있는 것이야말로 우리가 진심으로 즐기는 것이죠. 우리는 올해 다른 해보다 더 많은 돈을 남에게 줄 수 있었습니다. 그리고 그것은 정말 흥분되는 일이죠」

호킨스 가족은 기본적인 것들을 반복해서 실행함으로써 이 멋진 목표를 실현했다. 샌디의 말을 들어보자. 「이 사업에서 잘못을 많이 저지를 수도 있어요. 우리도 분명 그랬어요. 그러나 만일 당신이 기회를 남과 함께 나누고자 한다면 좋은 일이 많이 일어날 거예요」

당신 사업에서 기본적인 원칙은 무엇인가? 성공하기 위해 규칙적으로 실행해야만 하는 행동들을 목록으로 만들어보려고 한 적이 있는가? 만일 당신이 기본적인 것들을 성실히 반복한다면, 당신의 사업은 번창할 것이다. 만일 당신이 나태해져서 시간을 흘려 보낸다면 실패하게 될 것이다. 나카지마 카오루는 다음과 같이 지적한다. 「한 번만 짖는 경비견은 주인을 깨울 수도 없고 도둑을 쫓아버릴 수도 없다. 반면 영리한 경비견은 자기 할 일을 완수할 때까지 멈추지 않고 계속 짖어댄다!」 매일 그러한 기본적인 것들을 실행하라. 그러면 성공하게 될 것이다.

Count : 푼돈을 소중하게 여겨라. 그러면 돈 문제는 해결된다.

냉동기기 수리업에 종사했던 페기 브리트의 아버지인 가너 씨를 기억하는가? 그가 젊었을 때인 1929년에 주식시장이 붕괴되었다. 그후 그는 딸에게 다음과 같은 값진 교훈을 남겨주었다. 그녀는 말했다. 「우리 아버지는 내게 돈에 관한 책임감을 가르쳐주셨습니다. 아버지는 이렇게 말씀하셨죠. 〈쓸 돈이 있다는 것은 내일을 위해서 저축할 돈도 그만큼 있다는 뜻이다〉라고요」

개인이나 국가의 적자가 눈덩이처럼 불어나고 있는 요즈음 우리가 명심해야 할 프랑스 격언이 있다. 〈빚이 없으면, 위험도 없다!〉

볼티모어 콜츠의 축구선수였던 브라이언 헤로시언은 다음과 같이 말했다. 「나는 돈가방에 구멍이 난 것도 모르고 평생을 돌아다니다 어느 날 비로소 그 구멍을 막아야 한다는 걸 깨달았습니다」

우리는 너무나 오랫동안 돈이 결코 마르지 않을 것이라고 생각하면서 돈을 헤프게 써왔다. 이제 돈은 고갈되었다. 지금이야말로 다음과 같은 질문을 정기적으로 우리 스스로에게 던져야 할 때라고 생각하지 않는가. 〈이것이 내게 정말 필요한가? 지금은 가방이나 지갑에서 신용카드를 없애버리고 대신 저금을 해야 될 때가 아닌가? 오늘은, 이 달은, 올해는 저축을 얼마나 했나?〉 우리는 성공의 척도가 지출한 돈의 합계가 아니라 저축한 돈의 합계가 되어야 한다는 것을 배워야 한다.

그레그 던칸은 이런 질문을 한다. 「만일 당신이 한 달에 1만 달러의 보수를 제안 받거나, 아니면 첫달에 1페니, 둘째달에 2페니, 셋째달에 4페니, 넷째달에 8페니, 이런 식으로 30개월 동안 받는다면 당신은 어떤 것을 선택하겠는가?」

나는 계산해 보지는 않았지만 그레그는 후자를 선택하라고 강력히 권고한다. 만일 매달 받는 금액을 두 배로 한다면 30개월째에는 10,737,418달러 24센트를 받는다는 것이다. 푼돈을 아껴라. 샴페인 터뜨리는 것은 뒤로 미루어라. 장기적인 목표를 추진하라. 처음에는 돈 없이 지내야만 할지도 모르지만 결국에 가서 당신은 부자가 될 것이다.

Decide : 무엇이 당신에게 중요한지 결정해서 어떤 대가를 치르든 그것을 실행하라.

우리의 좋은 친구인 빌 니콜슨은 우리 회사가 눈부신 성장을 하는데 많은 도움을 주었다. 그는 내게 아버지에 관해서 다음과 같은 가슴 아픈 이야기를 해줬다. 빌이 젊었을 때, 하루는 아버지와 낚시를 갔다. 그들은 둘 다 생활이 바빠서 함께 지낼 시간이 별로 없었다. 그들에게는 해야 할 일들이 많았으며 앞으로의 인생도 많이 남아 있었다. 그런데 갑자기 빌의 아버지는 낚싯배 안에서 치명적인 심장발작을 일으켰다. 그의 아버지가 가슴을 움켜잡고 한 마지막 말은 「지금은 안 돼, 지금은 안 돼」였다.

마크 트웨인은 「내일까지 미룰 수 있는 것을 오늘 하지 말라」고 말한 적이 있다. 그러나 그것은 옳지 않다. 중요한 장기적인 목표를 세웠더라도 매일 중요하고, 급박하고, 위급한 일들이 생겨서 우리 목표를 지연시킨다. 만일 그것이 당신에게 중요한 일이라면 오늘 당장 시작할 방법을 찾아라! 우리는 빌의 아버지가 죽으면서 생각했던 게 무엇인지는 모른다. 단지 그가 말했던 의미는 알고 있다. 「지금은 안 돼! 지금은 안 돼!」 나는 이 이야기를 들을 때마다 내게 남겨진 시간 동안 내게 중요한 일을 할 것을 다시 한번 다짐한다.

Every : 누구나 다 우리가 상상하는 이상의
가능성을 갖고 있다

　환호하는 관중으로 가득 찬 체육관에 서서 크리스 체리스트는 다음과 같이 말했다. 「미시건 주 그랜드 래피즈로부터 온 두 네덜란드 소년이 빈털털이 무일푼에서 자산 가치가 수십억 불에 달하고 NBA 프로 농구 팀까지 있는 사업체를 소유하게 되었다면 다른 사람도 누구든지 그렇게 될 수 있다고 믿습니다」 그의 말에 나는 동의하지 않을 수 없다.

　브라이언 헤이즈는 자신의 사업을 가지라고 말하는 어떤 트럭 운전사를 만나게 되었다. 「나는 그를 몇 불 정도 더 벌고 싶어하는 별 볼일없는 젊은이라고 생각했습니다」라고 브라이언은 회상한다. 「나는 그를 거의 무시하면서 별로 기대도 하지않고 그가 암웨이 사업에 대해 말하는 것을 듣게 되었죠」 옷차림도 형편없고 배경도 없었던 브라이언은 오늘날 모터롤러 사 역사상 가장 젊은 부사장이 되었으며 그의 부인 마가렛과 함께 매우 성공적인 디스트리뷰터로서 사업을 하고 있다. 이러한 성공으로 그들은 아동기금이나 구세군과 같은 자선단체를 위해 일할 수 있는 경제적 자유도 누리게 되었다.

　댄과 자넷 로빈슨 부부가 리처드를 만났을 때 그들은 별로 깊은 인상을 받지 않았다. 「리처드는 구두닦이 왕초 같았습니다」라고 자넷은 씩 웃으며 회상한다. 「그는 우리 눈을 똑바로 쳐다보지도 않았으며 머리는 어깨까지 내려오고 수염은 엉키고 덥수룩해 있었죠. 또 먼지가 뽀얗게 앉은 낡은 자전거를 타고 다녔으며 말할 때는 웅얼거렸죠. 그러나 우리는 어쨌든 우리의 계획을 그에게 이야기했으며 리처드와 그의 부인은 자신들의 사업을 시작하기로 그 자리에서 결심했죠」

　「우리는 리처드를 정말이지 과소평가했습니다」라고 댄은 시인한다. 「몇 주 내에 그는 수염을 깨끗이 깎고 난생 처음 양복과 넥타이를 샀습니다. 만날 때마다 그의 자신감이 커가는 것을 우리 눈으로 볼 수 있었습니다. 오늘날 그와 그의 부인은 성공적인 사업을 가졌을 뿐 아니라 새로운 삶을 살아가고 있습니다」

「책 표지만 보고 책을 판단하기란 얼마나 어려운 일인가」라는 예로부터 내려오는 격언이 있다. 꼭 성공할 것처럼 보이는 사람도 중도에서 그만두거나 실패할 수도 있으며 꼭 실패할 것처럼 보이는 사람이 커다란 성공을 거둘 수도 있다는 사실을 명심하라. 「패자에게 한 번 걸어보라」 그러면 당신은 그들이 뜻밖에 승자로 변하여 당신에게 그 대가를 가져다주는 것에 대해 놀라움을 금치 못할 것이다.

Failure : 실패는 성공의 어머니이다.
실패를 두려워 말고 실패로부터 배워라.

우리 사업도 처음에는 실패했으나 결국 성공한 사람들에 관한 이야기는 전설이 되었다(또한 재미있기도 하다). 조 포글리오가 한 예가 될 것이다. 그는 어느 날 밤 샌디애고에서 이웃집에서 몇쌍의 부부들에게 판매 방식에 대해 설명하고 있었다. 그때 그 집의 커다란 개가 흥분한 나머지 식탁 밑으로 기어들어 가서는 조의 발에 똥을 쌌다. 언젠가는 어떤 정신과 의사의 집을 방문해서 대형 목욕탕에서 판매 방식을 설명 했는데, 거기 모인 사람들은 모두 벌거벗고 있었다. 세번째 재수 없는 사업 설명은 어둡고 외진 곳에서 이루어졌다. 어둠 속에서 조는 그 집을 겨우겨우 찾았다. 그가 들어가서 불을 켜본 결과 자기를 불렀던 사람은 아무도 못 들어오게 노란 경찰 테이프가 붙여진 차압된 집에서 살고 있었다. 창고를 개조해서 만든 시내에 있는 스튜디오에서 네번째 사업 설명을 할 때에는 시작하기 전에 화장실에 갔었는데, 화장실 불을 켜자 악어가 욕조에서 그를 노려보고 있었다.

크리스 체리스트는 150번이나 트리젠테이션을 했는데 단 한 번도 성공한 적이 없었다. 짐 도넌은 이 사업에 뛰어든 첫번째 달을 〈실패의 연속〉이라고 회상한다. 「처음에는 모든 것을 잘못했죠」라고 그는 회고한다. 그래도 조와 크리스, 짐은 멈추지 않았다. 그들은 실수를 했으며, 실패도 늘어났다. 그러나 그때마다 가치 있는 새로운 교훈을 얻었다. 그들은 실패에 대한 원인을 분석했으며 나중에는 아주 성공적인 사업을 이끌어가게 되었다.

여러분뿐만 아니라 우리 모두가 속해 있는 사업에서 성공 비율이 얼마이든지 간에 실패를 두려워하지 말라.

영국의 한 텔레비전 회사의 중역이자 아나운서인 휴 웰던은 프로듀서 지망생들에게 다음과 같이 말했다. 「실패는 죄악이 아니다. 성공할 기회를 갖지 않는 것이 죄악이다」

Goals : 먼저 목표를 설정하라. 모든 것은 따라오게 마련이다!

마가렛 하디는 서인도제도에서 태어나 그곳에서 자라다가 열다섯 살 때 뉴욕으로 왔다. 그녀의 남편 테랄은 사우스캐롤라이나 주 스파르탄버그 태생이다. 둘은 어렸을 때부터 흑인들은 백인들처럼 출세할 수 없다고 들어왔다. 그들은 우리 비즈니스에 참여했다.

우리는 모든 사람들을 한 가지 기준으로만 판단하기 때문에 그들은 우리에게 합류할 수 있었다. 즉 당신이 성과만 올리면, 당신의 피부색이 무엇이든, 신조가 무엇이든 당신은 보상받을 수 있다는 것이다. 그때까지도 하디 부부는 평생을 따라다닌 여러 가지 제약에 많은 상처를 입어왔다. 그들은 이미 사업에 흥미를 가지고 있었을 무렵 10대 아들 퀘틴이 우리 회사 잡지인 《아마그램》을 갑자기 던져버렸던 날을 아직도 생생히 기억하고 있다. 퀘틴은 눈물을 글썽이며 「우리는 여기서 말하는 다이아몬드가 결코 될 수 없어요」라고 중얼거렸다.

테랄은 이야기를 시작한다. 「갑자기 마가렛과 나는 아들의 말이 옳다고 생각했습니다. 우리가 다이아몬드에 도달할 수 없었던 이유는 우리 자신들이 다이아몬드 수준까지 목표를 세우지 않았기 때문이었죠. 목표를 세우긴 했었는데 그 목표가 너무 낮았던 것이죠. 가족이 함께 모인 그날 밤, 우리는 우리의 삶을 바꾸어놓을 장기적인 목표를 적어 내려갔습니다. 그러면서 우리는 12개월 내에 암웨이의 다이아몬드를 성취할 것이라고 굳게 다짐했죠」

마가렛과 테랄은 결국 그 이상을 달성했다. 그들의 아들 퀘틴은 대학원생이며 이미 자신의 독자적인 사업을 가지고 있다. 이 모든 것들은 그들 가족이 목표를 설정해서 어떤 대가를 치르더라도 거기에 도달하기로 결심했던 순간부터 시작되었다.

데이비드 험프리는 현역의사이면서 디스트리뷰터로서의 활동을 시작했다. 한 간호사가 데이비드에게 우리 회사의 플랜을 소개해 주며 세미나에 그를 초대했다. 거기서 험프리 박사는 자신의 사업을 가지는 것에 대해 너무나 흥분한 나머지 모든 사람들 앞에 서서 아주 짧은 시간안에 다이아몬드 레벨에 도달해 보겠다고 선언했다.

흥분과 혼란속에서 무대를 내려온 그는 첫번째 부딪친 사람에게 수줍은 듯 다음과 같이 물었다. 「제가 지금 무슨 말을 했지요?」 그 사람은 웃으며 대답했다. 「그건 잘 모르겠지만 올해는 굉장한 한 해가 될 겁니다」

만일 당신이 진정으로 목표를 실현하고 싶다면 확실하고 분명한 어조로 사람들에게 말하는 것이 당신에게 도움을 준다. 적어도 당신을 격려해 주고, 당신과 맞닥드리는 사람에게는 그 목표를 말해 주어야 할 것이다. 험프리 부부는 이 사업에서 그들의 목표를 성취했을 뿐 아니라 훨씬 높은 것을 달성했다.

우리가 직면하고 있는 대부분의 불리한 조건들은 우리들 자신이 설정해 놓은 것이다. 분명한 장기적인 목표가 없다면 우리가 거기에

도달하지 못한다고 해서 놀라울 것이 무엇이 있겠는가? 올해의 목표
는 무엇인가? 향후 10년 간의 목표는? 목표를 한번 적어본 적이 있는
가? 진전상황을 도표로 만들어보고 필요한 경우 코스를 수정해 본
적은 있는가? 만일 당신을 이끌어줄 목표가 없다면 당신은 아무 곳
에도 도달할 수 없을 것이다. 만일 그렇게 되면, 당신 자신 외에 비
난할 사람은 아무도 없는 것이다.

Hard : 성공을 위해서는 노력이 필요하며 때로는 희생도 필요하다.

케니 스튜어트는 낮에는 건설현장에서 일하면서 밤과 주말을 이용
하여 자기 사업을 시작하고자 준비했다. 브라이언 헤로시언은 볼티
모어 콜츠에서 선수로 활약하고 있을 때에도 1주일에 이틀 밤을 회
계학 학위를 받기 위해 대학에서 공부했으며 부업으로 자기의 사업
을 시작했다. 론과 토비 헤일 부부는 가지고 있던 수중의 돈을 몽땅
털어 나의 연설 테이프「미국식 판매법」 25개를 사서 친구들에게 나
누어 주었다. 알 해밀턴은 그의 첫번째 제품 설명 때 덜덜 떨었다.
그는 연설 경험이 없었으며 대중 앞에서 연설하는 것을 부끄러워하
고 두려워하였다. 그러나 그는 어쨌든 해냈다.

일본 히로시마에 사는 수지와 도모코 하나모토 부부는 직업에 얽
매어 살고 있는 조그마한 사치스런 새장을 벗어나서 넓고 푸른 하늘
을 자유롭게 훨훨 날고 싶었다. 그들은 자기 사업을 시작하기 위해
서는 모든 특권, 정기적인 월급, 오키나와로 가는 회사의 스쿠버다
이빙 여행, 연금과 보너스 등을 포기해야만 했다. 더욱 나빴던 것은
수지 아버지가 아들이 우리에게 합류한 것을 알고는 분노와 실망의
표현을 한 것이다. 「내 집에 발도 디디지 말아라」라고 아버지는 아들
에게 말했다. 부모의 희망을 거역하는 것보다 더 큰 희생은 없지만
수지와 도모코 부부는 꿈이 있었고 그 꿈을 위해서는 그만한 댓가를

치를 용의가 있었다. 이들 부부는 열심히 일했으며 많은 희생을 했다. 오늘날 이들은 경제적으로 안정되었고 이제는 자기들 마음대로 일을 조금 덜 하고 삶을 더 즐길 수 있게 되었다. 곁들여 한마디 한다면, 그가 아버지를 히로시마의 세미나에 초대했다는 것이다. 그 세미나에서 2,000여 명의 사람들은 수지와 도모코 부부가 판매 실적을 올린 사람들에게 달아주는 메달을 받을 때 기립박수를 보냈다. 그날 밤 맨 앞줄에 앉아 있던 수지의 아버지는 아들을 보고 희색이 만면하여 다른 사람들과 함께 박수갈채를 보냈다.

If : 만일 당신이 다른 사람에게 관심을 보이면 다른 사람들도 당신에게 관심을 보일 것이다.

스텐 에반스는 실수를 했다. 즉 한 디스트리뷰터가 자동차 세제 5갤런을 주문했는데 기일 내에 배달을 못했던 것이다. 그 디스트리뷰터가 전화를 해 불평을 하자 스텐은 머뭇거리지 않고 대답했다. 「옳으신 말씀입니다. 맞습니다. 제가 잘못했습니다」 그리고는 약속을 지키기 위해 왕복 400마일을 차로 운전해서 그 물건을 가져다주었다. 그 디스트리뷰터는 결코 그 일을 잊지 않을 것이다.

「무언가를 약속하면 나는 그것을 반드시 지킵니다. 사람들은 당신이 신뢰할 수 있는 사람인지 알고 싶어합니다. 일단 그들이 당신을 신뢰하면, 그들은 영원히 당신의 고객이 될 것입니다. 만일 내가 누군가에게 1달러 50센트의 보너스 상품을 줄 것이 있다면 나는 그 액수가 아무리 적더라도 약속한 기일 내에 보내줍니다. 왜냐하면 내가 약속을 지키면 디스트리뷰터들은 내가 그들에게 보여준 것과 똑같은 예의와 존경으로 나를 대해 주기 때문입니다」

빌과 페기 플로렌스의 고객인 한 디스트리뷰터 부부가 결혼 생활에 문제를 겪고 있었다. 그들은 그 젊은 부부를 위하여 자기들 집을 개방했다. 「우리는 그 후 수개월 간 그들과 12번 이상 저녁에 만나 인생상담을 해줬습니다」라고 페기는 기억한다.

「우리는 지도자는 궂은 일을 자기 일처럼 할 수 있어야 한다는 구약에 나오는 말씀을 알고 있죠. 우리의 직업은 단지 물건을 파는 것이 아니라 그들의 삶이 그들이 원하는 곳으로 가도록 도와주는 것입니다」빌은 덧붙인다. 「이 사업에서 우리는 10여 쌍 이상이 결혼의 위기에서 벗어나고 가족들의 상처가 치유되도록 도와주었습니다. 그 이유는 우리 사업은 상품이 아니라 사람이 우선이기 때문입니다. 흐르던 피가 멈추고 상처가 완쾌되면, 사람들은 헌신을 하겠다는 새로운 마음가짐으로 자기 일로 되돌아갑니다. 그러면 그들의 사업은 번창합니다. 그들이 원하는 것을 이루도록 도와줌으로써 우리는 우리의 꿈이 실현되는 것을 목격하게 되죠」

Just : 행동하라. 만일 행동하지 않으면 결코 알 수 없을 것이다.

타임스퀘어 광장에는 나이키 광고판이 8층 높이에 걸려 있다. 그 게시판에는 「행동하라(Just Do It)」라고 씌어 있다. 얼마나 자주 우리는 우왕좌왕 하면서 망설이는 일이 많은가? 이솝은 「미지근한 사람과는 상종하지 않겠다」라고 말했다. 요한복음에서 세례 요한은 「네가 이같이 미지근하여 덥지도 차지도 아니하니 내 입에서 너를 내치리라(요한계시록 3:16)」라고 말하고 있다.

댄 로빈슨과 그의 부인 자넷이 1979년 이 사업을 시작했을 때 그는 세일즈맨이었다. 「인플레이션으로 우리는 막심한 손해를 보았습니다」라고 댄은 회상한다. 「우리는 꿈에 그리던 집을 지었으나 세금낼 돈이 없어 집을 잃고 말았죠. 그래서 무언가를 해야만 했습니다」 댄과 자넷은 과감한 모험을 했다. 그 조마조마하고 흥분했던 날 이래, 그들은 우리 사업에서 해마다 더 높은 실적을 올렸다.

팀 브라이언과 그의 부인 셰리가 우리의 사업을 처음 알았을 때 팀은 학교 선생님이었으며 셰리는 변호사 사무실 비서였다. 「나는 집에서 아이들과 함께 있고 싶었어요」라고 셰리는 회고한다. 「전혀 새로운 사업을 시작한다는 것이 두려웠죠. 하지만 우리는 시작했고 잠시라도 과거를 그리워하거나 후회해 본 적은 없었습니다」

하고 싶지 않은 일이 기다리고 있는가? 거쳐야 할 위험스러운 단계가 있는가? 흥미는 느끼지만 시작하기가 두려운 느낌이 있는가? 그렇다면 행동에 옮겨라. 자신의 사업을 시작하고 싶은가? 사장에게 임금 인상을 요구하거나, 상관에게 자리를 옮겨 달라고 부탁하거나, 아니면 동료에게 스테레오 볼륨을 낮춰 달라고 부탁하고 싶지는 않은가. 그렇다면 시도해 보아라. 해보지 않으면 모른다. 또한 지금 바로 하지 않는다면, 영원히 할 수 없을 것이다.

Kids : 자녀들을 참여시켜야 한다.

그레그와 로리 던칸 부부는 대부분의 성공한 디스트리뷰터들과 마찬가지로, 사업 시작 첫날부터 아이들을 참여시켰다. 그레그는 이야기를 시작한다. 「데빈이 겨우 여덟 살이고 딸 위트니가 여섯 살이었을 때 아이들은 전화받는 법과 중요한 전갈을 받아적는 법을 배웠습니다. 아이들은 우리와 함께 미팅에도 참석해서 성공사례를 들으며 흥미진진해 했습니다. 또 집 앞마당에서 액티브-8(우리가 취급하는 과일 주스)을 파는 자신들의 사업을 시작하게 허락해 달라고 요구했습니다」

던칸 부부는 단시간 내에 그들의 사업에서 새로운 단계에 도달하려는 목표를 세웠다. 「우리는 그 목표 달성을 위해 아이들을 참여시켰습니다」라고 로리는 설명하기 시작한다. 「우리가 실패했을 때 처음에는 마치 우리가 아이들을 망치기나 한 것처럼 당황해서 어쩔 줄 몰랐습니다. 실제로는 그들을 망친 게 결코 아니었는데도요. 우리는 과거를 회고해 보면서 아이들에게 우리가 성공하는 것뿐만 아니라 실패하는 것까지도 보여준 것이 얼마나 중요한 것이었나를 깨닫게 되었습니다. 왜냐하면 아이들도 언젠가는 실패를 겪을 일이 있을 것이고, 실패를 당한 우리가 재장전을 하고 재조준을 하여 재발사 하는 것을 지켜봄으로써 그들 자신도 실패를 극복하고 다시 시작하게 되는 법을 알게 될 것이니까요」

우리의 가장 성공한 디스트리뷰터 중 하나인 빌과 페기 플로렌스 부부는 조지아 주 애틴스에서 세 자녀와 함께 살고 있다. 그 부부는 아들 이름을 리치와 제이로 지었다고 자랑스럽게 나에게 말한다. 딸은 호우프라고 이름지었다. 아이들 셋은 모두 어렸을 때부터 부모의 사업을 도왔다. 열여섯 살인 호우프는 가족과 함께 일해서 새 자동차의 첫달 할부금을 자기 돈으로 낼 만큼 돈을 벌었다. 페기는 단언한다. 「우리 부부가 이 사업의 지도자들에게서 배운 것은 아이들이 원하는 것을 모두 다 주어서는 안 된다는 것입니다. 대신에 우리들은 아이들이 성공의 원칙을 배우고 실행하도록 옆에서 도와주었습니다. 성공하기 위해서는 무엇이 필요한지 알도록 하기 위해 우리는 아이들이 부모와 자신들의 어렵고 힘든 일들을 함께 경험하도록 했습니다」

빌이 덧붙인다. 「우리는 아이들에게 너무 심하게 하지는 않습니다. 아이들은 자기들이 한 일에 대해 적절한 보상을 받죠」실제로 리치와 제이와 호우프 플로렌스는 오스트레일리아, 하와이, 유럽, 미국 전역에서 열린 회사 행사에 부모와 함께 참여하기도 했다.

당신의 사업이 무엇이든 아이들에게 한가지 역할을 분담하게 하는 것이 좋다. 아이들이 성공했을 때 환호해 주며, 실패했을 때 그들을 붙잡아줌으로써 아이들이 진정한 삶에 대해 배우게 하라.

처크와 진 스트렐리는 이 사업에 아이들을 참여시킨 또 하나의 예가 될 것이다. 「10년 전, 타마라가 14살이고 남동생 스코트가 13살이었을 때 우리는 이미 사업목표를 아이들에게 이야기했습니다. 왜 아이들이 어두운 곳에 남아서 부모들이 하는 것에 대해 몰라야 합니까?」라고 그녀는 현명한 질문을 던진다.

「부모는 아이들에게 최고의 본보기입니다」라고 처크는 덧붙인다. 「아이들은 부모로부터 삶에 대해 배우게 됩니다. 우리는 처음부터 약속하고 약속을 지키는 것의 중요성에 대해 가르치려고 노력했습니다」

1980년 스트렐리 집안의 모든 가족은 유럽 쪽 사업을 구축하기 위해 독일에서 7개월 간 살았다. 그들 가족은 함께 독일의 언어와 관습을 배웠다. 지금 스트렐리 집안의 자녀들은 어른이 되었지만 아직도 그들 가족은 이따금 사업차, 혹은 여행하러, 혹은 알프스에서 스키를 타러 유럽으로 함께 간다.

내가 아이들에 대해 언급하면서 어떻게 내 아이들에 관해 한마디도 안 할 수가 있겠는가? 밴 앤델과 디보스의 여덟 자녀는 모두 이 회사를 발전시키는 데 열심히 노력하고 있다. 나와 제이의 아이들은 우리들과 함께 정책위원회의 위원으로 활동하고 있다. 우리는 한 달에 한 번 새로운 아이디어와 장기간의 계획을 위해 만난다. 아이들은 이미 우리의 동료가 되어 이 회사를 이끌어나가는 데 도움을 주고 있으며 암웨이의 미래를 위하여 특별한 역할을 맡고 있다. 스티븐 밴 앤델은 회장이자 북남미 지역 담당이며 낸 밴 앤델은 우리의 제조업 분야의 이사이다. 그리고 바버라 밴 앤델은 두 개의 중요한 암웨이 부동산인 암웨이 그랜드 플라자 호텔과 영국령 버진 아일랜드에 있는 피터 아일랜드 휴양단지를 관리하고 있다. 내 처 헬렌과 내 아이들도 암웨이 회사와 전세계의 3백만에 달하는 독립 디스트리뷰터들을 위해 헌신하고 있다. 딕은 자신의 투자회사를 소유하고 있지만 회사의 경영을 관리하는 가족위원회의 구성원으로 활발한 활동을 하고 있다. 더그는 유럽 디스트리뷰터 섭외 담당자이다. 댄은 아시아 전역에서 비슷한 역할을 하고 있다. 크리스(디보스) 밴더와이드는 아내로서 어머니로서 더 많은 시간을 보내겠다고 결정하기 전까지는 패션과 색상에 관한 그녀의 재능을 살려 우리의 화장품 부문을 발전시키고 새롭게 변화시켰다.

　누가 당신들과 나의 아이들이 그렇게 책임감 있고, 창의력 있고 자기 일에 충실한 어른이 될 것이라고 상상이나 했겠는가? 아이들을 처음부터 사업에 참여시키는 것은 그들의 성장과 이해에 매우 중요하다. 지금 아이들을 소외시키면 후에 사업 세계에서 자신들의 방향을 찾지 못할 것은 물론이고, 부모의 사업에 참여하고 싶은 흥미나 능력을 가지지 못하게 될 것이다.

Loving : 다른 사람들을 사랑하는 것이 성공의 열쇠이다!

　톰 믹머슈이젠, 켄 모리스, 게리 스미트, 래리 밀러, 젝 라이트, 래리 시어, 밥과 짐 루커 형제 등은 30년 이상을 암웨이와 함께 해왔다. 그들이 제이와 나, 직원들, 독자적 디스트리뷰터들과 고객에게 보여준 너그럽고 희생적인 사랑에서 우러나오는 행동은 다른 사람들을 사랑하는 것에 대해 우리에게 많은 것을 가르쳐주었다.

　한 예로, 1963년 어느 날 밤, 톰 믹머슈이젠은 회사의 야간 경비원의 전화를 받았다. 전화 내용은 뉴욕 주 로움에서 온 한 경찰관에게 한밤중에 암웨이 공장 구경을 시켜 줘도 좋으냐 하는 것이었다.

　그 젊은 경관은 우리의 사업에 관심이 많으나 새벽 근무 때문에 뉴욕으로 돌아가야만 했기 때문이다. 톰은 한마디 불평도 없이 옷을 입고 급히 내려가서 경비실에서 잠들어 있는 찰리 마시라는 그 경관을 깨웠다.

　톰은 이 한밤중에 온 방문객을 깨워 건물 두 동을 구경시켜 주었다. 마시 경관은 구두 광택약이 너무나 맘에 들어 자신의 순찰 구역 동료 경관에게 팔려고 두 상자를 사서 집으로 가져가고 싶어했다.

　톰은 암웨이 상품은 독자적 디스트리뷰터들에 의해 판매가 되기 때문에 여기서는 살 수 없다고 설명해야만 했다. 찰리 마시는 꿈을 가지고 있었다. 그는 로움으로 돌아가 그의 아내 엘시에게 그의 꿈에 대해 이야기를 했다. 그 후에 마시 부부는 독자적 판매를 시작했고 한때는 전체 매출의 반 이상이 여기에서 이루어졌다.

만일 톰 믹머슈이젠이 모른 척했다면 어떻게 되었을까? 만일 그가 낯선 방문객에게 한밤중에 공장 견학을 시키는 대신 수화기를 꽝 내려놓고 다시 자버렸으면 어떻게 되었을까? 그랬으면 암웨이는 찰리와 엘시 마시 부부를 놓쳐버렸을 것이다.

데이브 테일러는 성공 뒤에는 깨지지 않는 확고한 법칙이 있다는 것을 우리 모두에게 상기시켜 준다. 「사람들을 사랑하고 돈을 잘 이용하라는 것이지, 돈을 사랑하고 사람들을 이용하라는 것이 아니다」고 그는 말한다. 모든 사람들, 즉 고객, 납품업자, 동료, 상관, 종업원을 사랑으로 대하라. 그러면 당신이 베풀었던 사랑은 다시 당신에게 돌아온다.

데이브는 말한다. 「자신감을 회복하고, 새롭게 변화하기 위해서는 어디로 가야 하는가? 당신이 승자이고 당신이 무언가를 할 수 있다는 말을 사람들로부터 듣고자 할 경우는 어디로 가야 하는가? 이러한 것들은 학교에서 가르쳐 주는 것은 아니다. 이러한 것들은 가정이나 교회에서조차 배울 수 없을 때가 너무나 많다. 우리는 서로에게 이러한 것을 해주어야 하며 우리가 그렇게 할 때 성공하게 된다」

Mentors : 스승은 당신이 모르는 것을 알고 있다. 그들에게 귀기울여라!

독일에서 리네이트 박하우스가 자신의 사업을 시작하겠다고 결심했을 때, 그녀는 이미 스포츠의학 전문의로서 개업을 하고 있었다. 「남편 볼프강과 나는 사업이 성공이 가져다 줄 자유에 대해 흥분하고 있었습니다. 우리는 설명회에 참석했죠. 제품을 한 번 써보고는 마음에 들었지요. 우리는 네트워크 판매 계획에 대해서도 이해하게 되었어요. 그 후 곧장 사업에 뛰어들었는데 실패하고 말았죠」라고 그녀는 실토한다. 「지금 돌이켜보면 왜 우리가 처음에 성공하지 못했는지 확실히 알 수 있어요. 그때는 내가 막 7년 간에 걸친 대학원 공부를 끝냈을 때였죠. 우리 부부는 대학에 너무 오랫동안 있었기 때문에 모든 것을 안다고 생각했죠. 우리는 스폰서의 말을 귀담아듣지 않았어요. 우리는 스승보다 우리가 더 현명하다고 생각했죠. 우리가 잠시 멈춰 스승의 말에 귀기울이기 시작했을 때부터 우리의 사업은 눈부시게 성장했습니다」

피터와 에바 뮬러 메레카츠 부부와 볼프강과 리네이트 박하우스 부부는 통일 후 구동독에 들어가 거대한 사업을 구축했다. 박하우스 부인은 시인한다. 「스승의 충고가 없었다면 우리는 실패했을 거예요. 그의 충고로, 우리는 우리의 꿈을 넘어선 성공을 거두게 되었죠」

안톤 체홉의 「벚꽃동산」에 보면 한 부유한 여인이 젊은이에게 질문을 한다. 「자네는 아직도 학생인가?」 그 젊은이는 「나는 죽을 때까지 학생일 것입니다」라고 대답한다. 나는 이 대답을 나 자신의 것으로 만들었다. 제이와 나는 수많은 비즈니스맨과 비즈니스 우먼을 가르쳐왔다. 우리가 우리의 경험으로 그들을 가르친 것과 마찬가지로 그들은 자신들의 경험을 바탕으로 우리를 가르치고 있는 것이다.

Never : 결코 뒤돌아보지 말라.
한 번에 한 걸음씩 앞으로 나가라!

루 리간은 아메리칸 항공사의 기장이었다. 그의 부인 달린은 패션 디자이너 겸 코디네이터였다. 그 부부는 둘다 자기 분야에서 성공을 했고 노력에 대한 보수도 좋았다.

루가 암웨이 디스트리뷰터들 앞에서 이 사업에 전념하고자 파일럿을 그만두겠다고 선언한 것은 상당히 충격적이었다. 「내 자리에 들어오고자 천여 명의 젊은 파일럿이 대기하고 있었습니다. 내가 그만두자마자, 회사는 사람을 보충했습니다. 그야 당연한 일이고 나도 망설임은 없었습니다. 나는 뒤를 돌아볼 수가 없었죠. 그러나 우리 부부는 꿈이 있었고 시간제로 일해서는 그 꿈을 달성할 수 없었죠. 그리고 한 번도 후회한 적은 없습니다. 불안정하고 불확실한 때도 있었으나 우리의 목표인 경제적 독립을 향해 앞으로 전진했습니다. 우리 부부는 약속한 시간에만 서로 만날 수 있는 것에 지쳐 있었고, 자유롭게 같이 일하고 싶었으며, 우리는 충분한 경제적 안정을 원했습니다」

오늘날 그들의 꿈이 실현된 것은 그들이 과거로 통하는 다리를 불태워 버리고 결코 뒤를 돌아보지 않았기 때문이다. 나는 데이브 세빈이 그의 디스트리뷰터들에게 한 충고를 특히 좋아한다. 「자기가 한 일을 감상하기 위해 뒤로 물러서는 고층 빌딩 유리창닦이처럼 되지 말라」고 그는 경고했다.

당신이 한 일을 자축하거나 올바른 방향으로 나아가고 있나 의심해 보기 위해 뒤로 물러설 시간은 이 사업이나 다른 사업에서 많지 않다. 물론 우리는 사려 깊어야 하며 우리의 실수와 실패로부터 배워야 한다. 그러나 지나칠 정도로 곰곰이 생각할 시간은 없다. 당신이 성공을 거두면 당신 자신의 어깨를 툭툭 두들기고 5분 동안 자축하고는 다시 일로 돌아가라. 실패하면 한번 실컷 울고 눈물을 닦아 버려라. 해야 할 일과 개척해야 할 분야가 많이 있다. 또한 도전해야 할 새로운 한계와 쟁취할 수 있는 대단한 성공이 기다리고 있다.

Opportunity : 기회가 오고 있는 중이다.
받아들일 만반의 준비를 갖춰라!

잭 도허리는 다음과 같은 말을 우리에게 해주었다. 「학생이 준비를 갖췄을 때, 스승이 나타난다」 나는 이 말에 들어 있는 지혜에 대해 많이 생각해 보았다. 기회는 우리 주위에 있다. 그러나 우리가 만반의 준비를 갖추고 있을 때에만 우리는 그 기회를 잡을 수 있으며, 훗날 후회하지 않게 된다.

앞에 놓여 있는 기회에 대해 만반의 준비를 갖춘다는 것은 무엇을 뜻하는 것일까? 비록 대학 학위가 도움을 줄지는 모르지만 당신을 준비시킬 수는 없다. 또한 돈이 중요하긴 하지만, 은행에 있는 현금이 준비를 갖추게 해줄 수는 없다. 높은 지위에 있는 친구들, 영향력 있는 정보망, 이력서, 추천서 등이 당신을 준비시킬까? 아니다. 기회가 갑자기 나타났을 때 그것을 알아보고 잡을 수 있게 당신을 준비시켜 주는 것은 당신 마음과 당신 머릿속에서 「나는 할 수 있으며 하고 말 것이다」라고 말해 주는 신비롭고 강력한 그 무엇이다. 그것은 우리가 서로에게 줄 수 있는 선물이다. 때로는 우리가 우리 자신에게 주어야만 하는 선물이다. 요즈음은 경제적으로 어려운 시기일지는 모르지만 당신의 인생을 성공으로 만들어주는 기회는 과거와 똑같이 많이 있으며 어쩌면 더 많을지도 모른다.

준비를 갖춰라. 당신을 믿는 친구를 찾아내라, 그러면 언젠가는 당신은 자신을 믿게 될 것이다. 그날 기회는 찾아올 것이며 스승은 나타날 것이며 당신은 준비를 갖추게 될 것이다.

안젤로 나돈이 아메리칸 대학교에서 특수교육 석사 과정을 끝마쳤을 때 기회가 찾아왔다. 학교 친구 하나가 그에게 우리의 마케팅 및 판매 계획을 이야기했다. 그는 곧장 집으로 달려가 국방부에서 비서로 일하는 그의 아내 클라우디아에게 이 이야기를 해줬다. 즉시 그들은 모험을 했으며 단기간 내에 성공적인 사업을 이끌게 되었다.

「당신의 삶은 당신 자신이 지배하라」고 안젤로는 충고한다. 「당신이 상황을 지배하라. 결코 상황이 당신을 지배하도록 내버려두지 말라」

People : 제품보다 사람이 우선이다. 중요한 것을 먼저 행하라.

　모든 사업에서는 장기적인 성공이 중요한데, 인간이 제품보다 우선해야 한다. 얼마나 많은 시간을 우리는 선반 위의 하찮은 것들을 다시 정리하느라고 소비하는가? 차라리 하찮은 것들은 저절로 정리가 되게 그냥 내버려두고, 사람들과 함께 시간을 보내라, 그러면 당신은 자신도 모르는 사이에 사업에서 성공을 거두게 될 것이다.

　캘리포니아 카피스트라노 출신으로 우리 사업에 종사하고 있는 크레이그와 캐롤 할리데이는 우리 사업의 인간우선 원리를 다음과 같이 완벽하게 요약한다. 「당신은 당신의 꿈 때문에 사람들을 필요로 합니다. 그러나 그 다음에는 그들의 꿈이 중요합니다」 최근 수개월간 나는 내 딸 셰리 반더와이드가 일생의 목표에 관해 어려운 결정을 내리는 것을 지켜봤다. 셰리는 패션과 디자인에 탁월한 재능이 있다. 그런 딸이 우리 회사의 화장품 부문을 새롭게 변화시키는 데 도움을 주는 것을 지켜본 나는 내 딸이 관련 분야에서 성공가도를 달릴 수 있으리라고 의심하지 않았다. 그러나 그녀의 첫째아들이 태어나자 딸은 가슴속 깊이 절실히 느끼는 아내와 어머니로서의 목표를 위해 시간제로 근무하겠다고 결정한 것이다.

　당신의 목표는 무엇인가? 당신에게 중요한 목표를 순서대로 적어본 적이 있는가? 예를 들어 오늘은 제일 위에 적혀있는 목표가 무엇이며 그것을 달성하는 데 있어 당신을 도와줄 수 있는 사람은 누구인가? 사람들이 자기 스스로를 돕도록 도와주는 것이 성공을 지속시키기 위한 열쇠이다. 당신은 그것을 확신하는가? 그것을 지금 하고 있는가? 발등의 불에만 관심을 쏟다보면 우리의 인생에서 진정으로 중요한 일은 놓쳐 버리기가 쉽다. 「그렇게 하고 있는 동안 시간은 흘러갑니다. 돌이킬 수 없는 시간이 흘러갑니다」라고 버질은 쓰고 있다.

Quitting : 포기는 당신이 진정으로 노력하지 않았다는 것을 의미한다. 결과가 나올 때까지 고수하라!

제이와 내가 이 사업을 막 시작했을 때, 나는 암웨이의 마케팅과 판매 계획을 소개하기 위해 피닉스에 갔다. 단 한 사람, 프랭크 델리슨만이 그 모임 장소에 참석했다. 그는 먼 도시에서 버스를 타고 오는 도중에 럭키 스토어에 들러 여비로 쓰기 위해 수표를 현금으로 바꿨다. 그러나 그가 월요일에 돌아갈 때까지 그 수표를 결제할 만한 돈이 은행에 없다는 것을 알고 있었다. 그는 도착해서 우리가 빌린 호텔 미팅룸에 혼자 앉아 있었다.

나는 그 모임을 취소하고 프랭크에게 사과하고 다음 비행기로 집에 올 수도 있었다. 그러나 나는 프랭크를 앞에 두고 모든 프리젠테이션 전과정을 다했다. 그는 고개를 끄덕이고 열정적으로 내 손을 잡고 기뻐했다. 그리고 우리는 헤어졌다. 나는 그 출장 전체가 실패였다고 생각했다. 그만두기에 더할 수 없이 좋은 때였다. 그러나 프랭크는 집으로 가서 그의 열정을 그의 부인 리타에게 이야기했다. 그 후 그들 부부는 우리 회사 역사상 가장 큰 사업을 구축했다. 그는 또한 시간에 맞춰 수표도 결제하고, 그다음 여러해 동안, 우리가 만났던 운명의 날을 상기시키기 위해 나는 그를 럭키라고 불렀다.

뭔가 새로운 일을 시작할 때 뭔지 큰 실수를 저지르고 있는게 아닌가 하고 생각되는 때가 빈번이 있다. 우리 사업에서 성공한 또 하나의 친구는 이 시기를 〈신념의 시기〉라고 부른다. 그는 그의 아내와 함께 이 사업을 시작한 그때를 기억한다. 「우리는 열심히 일하는데도 아무런 목표에 도달하지도 못하고 아무런 진전도 없는 것처럼 느껐지요」라고 회상한다. 누구나 어려운 시기는 있기 마련이지만, 그런 시기는 지나가고 만다. 「신념을 가지고 고수하라」고 내 친구는 충고한다. 옳은 일을 계속하라, 그러면 좋은 일이 생길 것이다.

성실히 계속해서 노력하며 하루하루 몇 시간씩 기본적인 것을 하며 포기하기를 거부하는 사람들은 어느 날 갑자기 수백만 명의 승자들 중의 하나가 된다. 그만두고 싶은 욕구는 당신과 당신의 꿈——새 집, 새 차, 은행 예금, 유럽이나 타이티에서의 휴가 등——을 저지하는 최대의 장애물이다. 버텨라, 누구나 때때로 그만두고 싶은 때가 있다. 하지만 그래서는 안 된다.

Risk : 모든 것을 다 걸고 목표를 달성하라.

「용기 있는 자가 승리한다!」 모든 비즈니스의 성공 사례는 이 말의 진실성을 확인하고 있다. 무엇인가 장애없이 성공한 사람은 아무도 없다. 어떤 사람들에게 그것은 돈일 수도 있다. 안젤로와 클라우디아 나돈은 둘다 워싱턴 D.C.에서 안정된 공무원직에 종사하고 있었으나 적은 수입에 지친 나머지 그들의 직장을 걸고 디스트리뷰터가 됐다. 오늘날, 그들이 성취한 경제적 성공 외에 그들은 이스터실 소사이어티를 위한 우리의 운동에 수백만 불을 모금하기도 했다.

어떤 사람들에게는 그것은 가족의 명예를 내걸기도 한다. 미도리 이토는 부유한 상류계층 출신이다. 그녀의 가문에는 일본 전 수상과 동경 주지사도 있다. 따라서 미도리가 자신의 네트워크 판매 사업에 뛰어든 것은 집안의 커다란 체면 손상이었다. 그녀는 그 모든 것을 걸고 결국은 승리했다.

어떤 사람은 자기의 명성을 내걸기도 한다. E.H. 에릭이 사업을 알게 되었을 때 일본의 인기 있는 텔레비전 쇼의 진행자였다. 그는 그의 명성을 걸고 자신의 사업을 시작해서 성공했다.

당신의 직업적인 꿈은 무엇인가? 당신은 꿈을 실현하기 위해 무엇을 걸겠는가? 「아무런 모험도 하지 않으면, 아무것도 얻을 수 없다」라는 격언이 있다. 호랑이를 잡으려면 호랑이 굴에 들어가라.

Sow : 많은 씨앗을 뿌려라. 그러면 많이 거두게 될 것이다.

3,000여 년 전에 솔로몬 왕은 「물 위에 빵을 던져라. 그러면 너에게 무언가가 돌아올 것이다」라고 썼다. 고대 이집트에서는 홍수로 나일강을 따라 범람한 물이 줄어들기 시작하면 농부들은 물이 빠진 얇은 진흙층에 씨를 뿌려야 할 시기를 정확하게 알았다. 어떤 농부들은 더 편리한 때까지 기다렸다. 어떤 농부들은 여기저기 조금씩 뿌리고 흐뭇해했다. 그러나 적시적소에 많은 씨를 뿌린 농부들은 추수를 많이 하게 마련이었다.

150번이나 제품 소개를 했으나 번번이 거절당했던 크리스 체리스트를 기억하라. 「그 당시에는 한 번 소개하는 데 2시간 30분이 걸렸습니다」라고 크리스는 기억한다. 「나는 거의 8개월 간 밤마다 집집을 방문했으나 모두 거절당했죠. 그러나 나는 미래에 대한 꿈이 있었습니다. 그리고 내 꿈은 너무나 커서 다른것이 들어갈 여지가 없었습니다. 그러나 나는 내 꿈만으로는 충분하지 않다는 것을 깨달았습니다. 나는 먼저 다른 사람의 꿈에도 귀를 기울여 주어야 했습니다. 내가 그들 집 문간까지 간 것은 내 꿈 때문이었지만, 그들이 예스라고 응낙을 하는 것은 그들 자신의 꿈을 실현하기 위한 것이었습니다. 일단 그것을 이해하니까 만사가 달라지더군요. 그래서 151번째 프리젠테이션에서 드디어 젊은 부부가 예스라고 한 것이었습니다. 캐나다의 안드레와 프랑소와 블랑사드 부부는 씨 뿌리는 것에 대해 우리에게 많은 것을 가르쳐 주었습니다」

안드레는 그의 고향 퀘백에서 식료품 체인점의 지배인이었다. 중학교 1학년을 중퇴한데다 영어도 짧았던 그는 주급 97불의 직업에 만족해야 했다. 법률사무소 비서였던 프랑소와는 남편보다 월급을 많이 받았으나 둘의 월급을 합쳐도 생활비에는 모자랐다. 안드레는 회고한다.「13년 간 우리는 매순간 씨를 심었습니다. 우리는 수백 명의 사람들에게 판매 및 마케팅 계획을 소개했습니다. 우리는 수백 통의 전화를 했으며 수십만 마일을 여행했습니다. 의심을 가졌던 때도 있었죠. 지쳐서 그만두려고 했던 때도 있었습니다. 그러나 우리는 씨 뿌리는 것을 멈추지 않았습니다. 그리고 그 결과는 우리의 원대한 꿈을 넘어선 풍작이었습니다」

오늘날 안드레와 프랑소와 부부는 전망 좋은 언덕에 수영장이 딸린 집에서 살고 있다. 그러나 블랑사드 부부가 이룩한 경제적 안정보다 더 중요한 것은 자녀들과 마음껏 시간을 보낼 수 있으며 퀘백의 어린이들을 위한 더불어 사는 사회활동에 참여할 수 있다는 것이다.「많은 씨앗을 뿌려라. 그러면 많이 거두게 될 것이다」라고 고대 철학자는 말하고 있다. 이 말에다 씨 뿌리는 걸 그만두면 결코 아무것도 자라나지 않는다는 것을 덧붙였으면 좋을 뻔했다.

Tithe : 어려운 사람들에게 수입의 일부를 나누어 주어라. 그러면 더 큰 것을 얻을 것이다.

우리 회사의 독자적 디스트리뷰터들은 모든 계층, 모든 인종을 망라하고 있다. 온갖 나라의 인정과 온갖 신조를 가진 사람들로 구성하고 있다. 남에게 주는 것에 대한 규칙이나 기준은 없다. 그러나 지난 수년 간 우리가 하나씩 배우게 된 것은 어려운 사람들을 돕는 데 관대하면 관대할수록 우리가 더욱더 너그러워 진다는 것이다.

16세기 프랜시스 베이컨은「자선에는 지나침이라는 것이 없다」라고 말했다. 아내인 헬렌과 나는「사람은 하나님보다 더 클 수는 없다」라고 말한다. 헬렌이 우리 총수입의 10%에 해당하는 금액을 교회와 자선단체에 매달 기부하겠다고 그녀가 결정한 것은 현명하고도 유익한 방향으로 인도한 것이었다. 도움이 필요한 사람을 찾아내서 그를 도와라. 그러면 그것이 당신에게 당신 가족에게 그리고 당신 사업에 얼마나 많은 이득을 주는가를 알 수 있을 것이다.

Understanding : 시작하기 전에 기본적인 것들을 이해하라.

사업에서 성공하는 사람들은 시작하기 전에 반드시 많은 물음을 스스로에게 던진다는 것을 알아야 한다. 누가? 무엇을? 어디서? 어떻게? 언제? 왜? 그리고 얼마나? 등이 그 물음이다. 어떤 사람과 마주 앉아서 우리의 제품이나 사업계획을 권유할 때도 솔직하고 납득할 만한 해답을 듣기까지 만족해서는 안된다.

린다 하타이스는 남편 프레드와 시작했던 이 사업에서 자기가 맡은 부분을 처리할 능력에 자신감이 없었던 것을 기억한다. 「준비가 되어 있어야 비로소 일을 처리할 수가 있는 것입니다. 처음에는 지금 내가 할 수 있는 것처럼 할 수가 없었지요. 책임감은 한번에 조금씩 생기죠. 시간과 에너지를 투자해서 하나하나 수행해 가면 당신은 오래지 않아 당신이 할 수 있으리라고는 꿈도 못 꿨던 일을 하고 있을 겁니다. 우리 부부는 우리의 아이들을 위해 우리가 원했던 것에 계속 집중했죠. 토냐, 프레디, 안젤라가 자고 있을 때면 우리 부부는 우리 가족의 미래를 구상했습니다」

첫 걸음을 주의 깊게 내디뎌라. 무엇을 해야만 하는지를 반드시 알아라. 당신은 그것을 그렇게 하고 싶고 또 할 수도 있다는데 자신을 가져라. 일단 납득이 가거든 과거의 질문은 옆으로 밀어놓고 모험을 시작해라. 진행하는 도중에 새로운 문제를 생각할 시간은 충분히 있다.

Value : 다른 무엇보다도 우정을 소중히 하라

내가 이 사업에 종사한 여러 해를 돌이켜볼 때, 평생 동업자이자 가장 오랜 친구인 제이 밴 앤델과 온갖 시절을 함께 한 것이 기억난다. 우리는 실패에 직면하든, 혹은 성공에 직면하든, 거기에 함께 대처했다. 물론 싸우기도 했다. 좋은 시절 가운데 나쁜 시절도 있었다. 그러나 그러한 시절을 함께 한 제이가 없었다면 얼마나 삭막했을까.

우리들의 우정의 비결 중 하나는 「그것봐, 내가 뭐랬어?」라는 말을 하지 않기로 처음부터 서로 약속한 것이다. 결단을 내려야 할 문제에 의견이 일치되지 않았던 어려웠던 시절도 있었다. 결과가 나오고, 내가 잘못 결정을 내렸다는 걸 깨달았을 때, 제이는 나를 한번도 어리석은 기분이 들게 하거나, 죄책감을 느끼게 하지 않았다. 그 시절 나는 한 번도 그가 나에게 「그것봐, 내가 뭐랬어?내가 그럴 거라고 했지 않나」라고 말하는 것을 들은 적이 없었다. 그가 그렇게 말할 충분한 권리가 있었는데도 말이다.

오랜 세월 동안 나는 많은 친구들을 사귀었다. 우리가 함께 벌었거나 앞으로 함께 벌 돈보다 그 친구들이 훨씬 더 소중하다. 친구들의 죽음 소식을 접할 때마다 우리는 얼마나 큰 슬픔을 느끼는가? 헬렌 켈러는 「내가 사랑하는 친구들이 죽을 때 나의 일부분이 땅에 묻힌다. 하지만 나를 행복하고, 강하고, 깨닫게 만들어주었던 그들의 공헌은 그대로 남아 변화된 세상에서 나를 지탱해 준다」고 말했다.

당신은 사업을 하면서 친구를 가지고 있는가? 그 우정을 지속시키기 위해 어떤 일을 하고 있는가? 점심이나 저녁을 함께 한 적이 있는가?「너를 생각하고 있어」라는 말을 적은 카드나 꽃을 아무 예고 없이 보낸 적이 있는가? 적어도 한 명의 좋은 친구를 갖는 것이 우리가 해야 할 중요한 과제라는 사실을 나는 요즈음 믿기 시작하고 있다. 친구들은 우리가 필요할 때 우리에게 위안을 주고 우리에게 바른말을 해준다. 친구들은 우리가 목표를 지탱하는 데 도움을 주고 우리에게 진실을 말해 준다.

Winners : 승자에게 관심을 갖고, 넋두리를 늘어놓는 자는 무시하라.

우리들 대부분은 승자를 좋아한다. 우리 회사의 행사들은 노력하는 사람들의 업적을 인정하는 것을 중심으로 이루어져 있다. 우리는 이 사업에서 목표를 설정해서 그 목표를 달성한 친구들에게 마치 열광해서 날뛰는 아이들처럼 환호하고 외치면서 감사를 표한다. 그들은 승자이다. 그들은 자신들을 믿는다. 당신이 승자 곁에 있으면 있을수록 당신도 또한 승자가 될 수 있다고 믿게 된다.

그 반대는 비극이다. 「헨리 5세」의 1막에 보면 자기 삶이 엉망이 된 젊은 왕자가 소리치는 장면이 나온다. 「친구들이, 못된 친구들이 나를 망쳐 놓았다」

투덜대는 사람, 헐뜯기를 잘하는 사람, 불평하는 사람, 불길한 예측만 하는 사람, 무엇이든지 반대만 하는 사람, 인종차별주의자, 꼬투리 잡는 사람, 증오하는 사람들 옆에 있으면 당신도 결국에는 그들처럼 된다. 승자 옆에 있으면 언젠가는 사람들이 당신에게 환호를 보낼 것이다!

Xcuses : 변명은 아무런 도움이 되지 못한다. 용서하라! 잊어버려라! 계속 앞으로 나아가라!

돈과 낸시 윌슨 부부는 사업 초기에 실패한 것에 대해 세 가지 핑계거리가 있었다고 변명했다. 먼저 돈 윌슨이 회고한다. 「첫째, 충분한 시간이 없었습니다. 낸시는 하루에 10시간 간호사 일을 했으며 나는 1주일에 60-80시간을 코치로 근무했습니다. 둘째, 우리는 우리들 자신을 세일즈맨으로 생각하지 않았습니다. 낸시는 너무나 수줍어했습니다. 또한 나는 제품을 선전할 때 당황하고 쩔쩔맸죠. 그리고 셋째는, 우리가 성공하리라는 확신을 가지지 못했습니다」

「돈은 무뚝뚝한 사람이었죠. 그리고 나는 키 크고 비쩍 마르고 홀쭉한, 공부만 하는 타입이었습니다. 우리는 우리 자신을 믿지 않고 우리의 핑계가 타당하다고 생각하며 변명만 내세우고 있었어요. 그 무렵에 덱스터 예거가 나타났죠」라고 낸시는 감사에 찬 어조로 말했다. 「그는 우리 부부를 사랑했습니다. 그는 우리가 해낼 수 있다고 말하며 책과 테이프를 가져다주었죠. 우리는 그에게 질문을 했고 어떻게 이 사업이 돌아가는 것에 대해 배웠습니다. 내가 덱스터에게 많은 사람들 앞에 서서 도저히 이야기할 수 없다고 말했더니 덱스터는 웃으며 다음과 같이 말했죠. 〈그들 모두가 속옷만 입고 있는 것을 마음속으로 그려보세요.〉 이 말을 듣고 사람들 앞에 섰을 때 나는 전혀 두려움을 느끼지 않았고, 오히려 웃음을 떠뜨릴 뻔하기까지 했죠」

「그 후 우리는 몇 군데에 전화를 걸었습니다. 우리는 프리젠테이션을 차례로 성공적으로 마쳤죠. 그때마다 우리는 조금씩 자신감이 생겼죠. 덱스터는 우리를 믿고 사랑하며 우리에게 가르쳐주고 우리를 자극해서 목표 가까이 가게 했습니다」라고 돈은 회상한다.

오늘날, 돈과 낸시 윌슨 부부의 사업은 날로 번창해 가고 있다. 그들이 변명하는 것을 그만두었을 때 새로운 그들의 인생이 시작되었다. 존 크로우는 윌슨 부부와 마찬가지로 자신의 신세를 한탄할 많은 이유가 있었다. 그러나 그는 변명하지 않았다. 1981년 6월 15일 그의 아내 제니 벨은 생명이 위험한 선천성 기형아로 태어났던 갓난아이 존 크로우 3세를 데리고 주말을 친정에서 보내려고 친정에 가고 없었다. 존은 근처의 도시에서 있었던 우리의 프리젠테이션을 마친 후 한밤중에 자기 집으로 돌아왔다. 마약에 취한 네댓 명이 집앞에 숨어 있다가 그를 습격했다. 그들은 그를 집으로 끌고 들어가서 원하는 걸 내놓지 않으면 죽여버리겠다고 위협했다. 「나는 본능적으로 그들이 나를 죽일 거라고 생각했어요. 그래서 나는 가까이에 있는 총을 잡으려고 애썼죠. 그 뒤에 일어난 격투에서 나는 가까스로 강도 중 한 명에게 총을 세 방 쐈으나 나도 역시 무차별 사격으로 머리와 왼손에 총을 맞았죠. 경찰이 도착했을 때 나는 인사불성이었습니다. 충격요법이 나를 살려주었고 헬리콥터로 가까운 병원으로 후송되었습니다. 24시간 내에 우리 친구들은 연락망을 통해 2,000파인트의 피를 헌혈해 주었습니다. 많은 친구들이 나를 살리기 위해 그들의 피를 헌혈하고자 몇 시간을 줄 서서 기다렸던 거죠. 그 후 6개월 간 5,000파인트 이상의 피가 나를 위하여 헌혈되었습니다」

존이 범인들의 인상착의를 대충 알고 있었으므로, 경찰은 그가 또한 번 위험에 처할지도 모른다고 경고했다. 그러자 이 사업에 종사하는 친구들은 밤낮으로 병원에서 그를 지켜주었고, 그의 처자에게 먹을 것을 가져다주고, 위로해 주고, 보호해 주었다.

「그 총격 사건 후에 나는 내가 마비가 된 것을 알았으며 살기 위해서 발버둥쳤죠」 병원에 있는 동안 그는 신에 의해 버림받은 기분이었다. 그 사건이 있기 6개월 전에는 그의 아들이 심한 기형으로 태어났다. 이제는 그가 마비된 것이다. 그는 하나님에게 「당신이 이 모든 것을 나한테 일어나게 했는데 왜 내가 당신을 사랑해야 합니까?」하고 물었다.

그 모든 어렵고 외로운 시간에 존은 중환자실에서 보낸 첫날밤을 기억했다. 그날 그의 스승 빌 브리트는 비행기를 타고 오면서 도중에 그의 아내와 아들을 데려왔다. 빌 브리트는 중환자실에서 그의 귀에다 대고 신약에 나오는 구절을 속삭였다. 「모든 것은 하나님을 사랑하는 자들을 위하여 또한 하나님의 뜻을 위하여 이루어진다」 존이 하나님은 그의 고통 바로 한가운데 있다는 것을 자기가 사랑하는 친구들을 통하여 깨닫게 되기까지는 오랜 시간이 걸리지 않았다.

「나는 선택의 여지가 별로 없었어요. 나 자신의 처지를 불쌍히 여기며 비즈니스를 포기해 버리거나, 아니면 삶에 감사하고 찢겨진 조각을 주워 모아 계속 전진해야 했죠. 나는 친구들의 도움으로 후자를 선택했습니다」

나는 헬렌 켈러의 말을 인쇄해서 사무실 벽에 붙여놓았다.

「만일 당신이 태양을 향하고 있다면 어두운 그림자를 결코 보지 않게 될 것이다. 그러므로 매일, 어두운 그림자가 당신의 삶을 어둠 속으로 빠뜨리려고 할 때 태양을 바라보면 다시 한번 당신의 생은 빛으로 가득 찬다」

그의 마비에도 불구하고 존 크로우는 부인의 헌신적인 사랑에 힘입어 내 친구들에게 본보기가 될 디스트리뷰터를 구축했다. 「우리는 큰 집이나 좋은 차 때문에 그것을 했던 것은 아닙니다」라고 존은 고백한다. 「당신의 아들이 식도가 반 인치 짧은 기형으로 생명에 위협을 받을 때 캐딜락이나 저택에 관심을 가질 수는 없을 겁니다. 그러나 경제적 안정 덕분에 아들에게 들어가는 치료비를 아낌없이 쓸 수 있게 되었죠. 더욱 중요한 것은 아들이 우리를 필요로 할 때면 언제나 일을 하지 않고 집에 있으면서 그를 강하게 만들어주는 사랑을 줄 수 있다는 것이죠」

로마제국의 시인 호레이스는 「기회를 잡아라!」라고 말하고 있다. 핑계는 찢어진 상처 같은 것이어서 우리가 죽을 때까지 피를 철철 흘려가며 우리의 힘을 빼앗아버린다. 그리고 시간은 멈추지 않고 계속 지나간다. 당신은 시도하지 않기 위해서 어떤 〈핑계〉를 댈 것인가? 당신의 실패를 누구의 탓으로 돌리겠는가? 「때를 붙잡아라!」 만일 어떤 구실이 당신을 가로막고 있다면 무엇을 위한 구실인지 밝혀라. 당신을 가르칠 수 있는 누군가에게 손을 내밀어라. 당신 자신을 믿고 「기회를 붙잡아라!」

You : 당신은 할 수 있다! 끊임없이 당신 자신을 믿어라.

브라이언 헤로시언은 그가 원했던 모든 것을 가지고 있었다. 미식축구팀인 볼티모어 콜츠팀과의 연봉 계약, 아름다운 아내 제인, 곧 태어날 첫째아이. 「거의 순식간에 나의 완전한 삶이 산산조각이 났습니다」라고 브라이언은 회상한다. 「콜츠팀이 나를 몰아낸 거죠. 나는 직업을 잃게 되었고 비슷한 수입을 보장하는 좋은 직업을 찾을 준비도 되어 있지 않았습니다. 설상가상, 내 아들은 두 발과 한 쪽 손이 없는 상태로 태어났죠. 〈뫼비우스 증후군입니다〉라고 의사들이 우리에게 안타깝다는 듯 말했죠. 〈매우 드문 경우입니다. 캐나다 전역에서 단 세 경우가 보고되었지요.〉 그러던 중 1979년 내 처가 시속 65마일로 달리다가 운전과실로 트레일러 트럭을 정면으로 들이받았습니다. 부서진 차 파편 속에 끼여서 꼼짝할 수 없었던 나는 내 옆에 앉아 있던 제인이 죽은 걸 볼 수 있었습니다. 중환자실에서 의사들은 내게 목이 부러졌으며 운이 좋으면 다시 걷게 될 것이라고 말했습니다」

만일 당신이 당신의 미래를 믿는 게 어렵다면 브라이언 헤로시언을 기억하라. 그는 자기의 꿈이 산산히 부서진 데에 굴복하지 않고 불사조처럼 일어섰다. 「쉽지는 않았습니다. 하나님과 이 사업에 종사하는 친구들의 도움이 없었다면 나는 의심과 실망의 소용돌이 속으로 빠져버렸을 겁니다」

브라이언은 굴복하지 않았다. 우리는 그에게 어떻게 그 어렵고 외로운 나날들을 버텨나갈 수 있었는지 물어보았다. 「나는 모든 걸 다시 시작해야만 했습니다. 나는 미식축구에 대해서는 잘 알고 있었죠. 상대 플레이를 블로킹하고 태클하고 뛸 수는 있었죠. 그러나 자유기업에 관해서는 문외한이었습니다. 나는 자유기업에 관해 배우고 싶었고, 나는 매주 책 한 권씩을 읽고 매일 테이프 한 개씩을 들었습니다. 나는 나의 스승들을 발견했습니다. 그들은 내가 원하고 있는 삶을 살아가는 사람들이었으며 내가 원하는 것을 하고 있는 사람들이었습니다. 나는 그들에게 질문하는 것을 두려워하지 않았습니다. 나는 열려 있었고 가르침을 잘 받아들일 태세가 되어 있었죠. 나는 하나님이 매일 나를 이끌어주실 것을 믿어 의심치 않았으며 끊임없이 나 자신을 믿었습니다」

오늘날 브라이언 헤로시언은 성공적인 사업을 운영하고 있으며 아름다운 새 부인 데이드레와 함께 모범적인 가정을 이끌고 있다. 브라이언의 열다섯 살 된 아들 역시 그의 장애를 극복했다. 그는 우등생이며 작가가 되려는 야심을 가지고 있다.

무엇이 브라이언으로 하여금 자신을 믿게 했는가? 그것은 수수께끼이다. 그러나 그것은 브라이언의 미래의 열쇠였던 것처럼 당신 미래의 열쇠이기도 하다. 만일 당신이 자신을 믿는다면, 당신은 성공할 것이다. 만일 그렇지 못하다면, 브라이언의 충고를 따르라. 불행을 극복한 사람들의 이야기를 읽어보아라. 당신을 고무시키며 활력을 불어 넣어주는 테이프를 들어 보아라. 긍정적이며 당신을 믿어주는 사람들을 찾아내라. 하나님에게 맡기며 자기 자신을 믿어라. 그러면 브라이언과 마찬가지로 당신은 잿더미 속에서 일어나 당신의 꿈이 실현되는 것을 보게 될 것이다.

Zero : 신에 대한 믿음은 전혀 새로운 세상의 시작이다.

제이와 내가 우리의 사업을 시작했을 때, 우리는 아무것도 가지고 있지 않았다. 그전의 사업이었던 항공 서비스, 드라이브인 레스토랑, 낡은 범선 등은 우리를 빈털털이로 만들어놓았다. 그러나 우리는 끊임없이 우리 자신을 믿었으며 하나님에게 모든 것을 내맡겼다. 나는 여러분이 누구를 믿으며, 무엇을 믿는지는 알 수 없으나 제이와 내게 있어서는 우리 자신들을 믿는 것 이상 값진 것은 없었다. 우리는 또한 사랑이 충만한 창조주 하나님을 믿었다. 그의 꿈은 우리가 우리 자신에 대해 가질 수 있는 꿈보다 훨씬 더 원대했다. 자, 이제 우리(하나님과 우리 모두)가 함께 이룩한 일들을 살펴보자.

나는 우리 회사를 성공으로 이끌어준 수백만의 사람들에게 감사를 표현할 더 좋은 방법이 있었으면 하고 바란다. 하나님이 이룩하신 것을 우리 자신의 공으로 돌린다면 우리는 부끄러움을 느끼게 될 것이다. 이 사업에서 우리가 쓰고 있는 모든 천연자원은 하나님의 창조물이지 우리의 창조물은 아니다. 연구개발부터 고객 서비스와 납품에 이르기까지 인간들이 쏟아부은 에너지는 하나님이 부여하신 선물이다. 1981년 그랜드 래피즈에서 열린 암웨이 그랜드 플라자 호텔의 개업식에서 나는 거대한 계단에 서 있었다. 나의 한쪽 옆에는 나의 동업자인 제이 밴 앤델과 다른 한쪽에는 제럴드 포드 전 대통령이 서 있었다. 리본을 끊고 호텔을 공식적으로 오픈하는 행사였다. 수많은 친구들과 사업상의 동료들이 이 화려한 행사를 축하하기 위하여 모여 있었으며 텔레비전 카메라와 사진기자들이 내가 연설하기를 기다리고 있었다. 나는 그날 행사를 위하여 연설을 준비하지 않았다. 그때 갑자가 내 가슴속 저 밑에서부터 다음과 같은 말들이 튀어나왔다. 「하나님께 영광을! 그가 이룩하신 위대한 것에 영광을!」

바라는 새 작품 밑에 다음과 같은 말을 종종 휘갈겨 놓았었다. 「하나님께 영광을!」 만일 나에게 굉장히 큰 매직펜이 있다면 나는 내 공장과 창고, 사무실 여기저기에 다음과 같은 말을 쓰고 싶다. 「하나님께 영광을. 그가 이룩하신 위대한 것들에 영광을!」

만일 당신이 거래하고 있는 은행에, 또한 영혼의 은행이나 마음의 은행에 잔고가 전혀 없다고 해도 두려워하지 말라. 당신이 가지고 있는 것을 신의 손에 내맡기고 무엇이 일어나는지 경이의 눈으로 지켜보라.

결론

한 노파가 자기 집 앞에 서서 햇빛에 부신 눈을 손에 든 행주로 가리며 먼 곳을 쳐다보고 있었다. 「그 〈선생님〉이 또 오고 계신다」라고 그녀는 아이를 반기는 어머니처럼 소리쳤다. 돈 윌슨은 메인 주의 숲이 무성한 구릉지대에 있는 낡은 농가의 열려진 문으로 달려갔다. 흰색의 긴 차가 자기 집 쪽으로 방향을 틀어 막 시골길로 들어서고 있었다. 돈은 회상한다. 「어떤 면으로 보면, 내 어머니 말씀은 옳았습니다. 덱스터 예거는 사업 초창기에 나의 스승이었습니다. 리치 디보스나 제이 밴 앤델과 같은 스승들과 더불어 덱스터는 나에게 지금 이 사업에 관해 알고 있는 거의 모든 기초적인 것들을 가르쳐주었습니다」

수년 간 돈의 부인 낸시는 간호사로 뉴햄프셔의 큰 병원에서 심장 절개 수술실에서 일하였다. 돈은 고등학교 교사이자 야구 코치로 그 지역의 체육 프로그램을 이끌고 있었다. 윌슨 부부는 둘다 교육을 받았고 직업 경력도 많았으나 둘의 봉급을 합쳐도 항상 빠듯했다. 「우리는 개인 사업을 하면 우리가 필요한 안정되고 확실한 수입이 보장되리라는 희망에서 암웨이에 뛰어들었습니다」라고 돈은 회상한다. 「우리는 처음에는 실패했습니다. 돈은 우리가 90일 간 의심하는 사람들이라고 말했죠. 그러나 사업에 뛰어든 지 90일 후에도 우리는 우리가 거기서 과연 무엇을 하고 있는 건가 의문을 가졌습니다. 29개월이 지나도 아직도 그 사업으로는 생활을 할 수 없었죠. 그때 덱스터 예거가 우리를 발견하고는 방법을 가르쳐주었죠」

「그는 우리를 믿었습니다」라고 돈은 감사에 찬 어조로 말한다. 「그는 우리가 일단 기본적인 것들을 습득하게 되면 커다란 성공을 거둘 것이라는 신념을 가지고 있었습니다」 덱스터 예거는 자신의 꿈을 실현하는 데는 지름길이 없다는 사실을 알고 있었다. 어떤 사업이든 성공하기 위해서는 배우고 실천하는 기술과 훈련이 필요한데 그것을 윌슨 부부에게 가르쳐 주어서 그들은 성공적인 사업을 구축할 수 있었다.

메인 주의 한 조그만 레스토랑에서 돈과 낸시 부부와 돈의 부모가 함께 저녁 식사를 하고 있었다. 메인 주의 그 〈녹슨〉 오두막집은 과거지사가 되었다. 177,000마일을 달린 낡은 회색의 스포츠카는 폐차되었다. 경제상태는 흑자로 돌아섰다. 텍스터 예거를 그들의 스승(스폰서)으로 모시고 나서 그들은 성공했다. 「나는 그가 너에게서 무엇을 바라는 그런 스승이 아닌가 염려했었다」라고 윌슨의 어머니는 그의 첫번째 방문을 회상하며, 부끄러운 듯한 미소를 머금고 말했다. 「그는 우리의 스승이었어요, 어머니」 하고 돈은 대답했다. 「그는 우리에게 어떻게 하면 성공적으로 사업을 할 수 있나를 가르쳐주었어요」 「그런데 그는 우리에게서 무언가를 원했지요」 하고 낸시는 조용히 덧붙였다. 「그것은 우리가 최선을 다한다는 것이었어요」

윌슨의 어머니는 고개를 치켜들고 씩 웃으며 눈짓으로 대답을 대신했다. 「나는 그 모습으로 알아챘습니다. 어머니는 당신의 싸구려 보청기의 상태가 나쁘면 그런 표정을 지으셨죠. 〈어머니에게 새 보청기를 사드려야겠어요. 아버지〉 하고 나는 아무 생각 없이 말했죠. 〈그럴 여유가 없구나〉 하고 아버지는 변명하듯 대답했죠」 윌슨 씨 부부는 연금으로 살아가고 있었다. 그들의 고정수입만 가지고는 생활비 외에 다른 것은 엄두를 낼 수 없었다. 돈과 낸시는 그때 막 성공 궤도에 올랐다고 느끼기 시작했으며, 금전적 여유가 좀 생겨 기뻐하고 있을 때였다.

「좋은 보청기 하나에 얼마지요?」 하고 돈은 아버지에게 물었다. 「500불이다」 아버지는 대답하셨다. 돈은 아무 생각 없이 호주머니에서 지갑을 꺼내 500불을 아버지 쪽으로 밀어놓았다. 돈의 아버지는 기분 나빠하셨다. 「우리는 너희 돈은 필요없다」라고 말하면서 돈을 밀어냈다. 「집어넣으세요」 하고 그 돈을 아버지 쪽으로 다시 밀어놓았다. 잠시동안 둘은 승강이를 했다. 그러다가 돈이 「아버지, 만일 어머니가 아버지 말씀을 잘 들으실 수 있다면 좋지 않으시겠어요?」
갑자기 아버지는 누그러지셨다. 아들로부터 돈을 받는 것은 쉬운 일
은 아니었지만 아내가 예전처럼 잘 들을 수 있게 된다면 얼마나 좋
겠는가. 그는 눈물을 글썽이며 돈을 집었다. 「고맙다」 아버지가 말했
다. 윌슨 부인이 남편 손에 자기 손을 가만히 얹었다. 그녀도 남편과
마찬가지로 울기 시작했다. 종업원이 테이블에 다시 왔을 때 거기에
있는 모든 사람들이 울고 있었다.

돈은 회상한다. 「그때까지는 주머니에서 돈을 꺼내 부모님께 500
불을 드린다는 기쁨이 어떤 것인지 깨닫지 못했습니다. 나는 내 사
업을 가짐으로써 안정을 느꼈고 사랑하는 사람 또한 안정감을 느끼
게 해줄 수 있었습니다. 그 후로 우리는 부모님께 새 자동차를 사드
렸고 하와이, 영국, 유럽 등지로 여행도 시켜드렸습니다」

이런 모든 것은 돈과 낸시 윌슨, 폴과 데비 밀러와 그들과 같은
수백만 명의 사람들이 자유기업에 대해 진지하게 생각해 보고자 결
정을 내린 순간부터 시작되었다. 그들은 기본적인 것들을 습득했으
며 충실하게 이를 이행했다. 그러면 그 나머지는 그들이 말하는 것
처럼 과거지사가 된다. 당신도 마찬가지로 성공할 수 있다. 기회를
붙잡아라! 스승을 찾아라! 성공의 기본 원칙을 습득해 당신의 미래
를 위하여 사용해라. 그것을 한번 시도해라. 당신의 꿈이 실현되는
것을 볼 수 있는 기회와 다른 사람의 꿈이 실현되도록 그를 도와줄
수 있는 기회를 제외하고는 무엇을 잃을 수가 있겠는가?

폴 밀러가 대학 시절 노스캐롤라이나 타르힐즈 팀에서 챔피언십
시즌을 즐기고 있을 때, 그 팀의 라커룸 관리인은 모리스 메이슨이
었다. 그는 흑인으로 현명하고도 사랑이 넘쳐흐르는 사람이었다. 그
는 20여 년 간 선수들 뒷바라지를 해왔다. 「그는 평생 동안 선수들과
코치 뒷바라지를 했왔습니다」라고 폴은 회고한다. 「나는 10대였을 때
채플 힐에 왔습니다. 그 당시 나는 열등감을 느끼고 팀의 일원이 되
지 못할까 봐 두려움에 떨고 있었죠. 그러나 모리스 메이슨이 내 눈

을 쳐다보며 다정하게 나의 이름을 부를 때마다 나는 다시 한번 자신감을 되찾고 희망을 가질 수가 있었습니다. 그는 타올을 건네주고 지친 몸을 안마해 주는 것 이상의 일을 했습니다. 스트레스와 긴장 속에 있던 선수들에게 보내준 그의 친절한 말과 부드러운 미소는 우리의 영혼도 쓰다듬어 주었던 것입니다」

1982년 폴과 데비 밀러는 모리스 메이슨이 은퇴한다는 말을 듣고 그에게 존경과 고마움을 표하고자 그의 이름으로 장학금을 지급하기로 결정했다. 대학 관계자들은 메이슨을 치하하기 위해서 퇴임 기념식을 계획했다. 사우스캐롤라이나 전역에 있는 운동선수들과 코치들이 그 행사를 위하여 채플 힐로 모여들었다. 「나는 결코 그날을 잊지 못할 겁니다」라고 데비는 말한다. 「폴과 나는 메이슨 씨 부부와 함께 테이블에 앉았죠. 모리스 메이슨 기념 장학금이 발표되자 일어서서 환호했습니다. 메이슨 씨는 놀란 나머지 아무 말도 못하고 앞만 바라보고 있었습니다. 그는 미소 짓고 있었지만 눈물이 볼을 타고 흘러내려 그의 회색 양복을 적셨죠. 〈감사합니다! 너무나 감사합니다!〉라고 그는 말했죠」

「우리는 이 사업에서 많은 돈을 벌었습니다」라고 폴은 말한다. 「자본주의 덕분에 우리는 좋은 차와 좋은 집을 샀죠. 그러나 그날 밤 대학 캠퍼스 옆에 있던 작은 연회장에서 더불어 사는 자본주의가 해낸 일을 목격했죠. 나는 좋은 차와 좋은 집에 대해서는 잊기로 했습니다. 그 대신 나는 메이슨 씨의 눈물이 고인 표정을 결코 잊지 않을 겁니다」

더불어

사는

자본주의

4부 - 목표를 달성

나 자신과 남을 돕는것

제13장 우리는 왜 사람들이 스스로를 도울 수 있도록 도와주어야 하는가?

우리는 사람들이 스스로를 도울 수 있도록
도와주어야 한다는 것을 믿는다.
어떤 사람을 인도하고 가르쳐주고 격려하기 위해
우리의 시간과 돈을 투자할 때 우리는 이미 우리에게
주어진 것의 일부나마 되돌려 주는 셈이다.
따라서 진정한 스승이 되도록 하라.
누구를 도와서 그가 목표를 달성하고 꿈을 이루도록 해주겠는가?
생활신조 13

윌리 바스는 결코 잘생긴 남자는 아니었다. 52살이라는 나이에 비해 주름 투성이고 지친 모습이 역력했다. 그는 참으로 힘들게 살아왔다. 그의 얼굴에서는 수많은 술집에서 헤아릴 수도 없을 만큼 싸웠던 흔적을 볼 수 있었다. 그는「연애하다가 얻은 상처들은 아니죠」라고 짖궂은 웃음을 지으며 말했다.

윌리는 노스캐롤라이나 주의 가난한 농가에서 태어났다. 그는 항상 헐렁한 작업복 차림이었고, 마치 낡아빠진 옷을 허수아비에게 입혀놓은 것처럼 낡아서 여기저기 기운 옷이 그의 좁은 어깨와 여윈 몸매를 감싸고 있었다.

윌리는 평생 용접일을 해왔다. 매일매일 뜨거운 철제 위에 구부리고 앉아 마스크를 쓰고 불을 휘둘렀다. 몇 년 동안 수없이 많은 용접봉에서 증발되는 금속이 그의 폐로 들어갔다. 독한 가스 속에서 호흡하며 작업하다 보니 폐의 기능이 많이 약해졌다.

그러나 그는 진심으로 아내 나오미와 아이들에게 헌신적이었다. 윌리는 가족이 자신에게 의존하고 있다는 것을 알고 있었기 때문에 의사가 용접공으로 계속 일할 수 없을 정도로 몸이 나쁜 상태라고 말했을 때도 일을 그만둘 수 없었다. 그는 버스 정류장까지 발을 질질 끌며 겨우 걸어 다녔고 숨을 쉴 때마다 헐떡였다. 매일 이런 비참한 생활이 계속되었다. 윌리는 용접 마스크를 쓰고 불을 높이 들고 자기가 사랑하는 가족을 위해 윌리는 죽음을 들이마시고 있었다. 그는 자기가 사랑하는 가족들을 실망시키고 싶지 않았다. 그보다는 오히려 자신이 죽는 편이 더 낫다고 생각했다.

윌리는 허름한 집에 살면서 매달 112달러 정도의 융자금을 내고 있었다. 하지만 윌리가 직장을 그만둔다면 그의 퇴직 수당은 186달러밖에 안 될 것이며 이렇게 적은 돈으로 그의 가족은 도저히 살아갈 수가 없을 것이다. 그래서 그는 아무런 희망도 없이 무력감과 궁핍에서 헤어나지 못하는 자신을 발견했다. 아침마다 내키지 않는 걸음으로 직장을 가야 했고, 저녁마다 피로에 지쳐 거의 초죽음이 된 상태로 비틀거리며 조그만 자신의 집으로 돌아왔다. 윌리 바스를 위해 할 수 있는 일은 무엇일까?

우리는 모른 채 할 수도 있다. 혹은 윌리를 자선 대상으로 삼을 수도 있다. 아니면 윌리가 자기 스스로 돕기를 바랄 수도 있다.

론 헤일도 15년 전 똑같은 일을 경험했다. 그래서 우리가 이 이야기를 알게 된 것이다. 윌리 바스와 론 헤일은 이웃이었다. 가끔 론은 윌리가 버스 정류장까지 천천히 왔다갔다하는 모습을 보았다. 자기와 마찬가지로 윌리의 생활에도 뭔가 문제가 있다는 것을 알아 차렸기 때문에 론은 윌리를 기억하게 되었다. 헤일 부부는 경제적 어려움에 처했을 때 독자적인 유통 사업을 시작했다. 윌리에 대해 좀더 많은 것을 알게 되자 헤일 부부는 윌리가 절망의 늪에서 빠져나올 필요가 절실하다는 것을 깨달았다. 마침내 헤일 부부는 윌리가 스스로를 도울 수 있도록 그들이 할 수 있는 일이 있다고 생각했다. 윌리가 그들의 도움을 허락한다면 헤일 부부는 그의 훌륭한 스승(스폰서)이 되어 줄 생각이었다.

짐 플로어는 남부 캘리포니아 가스 회사의 로비스트로 성공했다. 그는 자기 회사와 로스앤젤레스 시의회, 로스앤젤레스 카운티 감독위원회의 연락관으로 일했다. 윌리와는 달리 짐과 머지 플로어는 안락한 생활을 했다. 아름다운 오렌지 카운티 교외에 커다란 집도 있었고 월급도 많았으며 여행 경비나 일반 판공비도 상당했다.

표면적으로 아무도 짐 플로어를 윌리 바스와 비교하지 않을 것이다. 그러나 내면을 들여다보면 짐 역시 불만이 많았다. 그에게는 이루지 못한 꿈이 있었다. 짐의 친구이자 동료인 프레드 보그다노프가 그에게 특별한 관심을 보이기 시작했다. 그 당시 프레드는 자신이 시작한 사업에서 막 결실을 거두기 시작한 즈음이었다. 그는 짐 플로어를 그가 가르치고 싶어하는 사람들 중 제일 첫번째로 꼽았다.

10년 반이 지난 지금, 윌리 바스와 짐 플로어 두 사람의 생활에 놀랄 만한 일이 일어났다. 나는 이 이야기를 통해 여러분도 스승이 되겠다고 결심하고, 또 사람들이 스스로를 도울 수 있도록 도와주는 사람들의 대열에 참여하겠다는 생각을 가지는 데 도움이 되기를 바란다.

제1단계 스승(스폰서)은 사람들의 성공 잠재력을 믿는다.

론은 이렇게 회상한다. 「우리는 윌리를 무기력하고 무능한 노인으로 보지 않았습니다. 조금 길을 잘못 들었기 때문에 올바른 길로 돌아서도록 도와줄 필요가 있는, 가능성 많은 사람으로 보았지요」

프레드는 이렇게 기억한다. 「누구라도 짐과 머지 플로어를 보면 성공한 야심 많은 사람으로 여길 것입니다. 그러나 그들은 더 큰 꿈을 품고 있었으며 그 꿈을 어떻게 이룰지 확실히 모르는 상태였지요」

사람들이 스스로 돕는 것을 도와주는 사람들은 먼저 신이 그들을 대하는 것처럼 그들을 보도록 해야 한다. 내가 이 책의 서두를 창조주가 우리 인간 모두에게 가지고 있는 꿈에 대한 이야기로 시작한 것도 바로 그런 이유 때문이다. 우리가 인생을 어떻게 망쳐놓았든지 (혹은 엉망인 상태로 인생을 물려받았든) 간에 신은 여전히 우리를 믿고 있다. 우리가 인생에 얼마나 성공을 했든지 간에 신은 여전히 우리를 가능성 있고 가치 있는 존재로 보고 있다. 이것은 좋은 소식이 아닐 수 없다. (그리고 바로 여기서부터 사람이 사람을 돕는 과정이 시작된다.) 만일 신이 계속 우리를 믿는다면 우리도 서로 서로를 믿게 될 것이다.

론이 나타나기 전까지는 윌리 자신조차도 자신의 잠재력을 믿지 않았다. 그러나 론은 윌리가 인간의 한계를 초월하는 인내심이 있음을 알아차렸다. 가족에 대한 의무감을 지키기 위해 그렇게 열심히 일하는 사람이면 뭔가 특별한 것이 있다는 생각이 들었다. 그는 윌리와 윌리의 장래성을 믿었다. 그리고 기꺼이 그 믿음을 바탕으로 노력해 볼 용의가 있었다.

프레드가 짐 플로어를 이끄는 것은 훨씬 쉬웠다. 짐은 이미 성공한 사람이었기 때문에 그가 계속 성공가도를 달리지 못할 아무런 이유가 없었다. 그러나 짐 자신은 계속 성공가도를 달릴 수 있고, 또 달려야 한다는 확신을 갖기가 쉽지 않았다. 지금도 잘 지내고 있는데 왜 쓸데없는 수고를 하면서까지 새 사업을 시작하고, 새로운 위험을 감수하며 안락한 길을 버리고 고생을 자초해야 하는가? 짐은 모든 종류의 변명거리를 다 가지고 있었다. 그래서 프레드는 어떻게든지 짐의 그 방어벽을 뚫고 들어가야만 했다. 그래야 짐의 친구 겸 스폰서로 성공할 수 가 있었다.

윌리와 짐이 다르다는 것은 분명했지만 한 가지 면에서는 공통점이 있었다. 그것은 둘다 자신의 성공 잠재력을 믿어주는 사람이 곁에 있었고, 그 사람이 그들을 믿어주자 다른 수백만 명의 사람들의 경우와 마찬가지로 윌리와 짐에게 전혀 새로운 생명을 주는 과정이 시작되었다는 점이다.

제2단계 : 스승(스폰서)은 자기가 믿는 사람에게 잠재력이 있다고 말할 수 있는 용기를 가지고 있다.

윌리에게 가능성이 있다는 것을 인정하는 것과, 윌리 자신에게 그 것을 확신시키는 것은 별도의 문제이다. 아무리 상대방을 믿는다 해도 그에게 그것을 말하고 그 사람도 자신을 믿도록 하기 전까지는 단지 희망 사항에 불과한 것이다. 몇 주에 걸쳐서 론은 윌리에게 자기 사업체를 소유하는 것과 그에 수반되는 희망과 자유에 대해 이야기를 해주었다. 윌리는 그저 미소를 지으며 고개를 흔들 뿐이었다. 그는 바보가 아니었다. 그는 그것이 얼마나 위험한 일인지 알고 있었다. 그의 나이와 건강을 고려할 때 사업을 시작한다는 것은 이룰 수 없는 꿈처럼 여겨졌다. 그래도 헤일 부부는 계속 그를 설득했다. 윌리는 열심히 들으며 조금씩 희망을 품기 시작했고 그것이 마음속에 크게 자리잡기 시작했다.

짐은 이렇게 기억한다. 「남부 캘리포니아 가스 회사의 동료 직원인 프레드 보그다노프가 자영사업에 대해 말해 주려고 나를 처음 초대했을 때 나는 암웨이에 대해 전혀 모르고 있었습니다. 그래서 나는 가겠다고 약속해 놓고는 가지 않았지요. 프레드는 나의 스폰서가 되기를 결심하고는 내가 거절할 수 없게 우리집으로 와서 사업 플랜을 들려주었죠. 그는 우리에게 도움을 주기 위해 직접 손을 뻗어준 것이었죠」

프레드는 2시간 30분 동안 설명한 후에 다소 초조했으나 짐의 장래에 대해 진지한 관심을 보였다. 짐은 프레드가 진정으로 자기에게 관심을 보이고 있는 데 대해 감사해 했다. 짐은 그가 제시한 사업 계획을 이해할 수는 있었지만 꼭 사업을 시작해야 할 필요를 느끼지는 않았고 프레드에게도 그렇게 말했다.

짐은 그때의 상황을 이렇게 회고한다. 「사실 나는 경제적 안정의 필요성을 크게 느꼈고 그것이 개인의 자유를 보장해 주리라는 것도 알고 있었고, 그것이 내게 필요하기도 했지만 나는 그것을 그에게 시인할 수 없었죠. 우리는 동료이자 친구였어요. 나는 자존심 때문에 정직해 질 수 없었던 거지요」

14년이 지난 지금 짐과 머지 플로어는 우리 사업으로 상당한 성공을 거두었고 그들 자신도 경험 많고 유능한 스승(스폰서)이 되었다. 짐은 이렇게 말한다. 「프레드가 나의 스폰서가 되기로 결심했을 때 프레드는 스폰서가 극복해야 할 두 가지 중요한 문제를 경험했습니다」

첫째, 사람들은 자기들 인생이 자기들 뜻대로 잘 되어가지 않는다는 것을 인정하기를 싫어한다는 것이다. 그런 저항에 직면하면 스폰서는 성실하고 참을성을 가져야 한다. 스폰서는 자기 자신의 이야기를 해 주어야 한다. 자신도 그런 의구심을 가졌다고 얘기하고 자신의 약점도 인정해야 한다. 상대방에게 시간을 주어야지 다그쳐서는 안 된다. 일단 그들이 진정으로 당신을 신뢰하면 그들 역시 필요로 하는 것이 있다는 점을 인정하게 될 것이다.

스폰서의 두번째 문제는 사람들로 하여금 새로운 일에 관해서 마음을 열게 만드는 것이다. 영국의 소설가인 로자먼드 레만은 이런 식으로 표현했다. 「다른 사람들에게 기회를 제공할 수 있다. 그러나 그들에게 능력까지 줄 수 있는 것은 아니다」 다시 말해 서둘지 말아야 한다. 당신의 주장을 분명히 전달한 다음 그들이 필요로 하는 만큼 충분한 시간적 여유를 준다. 그들의 질문을 경청한 다음 정직하게 요점에 맞게 답변한다. 이해를 돕기 위해 자신의 경험도 인용한다. 그러면 서서히 닫혔던 마음의 문이 열릴 것이다.

윌리 바스와 짐 플로어는 서로 다른 삶을 살았던 사람들이었다. 그들의 스폰서는 두 사람을 위해 극복해야 할 것이 너무 많았다. 론과 프레드는 애정과 인내심을 가지고 윌리와 짐이 의혹과 의문, 두려움 등을 극복할 때까지 기다렸다. 그 다음에야 비로소 그들은 사람들이 자기 자신을 돕도록 도와줄 수 있는 모험을 실제로 시작할 수가 있었다.

제3단계 : 스승(스폰서)은 실용적인 계획을 제시하고 그 계획을 실행할 수 있도록 돕는다.

론 헤일은 「월리에게 할 수 있다고 설득하는 데만 3개월이 걸렸습니다」라고 말한다. 한번 해보겠다고 동의한 후에도 월리는 너무 수줍어서 사람들에게 말을 할 수가 없었다. 전에 그런 일을 한번도 해본 적이 없었던 것이다. 론은 이렇게 기억을 더듬었다. 「약 8, 9개월 동안 우리는 월리가 사람을 불러 모을 수 있도록 도움을 주었습니다. 밤낮을 가리지 않고 월리의 모임에서 그를 대신하여 얘기를 했지요. 그리고 상품이나 유통 계획에 대해 의문이나 관심을 보이는 사람들을 계속 프리젠테이션을 해주곤 했지요」

론이 월리를 지도해주는 동안 프레드 보그다노프는 짐 플로어에게 온 신경을 쏟고 있었다. 프레드 자신도 아직 초보였지만 그는 영리했다. 짐이나 머지 플로어의 까다로운 질문에 답할 수 없을 때는 더 경험 많은 사람을 불러 답해 주었다. 프레드는 플로어 부부에게 사업 능력과 개인적 발전에 필요한 카세트 테이프와 책, 팜플렛 등을 주기도 했다. 그리고 한 달에 한 번씩 이들을 모임에 데리고 가서 경험자들의 성공적인 사업 운영에 대한 성공담과 개인적 체험을 듣게 하였다.

스폰서에게 이 초기의 몇 달 동안은 참으로 길고 어려운 시간이다. 사람들이 스스로를 도울 수 있도록 도와주는 데는 너무 많은 시간을 요하고 인내심이 요구된다. 결국 월리 바스처럼 이전에 자신에 대한 믿음이 전혀 없었던 사람들은 마치 갓 태어난 아이와 같다. 스스로 먹기 전에는 떠먹여 주어야 하고 혼자 걷기 전 얼마 동안은 안고 다녀야 할 필요가 있다. 그리고 무엇보다도 포용과 사랑이 많이 필요하다. 자신을 믿기는 하지만 사업에 문외한인 플로어 부부 같은 사람들도 마찬가지로 사랑과 보살핌이 필요하다.

짐 플로어는 다음과 같은 교훈을 우리에게 일깨워주고 있다. 「이렇게 치열한 경쟁 사회에서 스스로 성공한다는 것은 상당히 어려운 일입니다. 우리는 이런 초기의 어려운 시기뿐만 아니라 영원히 서로를 필요로 하고 있습니다. 함께 일하면 얼마나 큰 힘이 생기고, 얼마나 많은 일을 할 수 있는지 사람들이 깨닫도록 하는 것이 어렵습니다. 그것이 바로 이 사업의 특징이기도 하죠」

짐은 이렇게 덧붙인다. 「스승들은 곧 자기들도 누군가의 가르침을 받고 있음을 알게 됩니다. 가르침을 받고 있던 사람들은 곧 자신들이 스승을 가르치고 있음을 알게 되기도 합니다. 즉, 모든 사람이 똑같은 혜택을 받는 거죠. 사람들이 스스로를 도울 수 있도록 하는 것은 두 길을 동시에 걷는 것입니다」

마침내 윌리는 스스로 사업설명을 할 수 있는 용기를 가지게 되었다. 그의 첫 사업설명은 다소 서툴기는 하지만 매우 신선한 웅변이었다고 론은 기억한다. 폐가 나쁜 윌리는 약간 더듬거리긴 했지만 힘 있는 목소리로 말했다. 그는 연설이나 강연을 들은 적이 한 번도 없었고 달변의 영업 사원도 아니었다. 그러나 과장된 수사 없이 직설적인 그의 연설은 퍽 인상적이었다. 윌리는 꾸밈 없이 솔직하게 진실을 말했다. 그의 언사는 상당히 다채로웠다. 그는 대부분의 사람들이 비누나 광택제 등과 같은 상품에는 잘 쓰지 않는 형용사들을 거침없이 사용했다.

윌리의 첫 사업설명은 언변이 좋아서가 아니라 그가 성실했기 때문에 성공했다. 사람들은 그의 말 속에서 희망을 느낄 수 있었다. 윌리는 어디서 그 희망을 얻었을까? 바로 헤일 부부와 다른 사람들로부터 얻었다. 이것이 바로 사람들이 스스로를 도울 수 있도록 도와주는 것을 믿는 사람들로부터 당신이 받을 수 있는 가장 중요한 선물이다. 그들은 당신을 믿고, 마침내 당신도 자신을 믿게 된다. 그들은 당신의 미래에 희망을 가지고 있고 그 희망은 당신의 가슴에도 차츰 싹트기 시작한다.

짐과 머지 플로어에게 사업설명은 쉬운 일이었다. 짐은 사람들 앞에서 이야기하는데는 익숙해 있었고 머지는 마케팅 플랜을 발표하면서 재빨리 대중 연설 기술을 터득하게 되었다. 그들의 사업은 금방 번창하기 시작했다. 「우리는 한 달에 4, 5천 달러의 수입을 얻게 되었지요. 그러다가 금방 세 배로 늘었죠. 우리는 사업을 한다는 것이 한계를 만드는 것이 아니라 우리가 노력하는 만큼 얻을 수 있다는 것을 의미함을 알게 되었어요」라고 짐은 회상한다.

그때쯤 짐 플로어는 승진을 했고 남부 캘리포니아 가스 회사의 보다 비중 있는 자리로 옮겼다. 월급도 올랐다. 플로어 가족은 교외의 비싼 주택으로 이사했다. 이제 그들은 주지사 사무실의 중요한 직책에서부터 주입법의원에 이르기까지 캘리포니아 주의 주요 지도급 인사들을 상대하게 되었다.

짐은 이렇게 기억을 더듬었다. 「잠깐동안 주(州) 수도에서 새로 시작한 생활에 온 정신을 빼앗겨버렸습니다. 내 사업을 가진다는 희망도 잊어버렸어요. 고객의 기반을 넓히는 일도 그만두었고 다른 사람에 대한 사업설명도 점점 줄어들어 마침내는 전혀 안하게 되어버렸어요. 그러나 나의 스폰서인 프레드가 계속 내게 관심을 가져주었지요. 새로 만난 클리프 민터라는 친구가 제2의 스폰서가 되어 내게 전화도 하고 편지도 하면서 내 자신의 꿈에 솔직하고 그것을 추구하라고 충고해 주었습니다. 내가 어떻게 지내나 알아보기 위해 클리프가 전화를 했을 때 나는 거짓말을 했어요. 〈잘 지내고 있어요〉라고. 마치 1마일이나 과녁을 벗어나 있는데도 여전히 목표물을 명중시키고 있는 것처럼 허세를 부렸지요」

「그 다음에 3시간 정도 떨어진 레딩에서 열리는 모임에 갔습니다. 나는 데이브 서번이 사업을 시작해 놓고 한번도 끝내지 않는 사람들에 관해 말하는 것을 들었습니다. 연설 끝부분에 가서 데이브는 잠시 멈추더니 마치 나를 염두에 둔 것처럼 말했어요. 〈이 방에도 이런 사람이 있습니다. 신이 주신 재능을 낭비하고 있는 사람이 있습니다. 그 사람이 자기식으로 안일하게 살아간다면 그에게 어떤 일이 일어날지 생각만 해도 끔찍하군요.〉 나는 그 연사가 누구인지 전혀 몰랐어요. 하지만 그의 말이 망치처럼 내 가슴을 쳤습니다. 나는 되돌아와서 내가 알거나 한 번이라도 만났던 사람들의 목록을 만들었지요. 그러고는 차례대로 그 사람들과 하나하나 접촉하기 시작했습니다」

제4단계 : 스폰서, 스승(스폰서)의 안내를 받은 사람들, 그 밖의 나머지 모든 사람들이 다함께 이득을 나눠 가진다.

사람들이 스스로를 돕도록 도와주는 일은 특히 처음에는 상당히 어려울 것이다. 그러나 장기적으로는 놀랄 만한 혜택으로 돌아온다. 그 혜택은 스승이나 그가 가르치고 있는 사람들만 공유하는 것이 아니라 전세계로 영향이 파급되어 나가는 것이다.

지도를 받은 사람들도 혜택을 공유한다. 더 많은 돈을 버는 것이 제1차적 목표이기 때문에 재정적 혜택에 대해 먼저 살펴보기로 하자. 스폰서들이 자신의 잠재력을 발견하도록 도와주었고, 그 다음 자신의 잠재력을 믿고 행동해 조금이나마 성공했던 윌리와 짐처럼, 운이 좋은 사람들은 놀라운 재정적 이득을 보았음을 깨닫게 될 것이다.

윌리 바스에게 일어난 일을 한번 살펴보자. 자신의 사업을 시작한 지 13개월 후에 그는 우리 회사의 독자적 디스트리뷰터가 되었다. 그의 수입은 두 배, 세배로 늘어났다. 용접일을 그만둘 수 있었고, 자신의 건강을 보살필 수 있고 자신과 가족이 보다 수준 높은 생활을 누릴 수 있는 정도로 돈을 모았다. 생전 처음으로 윌리는 모든 청구서의 돈을 지불한 후에도 자신의 사후에 가족의 경제적 안정을 보장해줄 돈을 은행에 예금할 수 있었다.

윌리 바스와 마찬가지로 짐과 머지 플로어도 다시 한번 자신들의 사업을 진지하게 수행하면서 놀랄 만한 결과를 얻게 되었다. 짐은 회상한다. 「우리 사업은 날로 번창했습니다. 처음으로 우리가 일을 하지 않는데도 수입이 계속 늘어났지요. 우리 사업체를 소유하고 장기적 이윤을 공유함으로써 우리가 투자한 시간과 정력으로부터 매년 더 많은 것을 되돌려 받았습니다. 나는 남부 캘리포니아 가스 회사에 사직서를 제출했어요. 머지와 나는 경제적 안정이라는 우리의 꿈이 실현되는 것을 보았습니다」

사람들이 스스로를 도울 수 있도록 도와주는 일은 돈과 관련된 것 이상의 의미를 지닌다. 윌리가 어른이 된 후 항상 느끼던 절망감을 극복했을 때 자신의 가치에 대해 어떻게 생각했는지를 상상해 보라. 그가 영원히 용접 불꽃을 치워버리겠다고 생각했을 때 마음속에 생긴 새로운 희망을 생각해 보라. 매일 버스 정류장까지 달려가면서 숨을 헐떡일 필요가 없었을 때 경험했던 새로운 자유와, 아내와 가족들과 함께 생활하며 지낼 수 있다는 것을 깨달았을 때 느꼈던 희열을 상상해 보라. 돈을 번다는 것은 윌리 바스에게 일어난 일의 일부에 불과하다. 돈을 버는 일이 그에게 새로운 희망, 자유, 기쁨을 주었다. 이보다 더 좋은 일이 있을 수 있겠는가?

짐과 머지 플로어 역시 돈 이상의 혜택이 있다는 것을 알았다. 짐은 이렇게 기억한다. 「우리는 자유로웠습니다. 가족이 함께 있을 수도 있었고 우리 마음대로 스케줄을 짤 수도 있었지요. 물론 새로운 비즈니스이기 때문에 사업 초기 2, 3년 이런저런 고생도 많았지요 그러긴 해도 우리는 여전히 자유롭게 오갈 수 있었고 우리가 적당하다고 생각하는대로 여행을 하거나 집에 머무를 수도 있었습니다. 그리고 무엇보다 좋은 것은 새로운 친구들을 많이 사귀게 된 것입니다. 그들이 사업을 시작하게 된 이유도 우리와 비슷했습니다. 그들도 경제적으로 안정된 생활을 이루고 다른 분야에서도 생활의 안정을 꾀할 수 있기를 원했지요. 우리들은 공동의 꿈과 가치 때문에 서로서로 끌려서 모였던 것입니다」

짐은 또 이렇게 덧붙였다. 「당신과 가치를 공유하고 있는 사람들과 어울림으로써 창출되는 상호 협조적인 분위기를 설명하기란 참으로 어렵습니다. 우리의 최고의 스승인 리치와 제이는 우리에게 한때 미국을 인도했던 원칙들을 전해 주었지요. 즉 인간의 잠재 능력에 대한 믿음, 모든 청구서를 제때 지불하고 경제적 안정을 꾀하는 것, 목표를 정하고 기록하여 계속 추구하는 것, 그 목표에 도달했을 때 감사하는 마음을 갖는 것, 열심히 일하는 것, 정직한 삶을 꾸려 나가는 것, 우리에게 가장 많은 관심을 가지고 우리의 단점으로 우리를 판단하지 않는 사람들에게 신뢰를 저버리지 않는 것, 사람들이 스스로를 도울 수 있도록 도와주는 것 등입니다」

짐은 계속해서 덧붙인다.「학교에서는 더 이상 이런 원칙들을 가르치지 않아요. 가정과 교회에서조차도 이런 원칙들을 아이들에게 전해 주지 않습니다. 같은 생각을 가진 친구들, 영원히 우리가 소중히 여길 수 있는 친구들을 만난다는 것이 무엇보다 큰 혜택이었습니다」

스폰서도 이런 혜택을 공유한다. 윌리와 짐이 자신의 사업을 시작했을 때 그들의 스승(스폰서)인 론 헤일과 프레드 보그다노프도 경제적 혜택과 개인적 성장이라는 이득을 공유했다. 네트워크 조직망에서 스승들은 자신이 가르친 사람들이 성공할 때 가장 큰 수확을 올린다.

그러면 헤일 부부는 노력에 대한 보상만을 받았는가? 윌리 바스를 돕는 일은 단시일 내에 쉽게 이루어지지 않았다. 헤일 부부는 윌리와 그의 가족에게 수년 간 사랑과 관심을 쏟아부었다. 그들은 윌리를 믿었고 보살폈으며 언제나 그의 곁에 있었다. 보그다노프 부부는 어땠는가? 짐과 머지 플로어의 스폰서가 되어 줌으로써 얻은 것이 무엇인가? 그리고 왜 프레드는 플로어 가족이 그들의 꿈을 포기한 후에도 여전히 그들 곁을 떠나지 않았는가? 단지 돈 때문이었을까, 아니면 그 이상의 무엇이 있었을까?

여러분은 내가 지금 말하고자 하는 것을 믿기 어려울지 모른다. 그래도 상관없다. 나도 이해하니까. 나 역시 처음에는 그것을 믿으리라고 생각하지 않았다. 그러나 헤일 부부, 보그다노프 부부, 플로어 부부, 그리고 이 사업에서 성공한 그들과 비슷한 다른 부부들도 돈을 버는 기쁨보다는 다른 사람을 돕는 기쁨을 우선으로 여기고 있다. 믿거나 말거나 그들은 다른 사람의 꿈이 실현되는 것을 보는 일이 그 과정에서 벌어들일 수 있는 돈보다 훨씬 더 자기 자신의 가치를 인식하고 자신의 개인적 성취감을 보상해 주는 것이라고 믿었다.

나는 이 말에 이의를 가진 사람들에게 자신 있게 반박할 수 있다. 나는 성공적인 사업망이나 네트워크 마케팅 사업을 구축한 수백만 명의 사람들을 대신해서 반론할 수 있다. 그러나 그렇게 하지는 않겠다. 다만 윌리 바스와 짐 플로어의 사례로 그것을 대신하겠다. 윌리가 무슨 말을 할 것이라고 생각하는가? 그가 론 헤일 부부가 자기 인생에 끼친 공헌에 대해 어떻게 느낀다고 생각하는가?

론은 이렇게 말한다. 「13년 후에 윌리 바스가 죽었을 때 나는 그의 무덤 옆에 서서 많은 것을 회상했습니다. 그가 크고 단단한 손으로 내 손을 잡은 적이 얼마나 많았는지, 그가 내 눈을 똑바로 쳐다보며 사랑과 감사를 표하고 싶어한 적이 얼마나 많았는지, 〈고마워요, 론!〉이라고 말한 적이 얼마나 많았는지, 그리고 마음속에 품고 있는 말을 전부 다 전하지 못할 때에는 다만 내 손을 꼭 잡고 서서 눈물을 글썽이며 내게 미소 짓던 일들을 떠올렸지요」

헤일 부부와 같은 전세계 각지의 많은 부부들은 사람들이 스스로를 돕도록 하면서 돈을 벌었다. 만일 그들이 도움을 준 사람들이 그 도움에 감사한다면 무슨 권리로 그 동기에 의심의 눈길을 보낼 수 있겠는가? 헤일 부부는 그들의 꿈이 실현되는 것을 보기 위해 열심히 일했다. 윌리 바스를 도우면서 그들은 그 꿈과 이상을 성취했다.

사람들이 스스로를 도울 수 있게 도와줄 때 모든 사람들이 혜택을 보게 된다. 윌리의 인생 방향이 전환되었을 때 세상은 어떻게 개선되었는가? 그의 방향 전환을 생산성 증대, 소비력 증가, 정부의 새로운 세원 추가, 교회의 헌금 증가 같은 식으로 해석할 수 있는가? 윌리와 홀로 서기를 배운 다른 모든 남녀들에게 일어난 일은 우리 모두에게 영향을 미친다. 연못 수면 위로 퍼져가는 파문처럼 한 사람의 새로운 탄생은 세상 모든 사람에게 희망과 자유를 주는 파급효과를 가지는 것이다.

예를 들어 윌리의 가족을 생각해 보자. 윌리의 마음속에 희망이 새로 탄생했을 때 그들이 가지게 되었을 새로운 희망을 상상해 보라. 그들의 삶은 바뀌었고 그 영향은 주변 모든 사람들에게로 퍼져 갔다. 윌리의 이웃은 어떠한가? 몇 년 동안 숨이 차서 버스 정류장을 오가던 윌리가 새 옷을 입고 새 자동차를 타고 다니는 것을 본 이웃들이 어떤 영향을 받았겠는가? 윌리의 동료, 직장 상사, 사장은 어떠한가? 그들이 「도대체 윌리에게 무슨 일이 일어난 거지? 그에게 일어날 수 있는 일이라면 내게도 일어날 수 있어!」라고 수군거리는 것을 들을 수 있지 않겠는가?

헤일 부부는 이런 유명한 말을 했다. 「당신이 다른 사람들을 도울 때 당신은 영웅이 됩니다. 그러나 다른 사람이 그들 스스로를 돕도록 도와줄 때는 그들 스스로가 영웅이 됩니다」 만일 헤일 부부가 윌리에게 돈을 주거나 직장까지 자동차로 태워준다거나 원조 기관에 소개함으로써 그에게 도움을 주었다고 만족했다면 어땠을까? 물론 그들은 옳은 일을 했다고 할 수 있다. 그러나 윌리는 어떤가? 그를 옳다고 칭송했겠는가? 아마 어느 정도의 자존심은 세웠겠지만 여전히 피곤하고 지친 절망적인 사람이었을 것이다. 더 나쁘게 생각하면 헤일의 자선 행동을 통해 윌리는 더욱 절망적이고 의존적이 되거나 더 많은 비애를 느꼈을 수도 있다.

홀로 서기 위해 우리는 서로를 필요로 한다

자립심은 사람들이 갈망하는 아주 오래된 가치이다. 혼자 강인하게 설 수 있다는 것은 우리 문화에서 공통된 주제이지만 어떻게 자립할 수 있는가에 대해서는 거의 들을 수가 없다. 우리는 처음부터 용기와 성실성, 희망을 가지고 태어나는 것은 아니다. 또한 어느 날 갑자기 강해지고 자립을 하는 것은 아니다. 살아가면서 어떤 일에 부딪히는 와중에서 힘과 자립할 수 있는 방법이 생기는 것이다. 그런 일은 어떻게 일어나는가?

대답은 간단하지만 쉽지는 않다. 우리는 자립심이라는 선물을 서로 서로에게 준다. 수년 동안 내 친구 프레드 메이저는 그 선물을 수천 명이나 되는 자신의 직원들에게 나누어 주었다. 프레드의 아버지인 헨드릭 메이저는 우리 동네의 신화적 인물이다. 헨드릭은 1907년 고국인 네덜란드를 떠나 미시건 주의 홀랜드로 이주해 왔다. 그는 자본주의에 혐오감을 지닌 스물세 살 난 공장 노동자였다. 그러나 나막신을 신은 이 젊은 반항아는 대공황기에 식료품가게를 시작했고, 이 사업은 점점 확장되어 메이저라는 이름의 거대한 슈퍼마켓과 할인백화점 체인으로 발전했다. 이 가게는 현재 그의 아들이 맡아 운영하고 있다.

프레드는 마케팅 및 경영의 재능이 많은 사람인데, 특히 다른 사람들에게 자립심이라는 선물을 전달하는 그의 특별한 재능을 예증하는 이야기가 하나 있다. 1950년대 중반에서 1960년대 중반까지 미국은 인종문제에 관한 불안 때문에 분열되어 있었다. 앨러버머 주의 몽고메리에서 로사 파크스라는 흑인 여인이 버스 뒷자리로 옮겨 앉지 않았다고 해서 체포되고 투옥되었을 때 흑인들의 업무 거부 사태가 일어났다. 남부 침례교회 목사였던 마틴 루터킹은 이 사태를 조직화하여 시민운동으로 발전시켰고 이 운동은 곧 전국으로 퍼져 갔다.

그 무렵 그랜드 래피즈에 있는 프레드 메이저의 본사에 비서가 한 명 필요하게 되었다. 세 여성이 지원했고 그중 한 명은 흑인이었다. 인사부장이 세 명 모두 훌륭한 자격을 가지고 있다고 말하자 메이저는 두말없이 「페티본 부인을 고용하세요」라고 말했다. 「하지만 그녀는 흑인인데요. 지금까지 흑인을 고용한 적은 없었습니다」라고 인사부장이 대답했다. 프레드는 「나도 알아요. 그 부인으로 정하세요」라고 말했다. 인사부장은 다시 「하지만 이유가 뭡니까?」 라고 물었다. 프레드는 「다른 두 백인 여성은 다른 곳에서도 일자리를 구할 수 있 겠지만 페티본 여사는 그럴 수 없을 테니까요」라고 답했다.

당신의 인생을 한번 돌아보라. 당신의 능력을 증명할 수 있는 기 회를 주기 위해 당신에게 손을 내밀어 준 용기 있고 사려 깊은 사람 이 몇이나 있었는지 기억해 보라. 있다면 그들에게 감사를 드려야 할 것이다. 지금까지 생존했던 위대한 사람들의 감동적인 이야기는 사실 그들을 위대하게 만드는 데 도움을 준 주위 사람들의 수많은 이야기가 모여서 이루어진 것이다.

헬렌 켈러는 어렸을 때 장님과 귀머거리가 되어 외부 세계와 단절 한 채 분노와 좌절 속에 살았다. 오늘날 그녀의 이름은 전국의 초등 학교 어린이들의 존경의 대상이 되고 있다. 그러나 헬렌 켈러가 어 둠과 침묵의 세계에서 벗어나기 위해 혼자서 노력한 것은 아니었다. 그녀의 부모는 먼저 알렉산더 그래엄 벨에게 도움을 요청했다. 그의 도움으로 헬렌은 앤 설리반이라는 선생님을 모시게 되었는데, 앤 역 시 약간 시력이 약화된 상태였다. 앤은 그녀의 거친 제자에게 꿈을 걸었다. 그녀는 헬렌의 어린 시절 동안 성실하고 두려움 없는 스승 이었다. 1904년 헬렌 켈러는 래드클리프 대학을 우등으로 졸업했다.

오늘날, 그녀의 지혜로운 말들이 전세계에서 인용되고 있지만 헬 렌을 위대하게 만든 것은 바로 그녀의 스승인 앤 설리반과 보스톤에 있는 농아학교 선생님들, 그리고 뉴욕 시의 라이트 휴먼슨 구화 학 교의 선생님들이었다. 그녀 스스로의 힘으로만 이룬 것이 아니었다. 훌륭한 스승들이 없었다면 헬렌 켈러는 어둠과 침묵의 세계에서 죽 어갔을 것이다.

우리 모두에게는 과거에 우리가 자립할 수 있도록 도와준 사람이 있다. 감히 우리 스스로의 힘으로 오늘날 이 자리에 서게 되었다고 생각하지 말라. 잠시라도 다른 사람의 도움이 필요 없다고 생각하는 것은 건방지고 위험하며 잘못된 일이다. 돌이켜 생각해 보라. 그리고 기억을 더듬어 보라. 오늘날 당신 성공의 뒷받침이 된 능력을 가지도록 도와준 사람이 누구인가?

사람들은 「하늘은 스스로 돕는 자를 돕는다」라는 말을 성경에서 나온 말로 잘못 알고 있는데, 사실은 6세기에 씌어진 이솝 우화에서 나온 말이다. 사실 이 말은 유대기독교 전통과는 전혀 반대되는 감정이다. 다른 어떤 사람이 길을 가르쳐 주지 않고 사람이 스스로 돕는다는 것이 얼마나 어려운가를 이솝은 알고 있었을까? 스스로 돕는 자를 도와주는 기쁨을 알고 있었을까?

한 세대는 다음 세대가 스스로의 힘으로 일어설 수 있도록 도와주는 것, 그것이 바로 세상이 돌아가는 이치이다. 부모들은 아이들에게 자립하는 법을 가르친다. 아이들은 또 자기의 자녀들과 손자들에게 이를 전해 준다. 이렇게 수세기가 지나면서 사람들은 스스로를 돕는 사람을 돕게 되는 것이다.

예수님이 「서로 사랑하라」고 말했던 것이 우리 회사가 설립될 수 있는 바탕을 마련해 준 셈이다. 사람들이 스스로를 도울 수 있도록 도와주는 것은 「서로를 사랑하는」 가장 훌륭하고도 효과적인 방법이다.

나는 누군가가 「왜 누구 누구는 이렇게 행동하지 못할까?」라는 말을 하는 것을 들을 때마다 놀라게 된다. 나의 반응은 왜 당신이 그 누구 누구에게 어떻게 해야 하는지를 보여주지 못하는가라는 것이다. 사람들은 자립하는 법을 알고 태어나는 것은 아니다. 자기 스스로를 돕는 방법도 거의 모르고 있다. 더불어 사는 자본주의의 가장 핵심은 헤일 부부가 윌리에게 했듯이 사람들에게 성공에 이르는 길을 가르쳐 주고자 하는 욕망에 있다.

우리의 사업은 만일 우리가 사람들에게 스스로를 돕는 법을 가르쳐 주면 그들도 스스로를 도울 것이라는 믿음에 근거하고 있다. 세계 각국에서 행한 나의 연설은 간단한 두 가지 주제를 가지고 있다. 「당신도 할 수 있다」와 「바로 이렇게 하면 된다」이다. 이것은 너무도 잘 증명된, 믿을만한 아이디어이다. 그런데도 정부와 많은 민간 기관들은 알게 모르게 사람들이 의지하게 만들고 스스로를 도울 수 없게 만드는 데 모든 노력을 기울이고 있다. 나는 결국 사람들을 자립할 수 없게 만드는 시도는 실패할 수밖에 없다고 믿는다.

자선만으로는 진정한 동정이 될 수 없다.

19세기 어느 성직자가 〈자선을 베풀고 돌아다니는 사람들만큼 해악을 끼치는 사람은 없다〉라고 말을 했다가 고초를 겪었다.

나는 자선을 믿는다. 더불어 살기가 바로 이 책의 주제이다. 나는 세상에는 스스로를 도울 수 없고 앞으로도 영원히 도울 수 없는 사람들이 많이 있다는 것을 안다. 이 사람들 역시 우리의 사랑을 받을 가치가 있고 실제적이고 희생적인 관심을 기울여줄 가치가 있다. 다음 장에서는 이런 문제와 함께 이런 신념을 가진 더불어 사는 자본주의자의 흥미진진한 이야기를 다루어보고자 한다.

그러나 우선은 단순한 자선이 사람들을 자기 비하에 빠지게 할 수도 있다는 점을 기억하자. 그 의도가 아무리 고귀한 것이라도 받는 사람의 자존심에 결정적 타격을 줄 수 있다. 자선은 스스로의 문제를 해결할 능력과 의욕을 상실하게 만들기가 쉽다. 이것은 동정심이 아니다.

정부는 수십 년 동안 이런 사회 문제에 돈을 써 왔지만 별 효과가 없었다. 정부는 사회 봉사 기관의 설립과 동정을 혼돈해 왔다. 비록 훌륭한 동기를 가지고는 있으나 이런 기관들은 종종 자존심을 가진 사람들을 비하시키고 파괴시켜 버린다. 동정의 수단이 되기 위해 시작한 일이 결국 실패로 끝나버리는 것이다.

진정한 동정이란 사람들이 스스로를 도울 수 있도록 하는 것이다.

이런 동정이 아니라면 어떤 동정이든 모두 위선이다. 진정한 동정은 단기적인 구제만 해주는 것이 아니다. 구호품 제공은 기껏해야

일시적 문제 해결에 불과하다. 무엇보다도 사람들이 사회가 필요로
하는 사람이 되게 하는 중요한 문제는 전혀 해결하지 못한다. 그리
고 이런 단기적 해결책에는 많은 비용이 소요된다. 어떤 사람들은
사회적 혜택은 무상으로 제공된다고 생각하지만 사실은 그렇지 않
다. 복지사업을 위해서는 세금을 많이 거둬들여야 되고, 그러면 의
존적인 사람들을 더욱 의존적으로 만들게 되는 것이다.

동정은 종종 급히 필요한 것을 충족시키기 위해 자선으로 시작되
는 일이 많지만, 진정한 동정은 자선 이상의 것이다. 단기적인 도움
으로는 충분치가 못하다. 진정한 동정은 장기적으로 사람들이 스스
로를 도울 수 있도록 도와주는 것이다.

만일 어느 날 아침 당신이 현관문을 열고 나왔을 때 신문배달소년
이 잔디밭에 피를 흘리며 쓰려져 있는 것을 발견했다면 어떻게 하겠
는가? 급히 그를 도우러 갈 것이다. 그것이 자선이다. 아무런 생각
없이 당신 힘으로 할 수 있는 모든 한도 내에서 그 소년의 생명을 구
하려고 할 것이다. 절망적인, 생명을 위협하는 상황에 직면하면 우
리는 그것을 먼저 해결하려고 한다. 아무런 보상을 바라지 않은 채
말이다.

그러나 그런 위급한 상황이 끝나면 또다른 형태의 동정이 요구된
다. 그것은 바로 장기적인 동정, 즉 사람들이 스스로를 돕도록 도와
주는 것이다. 그 배달소년이 어떻게 다쳤을까? 누구 잘못일까? 만일
뺑소니 차가 그 소년의 자전거를 치고 소년의 생명까지 앗아갈 뻔했
다면 먼저 목격자를 찾아야 하고 번호판을 추적해 보아야 하며 가해
자는 법의 심판을 받아야 할 것이다. 무모하고 무책임한 운전수는
마땅히 처벌받아야 할 것이다.

그러나 만일 신문배달소년의 부주의가 원인이라면, 길을 건널 때
신호를 제대로 보지 않았다면, 또는 조그만 자전거에 너무 많은 신
문을 싣고 다녔다면, 동정의 다음 단계는 그 소년에게 사고가 일어
나게 된 원인을 설명해 주고 똑같은 사고의 재발을 막기 위해 그 소

년이 어떻게 해야 할 것인가를 이해하도록 도와주어야 할 것이다.

우리는 사람들이 고통을 받는 곳이라면 그곳이 구소련이거나 또는 절망적으로 퇴락해 가는 우리 이웃 동네이거나 상관없이 그 고통이 멈추도록 하기 위해 최선을 다해야 한다. 더불어 사는 자본주의는 우리에게 많은 것을 요구한다. 그러나 우리는 기꺼이 하고자 하는 용기를 가져야 하고, 사람들이 스스로를 도와서 다시는 그런 고통을 겪지 않도록 도와주는 용기를 가져야 한다.

진정한 동정심은 사람들이 그들 스스로 일어설 수 있도록 하는 데에 모든 노력을 집중한다.

동정은 사람들이 자기 자신의 만족과 스스로의 가치를 느낄 수 있도록 하는 새로운 일을 만든다. 진정한 동정은 사람들에게 일할 기회를 주고 그 일을 잘 수행 했을 때 대가를 지불받도록 하는 것이다. 우리는 일하는 사람을 보상해 주어야 한다. 그것이 적극적인 동정이다. 아무것도 요구하지 않는 수동적 동정은 의미가 없다. 진정한 동정은 사람들에게 인생에서 승리할 수 있는 실질적 기회를 제공하는 것이다.

사람들은 성공할 기회가 있다고 생각하면 고된 일도 마다하지 않는다. 반대로 일을 않해도 아무런 처벌이 따르지 않을 때는 일을 해볼 생각조차 않게 된다. 따라서 성공할 가능성이 없다거나 일을 하지 않아도 처벌받지 않는다면 당신은 올바른 일을 하지 않아도 될 두 가지 이유를 가지는 셈이다. 그러나 결국 사람들은 일을 해야 하고 스스로를 돕기 시작해야 한다.

우리가 사람들이 스스로를 돕도록 도와준다면 그들의 일에 보상하는 셈이 된다. 제록스 사의 직원인 댄 민첸도 다른 사람이 자립할 수 있게 도와주었다. 《로스앤젤레스 타임스》가 특집 기사에서 다루었던 댄은 한때 뉴욕 주의 버팔로 라디오 방송국 기자였다. 댄은 1971년의 아티카 주 교도소 폭동 문제 취재 임무를 부여받았다. 그 일을 하면서 보았던 여러 가지 장면들 때문에 오랫동안 충격에서 헤어나지 못했다. 아티카 교도소 내의 사람들은 사실은 절망과 비탄의 감옥에 갇혀 있었다. 가석방되었을 때조차도 절망의 벽은 허물어지지 않았다.

감옥에 있다가 나온 사람이 할 수 있는 일이 도대체 무엇이겠는 가? 누가 그에게 직장을 구하고, 개인적인 문제를 해결하며, 범죄를 저지르지 않고 생활할 수 있도록 가르쳐줄 것인가? 누가 그의 스승이 될 것인가? 댄 민첸이 바로 그런 스승이었다. 그는 자신의 회사가 지원하는 지역봉사 프로그램에 참여했다. 제록스와 IBM 등은 직원들에게 일정 기간 휴가를 주어 지역 사회단체에서 일할 수 있도록 했다. 참으로 훌륭한 생각이 아닌가!

제록스 사는 댄이 휴가를 내서 교도소 출감자들이 사회 생활에 적응할 수 있도록 도와주는 종교봉사단체인 세퍼스 아티카 재단에서 일하는 동안 정규 월급을 지불했다. 세퍼스는 출감자들을 위해 직업 훈련을 제공하고 사회로 나가고자 하는 사람들에게 상담도 해주는 곳이었다. 《타임스》 기사에서 민첸은 「30년 동안 수감되어 있던 사람 옆에 앉아 그를 쳐다보면 별로 다를 게 없다는 것을 알게 되죠. 물론 그들과 같이 있다고 해서 그들처럼 되는 것도 아니죠. 다른 사람과 관계를 맺어야 한다는 것이 중요한 점입니다」 사람들이 스스로 도울 수 있도록 도와줄 때 우리는 도와주는 사람이나 도움을 받는 사람 모두의 인생을 풍요롭게 해주는 유대관계가 이루어진다.

우리 회사는 사람들이 스스로를 돕도록 도와주는 원칙하에 설립되었다. 우리의 디스트리뷰터들은 자기 휘하의 사람들이 모두 성공할 때에만 진정으로 성공했다고 할 수 있다. 성공한 디스트리뷰터들은 이 사실을 잘 알고 있다. 특히 렉스 렌프로가 이를 잘 알고 있다. 그의 성공의 근원은 다른 사람을 돕는 데 있어서의 그의 탁월한 재능이 깔려 있었다.

렉스는 이렇게 말한다. 「당신은 다른 사람을 위한 시간을 남겨두어야 합니다. 저는 비록 내키지 않을 경우에도 다른 사람들이 프리젠테이션을 할 수 있도록 도와준 적이 여러번 있습니다. 아침에 다른 직장에 가야 한다는 것을 알고 있지만 한두 시간 정도의 거리를 달려 기꺼이 그들을 도와주러 가지요. 나는 대부분의 사람들이 눈여겨보지도 않을 사람들까지 도와주러 갔습니다. 사람들을 도와주는 것은 정말 중요합니다. 어떤 사람에게 관심을 가지고 그의 눈을 똑바로 쳐다보며 〈도와주겠습니다〉라고 말하면 강력한 힘을 발휘하게 되지요. 가끔 특별한 방법으로 도와줄 수도 있고 당신이 상상도 하지 못했던 그들의 생활 영역에서 필요한 것들을 충족시켜 줄 수도 있습니다」

「먼저 줌으로써 얻을 수 있습니다. 우리는 계속 다른 사람과의 접촉을 꾀합니다. 우리는 우리 자신을 줍니다. 그렇게 할 때, 그리고 이런 식으로 사람들을 도울 때 그들은 당신이 진정으로 그들을 위한다는 것을 알게 됩니다. 따라서 그들의 사업도 동일한 방법으로 수행하게 되지요. 즉 사람들이 스스로 도울 수 있도록 도와주는 법을 배우게 됩니다」

수만 개의 크고 작은 미국의 기업들 역시 사람들이 스스로를 도울 수 있도록 도와주는 원칙을 믿는다. 진정한 더불어 살기는 당신이 스승이 되고 다른 사람에게 성공하는 법을 가르쳐줄 때 시작된다. 「단순히 빵을 주기보다 빵 만드는 기술을 가르쳐라」라는 속담도 있다. 길거리의 돈 없고 배고픈 수많은 사람들은 일시적인 자선이 아닌 자신을 먹여 살릴 수 있는 방법을 찾고 싶어한다.

제록스와 IBM은 직원들과 그들의 전문 지식을 이용해서 이들을 도와주고 있다. 비영리단체에 돈을 기부하는 것도 필요하고 도움이 된다. 그러나 당신의 우수한 직원들의 전문 기술을 그들에게 주면 영원한 유산으로 남게 될 것이다. 사람들은 기술을 계속 전수할 수 있다. 1971년 이래 제록스는 400명 이상의 직원들의 기술을 자선단체에 이전해 주었다. IBM은 21년 동안 사회봉사 프로그램을 운영해 오면서 1,000명 이상의 숙련된 직원들을 지역 사회에 제공해 왔다.

다른 사람이 성장하도록 도와주기 위해 다가갈 때 우리 스스로도 성장한다. 만일 그 사람이 성공하지 못한다 하더라도 우리 자신은 충분히 노력했음을 알고 있다. 별로 성공적이지 못한 사람에게 시간을 투자할 때도 있다. 가능성을 가진 사람이 앞으로 나아가기를 거부하는 것을 보면 참으로 슬프다. 그리고 가능성을 가진 사람이 최선을 다했는데도 실패하는 것을 보면 더더욱 슬퍼진다. 이런 일은 가끔 일어난다. 그러나 실패하는 사람이 있는 반면 성공하는 사람들도 많이 있다.

최근에 암웨이가 멕시코 국립관현악단의 연주회를 후원한 적이 있다. 아주 훌륭한 이 관현악단의 지휘자는 연주회 직후 가진 리셉션에서 왜 이런 자선적인 문화 행사를 후원하는 데에 회사 돈을 지출하느냐고 물었다. 나는 「우리가 사업하는 지역에서 벌어들인 만큼 그 지역에 환원해 주어야 한다고 믿기 때문이죠」라고 대답했다. 그러자 그는 「아직 멕시코에서 돈을 벌고 있지도 않잖아요. 이제 막 사업을 시작하지 않았던가요?」라고 반문했다. 나는 「아직 멕시코에서 돈을 벌고 있지는 않아요. 수천 명의 멕시코인들이 우리 사업으로 돈을 벌 때까지는 아무런 수익이 없을 겁니다. 그러나 우리는 언젠가는 여기서도 이윤을 창출할 수 있으리라는 신념아래 돈을 투자하고 있는 것입니다. 그때까지는 관대한 것이 바로 훌륭한 사업인 셈입니다」라고 말했다.

그 지휘자는 「다른 멕시코 회사들도 그 점을 배워야겠군요. 그런데 누가 그런 것을 가르쳐 주지요?」 라고 물었다. 내가 「바로 당신이 하면 되지요」라고 하자 그는 놀라기도 하고 좀 걱정스러운 듯한 표정으로 「나라구요?」라고 되물었다. 「그래요. 당신은 할 수 있어요」라고 나는 말했다. 한참동안 말이 없던 그는 「절 도와주시겠습니까? 이곳에 와서 부유한 사람들을 만나 당신의 꿈을 이야기해 주시겠습니까?」

1991년 나는 다시 멕시코를 방문했다. 그 지휘자와 나는 기업 및 금융계 고위층 인사들을 만났다. 나는 별로 한 일이 없었다. 그 멕시코 지휘자가 열정적으로 후원을 호소하는 동안 옆에서 무언의 응원만을 보냈을 뿐이었다. 돈많은 기업인들은 그의 말에 감동을 받아 긍정적인 반응을 보였다. 이것이 바로 굉장한 일의 시작이었다. 그 관현악단에게 후원금이 제공되는 것은 시작에 불과했다. 그 다음에는 그 관현악단과 지휘자는 그들 스스로를 돕는 것을 배운 것이다.

나는 내가 사람들이 스스로를 돕도록 도와줄 수 있었던 많은 기회에 감사한다. 분명히 나와 제이도 다른 사람들의 도움을 받았기 때문이다. 윌리 바스와 짐 플로어의 성공은 먼저 헤일 부부와 보그다노프 부부, 그 다음 그들의 스승(스폰서) 등으로 이어지는 성공의 일부에 불과하다.

혼자서는 결코 성공을 이룰 수 없다. 내가 아는 사람 중 누군가의 인도를 받지 않고 성공한 사람은 하나도 없다. 나는 성공한 사람들에게 다른 사람을 도와주려는 충동이 결여된 것을 이해할 수가 없다. 그들이 거부하면 계속해서 다음 세대도 성공할 수 있게 하는 사람의 끈이 끊어져 버리는 것이다. 한 세대에서의 동정의 결여는 그 다음 세대에게 많은 영향을 미친다. 사람들이 스스로를 돕도록 도와주는 것은 빈곤을 끝내기 위해 누군가에게 비열하게 의존하던 습관을 버리게 한다.

성공이 윌리에게 새로운 폐를 마련해 줄 수는 없다. 그러나 13년 동안 내적인 평화와 안정을 준 것은 분명하다. 헤일 부부는 윌리에게 스스로를 도울 수 있는 선물을 주었고 윌리는 그 보답으로 우리 모두에게 희망이라는 선물을 주었다.

짐 플로어는 이 점을 입증하는 감동적인 이야기를 해주었다. 2년 전 성공적인 디스트리뷰터 사업을 하고 있던 한 부부가 LA에서 세미나를 마치고 집으로 가고 있었다. 아버지는 피곤해서 열여섯 살의 딸에게 잠시 운전을 부탁하고 눈을 붙였다. 아버지의 갑작스런 지시에 당황한 딸은 급회전을 시도했고 차는 언덕 아래로 굴렀다. 두 부부는 그 자리에서 즉사했다. 열여섯 살 난 딸과 열두 살 된 남동생은 살아났지만 둘다 이 사고로 정신적인 상처와 무시무시한 허탈감만 남게 되었다.

「그러나 그 두 남매는 서로 도와주는 분위기 속에서 살아갔습니다. 곧 그들은 아이가 없던 부모의 상위직 스폰서의 가정에 입양되었죠. 부모가 죽은 그 순간부터 두 아이는 그들을 사랑하고 돌봐주고 가르쳐 줄 새 부모를 갖게 된 셈이었죠」라고 짐이 말했다.

이 이야기는 여기서 끝나지 않는다. 처음 그 비극이 일어났을때 그 아이들의 카운셀러가 되어준 어떤 심리학자는 사람들이 서로서로 도와주는데 너무 감명을 받아 그녀 자신도 사랑으로 연결된 가족의 일원이 되고자 우리 사업을 시작했다.

카운셀러가 되라. 사람들이 스스로 도울 수 있도록 도와주어라. 그로 인한 혜택은 놀랄 만한 것이고 또 영원히 계속될 것이다. 반면에 우리가 다가가지 않는다면 결과는 무덤뿐이다. 세상 사람들은 많은 욕구를 가지고 있지만 우리는 단지 한 번에 한 사람의 문제를 해결해 줄 수밖에 없다. 스폰서가 되라. 세상 사람들이 치유되도록 도와주는 과정에서 당신 자신도 치유할 수 있도록 도와주어라.

제14장 왜 우리는 스스로 도울 수 없는 사람들을 도와야 하는가?

우리는 스스로 도울 수 없는 사람을 도와야 한다고 믿는다.
우리가 곤궁에 빠진 사람들과 시간과 돈을
나누어 가질 때 우리 자신의 존엄성과 가치를 높이고
세상에 희망과 자유를 가져오는 긍정적인 힘을 생기게 할 수 있다.
그러므로 베푸는 사람이 되라.
당신의 이웃과 전세계에 존재하는 인간의
고통을 없애기 위해 당신은 지금 무엇을 하고 있는가?
생활신조 14

한밤중 길고 어두운 병원 복도에는 걱정스런 얼굴의 부모들로 가득 차 있었다. 아버지들은 식은 커피를 손에 들고 어두운 복도와 복잡한 휴게실 사이를 절망적인 표정으로 왔다갔다하고 있었다. 놀란 어머니들은 우는 아기들을 안고 달래고 있었다. 간호사들은 이 방 저 방 분주히 다니며 주사를 놓고 성심껏 위로의 말을 하고 있었다. 아직 초록색 수술 모자와 가운을 입고 있는 의사들은 근심 어린 부모와 친구들에게 둘러싸여 무고한 어린 생명을 위협하는 알려지지 않은 병에 대해 설명했다.

「척추 파열요?」 짐 도넌이 조용히 말했다. 그의 커다란 두 눈은 죽지는 않더라도 일생 동안 고통받을 병에 걸린 신생아 부모의 고통을 말해 주고 있었다. 짐은 이렇게 기억했다. 「낸시와 나는 점점 두려움을 느끼며 의사의 말에 귀를 기울였습니다. 우리는 출산보험에 가입되어 있지도 않았어요. 낸시가 겨우 3일 동안 입원할 수 있는 돈밖에 없었죠. 조그만 저금통에 모아둔 현금으로 병원비를 선불로 지불한 다음에야 겨우 입원할 수 있었어요」

에릭 도넌은 태어난 첫날에 8시간의 수술을 받았다. 태어나자마자 뇌수종에 걸려 뇌에 생명 유지 장치[션트]를 부착하기 위해 뇌수술실로 옮겨졌다. 그러나 그 장치도 소용이 없었다. 마침내 에릭은 로스앤젤레스 소아병원으로 이송되었다. 생후 9개월 동안 9번의 뇌수술을 받았다. 낸시 도넌은 이렇게 회상했다. 「우리 아들은 1년 동안 거의 집에 있지 못했어요. 주로 병원에 있었기 때문에 우리 부부도 그 병실에서 늘 지냈지요」

에릭이 두세 살 정도 되자 도넌 가족의 의료비는 10만 달러를 넘었고 아직 얼마나 더 들지 알 수가 없었다. 지금은 짐과 낸시 도넌이 또 하나의 성공담의 주인공이 되어 있지만 에릭이 태어났을 때는 막 사업을 시작하려던 때였다. 도넌 부부가 이런 엄청난 병원비에 직면했을 때 그들의 경제사정은 매달 주택 융자금을 겨우 낼 수 있을 정도였다.

짐은 이렇게 말했다. 「우리가 엄청난 빚더미에 올라앉아 있음을 알게 되자 밍크코트나 롤스로이스 같은 고급차는 문제가 아니었어요. 큰 집이나 화려한 휴가는 우리와 아무 상관없는 일이었지요. 우리가 원한 것은 다만 아들의 생명을 구하고 새로 지출될 돈을 걱정하지 않고 그 아이에게 필요한 조치를 다 취해 주고, 그 아이가 고통을 겪을 때 함께 곁에 있을 수 있는 자유를 얻을 수 있는 돈이 필요했습니다」

대부분의 자본주의자들은 실제로 짐과 낸시 같은 아주 소박한 꿈들을 갖고 사는 사람들이다. 그들은 필요한 것을 충족시키고 그들이 사랑하는 삶의 질을 높이기 위해 일한다. 유명한 영국의 사회주의자인 실비아 핑크허스트는 이렇게 말했다. 「내가 자본주의에 맞아 죽더라도 나는 자본주의와 싸울 작정입니다. 주변의 모든 사람들이 굶주리고 있는데 당신같은 사람들이 편안하고 잘 먹고 잇는 것은 잘못된 일입니다」

실비아 팽크허스트는 자본주의를 잘못 행각했다. 지난 200년 동안 굶주리고, 집 없이 병들어 죽어가는 사람들의 욕구를 충족시켜 준 것은 자본주의 반대자들이 아닌 바로 인정어린 자본가들이었다. 과거에도 그랬고 앞으로도 곤궁에 빠진 사람을 도와주지 않으려는 욕심 많은 자본주의자가 항상 존재할 것이다. 그러나 그들에 대한 추한 기억 때문에 수백만 명에게 희망과 치유를 가져온 동정적인 자본가들의 관대함이 간과되어서는 안 된다.

오늘날에도 동정심은 계속 필요하다. 통제할 수 없는 인구증가 때문에 빈곤, 기아, 무주택, 질병 등이 심화되고 종교 및 인종 갈등 문제, AIDS 전염, 자연 재해 등으로 복잡해져서 전세계는 상상을 초월할 만큼의 난국에 직면하고 있다. 더불어 사는 자본주의가 세상 사람들에게 희망을 주고 치유해 주는 유일한 길은 아니지만 최선의 방법일 것이다.

지난 몇 십 년 동안 수백만 사람들의 희망이 산산조각났다. 이제 우리들이 사는 대도시 내의 빈민가들도 마치 전쟁 지역처럼 되어버렸다. 범죄와 마약과 갱들이 도시의 거리를 오염시키고 남녀노소 할 것 없이 모두 그 희생물이 되고 있다. 부모들은 실업 상태이거나 잠재 실업 상태이다. 아이들은 제대로 교육을 받지도, 적절한 의료 혜택을 받지도 못하고 있다. 많은 가족들이 굶주리며 거리로 나오고 있다.

「자선은 집에서부터 시작된다」라는 말을 진지하게 받아들여야 할 때이다. 만일 우리가 우리 자신들을 돌보지 못한다면 다른 사람을 돌보는 것이 얼마나 오래 갈 수 있겠는가? 국내외의 많은 무고한 사람들이 생명의 위협을 받을 정도로 도움을 필요로 하고 있다. 우리 모두는 이들이 필요로 하는 것을 충족시켜 주기 위해 돈과 시간과 정력을 쏟아야만 한다. 헬렌과 나의 신혼 시절에 헬렌은 교회에 십일조 헌금을 내자고 주장했다. 그녀는 결혼 후 첫 일요일 아침에 「십일조 헌금 봉투예요. 우리 수입의 10%를 이 속에 넣어요!」라고 말했다. 헬렌에게 십일조는 선택의 여지가 없는 절대적인 것이었다. 일단 돈이 그 봉투에 들어가면 빌려 쓴다는 것은 불가능 했다. 당시 우리는 일주일에 100달러를 벌고 있었으므로 10달러를 낸다는 것은 적은 돈이 아니었다. 지금 우리의 수입은 훨씬 많다. 그러나 헬렌은 여전히 내가 우리가 국내외에 지원하고 있는 자선단체와 교회에 적정 액수의 돈을 기부하고 있는지를 확인하고 있다.

대부분의 미국 기업들과 마찬가지로 우리 회사도 자선이라는 명분을 가진 단체나 행사를 적극 지원해주어야 한다고 생각한다. 말레이시아에서 열린 한 연회에서 나는 그 나라 공주 옆자리에 앉게 되었다. 우리 회사가 부랑아들을 도와주고 있었기 때문에 공주는 우리에게 특별 대우를 해주었다. 전세계에 자발적인 원조를 해주는 수많은 기업처럼 우리도 말레이시아의 탁아소나 유아원, 그리고 우리가 사업을 하는 다른 나라의 유사한 프로젝트에 지원을 하고 있다. 그것은 우리가 할 수 있는 최소한의 일이다. 내가 공주에게 그렇게 설명한 후에 그녀가 내게 한 말은 놀라운 것이었다. 「회사가 수익의 일부를 떼어 아동들을 돕는 데 쓰는 것이 얼마나 특별한 일인지 말로 다 할 수가 없군요」

사실 자유기업제도의 혜택을 받고 있는 개인이나 기업이 그들의 수입의 일부를 궁핍한 사람들과 나눈다는 것은 별로 특별한 일이 아니다. 해마다 북아메리카, 유럽, 이제 일본에서도 너그러운 마음씨의 수많은 개인과 회사들이 교회나 양로원, 자선단체나 문화단체에 수십억 달러를 기부하고 있다. 자선은 필요하다. 지난 200년 동안 자본가들은 세계 각지의 자선기관에 전례없는 많은 기금을 지출했다.

내가 알고 있는 동정심이란 것은 대부분 그랜드 래피즈에 있는 나의 가족과 친구들에게서 배운 것이다. 내 고향 사람들은 내가 앞서 말한 역사적인 사례에 등장한 사람들만큼 잘 알려져 있지는 않지만 그들의 모범적인 자선 봉사활동은 우리 지역에서는 잘 알려져 있다. 그리고 내 인생에서 처음 만난 진정한 더불어 사는 자본가인 내 아내 헬렌은 입으로 말만 하는 것이 아니었다. 우리가 은행에 돈을 남겨 두고 있든, 없든 간에 그녀는 일요일마다 우리 수입의 10%를 수표로 끊어서 교회로 보냈다. 나는 어느 일요일 아침에 조용히 물었다. 「십일조를 좀 기다릴 수 없을까? 최소한 우리가 경제적으로 자립할 수 있을 때까지 좀 적게내면 어떨까?」 헬렌은 그저 웃기만 하고 십일조 봉투를 쟁반 위에 얹어 놓았다.

제이 밴 앤델 부부, 그리고 헬렌은 동업하던 초기부터 우리 지역 사회에 활동하는 더불어 사는 자본가의 귀감이었다. 그들 부부는 자신들이 지원하는 단체에 재정적 후원을 하는 것만으로 만족하지 않았다. 제이 밴 앤델 부부는 4H클럽에서부터 제럴드 포드 도서관, 미국 상공회의소에서부터 전국 민주주의 실천 기금에 이르기까지 수십 개의 지역 및 전국 단체에 자원 봉사를 하고 귀중한 아이디어를 제공해 왔다. 최근 제이는 그랜드 래피즈의 강가에 세울 시립 박물관의 기금모금 운동의 회장으로 표창을 받았다. 이것은 우리 도시를 변화시키고 새롭게 하기 위해 시간, 돈, 창의력을 투자한 그의 수많은 노력 중의 하나에 불과하다. 그러나 가장 인상적인 점은 제이의 동정적 행동은 거의 눈에 띄거나 드러나지 않는다는 것이다. 그는 「왼손이 하는 일을 오른손이 모르게 하라」는 자선에 관한 성경의 충고를 충실히 믿고 있다. 제이는 이성적으로 안 된다는 판단이 섰을 때조차도 마음에서 우러나는 대로 자발적인 행동을 할 때가 많다.

톰 미치미슈이젠은 우리 회사에서 두 개의 사내 기록을 보유하고 있다. 하나는 30년 이상의 성실한 근속년수이고, 또 하나는 월급 지급 명세서상 가장 긴 이름을 가졌다는 것이다. 톰은 암웨이의 초기 어려웠던 시절에 제이가 행한 자발적이고 관대한 동정적인 행동에 대한 수많은 기억을 가지고 있다.

톰은 입가에 미소를 띠며 회상한다. 「처음 1, 2년 동안 나는 디스트리뷰터들과 회사 직원들로 가득 찬 중고버스를 몰았습니다. 어느 날 엔진이 고장을 일으켜 시골길에 서 버렸지요. 제이가 제일 먼저 내려갔어요. 한참 동안 본네트를 열고 들여다보더니 그는 얕은 신음 소리를 내며 장비통을 달라고 했습니다. 그러고는 우리 모두가 송구스럽게 지켜보고 있는 가운데 회전축을 꺼내어 수리하기 시작했어요. 그런 혼란 속에서도 제이는 내 옷에 기름이 묻은 것을 알아보고는 〈미안해요. 옷에 기름이 묻었군요〉라고 말했어요 〈내일 세탁해서 내게 영수증을 보내줘요〉라고 덧붙이더군요. 그 다음 2주일이 지난 어느 날 갑자기 제이가 손으로 직접 쓴 쪽지를 하나 내게 보내왔어요. 〈당신 옷 때문에 정말 미안합니다. 웰시 가에 있는 조지 불리스 남성복 가게에 가서 새옷을 하나 고르세요.〉약간 미심쩍어하면서도 그 도시에서 제일 고급스러운 그 가게에 내가 나타나자 전 종업원이 민첩하게 움직이더군요. 제이의 지시에 따라 그들은 내게 양복, 셔츠, 넥타이, 벨트, 신발, 그리고 회사 사장이나 입을까 말까 한 외투까지 완벽하게 한 벌의 옷을 갖춰 주었습니다」

우리 모두는 제이의 사려 깊은 면을 기억하고 있다. 특히 내가 기억하고 있는 일은 어느 디스트리뷰터 중 한 사람에게 선천성 유전병으로 죽어가는 두 아들이 있다는 사실을 알았을 때의 일이다. 그들의 마지막 삶에 약간의 기쁨이라도 주려고 제이는 회사 비행기에 두 아이를 태우고 미시건 호수 상공을 날았다. 두 아이가 너무나 기뻐하는 것을 보자 그 다음에는 그 가족이 모두 올랜도의 디즈니월드로 가서 아이들이 죽기 전에 디즈니 요술왕국을 볼 수 있게 해주었다. 모든 여행 경비를 제이가 지불했음은 물론이다. 그는 아이들에게서 감사의 편지를 받고 내게 눈물을 글썽이며 그 얘기를 해주었다. 두 아이는 곧 죽었고 제이는 아직도 아이들의 흥분과 감사가 그에게 가져다준 기쁨을 기억하고 있다.

그랜드 래피즈에 있는 많은 다른 친구들도 더불어 사는 자본주의의 실천을 보여왔다. 폴 콜린즈는 아직 인정받지 못하던 젊은 화가 시절에도 그의 재능을 동정적으로 사용했다. 지금 그는 자기가 소중하게 여기는 문제에 대한 대중의 의식을 환기시키기 위한 기금을 모으기 위해서 그림을 경매하고 포스터와 광고를 제작하고 전시회를 개최하곤 한다.

내 절친한 친구이자 프린스 코퍼레이션의 창시자이며 회장인 에드 프린스도 내가 아는 사람 중에서 가장 더불어 살기를 잘 실천하는 사람 중 하나이다. 에드의 아버지는 그가 열두 살 때 돌아가셨다. 그는 줄곧 고학으로 공부하여 미시건 대학을 졸업했으며, 어린 시절부터 돈을 벌면 사람들과 그 혜택을 나누어 가지리라고 결심했다.

에드와 엘사 프린스는 개인 수입뿐 아니라 회사 수익도 십일조 헌금으로 냈다. 수년 간 그들이 돈과 시간을 들여 후원한 수백 개의 중요한 복지사업 외에도 그들은 수천 명의 자원 봉사자를 가진 미국에서 가장 효율적으로 운영되는 노인복지 시설인 에버그린 커먼즈를 창립하기도 했다. 에버그린 커먼즈는 아주 단순한 동기로 시작되었다. 이것은 어떻게 기업가가 동시에 사회사업가가 될 수 있는지를 보여주는 훌륭한 예이다.

어느 일요일 오후 에드와 엘사는 미시건 홀랜드 운하에서 낯선 한 부인을 자기들 배에 태워 주었다. 우아한 그 노부인은 배가 해안에 닿자 「고맙습니다. 배를 타고 이 호수를 건넌 건 처음이에요」라고 말했다. 에드와 엘사는 미시건에서 일생을 보낸 수많은 노인들이 배를 타고 이 호수를 건넌 적이 한 번도 없다는 사실을 알고 깜짝 놀랐다. 그래서 그들은 나룻배를 하나 구입하여 무료로 노인들을 태워주었다. 두 딸 에밀리와 에일린이 자가용 벤츠에 노인들을 태워서 선착장까지 가서 한시간씩 호수 유람을 시켜 주었다.

이 배로 500명 이상의 노인들을 태우면서 에드와 그의 가족들은 그곳에 사는 노인들이 무엇을 필요로 하는지 알게 되었다. 마침내 에드와 엘사는 노인복지 일을 담당하는 마지 헉스마와 만나 노인들의 욕구를 좀더 실질적으로 충족시키기 위해 그들이 할 수 있는 일이 무엇인지에 대해 의논하게 되었다. 현재 매달 3,500명 이상의 노인들을 돌보고 있는 에버그린 커먼즈는 두 명의 더불어 사는 자본가와 적어도 천 명 정도의 자원 봉사자들 때문에 탄생된 것이다.

아이오와 주의 오렌지 시티에 있는 노스웨스턴대학의 두 건물에는 미시건 주 출신의 더불어 사는 자본주의자인 마빈 드위트라는 친구의 이름이 붙어 있다. 이는 마빈과 제레인 드위트 부부가 상담과 지원을 아끼지 않고 있는 많은 종교 및 교육단체들 중의 한 예에 불과하다.

마빈과 그의 동생 빌은 칠면조를 사육하는 농부였다. 그들은 17마리의 칠면조로 1938년 빌 마 코퍼레이션을 시작했다. 마빈은 빙그레 웃으며 「암컷 14마리와 수컷 3마리였어요. 그리고 주급 4달러로 집안일을 돌보며 저축을 했던 내 누이에게서 30달러를 빌렸죠」라고 말했다.

드위트 가족은 무더운 여름의 열기와 질병과 경기 침체, 생산시설의 90%를 파괴하고 1,000명 이상의 직원들의 일자리를 앗아간 화재들을 겪으면서도 칠면조 사업을 계속했다. 그때를 회상하며 마빈은 「신은 우리에게 자비로웠어요」라고 말했다. 성공의 요인이 무엇이었느냐는 질문에 그는 「우리는 열심히 일했고 번 돈 이상은 지출하지 않았어요」라고 말했다.

최근에 마빈과 그의 동생은 빌 마와 미스터 터키 공장 전부를 1억 6천만 달러에 사라 리 코퍼레이션에 매각했다. 드위트 가족은 미국의 어느 기업에서도 전례를 찾아볼 수 없는 선의와 관대함으로 매각 처분 금액 중 5백만 달러를 직원들의 근속연수에 따라 계산하여 나누어주었다. 공장을 처분한 후 몇 달 동안 레인 마빈과 제레인 드위트 부부는 그들이 후원하는 개인과 단체에 수백만 달러를 기부한 바 있다.

내게 동정을 가르쳐준 또다른 친구는 짐과 낸시 도넌 부부로, 그들은 선천성 척수 기형아인 아들을 돕기 위해 사업을 시작했다. 어렸을 때부터 아들인 에릭은 여러 번 발작과 경련을 일으켰다. 얼마 동안 오른손을 쓰지 못하더니 그 다음에는 다리가 마비되었다. 조금 나아지려고 하면 뇌의 인공혈관이 다시 막혀 급히 병원으로 옮겨져 대수술을 받아야 했다. 열일곱 살 때 에릭의 몸무게는 겨우 55파운드 밖에 안 되었고 이미 30번의 뇌수술을 받았다. 지난 18년 간 도년 가족의 의료비에는 특수조끼 3,000달러, 휠체어 7,000달러, 매주 물리치료비 500달러, 등뒤의 목부터 허리까지 삽입된 척추 연결 막대 비용 등이 포함되어 있었고, 그 외에도 수십만 달러에 달하는 수술비 및 입원비 등이 포함되어 있었다.

짐은 이렇게 말한다. 「우리는 의료보험이 있었지요. 그러나 제외항목이 몇만 달러나 돼요. 내 사업을 하지 않았더라면 어떻게 이 돈을 감당할 수 있었겠어요. 사실 우리는 장애자 아이를 둔 아버지의 70% 정도가 슬픔, 죄책감, 경제적 부담 때문에 가족을 떠난다는 것을 알게 되었습니다. 그러나 우리는 사업을 하고 있었기 때문에 에릭에게 드는 돈을 감당할 수 있었고 우리만큼 행복하지 못한 사람들도 도울 수 있었던 거지요」 짐은 진심으로 감사하는 표정으로 말했다.

지난 몇 년 동안 도년 부부와 네트워크 21에서 일하는 그들의 친구들은 올리브 크레스트 보호센터를 후원했다. 이곳은 법원이 폭력을 행사하는 부모에게서 데려온 학대받은 아동들을 위한 프로그램을 운영하는 곳이었다. 낸시는 이렇게 설명해 주었다. 「아이들은 보통 두서너 살에서 10대까지였어요. 이곳의 창립자인 돈과 로이 벨러는 평화로운 이곳에 25채의 주택을 구입했지요. 주 정부에서 각 어린이에게 기본 양육비를 보조하고, 나머지 기금은 모두 자원봉사자들이 모아야 하지요」

이미 당신이 스스로를 도울 수 없는 사람들을 돕기 위해 시간과 돈을 투자하는 더불어 사는 자본주의자라면 나는 정말 당신을 찬양한다. 만일 그렇지 않다면 우리와 함께 일해 보지 않겠는가? 물론 나는 피학대 아동이나 에이즈 환자, 정신적, 신체적 장애자와 같은 사람들을 위해 자진해서 내놓는 시간과 돈, 아이디어와 에너지가 얼마나 소중한 것인가를 잘 알고 있다. 명분이 무엇이든 장기적으로 볼 때 그 일은 당신의 값진 시간과 돈을 투자했던 가장 소중한 경험이 될 것이다.

더불어 사는 자본주의자가 된다는 것

더불어 사는 자본주의자가 되기 위해서는 적어도 다음의 6단계를 거쳐야 한다. 어떻게, 어떤 순서로 이 6단계가 일어나는지는 그리 중요하지 않다.

1 변명하는 것을 멈추어야 한다.
2 우리 자신을 믿어야 한다.
3 필요에 대한 실상을 알아야 한다.
4 우리 자신의 명분을 찾아야 한다.
5 계획을 수립해야 한다.
6 계획을 완수하기 위해 열심히 노력해야 한다.

변명하는 것을 그만둬야 한다.

불행하게도, 자신이 직면한 문제를 다른 누군가가 해결해 주기를 바라는 사람이 너무나 많다. 그들은 다른 사람이나 단체가 그 문제를 해결하기 위해 행동을 개시할 것이라고 기대한다. 그냥 앉아서 기다리면서 사람들을 트집잡고 자신의 벽을 쌓기만 한다. 그러나 사실은 더 이상 기다릴 시간도, 비난할 사람도, 우리의 나태함의 결과로 빚어지는 사태로부터 우리를 보호해 줄 만큼 높은 벽도 없다. 우리는 스스로 도울 줄 모르는 사람들을 돕지 않을 수 없다.

아래와 같은 변명들을 더 이상 사용해서는 안 된다.

무슨 문제? 내가 보기에는 아무 문제가 없는데

우리는 오랫동안 문제를 무시하고 있으면 결국 그 문제는 사라져 버릴 것이라고 생각하는 경향이 있다. 문제를 회피함으로써 문제가 없다고 믿으려는 사람도 있다. 장기적인 문제를 보지 않는 것이 단기적인 긴장을 면하는데 도움이 되기는 한다. 그러나 십중팔구 문제를 보고도 못 본 체하는 것은 동정심의 실천에 중요한 장애물이다.

그것은 그 사람들 잘못이지 우리 잘못이 아니야

사람들은 정치적인 집회나 뒤뜰 울타리 너머로 이웃을 향해 「그들이 문제를 일으켰으니 그들이 해결하게 해!」라고 고함친다. 누군가를 비난하기란 얼마나 쉬운가! 「가난한 자들은 일을 안하려고 한다」라는 말을 들으면 곧 「부자들은 세금을 제대로 내지 않아」라고 반박하게 된다. 부자든 가난하든 누군가를 비난함으로써 이득을 볼 수 있는 사람은 하나도 없다. 비난한 다음에는 법이나 새로운 세금이나 제한 등으로 그 불평등을 시정하려고 한다. 「가난한자들이 일을 하도록 만들어야 해」라고 누가 말하면 「부자들의 돈벌이를 제한해야 해」라고 다른 사람이 맞받아 말한다. 이런 식으로 남을 탓하는 것은 절망적이고 아무 도움이 되지 않는 규제로 이어지고 문제는 계속 미해결 상태로 남게 되며 필요는 충족되지 않은 채 방치된다.

예를들어 나의 올랜도 매직 농구팀 선수들이 내게 와서 시카고 불스의 마이클 조던의 스피드와 기술 때문에 졌다고 그를 비난한다면 어떤 일이 일어날지 상상해 보자. 그들은 「마이클의 점프력이 너무 좋고 너무 빨리 달리니 공정하지 못하다. 발에 무거운 것을 좀 달게 하라. 그가 시속 15마일 이상 달릴 때는 호각을 불어라. 바닥에서 5피트 이상 점프하면 반칙으로 간주하라」 등의 요구를 하면 어떻게 될까? 그러나 이것은 우스운 소리다.

마이클 조던이 공기를 가르며 뛰어 오를 때 우리 팀(그리고 이를 지켜보는 수백만 명의 팬들)도 똑같이 뛰어오를 수 있기를 꿈꾼다.

하나님이 마이클에게 놀라운 재능을 주었지만 그 재능을 계속 개발하고 단련시킨 것은 바로 마이클이다. 그래서 그는 우리 모두보다 한 단계 우위의 경기를 펼치고 있다. 본보기를 보임으로써 마이클 조던은 우리도 자신의 재능을 인식하고 그것을 개발, 훈련시키라고 말하는 것 같다. 마이클 조던을 규제하려고 하지 마라. 그의 성취를 보고 우리도 분발해야 한다. 그러는 과정에서 우리 자신도 새로운 수준에 도달해 보자는 생각을 갖게 될 것이다.

그건 정부의 문제이지 우리 문제가 아니다

아직도 많은 사람들이 문제 해결의 열쇠는 연방 행정부나 주 정부, 시 정부가 쥐고 있다고 생각한다. 기관이 만들어지고 임무가 부여된다. 관료체제가 커지고 세금이 인상되어 수십억 달러가 지출된다. 그러나 변한 것은 아무것도 없어 보인다. 문제는 더욱 악화되고 해결방안은 점점 줄어들고 있다. 정부는 문제 해결보다는 문제 창출에 더 능한 것 같다. 사실 여러 방면에서 정부 자체가 문제인 겨우가 많다.

나중에 할게요

대부분의 사람들은 스스로 도울 수 없는 사람들을 돕기를 원하지만 빨리 행동으로 옮기지 못한다. 시간과 돈을 기꺼이 베풀기를 원하는 사람은 많지만 더 유명해지고, 돈을 더 많이 벌고, 시간이 더 많을 때까지 기다린다. 그러나 기다리고 기다리고 기다리다가 결국 때를 놓쳐버리게 된다. 짐 잔쯔는 「사업이 소규모일 때 동정심을 발휘하지 않으면 동정적이 될 가능성은 전혀 없게 될 것이다」라고 경고한다.

우리를 동정적으로 행동하지 못하게 하는 변명을 우리는 끝도 없이 늘어놓을 수 있다. 우리 모두가 알고 있는 변명의 예를 몇 가지 들어본다면 「도와주고는 싶지만 지금 너무 바빠서, 지금 대금을 지불하지 못한 청구서가 좀 있어서, 어디서부터 시작해야 할지 몰라서」 등이 될 것이다.

짐과 낸시 도넌이 올리브 크레스트에 있는 160명의 피학대 아동 이야기를 들었을 때 그들도 끝없는 변명을 늘어놓을 수 있었을 것이다. 자기 아들 에릭을 돌보아야 한다는 것만으로도 충분한 변명이 되지 않겠는가? 에릭의 수술비 및 입원비가 이미 수만 달러에 육박하고 있었다. 그런데 어떻게 다른 사람을 돕기 위해 돈을 지출할 수 있겠는가? 에릭의 생명이 중태에 빠졌을 때 도넌은 석 달 동안 계속 병원의 아들 침대 곁에서 밤을 새웠다. 그가 어떻게 다른 학대받은 아이들을 돌봐줄 시간이 있었겠는가? 도넌 부부는 그 아이들에게 시간과 돈을 줄 수 없는 모든 이유를 다 가지고 있었다. 그러나 그들은 그런 이유를 핑계 삼지 않고 피학대 아동들에게 다가갔다. 이런 행동은 그들자신과 아동들 모두에게 얼마나 많은 영향을 끼쳤던가?

당신 자신을 믿어라

더불어 사는 자본주의자가 되는 것은 당신이 뭔가 할 수 있다고 믿는데서 시작된다. 우리는 세상의 문제를 혼자서 다 해결할 필요는 없다. 그러나 우리도 뭔가를 할 수 있다고 충분히 확신할 수 있을 정도로 우리 자신을 믿어야만 한다.

짐은 이렇게 회상했다. 「우리는 해보기 전에는 더 이상 어떻게 돈을 구하고 봉사할 수 있는 시간을 내야 할지 몰랐습니다. 우리는 우리가 그렇게 많은 일을 할 수 있으리라고는 생각지도 못했는데, 그 아이들의 얼굴을 쳐다보기만 해도 뭔가를 하고 싶은 욕구가 생겼지요. 그 다음 우리는 이 목적을 위해 수만 달러의 기금을 조성했고 그것은 정말 우리 모두에게 대단한 자부심을 안겨다 주었어요」

당신은 당신 자신을 믿는가? 당신도 변화를 일으킬 수 있다고 확신하는가? 적어도 기꺼이 시도라도 해보겠는가? 만일 그렇다면 당신은 제3단계로 옮겨갈 준비가 된 셈이다.

인간의 욕구에 대한 실상을 알아야 한다

우리는 세상사 걱정하는 일에 너무 깊이 빠져들어 그중 어느 것도 해결할 수 없는 마비상태가 되어버릴 수도 있다. 아니면 모든 목표를 너무 열심히 추구하려고 해서 우리의 모든 자원이 다 빠져나가고 지쳐버려 문제를 해결하는 것이 아니라 오히려 문제의 일부가 되어버릴지도 모른다. 모든 것을 다 겨냥하고 있는 사람은 아무것도 맞출 수가 없다.

스탠 에반스는 아버지가 자신의 시골 마을을 위해 봉사하는 것을 지켜보았다. 스탠은 이렇게 기억하고 있다. 「아버지는 생계를 유지하고 모든 영수증을 제때 지불할 수 있도록 열심히 일하셨어요. 하지만 주말에는 언제나 자원봉사를 하셨죠. 아버지는 토지 보존 구역 이사회, 학교 이사회, 소방위원회 등에서 봉사하셨습니다. 우리 마을의 문제를 택해서 한 번에 하나씩 문제를 해결하려고 했습니다. 아버지는 너무 많은 일에 관여하게 되면 재능을 약화시키고 가족에게 상처를 주며 결국 자신을 지치게 만든다는 사실을 제게 가르쳐 주셨습니다」

당신은 스탠 에반스의 아버지가 토지의 생산성, 아동교육, 공동체의 안전 등에 관심을 가지고 봉사했다는 것을 알 수 있을 것이다. 그리고 그는 자기 마을의 문제점을 하나씩 하나씩 실질적인 방법으로 해결해 나갔다. 당신은 지금 어떤 문제에 특히 관심을 가지고 있는가? 모임에 가면 어떤 필요성에 가장 흥분하는가? 그런 문제들을 이해하고 있는가? 도움이 필요한 문제에 대해 연구해 본 적이 있는가?

우리는 어떤 문제를 해결하려면 먼저 그 문제를 충분히 이해하고 있어야 한다. 우리가 직면하는 문제는 상당히 복잡한 것들이고 판단의 오류를 범하기 쉬운 것들이다. 문제의 실태를 파악할 책임은 우리에게 있다. 그렇지 않으면 득보다 해를 끼칠 위험이 생긴다.

우리 친구인 나카지마 카오루는 일본의 어느 공항에서 맹도견이 맹인을 안내하는 것을 보았다. 나카지마는 이렇게 말했다. 「그건 내가 처음으로 본 맹도견이었습니다. 단지 그 개가 일하는 것을 보는 것만으로도 큰 감동을 받았어요. 그래서 여행에서 돌아오자마자 나는 일본에 있는 맹도견 협회 주소를 찾아보았어요. 협회 사무실을 방문해서 훈련을 받고 있는 개들도 보았습니다. 협회의 연례보고서를 읽어보고 그 단체가 기부금에 의지해서 간신히 유지되고 있다는 것도 알았지요. 몇 가지 조사를 끝낸 나는 그들에게 백만 엔을 기부했습니다. 얼마 전 나는 어떤 젊은 맹인 여성이 오사카 거리에서 그녀를 안내하는 맹도견 덕분에 아무런 두려움 없이 빨리 걸어가고 있는 것을 보았어요. 그때 나는 스스로를 도울 수 없는 그 여성을 내가 조금이나마 도왔다는 것을 생각하니 가슴이 뿌듯함을 느꼈습니다」

이 세상 사람들의 문제에 대한 해결은 저 멀리——정부의 관료체제에——있는 것이 아니라 우리 이웃의 마음속에 있다. 우리가 나가서 문제의 실태를 파악하는 바로 그때 우리는 문제의 해결을 향해서 한 걸음을 내디딘 셈이다. 사람과 지구에 관한 많은 문제들이 우리의 관심을 기다리고 있다. 우리는 건강하게 살아갈 수 있는 환경을 필요로 하지만 정의로운 사회도 원한다. 우리의 목적은 건강한 지구일 뿐 아니라 그 속에서 살아갈 건강한 사람들이기도 하다. 우리가 처한 이 세계의 실태 몇 가지를 검토해 보자.

우리 자신의 동기를 찾아야 한다

동기는 여러 가지 방법으로 우리에게 찾아온다. 길을 가다가 우연히 마주친 사람의 행동에 감동을 받을 때도 있다. 전혀 계획이 없었지만 그 사람과 그의 빈곤에 대한 관심이 생겨나기 시작한다. 어느새 그 사람이 우리의 문제가 되고 그것이 우리가 시간과 돈을 나누어주어야 할 동기가 된다는 것을 알게 된다.

빈곤

1991년에 약 3,600만 명, 즉 미국 전체 인구의 14.7%가 빈곤 생활을 한다는 통계가 있었다. 테레사 수녀는 이렇게 말했다.「가난한 사람들은 우리의 형제 자매입니다. 그들은 사랑과 보살핌과 배려를 필요로 하는 사람들입니다」빈곤의 실상에는 어떤 것이 있을까? 부자와 빈자 사이의 차이를 없애기 위해 우리가 할 수 있는 일은 무엇인가? 우리 마을에서 스스로를 돕지 못하는 가난한 사람은 누구이며 그들을 돕기 위해 우리가 할 수 있는 일은 무엇인가?

유아 사망

유아 사망에 대한 실상은 무엇인가? 왜 우리의 유아들이 죽어가는가? 그들을 구하기 위해 우리가 할 수 있는 일은 무엇인가?

충분하지 못한 의료보험

우리는 의료보험제도를 실시하고 있지만 많은 사람들이 그 혜택을 받지 못하고 있는 실정이다. 사람들이 제안하는 많은 해결책들은 위험하고 잘못되어 있으므로 어떤 조치가 취해져야 한다. 의료보험에 대한 실상은 무엇인가? 도움을 주기 위해 손을 내미는 사람이나 자선단체는 어떤 것이 있나? 우리는 어떻게 여기에 가입할 수 있는가?

문맹

교육의 질이 점점 하락하고 있다. 고등학생들이 쓰고 읽지도 못하는 상태로 졸업한다. 전문가들은 미국의 문맹 인구가 약 2, 3천만 명에 달할 것이라고 주장한다. 교육에 대한 실상은 무엇인가? 학교에 대해 어떤 조치가 취해져야 하는가? 내가 교사의 보조로서, 코치, 개인 교수, 학급을 도와주는 부모, 근처 학교나 도서관의 친구로서 봉사할 수 있는가? 도와주기 위해 우리가 할 수 있는 일은 무엇인가?

범죄와 마약

마약과 관련된 범죄 및 살인률도 미국이 세계에서 가장 높다. 우리 동네에서 범죄와 마약에 관한 실상은 어떠한가? 우리 지역의 아동들과 희생자들을 돕기 위해 어떠한 조치가 취해져야 하는가? 도움이 절실히 필요한 사람들을 돕기 위해 위험을 감수하면서까지 거리로 나가는 교회, 단체, 개인들이 있는가? 우리는 어떻게 도울 수 있는가?

무주거(홈리스)

약 3천만 명의 미국인이 무주거 상태이고 무주거자 평균 연령은 32세이며, 가족을 이루고 있으면서 무주거인 경우가 전체 무주거 인구의 25%를 차지하고 있다. 우리 마을의 무주거자는 누구인가? 그들이 적절한 주택을 구해 다시 생산적인 삶을 살아갈 수 있도록 우리가 도와줄 수 있는 방법은 무엇인가?

이런 인간적인 많은 문제를 해결하는 데 도움이 될 더불어 사는 자본주의자들이 절실히 필요한 실정이다. 스스로 자립할 수 있는 방법을 찾기 전에 급한 도움을 필요로 하는 사람들을 도처에서 볼 수 있다. 정부가 몇 가지 미약한 시도를 해보았지만 결국 정부의 관료체제는 실패하고 말았다. 우리의 가난한 이웃들에게 자유기업제도의 혜택을 누리기 위한 기회나 동기를 부여하는 것은 해결되어야 할 과

제의 하나이다. 더불어 사는 자본주의자는 정부가 실패한 곳에 먼저 뛰어들어 새로운 아이디어와 효율적인 행동으로 그 간격을 메워야 한다.

차별

인종, 종교, 성별, 연령 등 모든 차별은 동정적 해결을 필요로 하는 중대한 문제들이다. 이런 문제에 대한 정보를 아는 것은 우리 자신과 국가가 할 일이다. 단순한 설명이나 일방적 견해로 문제를 해결하지 말라. 동정적인 견해를 갖되 정보를 바탕으로 한 비판적인 것이라야 한다. 실상은 어떠한가? 우리의 학교, 교회, 이웃에서 일어나는 차별에 대해 어떤 조치가 취해져야 하는가? 어떤 곳이 내가 봉사할 수 있는 분야인가?

노사관계

더불어 사는 자본주의는 노동자와 경영자 모두를 포함한다. 양쪽이 서로에 대해서 책임이 있다. 진정한 더불어 사는 자본주의는 시장에 혁신적인 영향을 미칠 수 있다. 이것은 마르크스주의가 결코 창출할 수 없는 혁명이다. 실상은 어떠한가? 당신의 가족관계, 교사와 학생관계, 상사와 직원간의 관계를 개선하는데 무슨 일을 할 필요가 있을까?

책임감

모든 사람들이 다른 모든 사람들을 고발한다는 것은 자기 자신의 행동에 결코 책임을 지지 않으려는 사회가 낳은 산물이다. 고발 때문에 미국은 수십억 달러의 비용을 지출하고 있다. 그것이 소비자 물가를 인상시킨다. 또한 새로운 창안과 발명의 상품화를 막는다. 의료비 또한 엄청나게 상승하고 자동차 보험료도 올라간다.

더불어 사는 자본주의자는 이런 끔찍한 상황을 멈출 수 있는 방법을 어떻게 찾는가라고 묻는다. 쟁의를 조정하고 정당한 보상을 하기 위해 어떤 공정하고 평등한 수단을 고안해 낼 수 있는가? 보상에 대한 탐욕을 어떻게 중단시킬 수 있는가? 서로를 고소하는 사태 이면에는 어떤 실상이 존재하는가? 우리가 잘못했을 때 무엇을 해야 하는가? 다른 사람이 우리의 실수에 대한 책임을 지고 그 책임을 떠맡아 주겠지 하는 기대를 하지 않을 수 있는가?

국가 채무

미국은 단기적 만족에 도취된 국가이다. 우리는 모든 것을 지금 당장 원한다. 기다리기를 싫어한다. 그래서 실제로 돈을 벌기도 전에 외상으로 물건을 산다. 다른 선진국들과 비교해 볼 때 미국인들은 실질적으로 저축을 전혀 하지 않고 있다. 빌릴 수 있는데 왜 저축을 하는가? 그것이 미국 국민들의 생각이다. 정치가들도 똑같은 행동을 하는 것이 하나도 이상할 것 없다.

더불어 사는 자본주의자들은 다음 세대에 유산을 남겨주고 싶어한다. 즉 균형 잡힌 국가 예산과 풍부한 천연 자원이란 유산을 남기기를 원한다. 미국의 부채에 대한 실상은 어떠한가? 여기에 대해 우리는 무엇을 할 수 있는가? 우리 자신은 빚을 지지 않기 위해 노력하고 있는가?

짐과 낸시 도넌이 올리브 크레스트의 아이들에게 관여하기 전에 그들은 미국에서 아동 학대가 점점 큰 문제가 되고 있다는 글을 읽었다. 네 아이 중 하나 정도가 다섯 살 이전에 이미 부모로부터 심각하게 학대당하고 있다는 사실도 알았다. 이 통계만으로도 사태의 심각성을 알 수 있었지만 도넌 부부가 피학대 아동 보호소를 방문하여 겨우 걸음마 정도 하는 아이들의 상처 난 얼굴, 부러진 팔다리, 화상, 끔찍한 흉터 자국 등을 직접 그들의 눈으로 보자 통계의 실상이 현실감있게 다가왔다.

우리가 문제를 직접 겪어보고, 곤란에 빠진 사람을 직접 만날 때, 그리고 그들을 돕기 위해 이미 문제의 현장에 있는 사람들과 성실하게 대화를 해 보면 무엇인가 달라진다. 우리의 초점은 더욱 분명해지고 목표는 더욱 좁혀진다. 문제를 우리 자신의 것으로 받아들이면 변화시킬 수 있는 입장이 된다. 그러나 문제를 객관화시키면 문제 해결은 나와는 상관없는 일이 되어버린다. 이 차이를 알 수 있는가? 우리, 즉 당신과 나 혹은 우리 모두는 기여할 수 있는 무엇인가를 가지고 있다. 우리가 사태를 변화시킬 수 있지만 먼저 실상을 알아야 할 필요가 있다.

위에서 가장 나의 관심을 끄는 몇 가지 문제와 내가 그 문제를 이해하는 데 도움이 되는 몇 가지 실상이나 통계를 나열해 보았다. 그러나 이것은 준비 단계일 뿐이다. 당신이 충족시키기를 원하는 당신 이웃(혹은 이 세상)의 문제는 무엇인가? 당신 자신의 목적을 정하는 것이 스스로 도울 수 없는 사람을 돕는 재미있는 여행의 세번째 단계이다.

때때로 동기가 직접 우리를 찾아오기도 한다.

내 친구 댄 윌리엄스를 기억하는가? 그는 캘리포니아에서 가장 성공한 디스트리뷰터 중 한 사람으로 말더듬 장애를 스스로 극복했다. 콜로라도 주 베일에 있는 포드 대통령의 집을 방문하는 동안 그는 심한 말더듬이인 메기라는 딸을 가진 한 가족을 만났다.

댄은 회상한다. 「그 아이는 정말 작고 예뻤어요. 그러나 말더듬 때문에 항상 당황해 했지요. 그날 점심 때 나는 메기에게 말더듬을 고치기 위해 내가 일생 동안 기울인 노력에 대해 말해 주었어요. 그 아이는 놀란 표정이었죠. 곧 우리는 친구가 되었어요. 지난 몇 년 간 나는 메기와 메기의 부모와 함께 노력했어요. 그 아이가 말더듬는 문제를 극복하도록 도와주는 것과 그 과정에서 부모의 상담역을 해주는 것이 나의 진정한 목적이었어요」

급한 도움이 필요할 때도 있다.

막스와 마리안 슈바르츠는 이웃을 통해 급히 골수 이식을 해야 하는 자기네 마을의 어린 소녀를 알게 되었다. 경비가 엄청난 수술을 곧 받지 않으면 그 소녀는 죽을 것이라고 했다.

친구들과 이웃 사람들이 모금을 했지만, 아직도 수술비가 4만 마르크나 모자랐다. 막스와 마리안은 결심을 해야만 했다. 그 어린 소녀를 도와야 할 것인가? 이미 그들은 고향 근처의 고아원, 동독의 어린이 암병원에도 후원을 하고 있는 상태였다.

마리안은 이렇게 기억을 더듬었다. 「우리는 수표를 발행했어요. 그 해의 사업에 수익이 많았다는 것에 감사를 했고, 도움이 필요한 그 아이와 그 수익을 나눌 수 있어서 기뻤지요」

태풍 앤드류 호가 플로리다와 루이지애나 주를 휩쓸고 지나갔을 때 암웨이 사는 150만 달러 정도의 식품과 청소도구를 재난 지역에 급히 보냈다. 자비를 털어 비상 구호품을 전달하기 위해 전국의 디스트리뷰터들이 돈과 연장 및 도움을 줄 수 있는 다른 것들을 보내왔다.

빌 힐더스의 다음과 같은 발언은 우리 디스트리뷰터 모두의 심정을 대변한 것이다. 「우리는 전체의 일부에 불과합니다. 참으로 많은 훌륭한 분들이 이 도움에 동참해 주셨습니다. 우리는 적십자, 구세군, 국제구호센터, 수십 개의 크고 작은 단체들, 그리고 이곳에 도움이 필요한 것을 보고 도움을 자청한 전국의 국민들과 함께 일했습니다. 저는 우리 암웨이 사람들이 무척 자랑스럽습니다. 〈도움이 필요할 때 우리를 부르면 즉시 달려가겠다〉라고 한 말이 진심이었다는 것을 입증한 것입니다」

우리 스스로의 삶에서도 비슷한 고통을 겪었기 때문에 동기가 생기는 경우도 있다.

피터와 에바 뮬러미르카츠 부부에게는 정신박약아인 아이가 있었다. 이런 개인적 경험 때문에 그들은 그 마을의 장애자 공동체를 지원대상으로 삼게 되었다. 피터는 미소를 지으며 이렇게 말한다. 「우리는 그 조그만 공동체를 후원했지요. 그들이 우리를 필요로 하기 때문이었어요. 그게 다예요. 그곳의 환자들도 한때는 학위도 가졌고, 자신의 사업도 경영하던 지적이고 생산적인 사람들이었죠. 그러나 어떤 지독한 질병을 앓다 보니 정신적, 감정적 장애를 일으키게 된 것입니다. 그들은 더 이상 자신을 돌볼 수가 없게 되었어요. 그래서 우리가 관여하게 된 것이지요」

뮬러미르카츠 가족은 로코 코퍼레이션에 비용을 대주고 이들 장애자들이 아직도 할 수 있는 일자리에 고용을 알선하고 있다. 에바가 자랑스럽게 말했다. 「그들은 우편물을 접어서 봉투에 넣거나 과자를 만들기도 해요. 달력을 붙이기도 하지요. 우리는 계속 그들이 스스로를 돕기 위해 할 수 있는 직업을 찾고 동시에 그들이 자신에 대한 존엄성과 가치를 회복할 수 있도록 노력하고 있습니다」

짐과 낸시 도넌은 한 가지 간단한 이유로 피학대 아동들을 위한 일을 선택했다. 「우리는 아이들을 사랑해요. 그래서 아이들이 고통받는 모습을 보지 못하겠어요. 그 외에도 우리에게는 두 아들 에릭과 데이비드, 딸 헤더밖에 없으니까 160명의 아동을 더 돌보지 못할 이유가 없지 않아요?」

심장 수술 후 나는 죽음과의 접촉에서 내가 무엇을 배웠는가에 대해 생각해 보았다. 첫째, 나는 몇 날 몇 일을 고통에 시달리면서 병원이 얼마나 중요한지를 깨달았다. 그러나 병원과 의사들 역시 우리들의 도움을 필요로 하고 있었다. 생명을 구하는 새로운 기술은 너무나 값이 비싸고 저소득층 사람들에게는 종종 그림의 떡이 되고 있었다. 버터워스 병원과 우수한 의료진에 감사를 표시하기 위해 헬렌과 나는 버터워스 병원에 건물 한 동을 지어 기부했다. 지역 사회에 대한 아내의 봉사를 기리기 위해 병원측에서는 그 건물을 헬렌 디보스 여성 및 아동 의료센터라고 명명했다.

둘째, 나는 적시에 이루어지는 봉사와 열정이 돈만큼 중요하다는 것을 다시 깨달았다. 직원이든 사장이든 우리 모두는 바쁘고 스트레스를 받으며 살고 있다. 우리는 대부분 아침 일찍 일어나 출근하고 밤늦게 기진맥진하여 잠자리에 든다. 그러나 우리가 자선단체나 종교단체에 자원 봉사자로서 기부하는 시간은 우리 사회의 건강과 복지에 상당히 중요하다. 현재 나는 내가 주장한 것을 실천에 옮기기 위해, 그리고 병원과 의료진에 다시금 감사하는 마음에서 버터워스 헬스 코퍼레이션의 이사회 회장을 맡고 있다.

셋째, 심장병으로 생사를 헤매고 있을 때 나는 내 자신을 포함해서 너무나 많은 사람들이 예방의학에 대해 무지하다는 것을 알게 되었다. 우리는 평소에 우리 몸을 돌볼 줄을 모른다. 어떤 병에 걸렸을 때는 이미 너무 늦다. 이런 이유 때문에 나는 스티브와 패트리샤 월터스 지퍼블랫 박사에게 그랜드 래피즈로 와서 우리 회사 직원들을 보살펴 달라고 간청했다.

나는 지퍼블랫 박사가 캘리포니아 주의 산타모니카에 있는 프리티킨 의료원의 원장이고 패트리샤가 프로그램 담당 이사일 때 그를 만났다. 이 부부 의료팀이 내 생명을 구해 주었다. 겉보기에는 아무 이상이 없었으나 스티브와 패트리샤는 내가 프리티킨 센터를 방문하는 동안 종합 검진을 받을 것을 강력하게 주장했다. 회전 벨트 위를 뛰는 운동을 하며 검사를 받는 동안 그들은 나의 심장이 불규칙하게 뛰는 것을 알아차렸다. 곧 나는 여섯 갈래 우회 심장수술을 받기 위해 버터워스 의료원에 입원했다.

스티브와 패트리샤는 「당신의 생명은 당신 손에 있다」라는 격언을 자주 상기시킨다. 그들은 나의 초대를 신중히 고려한 후 그랜드 래피즈로 이사 왔고 암웨이 그랜드 플라자 호텔에다 베터 라이프 연구소를 차렸다. 지퍼블랫 부부는 생활을 바꾸는 아이디어로 생명을 구하는 제3의 재능을 가진 대표적 인물이다. 올해 스티브와 패트리샤는 암웨이와 베터 라이프 연구소를 대표해서 미국 전역과 전세계를 여행하면서 적절한 운동 기술, 스트레스 줄이기, 체중 조절, 생명을 구하는 행동 양식의 변화, 건강식 등을 우리 회사 직원들에게 강의했다. 암웨이 그랜드 플라자 호텔에서 7일 간 숙식하면서 진행되는 프로그램은 이미 수천 명의 사람들에게 도움을 주었고 또 실제로 생명을 구하기도 했을 것이다.

슈바이처는 이렇게 말했다. 「인간의 삶의 목적은 다른 사람을 도와주려는 동정과 의지를 보여주고 봉사하는 것이다」 이런 동기가 그를 아프리카의 외딴 오두막으로 이끌었다. 어떤 동기가 당신의 마음을 사로잡고 있는가? 그것이 당신을 어디로 데려갈 것인가? 어떤 동기든 그것에 따라 결정하는 일은 당신 일생에서 가장 짜릿하고 가치 있는 여행의 시작이 될 것이다.

우리 스스로의 계획을 개발해야 한다

일단 동기가 분명해지면 우리 행동을 이끌어줄 실행 계획을 진지하게 세워야 한다. 구체적인 목표와 언제 어떻게 그 목적을 달성할 것인지 적어놓을 필요가 있다. 진전 사항을 도표화하고, 도움을 줄 사람을 구하며, 필요하다면 진로를 바꾸기도 하고 과업을 성취했을 때는 축하를 할 필요가 있다.

원점에서 시작할 때도 있다.

덱스터와 버디 예거는 아이들이 자유기업제도를 이해하고 참여하는 데 도움을 주기 위해 여름 캠프를 시작하기로 결심했다. 그들은 한번도 캠프를 기획해 보거나 운영해 본 적이 없었다. 그러나 가족의 도움으로 계획을 수립했다. 덱스터는 「우리는 실수를 범하는 줄 알았어요. 그러나 어쨌든 아이디어를 한번 실행해 보았고 매일 매일 우리의 목표에 근접하고 있었어요」라고 말했다.

다른 사람의 계획에 참여할 때도 있다.

알과 프랜 해밀튼은 흑인 학생을 위한 장학기금에 관심을 가졌다. 알은 이렇게 회상했다. 「우리는 〈두뇌는 헛되게 버려서는 안된다〉라는 그 단체의 구호가 정말 마음에 들었어요. 그래서 그런 낭비를 끝내도록 도와주자고 결심했죠. 지난 7, 8년 동안 우리는 루 롤스와 함께 흑인 학생을 위한 장학기금을 모으기 위해서 장시간 계속되는 자선 텔레비전 쇼를 개최해 왔습니다. 우리는 우리 이웃과 친구들에게 그 필요성을 제시하고 그들도 동참하도록 하기 위해 매년 우리집을 개방하여 대규모 만찬을 개최합니다. 아마 지난 2, 3년 간 5만 달러에 달하는 기금을 조성했을 겁니다. 우수한 흑인 남녀 학생들이 대학을 졸업하는 것을 볼 때마다 그들의 성공에 우리가 조금이나마 기여했다는 것에 가슴이 뿌듯함을 느끼지요」

첫 아내와 사별하고 아들 벤의 고통을 겪은 후에 브라이언 헤로시언은 이 같은 고통을 종식시키는 일을 하게 되었다. 5년 동안 브라이언과 디더 헤로시언은 청각장애자 재단을 위한 기금 조성가로 활약했다. 오늘날 그들은 청각 장애자들을 위한 일을 하고 있다.

브라이언은 이렇게 기억한다. 「가족이 고통을 당하고 있을 때 사람들은 종종 내게 〈곧 좋은 일이 있을 거야〉라고 말했어요. 그런 말이 그때는 별로 도움이 되지 못했어요. 사실 나는 〈아내의 죽음과 아들의 지독한 고통에서 무슨 좋은 일이 나오겠는가〉라고 그들을 향해 고함치고 싶었어요! 나는 그런 종류의 연민은 고난의 한 복판에 빠져 있는 사람에게 별로 도움이 되지 않는다고 생각합니다. 그러나 되돌아보면 그들의 말이 옳았다는 생각이 들어요. 우리가 고통당할 때 일어난 한 가지 좋은 일은 다른 사람의 고통에 민감하게 반응할 수 있다는 것이었어요」

1984년 이래 암웨이와 암웨이의 독립 디스트리뷰터들은 부활절 자선행사를 위해 960만 달러의 기금을 모았다. 이 돈은 우리 디스트리뷰터들이 자선 만찬, 경매, 가두 판매, 복권 판매, 마라톤식 볼링

경기, 개인의 기부 등을 통해 조금씩 조성한 돈이 모인 것이다. 전국에 걸쳐 암웨이의 더불어 사는 디스트리뷰터들이 이 운동을 조직하여 실행하였고 목적 달성을 위해 시간과 돈을 제공했다. 그들의 동정의 결과 우리 회사는 부활절 자선행사를 위한 범국민 참여 방송 대행진의 「백만 달러 클럽」 프로그램의 5개 후원 회사 중 하나가 되었다.

짐과 낸시 도넌은 일단 피학대 아동에 대한 그들의 결심을 굳히자 지속적인 활동을 할 계획을 세우기 시작했다. 짐은 이렇게 회상했다. 「아이들을 위한 집이 많이 필요했어요. 그래서 우리는 마라톤식 볼링 경기를 계획하여 볼링 선수들이 쓰러뜨리는 핀마다 후원자들이 돈을 기부하도록 했습니다」

낸시는 이렇게 말했다. 「첫 크리스마스에 우리는 모든 아이들이 크리스마스 트리 아래에 자기 선물을 꼭 가질 수 있기를 원했어요. 그래서 아이들에게 원하는 선물 목록을 작성하도록 했고 그것을 네트워크 21에 있는 우리 친구들과 관심을 가지고 있는 친구나 이웃들에게 전해 주었어요」 짐이 이어 말했다. 「우리는 계획하고 구체적 실천 방안을 수립했죠. 그 다음에 일에 착수했어요!」

우리는 목적 완수를 위해 열심히 노력해야 한다

남을 돕는 일을 직접 떠맡는 것은 위험한 일일 수도 있다. 그래서 다른 사람에게 그 일을 맡기는 것이 훨씬 쉽다. 고통받는 사람들의 삶에 관여한다는 것은 모든 여유 있는 시간, 돈, 정력을 다 빼앗기는 셈이다. 다른 사람의 꿈이 실현되는 것을 보기 위해서는 우리 자신의 꿈을 이루기 위해 우리가 쏟는 것과 똑같은 고된 노력과 의지가 필요하다.

잰 서번은 여가 시간을 보조 교사로 자원 봉사하고 있다. 잰은 이렇게 설명한다. 「학교 예산의 대폭 삭감 때문에 한 교실의 학생 수가 늘어 교사의 부담이 배로 늘었습니다. 아이들이 필요로 하는 교육을 받으려면 교사들이 효과적으로 업무를 수행할 수 있도록 우리 모두가 도움을 주어야 합니다」

스튜어트 멘 박사는 수면 장애로 고생하는 사람을 위한 연구에 자원 봉사할 시간을 갖기 위해 비즈니스를 시작했다. 「보통 의사들은 자기에게 배당된 환자들을 보는데도 힘이 모자랍니다. 따라서 연구할 시간적 여유도 없고 실험 도구를 사거나 연구 조교를 고용할 여유 자금도 없습니다. 그래서 나는 사업을 시작하게 되었죠. 의과 대학에 진학한 이래 나는 불면증에 시달리는 사람들을 돕는 아이디어를 생각해 왔어요. 그래서 나는 그 목적을 위해 조금이라도 남는 시간이 있으면 연구하고, 글을 쓰고, 책을 읽고, 실험하는 데 보냈습니다」

프랭크 모랄레즈 부부는 「다른 사람들을 돕지 않으면 행복해질 수 없다」라고 말한다. 프랭크의 아내인 바바라는 한 가지 목표를 가지고 사업을 성공으로 이끌었다. 즉, 그들이 사는 지역에 있는 사람들을 돕기 위해 남는 시간과 돈을 몽땅 사용했다. 1963년 그들은 캘리포니아 주의 다이아몬드 바로 이사했다. 그 이후 프랭크는 YMCA가 설립한 주택소유자협회 회장으로 일했다. 그는 명예시장으로 추대되었고 14년 동안 워넛 벨리 학군의 교육위원회 이사장으로 봉사했다. 그는 수천 시간을 자원 봉사에 보냈고 도움을 요청하는 사람들의 발걸음도 끊이지 않았다.

프랭크도 그것이 힘든 일이었다고 인정한다. 「그러나 그 과정에서 즐거움도 있었어요. 아이들의 8학년과 12학년 수료식 때 내가 직접 수료증을 건네주었지요. 이런 일은 고향에서 도움을 주는 일을 할 때 수반되는 덤이지요. 정말 기분이 좋았죠. 나는 영웅이 되려는 게 아니었어요」 그는 웃으며 이렇게 덧붙였다. 「그 일이 즐거웠기 때문에 자원한 것뿐이지요. 그리고 그 일이 완수되는 것을 보며 인생에 중요한 어떤 것을 해냈다고 느끼게 되는 거죠」

볼링장 위에는 「마라톤식 볼링 게임, 오늘 저녁」이라는 표지판이
걸려 있었다. 볼링장 안에는 피학대 아동기금을 내기 위한 자원 선
수들이 각 레인마다 꽉 차 있었다. 공이 굴러가서 핀을 쓰러뜨리면
떠들썩한 함성, 웃음, 발을 구르는 소리가 터져나와 실내는 무척 소
란스러웠다.

경기 중반쯤 짐과 낸시 도넌 부부가 에릭의 휠체어를 밀며 기분
좋고 떠들썩한 군중 속으로 들어왔다. 에릭은 그때 10대 소년이었으
나 70파운드밖에 나가지 않았다. 그의 두개골 속에 있는 분류기가 뇌
의 독성액을 흘려 내보내고 있었지만 에릭은 여전히 정기적으로 발
작에 의한 고통에 시달리고 있었다. 스텐 막대가 목부터 허리까지
받쳐주고 있었다. 노졸중 때문에 그의 팔다리 근육은 거의 마비 상
태였다. 그러나 에릭도 피학대 아동들을 위해 볼링을 하려고 그곳에
왔고 자신의 몫을 할 결심이 서 있었다.

짐과 낸시도 볼링 신발을 신고 에릭의 의자를 밀며 볼링레인으로
올라갔다. 볼링장을 가득 메운 군중들의 시끄럽던 소리가 잠시 멎었
다. 짐은 볼링공을 집어 들고 아들 옆에 무릎을 굽히고 앉았다. 에릭
의 가늘고 떨리는 팔이 그 공을 집었다.

「준비됐니, 애야?」 짐이 조용히 물었다. 「네, 준비 됐어요」 에릭
은 멀리 열 개의 흰 핀이 세워져 있는 긴 레인을 내려다보았다. 낸시
는 에릭의 의자를 밀어 제자리에 두었고 짐은 아들의 손을 이끌어주
었다. 에릭은 조심스럽게 목표를 겨냥하고 바닥 위로 살며시 공을
굴렸다. 그 공이 핀을 향해 서서히 굴러갈 때, 그날 그 자리에 있던
사람들 중 기적이 일어나게 해달라고 기도 드리지 않은 사람은 아무
도 없었을 것이다. 짐은 숨을 죽였다. 낸시는 눈물을 글썽였다. 에릭
도 숨을 죽이고 기다렸다.

「스트라이크!」 사람들이 입을 모아 외쳤고 에릭의 부모는 동시에
아들을 끌어안았다. 「다른 여러 장애아들을 위해서예요」라며 에릭이

아빠를 쳐다보며 마치 챔피언처럼 싱긋이 웃었다. 박수가 터져나왔다. 사람들은 웃고, 함성을 지르며 에릭이 말한 것처럼 「모든 장애 아들을 위해서」라며 주머니에서 돈을 꺼내었다.

짐은 이렇게 말했다. 「우리는 그날 밤 19만 달러를 모았습니다. 피학대 아동을 위한 두 채의 집의 첫 융자금을 낼 수 있는 금액이었어요. 하나는 두 살에서 네 살까지의 어린이를 위한 것이었어요. 고통을 끝내고 생명을 구해 주기 위해서이죠. 맥도널 더글라스에서 온 한 기부자는 4만 달러짜리 수표를 내놓기도 했습니다. 그러나 그날 밤 에릭이 우리 모두에게 준 선물에 비할 만한 것은 없었어요」

짐과 낸시, 에릭처럼 당신과 나도 신념을 가지면 변화시킬 수 있다. 그렇게 되면 삶은 변할 것이다. 배고픈 자는 배불리 먹게 되고, 벌거벗은 자는 입을 것이고, 병들고 죽어가는 자는 안정을 찾게 될 것이다.

지구를 살리는 일을 도와야 한다.
우리가 지구를 구하기 위해서 우리의 시간과 돈을 나눠쓰면
그것은 곧 자신을 보존하는 일을 돕고 있는 것이다.
그러므로 지구의 친구가 되라
생활신조 15

매튜 이필리는 밝은 북극 햇빛을 받으며 작은 의자에 앉아 자신이 조각하고 있는 조그만 미색 곰을 꼼꼼히 관찰하고 있었다. 그의 검게 탄 단단한 피부는 극지방의 태양과 추위와 메마른 바람을 몇 년 동안이나 견디어 왔음을 잘 보여주고 있었다. 매튜의 의자는 집안으로 이어지는 계단 바로 옆에 있었다. 그의 조상들이 살던 집만큼 세련되지는 못했지만 북극에서는 잘 어울리는 주택이었다. 동토의 추위를 막기 위해서 매튜의 집은 에스키모인들의 기술과 현대적인 재료의 합작인 네 개의 튼튼한 나무 기둥 위에 앉혀 있었다. 기둥이 낮아서 사람은 납작하게 엎드려야만 기어서 빠져나갈 수 있을 정도여서 곰은 들어갈 수 없도록 지어졌다. 합판 외장벽과 함석 지붕으로 되어 있는 집은 추위에 충분히 견딜 수 있도록 단열처리가 되어 있었고 실내는 나무를 때서 난방을 했다.

바깥에 나와 앉아 있는 것은 여름에만 누릴 수 있는 특권이었다.

겨울에는 기온이 너무 내려가기 때문에 겹겹이 옷을 입어야 하고 매튜의 조각같은 섬세한 작업을 할 수가 없었다. 검은 털과 회색 털이 섞인 에스키모 개가 몸의 절반 정도를 햇빛에 드러내놓은 채 그의 옆에 앉아 있었다. 매튜가 자신이 조각하고 있는 곰을 관찰하면서 혼자말을 중얼거리자 개의 귀가 쫑긋했다. 이런 야생의 세계에서는 사람이나 동물 모두 서로에게 세심한 관심을 보이게 된다.

매튜는 5분 동안 계속 조각 곰을 관찰한 후 칼을 꺼내 들었다. 구부러진 작은 칼날에 두꺼운 나무손잡이를 댄 칼이었다. 조심스럽게 칼집을 내자 곰의 입 모양이 약간 생겼다. 매튜는 잠시 멈추고 곰을 안아 자신이 한 일을 살펴보았다. 칼을 고쳐 잡고 제대로 입 모양이 될 때까지 칼집이 난 곳에 다시 여러 번 칼날을 대어 깊이 팠다. 그 다음 칼을 떼고는 털썩 주저앉았다. 그는 만족해했다. 완성된 것이다.

어떻게 보면 그 곰은 작고 초라하고 세심한 묘사가 부족한 서툰 작품 같았다. 그러나 사실은 그런 단순한 작품이 아니었다. 그 작품에는 설명하기 어려운 상당히 강력한 어떤 것이 담겨져 있었다. 선사시대의 동굴벽화처럼 매튜의 작품은 그 동물의 진수를 그대로 보여주는 것 같았다.

매튜는 이렇게 말했다. 「나는 조류도감을 본 적이 있어요. 그림이 마음에 들었는데 뭔가 잘못된 것 같았어요. 그림은 훌륭했고 세부 묘사도 뛰어났어요. 그렇지만 영혼이 결여되어 있었지요」 그는 잠시 생각에 잠기다가 덧붙였다. 「새의 영혼이 보이지 않았어요. 나는 동물의 혼을 보여주고 싶습니다」

매튜는 계속 말했다. 「이곳 사람들은 인간뿐 아니라 동물에게도 혼이 있다고 믿습니다. 우리는 지구와 지구상의 모든 피조물들이 생명체라고 믿어요. 만일 쓸데없이 그들에게 해를 끼치면 창조주의 영혼을 해치는 셈이지요」 매튜는 의자에서 일어났다. 그는 71세의 나이에 일생 동안 험난한 지형을 극복하면서 배운 최소한의 동작으로 움직였다. 조그만 그의 집 주위를 걸으면서 그는 북쪽을 가리켰다. 「우리는 이곳을 나나치아크라고 부릅니다. 〈아름다운 땅〉이라는 의미죠」

매튜가 「저 멀리 안개 같은 것이 보이죠?」라고 물었다. 약 50마일 정도 내의 세계는 장관이었다. 그러나 지평선으로 눈을 돌리자 색깔이 점점 바뀌어갔다. 지평선 부근의 공기는 약간 황색을 띄었는데 더 멀리 볼수록 짙은 푸른색으로 바뀌었다. 매튜가 설명했다. 「소위 말하는 스모그입니다. 공해지요. 어디서 공해가 왔는지 모르지만 내가 어릴 때는 분명히 없었어요」 이곳에서 스모그를 보다니, 정말 충격이 아닐 수 없었다.

매튜 이필리는 에스키모 예술가로서 자연에서 살면서 아주 중요한 사실들을 그리고 있었다. 지구상의 가장 먼 고장, 우리가 사는 대도시의 공해나 먼지가 없는 최후의 성지로 생각하는 이곳에서조차 환경보호가 필요하다는 것이 분명히 입증되고 있다.

지구와 조화를 이루고 지구상의 생물을 존중하는 매튜의 생활방식은 우리 모두에게 교훈을 준다. 물론 우리 모두가 그처럼 살 수는 없다. 나는 우리 모두 자연으로 돌아가자고 주장하는 것이 아니라 그의 가치관에서 몇 가지를 받아들여 보자는 것이다. 우리는 매튜에게서 〈모든 피조물은 신이 창조한 것이고, 지구는 신이 내려준 선물〉이라는 것을 배울 수 있다.

다음 세대의 성공과 기회는 우리가 다음 세대의 사업가들을 위해 지구를 얼마나 잘 보호할 수 있는가에 달려 있다는 점을 알지 못하면서 성공의 가능성이나 자유기업이 창출하는 기회에 대해 이야기한다는 것은 아무 의미가 없다. 자원이 없으면 부(富)도 없다. 매튜 이필리의 집에서도 볼 수 있는 공해는 우리가 저지르고 있는 일이 지구 전체에 영향을 미친다는 점을 잘 일깨워준다.

여러분은 어떤지 잘 모르겠지만 나는 환경보호 문제를 둘러싸고 있는 문제가 얼마나 복잡하고 논쟁의 여지가 많은가 하는 생각으로 가득 차 있다. 나에게 구체적인 해결 방안은 없다. 그러나 우리 회사가 하고 있는 일과 경험이 여러분에게 도움이 될 것이라고 확신한다.

지구에 대한 우리 회사의 사명

암웨이사의 성공의 일부는 우리가 판매하는 물건이 환경 친화적이라는 확신에 근거하고 있다. 우리는 우리 고향의 환경을 오염시키고 지구 환경에 해를 미치거나, 매튜 이필리가 사는 알래스카의 지평선을 공해로 물들이는 제품은 판매하기를 원하지 않는다. 환경에 대한 책임을 잊지 않도록 하기 위해 우리는 다음과 같은 환경 헌장을 작성했다.

암웨이는 지구의 한정된 자원과 환경을 올바르게 사용하고 관리하는 것이 기업과 개인 모두의 책임이라고 믿는다. 암웨이는 전세계에 3백만 명 이상의 디스트리뷰터로 이루어진 독자 판매망을 가지고 있는 유수한 소비재 제조업체로서 건전한 환경보호 활동의 추진에 대한 자기의 책무와 역할을 인식한다.

이 간단한 헌장이 지구에 대한 우리의 책임을 나타낸 암웨이의 신조이다. 우리는 이 일이 옳은 일이라고 믿는다. 그러나 믿음만으로는 충분치 않다. 기독교에서 행동이 없는 믿음은 죽은 것이라고 말하듯이 행동이 따르지 않는 신조는 별 의미가 없다. 그러나 어디서 시작을 해야 하는가? 어떻게 신문의 1면에 실린 절망적인 기사에 압도당하지 않을 수 있는가?

여러분이 세계 도처에서 일어나는 문제를 생각해 본다면 사실 그 문제는 지역적인 문제로 시작된다는 것을 알게 될 것이다. 시커먼 연기를 다른 국가의 공장 문제로만 걱정한다면 단지 우울한 마음만 깊어질 따름이다. 왜냐하면, 그런 문제에 대해 여러분이 할 수 있는 일은 별로 없기 때문이다. 그러나 우리 자신의 고장에서 일어나는 문제는 해결할 수 있다. 때로는 지역 문제에 대한 해결책이 지구 전체 문제 해결의 일부가 되기도 한다. 매튜 이필리의 〈환경정책〉은 옳은 일을 하고 그의 생활을 풍부하게 하는 것들을 보존하기 위한 자신의 의지로 스스로 시작한 것이다.

나의 환경 운동 역시 개인적인 의지로 시작되었다. 우리 회사가 처음으로 시판한 제품은 액체 유기 세제였다. 처음부터 이 비누는 자연 분해 성분을 함유하고 있었고 인산염이나 용해제 등 환경 오염을 유발하는 어떤 성분도 포함되지 않았다. 이 제품은 시대를 훨씬 앞선 것이었다. 그러면 왜 우리가 그런 제품을 개발하고 시판하게 되었는가? 환경 단체의 압력을 받았는가? 그렇지 않다. 아니면 세부적인 환경 헌장에 부응해야만 했는가? 아니다. 그렇다면 정부의 강요가 있었는가? 아니다. 동기는 훨씬 간단하고 개인적인 것이었다.

제이와 나는 평생 동안 고향인 미시건 주의 그랜드 래피즈를 위해 공헌하고자 하는 의지를 가지고 있었다. 우리 도시는 그랜드 강의 두갈래로 양분되어 있다. 그랜드 래피즈라는 이름도 이 강에서 유래한 것이다. 에이다 근처에 많은 호수, 강, 시냇물들은 우리 회사 세계 본부 풍경을 멋지게 연출해 주고 있다. 우리는 그 시냇물과 호수에서 수영도 하고 낚시도 하며 자랐다.

그러나 청년기에서 성인으로 넘어가는 그 시기에 우리는 몇가지 환경의 변화를 관찰하게 되었고 그 변화는 상당히 걱정스러운 것이었다. 일부 시냇물과 강둑에 거품이 일기 시작했다. 이 거품은 물고기와 식물에게 해를 끼쳤고 보기에 흉했을 뿐 아니라 냄새도 지독했다. 어쨌든 이곳은 우리 마을이었다. 그래서 우리는 물이나 물고기, 식물에게 해가 되지 않고 강둑에 거품이 생기지 않게 할 수 있는 제품을 개발했다. 우리는 우리의 손자들, 그 손자들의 손자들이 이 아름답고 깨끗한 자연 그대로의 맑은 물 속에서 우리가 자랐던 것처럼 자랄 수 있기를 원한다.

환경 운동은 자기 고향의 환경 보호를 위해 어떤 행동을 취하고자 하는 각 개인들로부터 시작된다. 가장 작은 행동에서부터 시작되는 것이다. 우리가 진정으로 해야 할 일은 길거리에 떨어진 종이를 줍는 것부터 시작된다. 이런 작은 일이 중요하다. 우리 행동을 정화하기 전에는 커다란 문제에 대해 논의할 수 없다. 우리 이웃을 깨끗이 하기 전에는 온 세계를 깨끗이 할 수 없다. 지구 정화는 우리가 지금 우리 동네에서 할 수 있는 일을 함으로써 시작된다.

그러나 우리 주변의 작은 청소가 중요하다고 해서 보다 큰 환경 문제를 지지하지 않는다는 것은 아니다. 그런 문제도 중요하다. 우리는 매일 매일 내리는 결정을 신중히 고려해야 한다. 만일 환경에 해가 되지 않는 제품을 산다면 지구 환경에 긍정적인 기여를 하는 것이다. 환경 오염을 일으킬 수 있는 제품을 사용하지 않는 것만으로도 책임 있는 행동을 하는 셈이다.

우리는 자연분해 세제를 만드는 것보다 훨씬 더 많은 일을 해 왔다. 우리 회사 제품은 대부분 자연 분해성 제품이다. 우리는 소비자의 사용량을 줄이기 위해서 제품을 고농축 시킨다. 우리 제품의 용기는 분해되어 버리기 때문에, 사용 후 태우면 재가 되어 버린다. 플라스틱처럼 영원히 남지 않는다. 우리는 동물실험을 하지 않는다. 또 오존층을 파괴하는 원재료는 사용하지 않는다. 사무실에서 나오는 쓰레기는 재활용한다. 우리는 수송할 상품의 충격 방지용으로 채워 넣던 엄청난 양의 스티로폴 대신에 콩으로 만든 자연 분해 포장재를 사용한다.

우리 회사는 거창하게 〈녹색혁명〉을 시작하려고 한것은 아니었고, 단지 우리가 옳다고 생각되는 일을 할 뿐이었다. 그러나 회사 규모가 커질수록 환경에 대한 우리의 영향력도 커졌다. 1989년 유엔은 암웨이에게 유엔이 제정한 환경 프로그램 상을 수여했다. 유엔 사무총장은 세계 환경의 날에 유엔본부에서 제이와 내게 그 상을 주었다. 사실대로 말하자면 나는 정말 놀랐었다. 우리가 그런 상을 받은 것은 기업으로서는 두번째였기 때문이었다.

그러나 내가 정말 놀란 이유는 우리가 했던 일이 그렇게 특별한 것이라고 생각지 않았기 때문이다. 그저 올바른 일일 뿐이었다. 대부분의 환경 문제의 해결책은 간단하다. 즉 사람들이 동정어린 일을 하면 되는 것이다. 어떤 특별한 노력이 필요한 것이 아니라 약간의 신념만 있으면 된다. 우리 마을을 보살피고자 하는 간단한 행동이 다른 사람들에게도 동정적 행동을 하게끔 영향력을 미친 것이다. 더불어 사는 자본주의자들은 사람들이 환경을 보호하게끔 이끌 수 있다.

1990년에 암웨이는 유엔에서 열린 유엔 환경 프로그램 주최 지구의 날 행사의 주요 후원자가 되었다. 유엔은 지구 환경에 대한 정보 입수와 자료 조사 등 유용한 목적을 위해 봉사하고 있다. 이 행사는 내 생애 동안 환경 문제 해결에 많은 진전이 있었다는 사실을 상기시켜 주었다.

지구가 직면한 문제

그러면 어디서부터 착수를 할 것인가? 유엔은 지구 환경과 관련된 여러 가지 중대한 문제를 확인했다. 나는 이 모든 문제에 관심을 가지고 있지만 손쉬운 해결책을 갖고 있는 것은 아니다. 그래서 이에 대한 대답을 찾아내기 위해 전세계의 다양한 연구 프로젝트를 후원하고 있다. 한편 우리 모두가 무엇이 문제인지를 알아내는 것도 중요하다. 환경과 자본주의의 미래는 똑같은 것이다.

숲의 황폐화
숲은 석유와 천연가스에 이어 세상에서 세번째로 중요한 자원이다. 그러나 더욱 중요한 것은 숲이 지구상의 생명을 유지시키는 데 큰 역할을 하고 있다는 점이다. 숲은 수백만 종의 동물에게 서식처를 제공하고 토양의 부식을 방지하며 기후 조정에 이바지한다. 그러나 우리의 숲은 세계 각지에서 놀랄 만한 속도로 사라지고 있다.

콜롬버스가 미국을 발견했을 때 숲의 면적은 123만5천 평방 마일이었다. 지금은 8만5천 평방 마일에 불과하다. 내 고향 주위에서 지

난 100년 간 십만 그루 이상의 나무가 매년 벌목되었다. 지금은 적어
도 그랜드 래피즈에서는 이런 일이 좀 줄어들었지만 문제는 여전히
심각한 상태로 남아 있다.

농지 저하

1963년부터 〈녹색혁명〉이 시작되었다. 과학적으로 개발된 신품종
쌀과 기타 곡물들로 전세계 곡물 생산량이 140% 증가했다. 증산의
아이디어는 옳았는지 모르지만 결과는 그다지 좋다고 볼 수 없다.

새로운 품종들은 더 많은 물과 비료와 농약을 필요로 했다. 작물
수확은 50% 증가했으나 비료 사용량은 자그마치 4,500%나 증가했던
것이다. 좋은 소식과 나쁜 소식이 한꺼번에 겹친 난관이었다. 곧 비
료, 농약, 물 등이 땅을 망치기 시작했다. 지하수는 화학약품에 의
해 오염되었고 대량의 관수 때문에 토지에는 염분이 많이 남게 되
었다.

동물의 멸종

나의 손자들은 팬더곰에 대해서 걱정을 많이 하지만, 팬더곰의 멸
종이 우리 생활에 어떤 영향을 미치는가? 만약 이름도 모르는 작은
곤충이 죽어 없어진다고 무슨 큰 일이 있겠는가?

다양한 생물의 존재는 정말 중요한 문제이다. 왜냐하면 다양한 생
태계가 구축되는 기반이기 때문이다. 생물의 다양성은 우리에게 공
기 정화, 지구 온도 유지, 쓰레기 재활용, 토양 영양분 생산, 질병
통제 등의 필수적인 〈서비스〉를 제공한다. 그리고 솔직히 말하면 생
물의 다양성은 경제적 가치를 지니고 있다.

토양침식

토양침식은 바람, 비 또는 다른 이유 때문에 토양의 표토가 없어
지는 현상이다. 이런 흙이 농업에 필수적이라는 것은 너무나 분명한

사실이다. 식량 생산을 위해 가장 중요한 것이 바로 이 표토이다. 미국에서는 매년 40억 톤의 표토가 유실되고 있다고 하는데, 이는 표토를 가득 채운 화물열차로 지구를 24바퀴나 에워쌀 수 있을 만한 양이다.

산성비

산성비는 우리가 직면하고 있는 가장 논란 많고 어려운 문제 중의 하나이다. 산성비는 산업공해가 공기중을 떠다니다 빗물과 혼합된 결과이다. 연구자들은 특히 동유럽에서 산성비가 심각한 결과를 몰고 올 수 있다고 말한다. 폴란드에서는 산성비의 농도가 너무 강해서 쇠로 만든 철로를 부식시키기까지 한다고 주장한다. 캐나다에서는 약 300개 호수의 산성도가 너무 높아서 물고기들이 더 이상 살 수 없을 지경이라고 한다. 그리스의 아테네에서는 고대 유물들이 비가 올 때마다 얼음덩어리처럼 녹아내리는 설도 있다. 나는 아직 이 문제가 얼마나 심각한지 확실히 모르지만 공개적으로 그 사실을 알아내려고 한다. 일단 사실을 확실히 알아내면 비용이 얼마가 들든지 행동으로 옮겨야 한다.

오존층 파괴

과학자들은 아직도 사실을 수집해서 분석하고 있지만 이미 오존층 파괴는 기정 사실인 것처럼 보인다. 1988년 100명의 과학자들로 이루어진 국제 특별 조사반이 실시한 한 권위 있는 연구 결과, 오존층이 지난 20년 동안 3%나 고갈되었다는 것이 밝혀졌다. 엄청난 파괴가 아닐 수 없다. 몇몇 대기업들이 도덕적 용기를 내어 오존층 파괴 중지 노력의 일환으로 씨에프씨라고 불리는 화학제품을 단계적으로 생산하지 않기로 결정했다. 우리 회사는 이미 10년 전부터 씨에프씨 가스를 없애기로 결정했다.

지구 온난화 현상

지구는 자연적인 공기 조절 시스템을 가지고 있다. 지금 현재 기온은 화씨 55도이다. 이는 지구의 평균 온도인데, 예를 들어 금성의 경우는 화씨 858도나 된다. 우리는 지구가 금성 온도만큼 올라가리라는 걱정을 할 필요는 없으나 지구 온도가 점점 상승하고 있다는 증거가 나오고 있다.

얼마나 빨리 기온이 상승하는지, 그 결과가 어떨지에 대해 정확히 아는 사람은 없지만 향후 50년 간 약 화씨 2.7-2.8도 정도 상승하리라는 예측이 나와 있다. 이런 기온 상승을 온실효과라고도 부른다. 이는 태양의 열을 가두어두는 대기권 내에 가스가 축적되기 때문에 생기는 현상으로, 이산화탄소가 주원인이다. 이 가스는 자동차, 공장, 그리고 화석 연료를 태우는 모든 종류의 기계류에서 나온다. 1800년 이래 대기권 내의 이산화탄소 양은 25% 이상 증가했다. 1800년 이전에는 수천 년 동안 일정하게 유지되어 왔던 것이다.

사막의 확산

사막화현상이라고도 불리는 이 현상은 아주 질 좋고 비옥한 토지가 바싹 마른 사막으로 바뀌는 것을 말한다. 사막화는 앞서 말한 토질 저하의 최종 과정이다. 사실 이것은 앞서 말한 숲의 황폐화, 염화, 침식 등의 문제와도 연관되어 있다. 1980년 유엔은 사막화현상 때문에 농업 분야에서 연간 260억 달러의 손실을 보고 있다고 추정했다.

수질오염

먼저 좋은 소식부터 말하자면 인간이 물을 사용하기 전부터 있었던 것과 똑같은 양의 물이 오늘날에도 지구에 그대로 있다는 것이다. 물의 양은 전혀 줄어들지 않았다. 이제 나쁜 소식을 말하면 그 물의 많은 부분이 오염(염분이나 산업오염물질에 의해)되어 있고, 사용 불가능(빙하나 지하에 갇혀 있어서)하며, 거의 복구 불가능(전세계 강물의 약 2/3가 홍수로 없어져)한 상태라는 것이다.

지구상의 물중에서 신선한 것은 겨우 3% 밖에 안된다. 깨끗한 물을 보호하는 것은 중요한 일이다. 환경보호청은 미국의 식용수에서 700가지 이상의 화학성분 중 129가지가 독성이 있다는 것을 밝혀냈다. 35개 주에서 지하수에 독성 산업폐기물이 섞여 있음을 밝혀냈다.

물은 우리의 가장 귀중한 자원 중 하나이다. 사실 암웨이 직원들은 물에 대해 상당히 걱정하고 있어서 1992년의 제노아 세계 박람회에 물을 주제로 한 전시관을 후원하기까지 했다. 나의 동업자인 제이 밴 앤델이 이 중요한 행사의 미국 공식 사절로 임명되었다. 그 주제관은 미국의 발전에 물이 얼마나 중요한가와 귀중한 수자원 보호의 필요성에 중점을 두었다.

유엔은 위에서 살펴본 환경문제가 대파멸을 몰고 올 수도 있다고 경고한다. 그러나 정말 그럴까? 지구 종말의 시나리오가 과연 얼마나 현실적일까? 더불어 사는 자본주의자가 되려는 결심 속에는 우리가 사는 세계에 대해 배워야 할 책임도 포함되어 있다. 우리는 해결책에 기여하기 전에 먼저 문제를 잘 이해해야 한다. 우리가 직면한 문제는 복잡하고 판단의 오류를 범하기 쉬운 것들이다.

지구에 대한 사실적 정보 수집

우리는 스스로 사실을 알아낼 책임이 있다. 더불어 사는 자본주의자는 정보를 입수하여 그 정보를 광범위하고 현명하게 읽는다. 또 비판적 정신을 가진다. 진정으로 비판적이라는 것은 사소한 일을 꼬치꼬치 캐는 것이 아니라 객관적 사실을 알고 해결하기 어려운 사항에 대해 해결책을 탐구하여 합리적 판단을 내리는 것이다.

또한 더불어 사는 자본주의자는 개방적이다. 그들은 반대 의견에도 귀를 기울인다. 그들은 어떤 특정 단체에 충성하는 것이 아니라 진실에 충실하다. 우리는 독자적인 정신을 가지고 있고 그것을 사용할 필요가 있다.

건강한 회의론을 개발하는 법을 터득하는 것은 좋은 출발이다. 특히 통계에 관해서는 그렇다. 한 대학생이 「통계학이 왜 필요할까요?」라고 묻고는 재빨리 「통계학자를 위해서지요!」라고 말했다. 이 짤막한 농담 이면에는 위험한 진실이 숨어 있다. 신문, 잡지, TV 기자와 논평가들은 모두 통계치를 제시하는 데 능숙하다. 우리는 어떤 것을 인정 혹은 부인하는 데 숫자를 사용한다. 그러나 조심하라. 통계학에 대해 그들은 또 이렇게 말한다. 〈통계학은 비키니 수영복과 같다고.〉즉, 통계가 보여주는 것이 흥미롭기는 하지만 정말 중요한 것은 통계가 숨기고 있는 부분이라는 것이다. 질문하는 정신을 가져라. 숫자 이면의 진실을 보라. 통계 수치보다 사실이 더 많은 것을 말해 준다고들 말한다.

사실을 확인하고자 할 때 사람들에게 압력을 가하는 것을 두려워말라. 만일 그들이 사실을 알고 있음에도 모른다고 한다면 그들의 입을 열도록 하라. 반대로 당신이 어떤 문제에 대해 잘 모른다면 알 때까지 심한 논평을 해서는 안 된다.

일단 사실을 입수하려고 마음먹었으면 파헤쳐야 할 것이 무수히 많다. 더불어 사는 자본주의자들은 무지한 상태를 용납하지 못한다. 무지는 위험하다. 무지는 문제를 무시하는 것이다. 우리는 도로시 파커가 묘사한 〈그의 무지는 엠파이어 스테이트 빌딩과 같다. 그 엄청난 무지의 규모에 여러분은 찬사를 보내야 한다〉라고 묘사한 사람처럼 되어서는 안 된다.

더불어 사는 자본주의자의 해결을 기다리는 문제들이 많이 있다. 우리는 그러한 문제에 관심을 기울일 필요가 있다. 결국 우리의 미래는 문제의 해결에 달린 것이다. 앞서도 말했듯이 우리는 자기가 속한 지역에 대한 개인적인 의지부터 가지고 시작해야 한다.

문제가 많기는 하지만 세상은 여전히 아름다운 곳이다. 신은 우리가 아직 발견하지 못한 많은 자원으로 이 세상을 만들었다. 인간에게는 많은 결점이 있겠지만 수백 년 동안 장점과 활기를 보여왔다. 아직도 희망과 가능성을 갖고 낙관적으로 미래를 볼 수 있는 이유들이 많이 있다.

당신의 행동강령 결정

우리가 지구상의 인간과 환경에 필요한 것들에 대해 조금 더 알게 되었으므로 이제는 그 필요를 충족시킬 수 있는 우리 자신의 개별적 계획을 수립해야 할 때이다. 여기 우리가 동정적 행동을 위한 우리의 계획을 수립하기 위해 취할 수 있는 몇 가지 단계를 대략 제시해보고자 한다.

1 당신의 고향 (또는 이웃)에서 당신의 동정을 유발하는 사람이나 환경을 한 가지만 선택한다. 예를 들어 세계의 기아문제가 아니라 당신이 알고 있는 굶주린 사람 한 명, 전세계인의 문맹이 아니라 당신이 가르칠 수 있는 한 명의 학생, 화석연료의 고갈 문제가 아니라 당신의 집에서 재활용을 실천하는 것, 수자원 부족이 아니라 가정에서 수돗물을 아껴 쓰는 것 등에 관심을 기울이라는 것이다.

2 이런 환경이나 사람에게 필요한 일을 충족시키기 위해 당신이 하고 싶은 일을 정확히 결정한다.

굶주린 가족 하나: 임시로 비상식량을 제공한다. 다른 식량 제공 기관이나 비상 구호기관에 연락한다. 직장을 구하도록 도움을 준다. 의료, 교육, 교통 문제에 필요한 점이 없나 살펴본다.

당신이 가르칠 수 있는 학생 한 명: 당신의 집 근처에 있는 학교가 개인 교습 자원 봉사 프로그램을 가지고 있는지 알아본다. 당신이 나누어줄 수 있는 시간이 얼마나 되는지 결정한다. 일단 가르칠 학생을 맡았으면 끝까지 성실히 맡아 가르친다.

가정에서의 재활용: 재활용 설명이 되어 있는 소책자나 기사를 찾는다. 가족들과 함께 이 정보를 공유한다. 당신의 지역에서 실시하는 재활용 프로그램에 대해 모든 것을 알아둔다. 차고에 재활용통을 따로 구비해 둔다. 쓰레기 분리수거 작업에 협조하거나 정기적으로 재활용 센터에 재활용품을 갖다준다.

가정에서의 물 절약: 지나간 수도 사용료 영수증을 모은다. 지금까지 사용한 물의 양을 알아본다. 가족들 모두에게 물을 절약할 것을 부탁한다. 물과 관련된 가전제품 모두에 물 절약장치를 설치한다. 가족들의 새로운 물 사용법을 위해 목표를 설정한다. 즉 목욕시간 및 방법, 인도나 차고 입구에 호스로 물 뿌리는 것 자제, 세탁 및 설거지 시간과 방법, 다음 수도 사용료 조사 및 목표 달성시 축하하는 것 등을 목표로 정해 놓고 실천한다.

3 당신이 취할 단계별 행동 계획을 기록해 놓는다. (위의 예 참고)

4 새로운 조치를 실시할 때마다 시간과 장소를 적어둔다.

5 실제 행동으로 옮긴 조치는 삭제한다.

6 성공을 축하한다(당신을 도운 사람도 포함).

7 다음 번에 더 잘하기 위해 실패한 것에서 교훈을 얻는다.

8 환경과 인간에 필요한 새로운 사항을 정해 처음부터 다시 시작한다.

동정은 집에서부터 시작한다.

만일 위의 예들이 너무 기초적인 것이라면 용서해 주기 바란다. 나는 우리 모두가 고통과 낭비를 종식시키기 위해 얼마나 더 많은 것을 할 수 있는지 알고 있다. 그러나 나는 문제 해결은 집에서 시작된다고 본다. 일단 우리 지역의 인간적이고 환경적인 문제를 처리하기 위한 조치를 실시하면 세계 전체로 확대하기 위해 목표를 늘릴 수 있는 것이다.

동정은 한번에 조금씩 시작한다.

나는 또한 여러분이 가난한 사람에게 먹을 것을 준다든가, 낙제생에게 공부를 가르치는 것, 물을 아껴 쓰고 신문, 유리, 금속 쓰레기들을 재활용하는 것보다 훨씬 더 큰일을 할 수 있다는 것도 나는 안다. 그러나 이런 조그마한 일에서부터 시작하지 않고서 어떻게 큰일을 할 수 있을까?

우리가 해야 할 위대한 일은 참으로 많이 있다. 우리는 넓은 의미의 더불어 사는 자본주의도 역시 실천해야 한다. 빈곤은 여러 가지 환경 문제의 주원인이다. 가난하고 비효율적인 정부 규제 또한 원인의 하나이다. 자유 시장과 환경 보호 운동은 병행해서 실천할 수 있다.

가능하다면 우리는 자립하고자 하는 사람들에게 동기를 찾아주어야 한다. 유엔환경개발 국제위원회는 1987년 빈곤이 산업화만큼 자연을 파괴시킬 수 있다고 말했다. 잘사는 나라에서는 선택의 여지가 많다. 그러나 그렇지 않은 나라에서는 개발업자뿐 아니라 가난한 사람들도 식량을 재배하고 가축을 기르며 아이들을 먹이기 위해 아마존의 열대림을 발가벗기고 있다. 결과가 파멸적이어도 그들로서는 어쩔 수 없다는 것을 우리는 너무나 잘 알고 있다. 배가 고픈데 먼 훗날까지 생각할 여유가 없는 것이다.

더불어 사는 자본주의는 더 많은 사람들이 자립할 수 있도록 진정한 희망을 제공한다. 미국과 외국에서 경제적 자립의 가능성이 늘어갈 것이라는 전망은 우리의 상상과 결의에 그치고 있다. 우리는 기업가 정신을 북돋우고 환경 문제에 대한 지역적 해결책을 모색할 수 있는 모든 방법을 강구해야만 한다.

예를 들어 컨튜럴 서바이벌 엔터프라이즈는 열대우림에서 수확하고 그 작물을 팔기 위해 원주민들이 협동조합을 조직하는 것을 돕기 위한 단체이다. 이 단체는 열대식물과 나무에서 딴 과일, 땅콩류, 유지 등을 팔고 그 돈을 원주민의 손에 돌려준다. 첫해에 거의 50만 달러에 달하는 상품을 팔았고 두번째 해에는 수백만 달러 상당을 팔았다. 이 단체 덕분에 브라질의 땅콩과 같이 환경 보존에 필요한 열대 우림의 작물이 목재보다도 더 큰 금전적인 가치를 갖게 되었다.

열대우림의 협동조합 같은 지역적 해결책은 대대적인 정부 주도 프로그램보다 훨씬 효과적이다. 지역에 맞는 해결은 문제의 근원에 까지 접근한다. 가난하고 배고픈 국민들에게 환경 규제를 가하는 크고 비대한 관료체제 대신 국민 스스로가 자구책을 마련할 수 있는 권한을 가지고 동시에 생계도 해결할 수 있는 것이다.

나는 자신의 사업 경험에서 동기(인센티브)라는 것이 세상에서 가장 막강한 힘 중 하나라는 것을 알았다. 만일 우리가 광범위하게 옳은 일을 하기 위한 동기를 제공하면 사람들은 그 일을 해낼 것이다. 나는 사람들이 진정으로 지구와 그 피조물에 해를 끼치고 싶어한다고는 믿지 않는다. 물론 탐욕스러운 사람들도 있고 단순한 멍청이들도 있을 것이다. 그러나 대부분의 경우 기회와 동기만 주어진다면 사람들은 책임 있는 행동을 하게 된다.

금전적인 동기는 매우 강력하다. 그러나 그것만이 유일한 동기는 아니다. 인정을 받는다는 것도 강력한 동기가 될 수 있고, 이상주의란 것은 그 자체가 댓가가 될 수 있다. 우리 이웃과 지구를 위해 무엇인가를 한다는 만족감은 가장 커다란 동기가 될 수도 있다. 이타주의는 종종 사회 복지 사업가를 낳는다.

인센티브는 약간의 경쟁심이 가미된 이타주의일 때도 가끔 있다. 아이오와 주의 콜린 메이어즈의 예를 들어보자. 1979년 그곳의 고등학교 교사 몇 명이 누가 전기요금과 수도요금을 가장 적게 내는가 하는 내기를 했다. 메이어즈는 1년 동안 60%나 절약했다. 그는 절전형 냉장고를 새로 샀고, 집의 단열 처리를 강화했으며, 창문 틈새를 메우고, 단열재를 사용한 현관문을 달았으며, 낡고 열효율이 떨어지는 난로도 새것으로 교체하고, 효율이 높은 온수 난방을 설치했으며 전기 조리기를 가스 조리기로 바꾸었다. 약간의 동기가 메이어즈에게는 아주 큰 발전을 가져왔던 것이다! 사실 우리 회사는 일반 시민들의 환경보호 활동에 보답하기 위한 기준을 설정해 두고 있다. 시카고 공원 지역의 재활용 프로그램 책임자인 프레드 화이트의 예를 들어보자. 화이트는 재활용 플라스틱으로 만든 〈목재〉에 관한 기사를 읽은 적이 있었다. 그는 「우리 낡은 놀이터를 이 재료로 지으면 어떨까」라는 생각을 가졌다. 플라스틱 목재에 대한 그의 관심은 〈플라스틱으로 꾸미는 공원〉이라는 거시적 프로그램으로 발전했다.

「팝(POP)」이라고 불리는 이 프로그램은 버려진 플라스틱 용기를 수거하여 목재로 만드는 것이다. 시카고 시민들은 플라스틱 쓰레기를 시카고 전역에 있는 263개 수거 지역으로 가지고 갔다. 그리고 1989년 이래 거의 모든 시민이 톤 단위로 플라스틱 쓰레기를 모으고 있다. 2백만 파운드 이상이 수거되어 시카고 내 663개 공원의 반 이상이 이 건축재료로 교체되었다. 매립되어야 할 엄청난 양의 쓰레기가 이렇게 바뀐 것이다. 화이트는 이렇게 말했다. 「처음에는 비용이 더 많이 들었어요. 그러나 이 재료가 목재보다 3, 40배 이상 더 견고하기 때문에 장기적으로는 오히려 비용이 절약되는 셈이지요」 더구나 보수비도 훨씬 덜 들고 낙서도 방지할 수 있는 부수적 이점도 있었다.

야외활동을 무척 좋아하는 데이비드 키드는 얼마 전부터 카누를 시작했는데 강 양편에 늘어선 나무의 자연미에 반해 버렸다. 그는 이 모든 자연의 아름다움이 중요한 역할을 하고 있는 것도 깨달았다. 키드는 「나무는 환경의 진공청소기 같은 것입니다. 나뭇잎 하나하나가 더러운 공기를 빨아들이고 깨끗한 공기를 내뿜지요」 바로 그때 그곳에서 키드는 수백만 그루의 나무를 사서 심을 단체를 만들기로 결심했다.

그는 2년생 묘목 하나에 10센트씩 살 수 있다는 것을 알았다. 그러나 수백만 그루의 묘목을 사려면 키드가 가진 돈으로는 부족했다. 그래서 그는 그 지역의 로타리 클럽과 다른 단체들에게 도움을 요청했다. 이들의 도움으로 묘목을 사들인 후 나무를 심겠다고 약속한 사람이면 누구에게나 나누어주었다. 오늘날 오하이오 주 스타크 카운티에 본부를 둔 키드의 전국 무료 식수 운동은 오하이오 주 최대의 민영 자원 프로젝트이다. 나무 심기 자원자들은 826,000그루 이상의 나무를 심었다. 1990년 10월에 키드는 부시 대통령으로부터 테디 루스벨트 환경 보존상을 수상했다. 키드는 자랑스럽게 이렇게 말했다. 「우리는 우리 곁에 일어나고 있는 문제의 방향을 바꿀수 있다는 메시지를 전국에 전할 필요가 있습니다. 왜냐하면 환경이란 것은 단순히 하나의 문제로 끝나는 것이 아닙니다. 그것은 바로 우리가 사는 곳입니다」

델라웨어 주의 루이스에 있는 케이프 핸로펜 고등학교의 생물 및 해양학 교사인 짐 앨더먼은 학생들이 환경 보호에 대한 직접적인 체험을 하도록 도와왔다. 학생들은 환경에 민감한 지역인 대서양과 인랜드 베이즈만 근처에 살고 있었다. 지난 몇 년 동안 학생들은 해변 토양의 유실을 막기 위해 3마일 이상의 잔디 언덕을 조성했고, 급격히 사라지고 있는 바다새들에게 인랜드 베이즈만이 더욱 알맞은 철새들의 서식처가 될 수 있도록 노력했다.

학생들의 노력 덕분에 델라웨어는 멸종 위기에 처한 바다새들에게 훨씬 좋은 환경이 되어 갔다. 학생들은 하천을 하나 정해서 오염 여부를 감시했고, 프라임 훅 야생동물 보호구역까지 산책로를 조성했으며, 갯벌 속의 박테리아 표본을 추출하여 분석했다. 앨더먼은 자랑스럽게 이렇게 말한다. 「이 프로젝트는 학생들에게 우리가 환경파괴 위험이 큰 곳에 살고 있다는 점을 이해시키는 데 실질적인 도움이 되었습니다」

나는 이런 사람들의 이야기를 들으면 자랑스럽고 또 희망적인 느낌이 든다. 그러나 올바른 선택을 하는 것이 항상 쉬운 일이라고 말하고 싶지는 않다. 우리 회사도 우리가 내린 선택으로 상당히 고전한 적이 있었다. 훌륭한 시민이 되기 위해서 값비싼 대가를 치러야 할 때도 있는 것이다. 당신이 얼마나 〈환경에 우호적인가〉를 자랑하고 싶다면 당신은 기꺼이 그 대가를 치러야 한다. 우리가 수상한 유엔 환경 프로그램상은 우리에게 몇 가지 자기반성을 한 계기가 되었다. 아직도 환경에 해를 끼칠 가능성이 있는 제품을 우리가 팔고 있는 것은 아닌지 우리 스스로 다시 한번 점검을 해보았다. 그리고 그렇게 많지 않다는 것을 알았다. 그러나 부식성이 있는 배수관 청소제 같은 몇몇 제품이 환경에 피해를 줄 가능성이 있어 보였다. 그래서 그 제품들의 생산을 즉각 중단시켰다. 이 결정 하나만으로도 우리는 수백만 달러의 손해를 보았다. 그러나 그것은 옳은 결단이었다. 우리는 또한 쓰레기 양을 줄이고 재활용을 권장하기 위해 포장 방법의 일부도 바꾸기로 결정했다.

나는 여러분에게 정직하고 싶다. 지구를 위해 결단을 내리는 일 때문에 많은 금전적 손실을 입을 때가 있다. 이런 결단으로 얻게 되는 유일한 단기적 보상이 있다면 깨끗한 양심일 것이다. 그리고 당분간은 여러분 주머니에서 돈이 나와야 한다. 그러나 여러분이 그것을 어떻게 보든 장기적으로는 올바른 결정이었다는 것을 알게 될 것이다. 장기적으로 자원이 보존되고 더 부유해지며 다음 세대에게 기회가 더 많이 주어지고 귀중한 유산으로 이어진다는 것을 알게 될 것이다.

1989년 뉴욕에서 열린 유엔 총회 주회의장에서 암웨이 환경재단은 암웨이 소장품 중에서 당대의 에스키모인들의 작품만을 모은 전시회를 주최했다. 우리는 그 전시회를 〈북극의 정복자〉라고 이름을 붙였다. 우리는 알래스카, 캐나다, 러시아 등 북쪽 끝에 사는 매튜 이필리 같은 에스키모 화가들을 위해 그런 전시회를 개최했다. 그 전시회는 상당한 인기를 모았다. 작품마다 곰, 물개, 고래, 순록, 올빼미, 해마 등 모든 동물들의 아름답고 강한 이미지가 잘 나타나 있었다. 이 동물들은 에스키모인들의 사냥감이었지만 꼭 필요할 때만 사냥하고 그 외에는 항상 존경과 관심의 대상이었다.

에스키모인들에게 동물은 동물이라기보다는 오히려 존경과 경외심을 가지고 대하는 이웃 사촌 같은 존재이다. 그들의 작품에서는 이런 점을 쉽게 찾아볼 수 있고, 그 때문에 이 전시회가 성황을 이루었다고 나는 생각한다.

이 전시회는 1989년 이래 순회 전시를 가졌고, 나는 1992년 6월 브라질의 리오데자네이로로 가서 지구 정상회담에 맞추어 이 전시회를 개최했다. 예전처럼 준비 점검을 위해 나는 좀 일찍 도착했다. 전시회가 아직 공식 개막하지 않아서 전시장을 혼자 둘러보았다. 그러다가 조그만 받침대 위에 있는 하얀 색 아기곰을 보았다. 매튜 이필리를 생각나게 하는 작품이었다. 이 곰은 매튜 것처럼 미색은 아니었고 흰색과 회색의 대리석으로 만들어진 캐나다의 케이프 두셋 출신 에스키모인인 카카 에쉬나의 작품이었다. 그러나 매튜의 곰처럼 이 작품 역시 생기로 가득 차 있었고 머리를 한쪽으로 숙이며 「이봐, 날 좀 봐!」라고 말하는 것 같았다. 입은 매튜가 그의 곰을 만들 때처럼 조심스럽게 벌어져 있었다. 단순하지만 믿기 어려우리만치 표정이 살아 있었다. 이 조각은 곰에 대한 풍부한 사랑과 철저한 이해로 만들어졌다는 것을 알 수 있었다. 매튜 이필리처럼 카카 에쉬나도 그의 이웃 사촌과 그곳에 사는 모든 생명체들에 대해 잘 알고 있었다.

나는 〈북극의 정복자〉 프로그램 첫머리의 머리말을 만들었다. 그것은 이렇게 시작하고 있었다. 「그들의 역사와 작품을 통해 에스키모인들은 점점 더 환경 파괴의 결과에 대해 우려하고 있음을 보여주고 있다. 환경은 자연질서와 조화를 이루어 존재하는 것이 가능하고 또 꼭 그렇게 되어야만 한다. 이 모범적인 자연과의 공존은 그래서 더욱 특별한 의미를 가진다. 에스키모인들은 지구에서 가장 지독하고 어려운 여건 속에서 수천 년을 견디며 살아왔다. 그들은 단지 생존만 한 것이 아니라 이 전시회가 보여주듯이 풍부한 예술 유산도 남겼다」

내가 사는 지역, 국가, 세계에 대한 나의 꿈은 그들 역시 에스키모인들처럼 수천 년 동안 생존해 갔으면 하는 것이다. 그런 일이 일어나기 위해서는 매튜 이필리가 자기 이웃을 이해하는 것과 똑같이 우리 이웃을 알고 있어야만 한다. 우리는 그들을 속속들이 알 필요가 있다. 그리고 잘 돌보아야 한다. 개인으로서 우리 각각은 모두 많은 일을 할 수 있다. 그러나 이런 일은 가정에서부터 시작되어야 한다.

그리고 우리 모두는 옳은 일을 하는 사람들에게 동기와 기회를 제공하는 데 모든 힘을 쏟아야 한다. 정부와 다른 단체에서 우리의 일을 대신해 줄 것이라고 기대해서는 안 된다. 각자 자신의 개인적 책임을 다해야 한다. 우리 모두가 이 모든 일을 잘 지킨다면 매튜 이필리의 손자들은 파란 하늘만을 볼 수 있을 것이다. 아마 우리 모두는 대부분의 사람들이 거의 간과해 버린 사실, 즉 지구와 그 생명체들은 신이 부여한 살아 있는 신성한 선물이라는 사실을 알게 될 것이다.

제16장 우리가 다른 사람에게 도움의 손길을 뻗치면 어떤 일이 일어나는가?

> 우리는 다른 사람을 돕기 위해서 시간, 돈, 경험을 나눌 때
> 우리 자신의 개인적 성취와 번영으로 이끄는
> 사랑을 완성한다고 믿는다.
> 그러므로 좋은 일을 하는 데
> 싫증이 날 때마다 보상의 법칙을 기억하라.
> 장기적으로는 당신이 제공한 모든 시간, 돈, 정열이 선물로
> 되돌아와 당신에게 혜택을 줄 것이다.
> 생활신조 16

테디 스톨라드는 열 살 난 밉살스러운 애였다. 세수도 하지 않고, 머리도 빗지 않으며 옷은 언제나 꾀죄죄했다. 테디가 없는 데서, 심지어는 면전에서도 아이들은 그를 〈냄새 나는 놈〉이라고 불렀다. 테디는 톰슨 선생님이 맡은 5학년 반에서 제일 보기 흉한 아이였다. 선생님이 부르면 책상 위에 고개를 숙이고 어물어물하든가 멍하니 허공을 응시했다.

톰슨 선생님은 모든 남녀 학생들을 똑같이 대하려고 노력했다. 그러나 테디를 좋아하기란 참 어려웠다. 톰슨 선생님은 테디를 부르기가 싫었고 테디의 시험지 채점을 할 때는 자신도 모르게 틀렸다는 빨간 표시가 다른 아이들보다 좀더 진하게 크게 되었다. 지금 톰슨 선생님은 이렇게 말한다. 「나는 그 애에 대해 좀더 알았어야 했고 테디의 학적부를 좀더 세심하게 살펴봤어야 했어요」

1학년: 장래성이 보임. 가정에서 어떤 갈등이 있고 그것 때문에 큰 영향을 받은 것처럼 보임.

2학년: 능력은 있으나 산만함. 어머니 중병. 가정에서 부모로부터 거의 도움을 받지 못하는 상태임.

3학년: 올해 어머니 사망. 명석하지만 집중력이 떨어짐. 아버지에게 전화 연락했으나 답신 없음.

4학년: 느리지만 예의 바른 행동을 함. 어머니 생각에 가끔 울기도 함. 아버지는 아이에 대해 완전히 무관심함.

5학년 크리스마스 축하 파티에는 어린이들의 트리 장식이 선보였고 색색으로 예쁘게 포장한 선물들이 선생님 책상 위에 가득 쌓였다. 모든 학생들이 선물을 보기 위해 선생님 주위로 모여들었다. 선생님은 선물 더미 맨 밑에 테디 스톨라드가 보낸 선물을 발견하고 깜짝 놀랐다. 다른 선물은 금색 은박지와 예쁜 리본 등으로 포장되어 있었는데 테디의 것은 보통의 갈색 종이에 스카치테이프와 끈으로 엉성하게 묶여 있었다. 〈톰슨 선생님께, 테디로부터〉라고 크레용으로 쓴 서툰 글씨가 보였다.

선생님이 선물을 뜯자 번쩍거리는 인조 다이아몬드 팔찌와 싸구려 향수가 한 병 나왔다. 팔찌에 박혀 있어야 할 보석은 반은 빠져 달아나 없었고 향수도 병 바닥에 약간 남아 있었다. 여자 아이들은 킥킥거리며 웃었고 남자 아이들은 코웃음을 쳤다. 그러나 선생님은 손을 들어 아이들을 조용히 시켰다. 아이들이 지켜보는 가운데 선생님은 손목에 팔찌를 차고 향수도 약간 뿌렸다. 선생님은 「냄새 참 좋지?」하며 아이들을 보았다. 선생님의 의도를 눈치 챈 아이들도 한꺼번에 〈와와〉 하며 이에 동의했다.

파티가 끝나고 부모들이 아이들을 데리고 간 후 선생님은 아직도 테디가 책상에 앉아 자신을 쳐다보고 있다는 것을 알았다. 테디는 미소를 띠고 있었다. 선생님은 「테디?」라고 부르며, 속으로 집이 먼

데 왜 아직 떠나지 않고 있나 궁금해했다. 테디는 천천히 책상에서 일어나 선생님 쪽으로 다가왔다. 「엄마 팔찌를 차고 있으니 정말 예뻐 보여요」라며 조그맣게 속삭였다. 「그리고 향수를 뿌리니 정말 엄마 냄새랑 꼭 같아요」

갑자기 톰슨 선생님은 이 두 개의 쓰다 남은 물건이 테디가 가장 소중히 여기는 것이라는 사실을 깨달았다. 그녀는 눈물이 나오는 것을 간신히 참았다. 선생님은 테디 가까이 다가가 「테디야, 네 선물 고마워. 정말 내 마음에 꼭 들었단다」라고 말했다. 「그런 말씀 안 하셔도 괜찮아요」라고 테디가 말했다. 잠시 테디는 미소를 지은 채 선생님을 바라보며 서 있었다. 그 다음 말없이 웃옷을 집어 들고는 황급히 교실을 나가 버렸다.

테디의 이야기는 여기서 끝나는 것이 아니다. 이 장의 마지막에서 톰슨 선생님이 자신의 조그만 동정적 행동으로 테디와 자신을 위해 어떤 일을 했는지 밝히겠다. 한편 우리 스스로 이런 질문을 해볼 수 있다. 왜 톰슨 선생님이나 다른 사람들이 이 문제에 동정적이어야 하는가? 왜 선생님이 테디의 선물을 보고 학생들과 함께 비웃지 않았는가? 왜 선생님은 그 볼품없는 팔찌를 하고 쓰다 남은 향수를 뿌렸는가? 왜 손을 들어 아이들의 조롱 섞인 웃음을 멈추게 하고 그들에게 테디의 선물을 칭찬하라는 신호를 보냈는가?

다행히도 바로 그 순간 톰슨 선생님은 테디에게 절실히 필요한 것이 있음을 깨달았던 것이다. 그녀가 두 가지 반응 중 하나를 선택할 수 있었던 시간은 불과 몇 초에 지나지 않았다. 하나는 아이에게 생기를 불어넣는 일이고 또 하나는 그 아이를 비난하는 일이다. 그러나 바로 그 순간은 테디의 미래만이 걸린 문제가 아니었다. 톰슨 선생님의 결정도 두 사람에게 오랫동안 영향을 미칠 것이다.

만일 선생님이 테디를 비웃었거나 맨 아래에 있는 테디의 선물을 그대로 두었다면 테디(또는 톰슨 선생님)에게 어떤 일이 일어났을까? 선생님이 테디의 선물을 다른 아이들 것보다 위에 두고 칭찬을 했더라면 테디(그리고 선생님)에게 어떤 일이 일어났을까? 가명을 쓰기는 했지만 이 이야기는 실화이다. 선생님의 동정적 행동은 테디와 톰슨 선생님의 삶을 영원히 바꾸어놓았다.

바로 이 순간 여러분과 나도 비슷한 상황에 처해 있다. 뻔한 이야기를 자꾸 되풀이해서 미안하지만 우리는 위험하고 문제가 많은 시대에 살고 있다. 테디처럼 우리 이웃과 세상 사람들도 무엇인가를 절실히 필요로 하고 있다. 스스로를 돕기 위해 외부의 도움이 필요한 사람도 있고 그냥 도움이 필요한 사람도 있다. 우리가 어떻게 반응해야 할까? 우리가 어떤 선택을 하든지 그 결정은 도움이 필요한 사람뿐만 아니라 우리 자신에게도 영향을 미치게 된다.

아무런 감정이나 양심이 없는 자본주의를 실천하는 일은 부자이건 가난뱅이건 우리 모두에게 끔찍한 고통을 안겨줄 것이다. 그러나 도움이 필요한 곳에 다가가 욕구를 충족시켜 주는 더불어 사는 자본주의는 주는 사람과 받는 사람 모두의 삶에 긍정적인 영향을 미치게 된다. 우리는 받는 것이 얼마나 좋은지를 잘 알고 있지만 때로는 그 반대도 얼마나 좋은지를 잊어버릴 때가 있다. 열심히 일하고 너그러이 자신의 시간과 돈, 그리고 경험을 나누어주는 사람들은 그들이 준 것의 몇 배를 되돌려 받게 될 것이다. 예수님은 이렇게 말했다. 「가능한 한 많은 씨를 뿌려라. 그러면 커다란 수확을 얻을 것이다」 이것은 모든 세대의 사람들 마음에 새겨진 오래된 격언이다. 그리고 이것은 기독교의 이상에만 국한된 것은 아니다. 모든 주요 종교에는 이런 이상이 다 내포되어 있다. 불교, 힌두교, 이슬람교, 유대교, 기독교 전통은 모두 「신은 기꺼이 주는 사람을 사랑하고 아낀다」라는 사상을 지지한다. 미국의 전설, 동화, 현대 영화, 심지어 TV 연속극까지도 「주는 자는 받을 것이다」라는 사실을 강조하고 있다. 대중문화조차도 「나간 것은 되돌아온다」라고 주장하고 있다.

매일 수백 가지 다양한 방법으로 우리는 테디 스톨라드가 톰슨 선생님에게 제시한 것과 똑같은 두 가지 선택에 접한다. 우리가 내리는 선택은 곤궁에 빠진 사람과 우리 둘다에게 심각한 결과를 초래할 수 있다. 예수님은 우리가 이 점을 쉽게 이해하도록 하기 위해 〈지혜〉에 관한 유명한 일화를 이야기해 주었다.

막 여행을 떠나려는 어떤 부자가 첫번째 하인에게는 다섯 조각의 금을, 두번째 하인에게는 두 조각의 금을, 세번째 하인에게는 한 조각의 금을 주면서 마음껏 활용해 보라고 했다. 첫번째 하인은 물건을 팔아 다섯 조각을 두 배로 늘렸다. 두번째 하인도 두 조각을 모두 투자하여 배로 늘렸다. 그러나 세번째 하인은 위험을 감수하기가 두려워서, 그리고 다른 사람과 자신의 능력을 믿지 못해서 그 한 조각을 땅속에 파묻고 주인이 돌아오기를 기다렸다. 부자가 여행에서 돌아오자 그는 처음 두 하인에게는 선물을 잘 간수한 보상으로 큰 상을 내렸다. 「잘했다. 현명하고 믿음직스러운 이들아, 작은 일에 충성스러운 너희들에게 더 많은 것을 지배할 수 있도록 하리라. 이 주인과 기쁨을 함께 하라」세번째 하인은 아직도 손에 한 조각의 금을 꼭 쥐고 덜덜 떨면서 주인 앞에 나타나 이렇게 말했다. 「저는 겁이 나서 주인님의 금을 땅속에 숨겨 놓았습니다. 바로 이것입니다」그 부자는 화가 났다. 하인이 믿음직스럽지 못했기 때문이다. 부자는 그에게서 금을 빼앗아 위험을 무릅쓴 나머지 두 사람에게 주라고 명령했다.

이 냉소적인 우화는 수백 년 동안 많은 사람들을 괴롭혔다. 예수님은 우리가 우리의 삶에서 가지고 있는 것이 무엇이든 우리 것이 아니라고 말한다. 인생의 모든 것은 우리에게 주어진 선물이다. 얼마 동안 그것을 지키도록(또는 빌려 쓰도록) 임명받은 데 불과하다. 신은 우리가 이 선물을 현명하게 투자하고 배로 늘려가기를 바란다. 그 선물이 작든 크든 우리는 우리의 재능을 사용해서 그것을 훌륭히 보살필 소명을 가지고 있다. 그리고 예수님은 우리가 그 선물의 관리에 대한 책임을 져야 한다고 경고한다. 즉, 수익을 올리거나 선물을 주는 것과 같은 책임을 말한다. 충분한 양의 씨를 심으면 수확도 풍부해진다. 아무것도 심지 않으면 결핍, 굶주림, 죽음으로 이어질 수밖에 없다.

이제 여러분은 내가 자본주의야말로 세상 사람들의 가장 위대한 경제적 희망임을 믿는다는 사실을 알았을 것이다. 나는 또한 보상의 법칙을 준수하고, 더불어 사는 자본주의를 실천하는 일이 희망을 실현할 수 있는 유일한 길이라는 것도 믿는다. 이런 믿음을 가진 것은 나 혼자만이 아니다.

자본주의의 단점보다는 장점만을 옹호하는 데 익숙한 많은 보수주의자들도 자유기업 제도 내의 도덕적 문제를 거론할 필요가 있다는 데 동의한다. 우리 회사는 이런 문제에 함께 관심을 가진다. 우리 역시 자유기업 제도에 맹목적 찬사를 보내는 것을 삼가해야 함을 알고 있다. 자본주의는 완벽하지 않다. 우리는 부에 대한 잘못된 믿음을 가지거나 희생이 수반되는 경쟁을 숭배해서는 안 된다. 공정하게 치러지는 경쟁이나 책임 있게 획득한 부는 사회에 득이 된다. 그러나 만일 우리가 보상의 법칙을 잊어버린다면 이런 많은 자본주의의 혜택은 남용될 것이다. 우리가 동정적일 때 우리도 역시 동정적 대접을 받는다. 우리가 동정적이지 못하면 우리 모두가 고통을 받게 될 것이다.

200년 전 애덤 스미스에 의해 시작된 자유기업 제도는 완벽하고 완성된 제도가 아니다. 자본주의는 변하고 발전하고 향상해야만 한다. 자유기업은 살아 있는 제도이다. 아내가 가꾸는 정원의 장미처럼 시들고 죽은 가지를 잘라내서 새 가지가 자라고 향기롭고 화려한 꽃봉오리가 만개하도록 해야 한다.

자본주의는 세계 각국에서 다양하게 피어나고 있다. 일본이나 필리핀의 자본주의자들은 소련, 폴란드, 헝가리 등의 새로운 자본주의자들과는 달리 행동한다. 중국의 산업지대에서 애를 쓰는 자본주의자들과 칠레나 페루의 산악지대 자본주의자들이 하는 일은 다르다. 서로 이웃하고 있는 멕시코, 캐나다, 미국의 자본주의자들도 각기

다른 다양한 형태의 자본주의를 실천한다.

그러나 어떤 종류의 자본주의를 실행하든 나는 우리 모두를 올바른 곳으로 인도한다고 믿을 수 있는 원칙이 있다고 확신한다. 이 원칙이 바로 더불어 살기이다. 당신이 어디에 사는지, 당신의 국가에서 자유기업 제도가 어떻게 운영되는지는 문제가 되지 않는다. 만일 우리가 경제적 무질서와 절망으로부터 세상 사람들을 구하려고 한다면 우리 모두는 스스로 더불어 사는 자본주의를 발견(또는 재발견)해야만 한다.

우리는 이 세상에 있는 천연 자원과 인적 자원에 동정적이어야 한다. 우리는 우리 머리 위의 공기와 우리 발 아래에 있는 바다, 숲, 사막, 그리고 그 속에서 사는 모든 것들에게 동정적이어야 한다. 우리는 우리가 개발하고 시판하려는 상품에 동정적이어야 하고, 우리가 건축하거나 임대하는 시설에도 동정적이어야 한다. 고용주들은 직원에게, 직원들은 고용주에게 더욱더 동정적이어야 한다. 동정은 우리가 포장, 가격, 광고 등을 계획할 때도 고려되어야 한다. 우리 모두는 이윤, 임금과 보너스, 시간, 재능 등을 사용할 때 동정이 우리를 인도하게끔 해야 한다.

사도 바울은 우리에게 보다 더 더불어 사는 자본주의로 향한 여행의 지침을 제공해 주었다. 이것은 믿음이나 이념에 관계없이 모든 사람에게 해당된다. 바울은 먼저 그 당시 소아시아의 중앙에 위치한 로마 통치령이었으며 현재 터키가 된 갈라디아 사람들에게 편지로 써서 전했다. 200년 후 만화 주인공인 스누피가 자기 주인 찰리 브라운이 저녁식사에 맞추어 개를 데리고 가기 위해 눈길을 헤치고 갈 때 이 말을 인용하고 있다. 스누피는 「우리 좋은 일에 쉽게 지치지 말자. 만일 여기서 지쳐 포기하지 않는다면 날이 풀렸을 때 꼭 보상을 받게 될 거야」라고 말한다.

사도 바울과 스누피는 똑같은 생각을 가지고 있다. 즉 보상의 법칙인 〈좋은 일을 하라〉는 메시지를 전달하는 것이다. 열심히 노력하라! 그러면 보상을 받게 될 것이다!

선행을 하라.

지난 수백 년 동안 자유기업 제도의 혜택을 누려온 우리들은 역사상 다른 어느 국민들보다 우리의 시간과 돈에 관대하다는 점을 보여주고 있다. 예를 들어 작년 한 해만 해도 약 800만 명의 자원 봉사자가 있었다. 자원 봉사자 한 명이 평균 매주 4.7시간을 봉사했는데 전체로는 195억 시간이 된다.

자원 봉사자의 지위가 경험 많고 열성적인 수백만 명의 퇴직자들 덕분에 더욱 강화되었다고는 하지만 평균 자원 봉사자 연령은 35세 내지 49세이다. 안정된 수입을 가진 사람들만 자원 봉사를 하는 것은 아니다. 전체 자원 봉사자의 25%가 연봉 2만 달러 이하의 가계 소득을 가지고 있다.

더불어 사는 자본주의자들 또한 돈에 너그럽다는 사실이 입증되었다. 1987년 미국인들이 좋은 일에 기부한 돈은 768억 달러에 달한다. 이 숫자는 자선 단체에 기부한 개인 기부자들 총수입의 2%에 불과하지만 전체 미국 가정의 75%가 1년에 평균 790달러를 기부한다. 《이코노미스트》지는 「가난한 사람은 부자보다 자기 수입에 비해 더 많은 돈을 기부하고 있다. 그리고 놀라운 사실은 부자와 가난한 사람 모두 중산층보다 훨씬 관대하다는 점이다」라고 보도하고 있다.

나는 좋은 일을 하기 위해 시간과 돈, 정력, 아이디어를 주는 방법을 선도하고 있는 우리 회사의 더불어 사는 자본주의자들을 자랑스럽게 여기고 또 감사하게 생각한다. 앞 장에서 이미 여러 예를 들었지만 그것은 극히 일부에 불과했다. 아직도 이 책에 소개하고 싶은 사람들이 너무나 많이 있다.

나는 여러분이 사업에서 혹은 사업 이외의 일에서 좋은 일을 하는 것이 무엇을 의미하는지를 정의하려는 것이 아니다. 좋은 일을 하는 것이 어떤 것인지는 여러분 스스로 정의해야 한다. 프랜시스 베이컨은 「좋은 일을 하는 데 지나침은 있을 수 없다」라고 말했다. 인생은 우리가 좋은 일을 찾아서 그 일을 하는 데 우리의 삶을 충분히 활용하라고 요구한다. 앞 장에서 나는 이 목표를 두 가지 질문으로 나누어보았다. 하나는 사람들이 스스로 돕도록 하기 위해 우리가 어떤 일을 하는가이고, 또 하나는 스스로를 도울 수 없는 사람을 돕기 위해 우리가 어떤 일을 하는가이다.

나는 경기 회복을 위해 많은 회사들이 온갖 노력을 기울이고 있음을 알고 있다. 이윤이 하락하고 원가는 상승한다는 것도 알고 있다. 또 향후 경제 전망이 밝지 않은 현재 상황에서 관대해지기란 쉽지 않다는 것도 안다. 그러나 아직도 우리를 이끌어주는 많은 회사들이 있고, 그들이 후원하는 동기에 우리가 동의를 하든 하지 않든 우리는 그들의 관대하고 사려 깊은 정신을 알아야 할 필요가 있다. 그들의 예는 다시 한번 보상의 법칙을 보여준다. 관대하게 베푸는 일은 사업에도 좋은 영향을 미친다.

우리 사업가들은 환경이 어떻든 믿기 어려우리만큼 많은 기회를 가지고 있다. 고통의 최일선에 서서 옳은 길을 위해 일생을 바치는 모든 사회사업가들은 우리의 도움을 필요로 한다. 그리고 내가 아는 모든 관대한 사람들은 기업의 책임자이건 개인 기부자이건 손을 내밀어 도움을 청하고, 또 그만큼 꼭꼭 눌러 가득 차 넘쳐 흐를 정도로 보상을 받았다. 그래서 바로 지금 이 순간 보상의 법칙을 기억해야 하는 것이다.

여러분은 충분히 씨를 뿌리면 수확이 많다는 사실을 믿는가? 그러면 지금 씨를 심기 시작하라. 당신이 믿는 대의와 그것을 후원하기 위한 희생을 찾아보라. 생산적이고 믿음직스러운 사회사업가나 봉사 단체를 찾아서 자신의 것으로 만들라. 여러분이 무엇을 하든 철저하면서 관대하게 일을 처리하라. 그러면 장기적으로 볼 때 여러분이 가장 많은 수확을 거두게 될 것이다!

열심히 노력하라.

여러분은 우리 나라의 더불어 사는 자본주의자들이 정한 〈열심히 일하는〉 기준에 어떻게 부합할 수 있는가? 만일 전형적인 자원 봉사자가 다른 사람을 돕는 일에 일주일에 평균 47시간을 사용한다면 우리는 얼마나 많은 시간을 할애해야 하는가? 만일 보통 가족이 그들의 총수입의 2%를 자선활동에 기부한다면 우리는 얼마를 내야 하는가? 우리는 어떤 목적에 시간과 돈을 제공하는가? 그 목적은 글로 기록되어 있는가? 일주일에 몇 시간 정도 자원 봉사하기를 원하는가? 돈을 얼마나 내고 싶은가? 우리 외에는 아무도 이 목적을 설정하고 계속 수행해 갈 수 없다.

당신이 자신을 관대하고 믿을 만한 안내자라고 간주하기 전에는 아무도 당신에게 얼마만큼의 시간과 돈을 제공해야 한다고 말해 줄 수 없다. 그러나 우리 회사는 여기에 매우 분명한 기준을 가지고 있다. 매달 말 사업이나 청구서를 핑계로 십일조의 일부 또는 전부를 다른 곳에 쓰는 것이 보통이다. 우리는 가끔 형식적인 선물을 주거나 지역의 자선단체에 명목상의 기부를 하는 것 외에는 아무것도 나누어주지 않는 자신을 발견하게 된다. 그러나 헬렌이 내게 가르쳐주었듯이 여러분이 십일조를 열심히 하고, 금액이 얼마이든 상관없이 계속 실천해 나갈 때 그것이 얼마나 확대되어 되돌아오는지를 발견하면 놀라기도 하고 또 흐뭇해할 것이다.

성공적인 기업가이면서 의지가 굳은 더불어 사는 자본주의자인 데이브 서번은 이렇게 말한다. 「신은 분명히 말했다. 생산할 능력을 부여받은 사람들은 그렇지 못한 사람을 보살펴야 할 의무가 있다」 총수입의 10%를 내는 십일조에 대해 데이브는 이렇게 말했다. 「내가 번 돈의 10%는 내 것이 아니다. 그것은 신의 것이다. 신에게서 10%를 빼앗아 저주받은 100%로 살기보다는 축복받은 90%로 살아가는 편이 낫다」

나는 이런 단호한 의견을 가진 데이브를 존경한다. 그는 〈저주받는〉부분에 대해서 자세한 언급을 하지는 않았지만 스스로 굳건한 모범을 보였고 그의 행동은 내게 많은 것을 생각하게 했다. 데이브와 잰 서번을 비롯하여 더불어 사는 자본주의에 대한 그들의 확고한 의지를 입증해 온 대부분의 나의 친구들은 사실 두려움 때문에 그들의 시간과 돈을 기부한 것은 아니다. 그들은 그러한 행동이 즐겁기 때문에, 자신을 기쁘게 하기 때문에, 그리고 장기적으로 그런 행동이 많은 보상을 가져다주기 때문에 하는 것이다. 우리가 자신과 이웃의 꿈이 실현되는 것을 보기 위해 열심히 일할 때는 그 일이 힘든 줄을 전혀 모른다.

그러나 노력이 없다면 여러분이나 내가 인생에서 이룰 수 있는 것은 아무것도 없다. 나는 스스로를 믿는 사람과 이야기할 때는 언제나 놀라게 된다. 그들은 원대한 꿈과 그 꿈을 성취하기 위한 계획도 세워놓고 있지만 노력 없이 이루어질 것이라고는 생각하지 않기 때문이다.

열심히 노력하기 위해서는 시간이 필요하다. 여러분이 성공적인 더불어 사는 자본주의자가 되고 싶다면 오랫동안 일을 해야 한다. 학생일 때에도 시간을 잘 관리하기만 하면 좋은 일에 바칠 시간과 돈을 가질 수 있다. 성공적인 사람들은 시간의 가치를 알고 그것을 신중하게 사용한다. 그들은 저녁 시간을 TV 보는 것으로 다 보낸다거나 아침에 늦잠을 자는 일은 하지 않는다. 그들은 생산에 필요한 시간을 남겨두기 때문에 더욱 생산적이다. 여러분이 성공할 생각이 없다면 굳이 일찍 일어나거나 늦게까지 일하지 않아도 된다.

만일 내가 일주일에 40시간을 일하고 여러분은 일주일에 80시간을 일했다면 여러분이 나보다 훨씬 돈을 많이 벌고 기부도 많이 한다고 해서 내가 왜 놀라겠는가? 이것이 바로 더불어 사는 자본주의의 동기 중 하나이다. 우리는 일을 더 많이 함으로써 돈을 더 많이 벌 수 있는 기회를 가지는 것이다. 그리고 일을 많이 하면 저축도 더 많이 하고 사업 확장에 투자하거나 가난한 사람에게 쓸 수 있는 돈도 더 많이 생긴다.

　장시간의 노력과 계획 달성은 동일한 것이다. 노벨 경제학 수상자인 밀튼 프리드먼은 〈공짜 점심은 없다〉라고 말했다. 이는 지름길이란 없다는 말과 통한다. 성공은 공짜로 얻어지는 것이 아니다. 성공을 위해 노력해야 얻어진다. 노력이란 바로 성공을 위해 치러야 하는 정당한 대가인 것이다.

　열심히 노력하기 위해서는 인내가 필요하다. 인내한다는 것은 어떤 행동의 경로를 꾸준히 계속하는 것이라고 한다. 의지력이 없는 천재는 있을 수 없다고들 한다. NBA의 스타가 된다는 것은 당신이 농구 공을 잡을 만한 나이 때부터 계속 농구 코트에서 살다시피하며 연습해야 한다는 것을 의미한다. 피아니스트가 되는 것은 피아노 의자에 기어 올라갈 정도로 자랐을 때부터 매일 몇 시간씩 화음 공부를 하고 피아노를 쳐야 함을 의미한다. 성공한 더불어 사는 자본주의자가 되는 주요인 중의 하나는 계속 실천할 수 있는 의지력을 가지는 것이다.

　성공한 사람들은 실패도 많이 겪었다. 제이와 나도 마찬가지이다. 그러나 우리는 포기하지 않았고 여러분 역시 포기해서는 안 된다. 아마도 우리는 고집이 세었는지도 모른다. 고집과 인내는 밀접한 관련을 가진다. 좋은 의미의 인내는 참을성이라 불리지만 나쁜 의미에서는 완고함이라고 불린다. 완고함은 당나귀의 특성이며 참을성은 성자의 특성이다. 이 둘을 혼합시켜서는 안 된다. 우리의 〈완고함〉 때문에 가치 있는 목표를 포기하지 않도록 하자. 우리는 이 완고함이 어리석음으로 타락하지 않도록 해야 한다. 동시에 꾸준히 성공을 추구해 나가야 한다. 성공은 하루아침에 이루어지는 것이 아니다. 인내심만이 결국 우리의 목표를 달성하도록 해줄 것이다.

　열심히 일하기 위해서는 수양이 필요하다. 16세기의 한 작가는 이렇게 말했다. 「나는 나 자신을 지배하는 법을 알고 있기 때문에 사실상 왕이다」 자기 수양은 열성적인 더불어 사는 자본주의자들에게 상당히 중요한 자질이다. 자기 수양을 할 수 있다는 것은 자기 자신의 삶을 조정할 수 있다는 것을 의미한다.

나는 〈수양〉이라는 단어가 들어가는 말로 충고를 하면 폭넓은 호응을 받지 못할 수 있다는 점을 인정한다. 그러나 그 말이 꼭 들어가야 한다. 왜냐하면 그것은 다른 사람이 우리에게 주는 것이 아니라 자기 스스로에게 하는 수양을 의미하기 때문이다. 이 두 가지는 상당히 다르다.

자기 수양을 하면 할수록 다른 사람의 통제의 대상이 될 가능성은 줄어든다. 완전히 자기 수양이 이루어진 사회에서는 새로운 법률이 필요없다. 그러나 대부분의 사람들에게는 자기 수양이 부족하기 때문에 새로운 법이 계속 필요하게 된다. 자기 수양이 된 기업가는 스스로의 규칙을 정한다. 수양이 된 생활양식은 우리가 지금까지 말해 온 여러 가지 목표를 향해 나아갈 수 있음을 의미한다. 자기 수양을 통해 우리는 자유를 발견한다. 우리가 스스로를 통제하지 못한다면 누군가 다른 사람이 우리의 삶을 지배하게 될 것이다. 우리는 양자택일을 해야만 한다.

열심히 일한다는 것은 장기적인 안목을 유지하는 것이다. 열심히 일한다는 것은 맹목적으로 죽을 때까지 일하라는 의미는 아니다. 우리는 실현될 수도 없고 실현되어서도 안 되는 꿈의 노예가 되어 우리의 인생을 탕진하지 말아야 한다. 항상 깨어 있어야 한다. 장기적인 전망을 가져라. 그 과정에서 우리가 추구하던 이상이 바뀔 때도 있다.

장기적인 안목을 유지하기 위해, 우리가 성공하고 있는지를 알기 위해, 혹은 실패하고 있는 것을 알거나 언제 이 꿈을 포기하고 다른 꿈을 추구해야 하는지를 알기 위해서는 솔직하고도 고통스러운 몇 가지 질문을 던져보고 대답도 해보아야 한다. 나는 지금 하고 있는 일을 좋아하는가? 그 일을 잘 해나가고 있는가? 내게 계획이 있고 또 그 계획을 완수하기 위해 열심히 노력하는가? 성공의 가능성은 얼마나 되는가? 내 분야의 최신 정보를 충분히 입수하고 있는가? 내 기술이 향상되고 있는가? 나와 함께 일하는 사람을 관대하게 대하는가?

샌프란시스코 자이언트 야구팀의 투수인 데이브 드래베키는 암수술로 인해서 팔의 주요 근육의 반을 제거한 후에도 성공적으로 팀에 복귀할 꿈을 꾸었다. 수개월 동안 고통스러운 치료를 받은 후 그는 8이닝 동안 공을 던져 신시내티의 레즈팀을 4대 3으로 물리쳤다. 데이브의 꿈이 실현되는 순간 모든 사람들이 환호를 보냈다. 그러나 경기 승리 후 5일 만에 비극이 찾아왔다. 몬트리올 경기장에서 공을 던지다가 6회에 팔이 부러진 것이다. 이 젊은 운동선수는 고통과 실망으로 좌절했다. 성공적인 복귀라는 꿈을 이룰 수가 없었던 것이다. 다시는 공을 던질 수 없게 되었고 설상가상으로 수개월 동안의 방사선 치료 후 세균 감염 때문에 할 수 없이 팔을 절단해야만 했다.

그러나 하나의 꿈이 좌절되자 데이브는 또 하나의 꿈을 탄생시켰다. 실망에도 불구하고 데이브는 지난 꿈을 제쳐두고 새로운 꿈을 시작하려는 용기와 지혜가 있었다. 여러분의 꿈은 무엇인가? 더불어 사는 자본주의가 당신을 어디로 인도하고 있는가? 좋은 일을 하라! 그 일을 열심히 실천하라! 그러면 분명히 보상을 받을 것이다!

더불어 사는 자본주의는 우리 자신의 행복을 보장해 준다!

여러 면에서 동정은 우리의 자유와 미래를 보장해 준다. 어떻게 그렇게 될까? 그것은 간단하다. 만일 내가 동정을 가지고 여러분을 대한다면 여러분도 똑같은 식으로 나를 대해 줄 가능성이 높다. 만일 내가 탐욕스럽고, 권력을 휘두르고 특권을 행사하면서 부를 얻기 위해 온갖 방법을 가리지 않는다면, 다시 말해 내가 여러분의 자유를 제한한다면 여러분이 나를 존경할 것이라고 기대할 수 있겠는가? 동정이 없다면 나의 행동은 탐욕만 키울 뿐이다.

그러나 내가 여러분에게 동정적이고 여러분의 자유를 증진시켜 준다면? 만일 내가 가진 것과 똑같은 권리와 특혜를 당신에게 보장한다면? 또는 그 이상의 것도 해준다면? 실질적으로 내가 여러분의 권리와 특권을 촉진시켜 준다면? 이런 경우 여러분의 행복을 위한 나의 동정적 관심은 여러분의 성공 잠재력뿐만 아니라 나의 성공 잠재력을 보장하는 데도 도움이 된다.

동정은 주는 사람이나 받는 사람 모두에게 혜택을 준다. 「다른 사람이 당신에게 해주기를 원하는 대로 다른 사람에게 행하라」는 황금률은 보상의 법칙을 달리 표현한 말이다. 이것은 종교적인 의미를 내포하면서도 상당히 실질적인 충고이기도 하다. 동정심은 정신적인 이득을 낳을 뿐 아니라 물질적인 이득도 갖다 준다.

위스콘신 주 출신의 전직 교사인 존 헨드릭슨과 그의 아내 팻은 비즈니스에서 큰 성공을 했다. 시간과 돈을 관대하게 사용한 것이 그들 성공의 핵심 요인이었다. 팻은 말한다. 「때로는 너그럽다는 것이 현명하지 못할 수도 있습니다. 예를 들면 존이 미네소타에서 고등학교 교사였을 때 밴드부를 담당했는데 학생들이 그를 무척 따랐지요. 존의 지도력 덕분에 밴드부가 그 지역 경연대회에 나가기만 하면 우승을 했어요. 아무리 그가 열심히 밴드부를 이끌어도 거기에 합당한 댓가가 나오지 않았어요. 결국 그가 밴드부 계약을 거절했을 때는 교장선생님까지 축하를 해주더군요. 존이 그 밴드부를 계속 맡을 수도 있었죠. 그 지역 사람들에게는 좋은 일이었겠지만 우리집 경제 사정은 엉망이 되었을 거예요. 우리 사업 덕분에 우리는 이제 원하는 대로 너그러운 행동을 할 수 있고 우리가 믿는 사람과 돕고 싶은 일에도 공헌도 할 수 있게 되었죠」

존은 이렇게 말했다. 「우리는 최근에 영국을 다녀왔어요. 이제 막 사업을 시작한 사람들과 만나기 위해서였죠. 이 여행에 수천 달러의 경비가 소요되었지만 반드시 남에게 너그럽게 해주기 위한 것만은 아니고 언젠가는 이 여행이 우리에게 많은 보상을 가져다줄 것이라는 희망에서 갔다온 것입니다. 도움을 베푸는 사람에게는 모두 동기가 있게 마련이죠. 어떤 사람은 시간과 돈을 주는 것이 이상적이라고 허세를 부리는데 나는 꼭 그렇게 생각지는 않아요. 물론 도움이 필요한 사람을 도와주기는 하지만 우리 자신의 필요를 충족시키기 위해서도 나누어주는 겁니다. 팻과 내게는 우리가 더 많은 시간과 돈을 줄수록 더 많은 보상을 받는다는 것이 항상 증명되었으니까요」

더불어 사는 자본주의는 양심의 가책을 완화시킨다.

당신은 어린 시절 얼마나 양심적이었는지를 기억하는가? 뭔가 잘 못을 저질렀을 때는 죄책감으로 기를 펴지 못했을 것이다. 아이들은 숨길 줄을 모른다. 양심의 힘이 강하기 때문이다.

그러나 나이가 들어가면서 양심을 잃어버리게 된다. 그렇다고 완전히 양심이 사라진 것은 아니다. 양심을 먼 곳으로 추방해 버린 어른들도 있다. 이런 사람들이 가장 무서운 사람들이다. 그러나 우리 대부분은 양심의 일부만 없어졌을 뿐이지 여전히 양심의 소리를 듣고 있다. 오래전 셰익스피어는 그의 작품에서 양심의 고통을 받는 사람들을 위해 이렇게 말했다.

나의 양심은 천 개의 혀를 가지고 있어
그리고 그 혀마다 각기 다른 이야기를 하지
그 이야기는 모두 나를 악당이라고 저주하네.

아마 여러분의 양심은 다른 사람의 고통 때문에 아무런 동요를 느끼지 않을 수도 있다. 그 문제에 대해서는 우리도 어쩔 도리가 없다고 생각한다. 동정적 행동은 여러분의 양심 속에서 은밀히 태어나고 형성된다. 아무도 여러분을 위해 양심을 만들어줄 수는 없다.

그러나 만일 내가 전혀 양심에 가책을 느끼지 않는다면, 그리고 내 주위의 고통을 둘러보고도 아무런 느낌을 받지 않는다면 그 자체가 나를 괴롭힐 것이다. 양심의 고통은 좋은 신호이다. 양심의 고통을 느낄 때 우리는 다른 사람에게 주의를 기울인다. 적어도 우리가 고통을 느낀다면 그것은 살아 있다는 표시가 되는 것이다. 양심의 가책은 어둡고 폭풍우 치는 밤에도 우리를 집으로 인도해 주는 나침 반과도 같다. 불안정한 양심을 가지고 있으면 내적 평화가 사라진 다. 우리 내부에 있는 수천 개의 소리가 우리를 저주하게 된다. 동정 적 마음과 평화로운 양심은 이루 말할 수 없는 가치를 지닌다. 더불 어 사는 자본주의의 추구는 마음속의 평화를 추구하는 것이다.

더불어 사는 자본주의는 우리의 마음과 함께 시작된다.

만일 우리가 내적 의지 없이 〈옳은 일〉을 하려고 하면 제대로 이 루어지지 않을 것이다. 다만 의무이고 귀찮은 일로 여기게 된다. 그 렇게 되면 그것은 더 이상 동정이 아니다. 일주일도 안 되어 지쳐버 리고 곧 스스로를 미워하게 된다. 내적인 작업을 먼저 하라. 하루쯤 직장을 쉬고 여러분이 사는 도시의 거리를 걸어보라. 곤란에 빠진 이웃의 모습을 살펴보라. 아이들 눈에 어린 슬픔과 고통을 보라. 여 러분의 열정이 커질 때까지 그들이 필요로 하는 것을 당신이 느끼도 록 해보라. 슬퍼하고, 화도 내면서 계속 걸어가 보라. 그러면 당신 은 자신이 하는 일을 사랑하게 될 것이다. 가슴속에 뜨거운 것이 차 올라 성공하든 실패하든 당신의 양심은 평화를 찾게 될 것이다.

걱정할 필요는 없다. 동정은 급작스럽게 치밀어 오르는 감정이 아 니다. 더불어 사는 자본주의자들은 사건, 문제, 그리고 특히 사람들 에게 정열적이다. 그들은 살아 있는 세상, 즉 그들이 강한 느낌을 가지고 있는 세상을 본다. 이런 느낌은 성숙하고 사물을 제대로 알 고 있는 양심에서 나온다. 다시 말해 동정이 부족하면 어떤 실질적 인 결과가 나타날지 알고 있다. 동정은 지성적이다. 그러나 그것은 감정을 수반한다. 여러분의 내부에서 어떤 것을 느끼지 않으면 열정 적으로 될 수가 없는 것이다.

더불어 사는 자본주의는 항상 행동으로 이어진다!

동정은 감상적인 차원을 넘어서는 것이다. 동정은 2단계를 필요로 한다. 여러분은 내적인 사명감을 실천에 옮겨야 한다. 우리가 앞서 언급한 것도 바로 동정의 행동 부분이다. 동정은 단지 따스한 감정이 아니라 어떤 일이 실제로 행해지는 것을 의미한다.

행동이 우리의 내적인 사명감을 현실화 한다.

현실화라는 말은 용기라는 단어와 관련되어 있다. 이 두 단어의 어원은 〈강한〉이라는 의미를 가진다. 우리는 보통 전쟁 영웅을 묘사할 때 용기라는 단어를 쓴다. 행동을 취할 때 우리는 동정심을 현실화할 뿐 아니라 그것을 강하게 만들기도 한다. 행동이 없으면 우리는 다만 그럴싸한 도덕 애호가에 불과할 뿐이다.

더불어 사는 자본주의는 우리가 변화하도록 도와준다.

어떤 종류의 고통이든 그것을 없애려는 행동을 취할 때 여러분의 인생은 어떤 것을 중요하게 여기기 시작한다. 행동을 통해 여러분은 이 세상에 흔적을 남기게 된다. 「세월의 모래 바닥에 남는 자국은 그저 앉아 있어서 생기는 것이 아니다」라는 말이 있다. 만일 우리가 신발에 모래가 들어가는 것을 두려워한다면 발자국을 남길 가능성은 없을 것이다.

그러나 여러분이 행동을 취하고 앞으로 전진한다면 사태를 바꿀 수 있다. 여러분의 행로가 곧기만 한 것이 아닐 수도 있다. 사실 대부분의 사람들은 우회 도로를 택하고, 때로는 길을 잃어버리고, 두 번씩이나 왔던 길을 되돌아가기도 하며, 가끔 앉아 쉬기도 한다. 그러나 행동을 취함으로써 여러분은 자부심을 가지고 자랑스럽게 되돌아 볼 수 있는 행동의 발자취를 남길 수 있다. 여러분은 만족스럽게 「나는 뭔가 중요한 일을 했다」라고 말할 수 있을 것이다.

더불어 사는 자본주의는 아무도 소외시키지 않는다.

나는 강한 정치적 신념을 가지고 있다. 그러나 암웨이는 기업이다. 우리 회사는 다양한 정치의식을 가진 사람들을 언제든지 환영하며 필요로 한다. 여러분의 사업체도 이런 태도를 가져주기를 바란다. 그들이 지지하는 정당이나 신념에 관계없이 우리 회사에 오는 모든 사람들은 존중받고 포용될 권리를 가진다. 언제나 특정 정당, 특정 후보자, 특정 해결책만을 배타적으로 지지하는 사람들이 있다. 좋은 기업은 자유로운 표현을 위한 공개 토론을 제공한다. 더불어 사는 자본주의는 모든 사람이 자신의 정치적 신념을 가질 권리가 있음을 주장하며, 인기 없는 견해나 그런 견해를 가진 사람들의 의견 역시 경청되어야 할 동등한 권리가 있다고 믿는다.

종교도 마찬가지이다. 우리가 자유기업 제도와 이 제도를 가능하게 한 전통을 찬양할 때 미국과 캐나다에서 우리는 동시에 종교적 독립과 자유의 역사를 찬양하고 있는 셈이다. 이 두 나라는 주로 종교적 자유를 찾아온 사람들에 의해 설립되었다. 모든 사람의 종교적 자유를 옹호하고 포용하지 않고는 더불어 사는 자본주의를 포용할 수 없다. 존중되지 않는 종교적 믿음(또는 믿음의 결여)이란 없다. 나는 자신의 종교적 소신을 주장한다. 나는 당신이 어떤 종교를 믿든 혹은 믿지 않든 보호받을 권리를 위해 열심히 싸울 것이다. 그것이 더불어 사는 자본주의의 기본 신조이며 이를 결코 잊어서는 안 된다.

현재의 동정은 미래의 우리를 보살피는 것이다.

스스로를 도울 수 없는 사람을 돕는 데는 이기적인 측면도 있다. 그런 봉사는 우리 자신의 이익에 보탬이 될 수도 있으니까 말이다. 만일 우리가 도움의 손길을 뻗지 않은 채 계속 고통받도록 그들을 내버려둔다면 우리의 안락한 생활도 바뀌어 버릴 것이다.

나는 결코 지난 몇 년 간 대도시 빈민가에서 벌어진 폭동과 약탈이 옳다고 인정할 마음은 없다. 그러나 우리는 이 위대한 국가에 살고 있는 우리의 많은 형제 자매들이 더 이상 스스로를 도울 길이 없다고 생각한다는 괴로운 사실은 인정해야 할 것이다. 그들은 굶주리고, 집과 직장도 없다. 교육의 기회도 적고 아이들을 위한 보건위생도 제대로 마련되어 있지 않다. 권리를 박탈당한 것처럼 느끼며 권력이나 특권을 누릴 가능성으로부터도 단절되어 있다고 느끼고 있다. 그들의 인생은 비참하고, 고통 외에는 아이들에게 물려줄 유산도 없다.

만일 그들이 폭군이 되어 무리를 이끈다 해도 이해 못할 사람이 누가 있겠는가? 왜 그들이 격노하며 복수를 꿈꾸는지 모를 사람이 누가 있겠는가? 어느 날 폭력과 유혈 사태를 일으킨들 누가 그들을 비난할 수 있겠는가? 자원을 가진 우리들이 가지지 못한 자들과 관대하게 나누어 가질 때가 바로 지금이다.

더불어 사는 자본주의는 일생 동안 지속되는 모험이다.

아무도 당신에게 어디서 어떻게 시작하라고 말할 수 없다. 다만 작은 보살핌의 행동 하나가 시작이라는 것만 기억하라. 어떤 것이든 이런 조그만 행동으로 당신은 보상을 받게 될 것이다. 그리고 그 보상은 당신이 더 크고 더 좋은 일을 계속하도록 하는 자극제가 될 것이다. 동정은 쉽게 전염된다. 일단 여러분이 시작하면 여러분의 인생은 영원히 바뀔 것이다. 어떤 조그만 동정 행위가 여러분에게 기쁨을 줄 수 있는가? 어떤 동기가 여러분의 마음을 움직였는가? 어떤 사람이 당신에게 자극을 줄 수 있는 일을 하고 있으며 당신은 그를 돕기 위해 무엇을 할 수 있는가?

톰슨 선생님의 5학년 반 크리스마스 파티에서 테디 스톨라드와 선생님 사이에는 새로운 유대가 맺어졌다. 테디의 고물 팔찌를 차고 싸구려 향수를 뿌린 톰슨 선생님은 이 작은 아이의 인생이 바뀔 수 있도록 돕는 데 최선을 다하리라고 결심했다. 갑자기 선생님은 지금까지 한번도 보지 못했던 가능성을 테디에게서 발견했다. 선생님은 그가 어떤 사람이 될 것인지를 마음속에 그려보고 그 꿈이 이루어지는 것을 보기 위해 노력했다.

거의 매일 방과 후 테디와 선생님은 함께 공부했다. 선생님은 테디가 똑바로 깨끗이 글씨를 쓸 수 있을 때까지 테디의 떨리는 손을 바로잡아 주었다. 철자법과 숫자도 가르쳤다. 선생님이 글을 읽어주고 테디도 따라 읽었다. 노래, 시, 짧은 이야기까지도 외웠고 서로서로 외운 것을 말해 주기도 했다. 톰슨 선생님은 빨간 볼펜 대신 테디의 시험지를 별표와 감탄사 표시로 장식했다. 적절한 기회가 생길 때마다 개인적으로 또는 반 아이들 앞에서 테디를 칭찬해 주었다.

그 해가 끝나갈 때쯤 테디 스톨라드는 괄목할 만한 향상을 보였다. 톰슨 선생님 반 아이들을 거의 따라잡을 수 있었고 성적도 상위권에 진입했다. 어느 날 오후 작별인사를 할 때 선생님은 테디의 손을 잡고는 「테디야, 넌 해냈어. 정말 자랑스럽구나」라고 말했다. 테디는 「제가 한 게 아니에요, 선생님. 우리 함께 해낸 거예요」라고 말했다. 선생님은 테디의 말을 듣고 정말 감동했다. 여름 동안 테디의 아버지가 직장을 잃어 멀리 이사를 가게 되자 톰슨 선생님은 서둘러 테디의 학적부에 길게 이런 말을 적어놓았다.

5학년: 테디는 특별한 아이다. 어머니의 죽음과 아버지의 무관심으로 상처를 받았으나 이를 잘 극복하고 있다. 테디에게 투자해야 하는 시간이 얼마나 되든 반드시 그만한 보상이 따를 것이다.

이제 우리는 보상의 법칙이 실제로 효과가 있는지 없는지 테디 스톨라드와 선생님의 삶을 통해서 알아보겠다. 우리가 다른 사람을 위해 시간, 돈, 노력을 투자할 때 얻는 것은 무엇인가? 우리가 동정적일 때 정말로 우리에게 영원히 보상을 나누어주는가? 톰슨 선생님은 테디로부터 7년 동안이나 소식을 듣지 못했다. 매년 크리스마스날 5학년 아이들이 선생님의 선물을 보기 위해 모여들 때마다 톰슨 선생님은 테디 스톨라드의 낡은 팔찌와 쓰다 남은 향수 얘기를 들려주었다. 그리고 해마다 테디를 위한 그녀의 노력이 헛되지 않았나 궁금하게 여겼다. 그러던 어느 날 선생님은 멀리 떨어진 도시에서 온 테디의 짤막한 편지를 받았다. 그녀는 아직도 테디가 쓴 글씨를 알아볼 수 있었다. 「톰슨 선생님께, 선생님께 이 소식을 제일 먼저 전하고 싶습니다. 제가 고등학교를 2등으로 졸업하게 되었어요. 감사합니다. 선생님 우리가 해냈어요! 사랑하는 테디 스톨라드로부터」

4년 후 또 편지가 왔다. 「톰슨 선생님께, 제가 올해 졸업생 대표로 고별 연설을 하게 되었어요. 선생님께 제일 먼저 알리고 싶었어요. 대학 공부가 쉽지 않았지만 우리는 해냈어요. 사랑하는 테디 스톨라드로부터」 그리고 또 4년 후 마지막 편지가 왔다. 「톰슨 선생님께, 오늘부터 저는 의학 박사 테어도어(테디) 스톨라드입니다. 어때요? 선생님께 이 소식을 제일 먼저 알려 드리고 싶었어요. 그리고 다음달 27일에 결혼을 합니다. 선생님께서 오셔서 어머니가 살아 계셨더라면 앉았을 자리에 앉아 주셨으면 좋겠어요. 아버지는 작년에 돌아가셨어요. 지금 제게는 선생님이 유일한 가족입니다. 사랑하는 테디 스톨라드로부터」

더불어 사는 자본주의에 관한 책을 톰슨 선생님과 테디 스톨라드의 이야기로 끝맺는 것이 이상하다고 생각하는가? 사실 내가 처음이 이야기를 내 친구에게서 들었을 때 이것은 더불어 사는 자본주의자로서 우리의 소명을 단순하고도 분명히 하는 일화 정도로만 생각했다. 매일 우리는 결정을 해야 한다. 사람들과 지구가 필요로 하는 것을 지나쳐 버리고 이익만을 추구할 것인가, 아니면 도중에 이들을 도울 수 있을 만큼 충분한 시간을 낼 것인가?

톰슨 선생님도 거의 테디를 도울 기회를 지나쳐 갈 뻔했다. 일상생활에 바빴기 때문이다. 테디는 마치 패배자 같았다. 그를 위해 별도의 시간과 정열을 쏟는다는 것은 낭비처럼 보였다. 그러나 어쨌든 톰슨 선생님은 그를 도왔고 그녀의 동정으로 궁극적인 보상을 받게 된 것이다. 즉 그녀의 동정 어린 행동으로 누군가가 스스로 도울 수 있게 만들었다는 사실을 발견했다. 여러분도 성공적인 자본주의자가 되고 싶은가? 여러분도 실질적인, 영구적인 이윤을 갖기를 원하는가? 그렇다면 여러분의 일생에 걸친 여행이 동정과 함께 한 걸음 한 걸음 나아갈 수 있도록 하라.

■ 옮긴이 신현규

서울대학교 문리과 대학 영문과 졸업.
하와이주립대학 대학원 영문과 졸업 M.A
현재 인하대학교 교수
저서로는 『영문학의 주변』이 있고,
역서로는 『영문학의 이해』, 버지니아울프의 『등대로』,
나딘 고디머의 『보호주의자』 등이 있다.

더불어 사는 자본주의

1판 1쇄 인쇄/1995년 10월 30일
1판 7쇄 발행/1999년 02월 10일
개정판 1판 3쇄 발행/2002년 10월 20일

지은이/리치 디보스
옮긴이/신현규
발행인/박창조
발행처/아름다운사회

등록일자/1995년 7월 19일
등록번호/제5-180호

경기도 하남시 감북동 344-10(우465-180)
대표전화/(02)488-4638 팩시밀리/(02)488-4639
홈페이지/http://www.bizbooks.co.kr
E-mail/scj200@naver.com

Korean Translation Copyright ⓒ 1995 by Beautiful Society Publishing Co.
Printed & Manufactured in Seoul, Korea.

ISBN 89-952052-4-5(04320)

값 9,500원

※ 잘못된 책은 교환해 드립니다.